/ 当代世界农业丛书 /

中亚五国农业

魏凤　主编

中国农业出版社
北　京

图书在版编目（CIP）数据

中亚五国农业 / 魏凤主编．—北京：中国农业出版社，2021.12
（当代世界农业丛书）
ISBN 978-7-109-28542-2

Ⅰ.①中…　Ⅱ.①魏…　Ⅲ.①农业经济—概况—中亚　Ⅳ.①F336.03

中国版本图书馆 CIP 数据核字（2021）第 142936 号

中亚五国农业
ZHONGYA WUGUO NONGYE

中国农业出版社出版
地址：北京市朝阳区麦子店街 18 号楼
邮编：100125
出版人：陈邦勋
策划统筹：胡乐鸣　苑　荣　赵　刚　徐　晖　张丽四　闫保荣
责任编辑：王秀田
版式设计：王　晨　　责任校对：吴丽婷
印刷：北京通州皇家印刷厂
版次：2021 年 12 月第 1 版
印次：2021 年 12 月北京第 1 次印刷
发行：新华书店北京发行所
开本：787mm×1092mm　1/16
印张：26
字数：450 千字
定价：128.00 元

当代世界农业丛书编委会

中 亚 五 国 农 业

当代世界农业丛书

本书编写组

主　　编：魏　凤

编写人员（按姓氏笔画排序）：

王亚萌　张立峰　何江梦　吴佳星　杜盼盼

巫　倩　沈　悦　黄佩佩　廖梦婷

序

Preface

2018年6月，习近平总书记在中央外事工作会议上提出“当前中国处于近代以来最好的发展时期，世界处于百年未有之大变局”的重大战略论断，对包括农业在内的各领域以创新的精神、开放的视野，认识新阶段、坚持新理念、谋划新格局具有重要指导意义。农业是衣食之源、民生之基。中国农业现代化取得举世瞩目的巨大成就，不仅为中国经济社会发展奠定了坚实基础，而且为当代世界农业发展提供了新经验、注入了新动力。与此同时，中国农业现代化的巨大进步，与中国不断学习借鉴世界农业现代化的先进技术和成功经验，与不断融入世界农业现代化的进程是分不开的。今天，在世界处于百年未有之大变局、世界经济全球化进程深入发展、中国农业现代化进入新阶段的重要历史时刻，更加深入、系统、全面地研究和了解世界农业变化及发展规律，同时从当代世界农业发展的角度，诠释中国农业现代化的成就及其经验，是当前我国农业工作重要而紧迫的任务。为贯彻国务院领导同志的要求，2019年7月农业农村部决定组织编著出版“当代世界农业丛书”，专门成立了由部领导牵头的丛书编辑委员会，从全国遴选了相关部门（单位）负责人、对世界农业研究有造诣的权威专家学者和中国驻外使馆工作人员，参与丛书的编著工作。丛书共设25卷，包含1本总论卷（《当代世界农业》）和24本国别卷，国别卷涵盖了除中国外的所有G20成员，还有五大洲的其他一些农业重要国家和地区，尤其是发展中国家和地区。

在编写过程中，大家感到，丛书的编写，是一次对国内关于世界农业研究力量的总动员，业界很受鼓舞。编委会以及所有参与者表示一定要尽心尽责，把它编纂成高质量权威读物，使之对于促进中国与世界农业国际交流与合作，推动世界农业科研教学等有重要参考价值。但同时，大家也切实感到，至今我国对世界农业的研究基础薄弱，对发达国家（地区）与发展中国家（地区）的农业研究很不平衡，有关研究国外农业的理论成果少，基础资料少，获取国外资料存在诸多不便。编委会、各卷作者、编审人员本着认真负责、深入研究、质量第一的原则，克服新冠肺炎疫情带来的诸多困难。编委会多次组织召开专家研讨会，拟订丛书编写大纲、制订详细写作指南。各卷作者、编审人员千方百计收集资料，不厌其烦研讨，字斟句酌修改，一丝不苟地推进丛书编著工作。在初稿完成后，丛书编委会还先后组织农业农村部有关领导和专家对书稿进行反复审核，对有些书稿的部分章节做了大幅修改；之后又特别请中国国际问题研究院院长徐步、中国农业大学世界农业问题研究专家樊胜根对丛书进行审改。中国农业出版社高度重视，从领导到职工认真负责、精益求精。历经两年三个月时间，在国务院领导和农业农村部领导的关心、指导下，在所有参与者的无私奉献、辛勤努力下，丛书终于付梓与读者见面。在此，一并表示衷心感谢和敬意！

即便如此，呈现在广大读者面前的成书，也肯定存在许多不足之处，恳请广大读者和行业专家提出宝贵意见，以便修订再版时完善。

余欣荣

2021年10月

前 言

Foreword

中国与中亚国家相互毗邻，地缘优势明显，经贸合作潜力巨大。尤其是自新冠疫情发生以来，“中国+中亚五国”外长多次展开会晤，各国以元首外交为引领，深度推进互联互通，为区域协同发展和经济复苏注入了动力。2021年是中亚五国独立30年，经过近30年发展，中国与中亚五国都建立起战略伙伴关系。仅2021年前五个月，中国与中亚国家贸易额就达到168.6亿美元，同比增长24.5%，其中，与吉尔吉斯斯坦贸易同比增长56%，与哈萨克斯坦、塔吉克斯坦、土库曼斯坦贸易同比增长均超过30%。与此同时，农业合作也展现出了蓬勃生机和活力。哈萨克斯坦的骆驼奶、乌兹别克斯坦的车厘子、塔吉克斯坦的干果、吉尔吉斯斯坦的蜂蜜、土库曼斯坦的棉花等特色农产品逐渐进入中国市场；中哈现代农业产业创新示范园、中泰塔吉克斯坦农业纺织产业园等一批农业科技合作项目也在中亚落地。中亚各国与中国在农业灌溉、农机生产、培训交流等方面的合作具有广阔前景。

中亚五国地域辽阔，人均耕地面积是中国人均耕地面积的6倍。但各国经济发展不均衡、农业基础设施较为落后、农业生产效率较低。中国农业在良种选育、节水灌溉、机械化技术、资金和管理等方面具有比较优势，加强在农产品贸易、农业投资、农业科技等方面的互补性合作，对于提升中亚各国的农业生产能力以及中亚地区社会稳定具有重要意义。

本书是在国家自然科学基金项目“西部与丝路经济带前段国家农业互补性合作研究：潜力测度与机制优化”（71673222）、教育部人文社科项目“新丝绸之路经济带框架下西北与中亚和俄罗斯农业合作模式研究”（15XJA790005）、陕西省国际科技合作计划项目“哈萨克斯坦粮食生产潜力研究”（2020KW－029）、西北农林科技大学西部发展研究院项目“中俄农业科技合作模式研究”(2016XBYD004)以及西北农林科技大学国际合作平台项目等课题的支持下完成的，编写历时1年，来自哈萨克斯坦、塔吉克斯坦、乌兹别克斯坦的一些学者、留学生在本书的数据获取以及资料翻译方面给予了大力支持。

为更好挖掘中亚五国与中国开展农业合作的潜力，本书汇集了农业农村部对外经济合作中心、中亚五国部分农业高校的专家力量，结合联合国贸易数据库(UN Comtrade)、联合国粮农组织(FAO)、法国世界经济研究和专业数据中心(CEPII)、经合组织(OECD)、世界银行(World Bank)等国际组织及各国统计局、政府官方网站数据信息，力图全方位展现中亚国家农业发展现状。在本书编写过程中，农业农村部领导、相关司局和有关专家给予了大力支持和帮助。谨向关心支持本书出版的所有人士表示衷心感谢!

本书是上合现代农业发展研究院、丝绸之路农业教育科技创新联盟的阶段性研究成果。

由于语言翻译、资料来源和研究水平的限制，书中疏漏和不足之处在所难免，敬请读者批评指正。

编　者

2021年10月

目　录

Contents

第一章 CHAPTER 1
中亚地区概况 ▸▸▸

"中亚"这个概念最早由德国地理学家亚历山大·冯·洪堡于1843年提出，对其界定有广义和狭义之分。广义上，联合国教科文组织将中亚范围界定为"东到蒙古国东境和中国内蒙古东部；南始伊朗和阿富汗的北部、印度、巴基斯坦西北，包括新疆、甘肃河西走廊等中国西北地区；西起里海，包括哈萨克斯坦、乌兹别克斯坦、吉尔吉斯斯坦、土库曼斯坦和塔吉克斯坦五国；北达西伯利亚南部米努辛斯克、克拉斯诺亚尔斯克一带"。狭义上，中亚被界定为1992年之后的五个共和国，即哈萨克斯坦共和国、吉尔吉斯共和国、塔吉克斯坦共和国、土库曼斯坦共和国、乌兹别克斯坦共和国。本书界定的中亚为狭义概念。

第一节　自然资源

一、地形地貌特征

中亚地区地势总体上呈东高西低的特点，地势起伏较大。东南部的帕米尔地区和东部的天山地区山势陡峭，海拔在4 000～5 000米。位于中亚西部的里海沿岸平原（也称里海沿岸低地）自北向南由海拔100米渐降至海平面以下28米，最低点卡拉吉耶洼地低于海平面132米。在这东西之间分布着广阔的荒漠与半荒漠，尤其在平原向山地的过渡地带，土壤沙化严重，里海沿岸平原（土库曼斯坦段）向帕米尔高原过渡段有中亚最大的沙漠——卡拉库姆沙漠，面积为35万平方千米，超过吉尔吉斯斯坦与塔吉克斯坦两国国土面积总和。图兰平原（也称图兰低地）向天山过渡地带的锡尔河和阿姆河之间分布着克孜勒库姆沙漠，过渡地段地势平坦，海拔均在300米以下，大部分为沙垅、龟裂地，间有闭塞的洼地和孤山，极度干旱、贫瘠、缺少植被，而东部山区在海拔1 000米左右。总的来说地形复杂，境内有平原、山地、丘陵、盆地和高原五大地形类型，但主要以平原和低地丘陵为主。

平原主要有两块。一是位于阿姆河-锡尔河流域面积最大的图兰平原，其南邻伊朗高原，北邻图尔盖高原，东北至哈萨克丘陵，东南邻帕米尔高原，西抵里海东岸，包括哈萨克斯坦、乌兹别克斯坦、土库曼斯坦的广大领土，面积约为150万平方千米。该地段地势自东向西逐渐降低，海拔在100～300米之间，由于深居内陆，远离海洋，故气候干旱，有大面积沙漠分布，其中的卡拉库姆沙漠和克孜勒库姆沙漠是中亚两大著名沙漠。二是分布在中亚东北部哈萨克斯坦境内的北岸平原和土库曼斯坦西部临里海的西岸平原组成的里海沿岸平原，面积超过20万平方千米，呈条带状分布。尽管里海沿岸平原地势低平，但由于气候干燥蒸发量大，大部分属于荒漠和半荒漠，个别地区有盐丘分布，年降水量为150～350毫米，但年蒸发量却高达1 000毫米。因此里海沿岸平原种植业的分布并不是很广泛，仅在零星的绿洲上有较发达的种植业，主要以畜牧业（细毛羊）为主。

丘陵中最典型的是哈萨克丘陵，亦称“哈萨克褶皱地”，位于中亚的中北部，面积约占哈萨克斯坦国土面积的1/5，是世界上最大的丘陵。其北接西西伯利亚平原，西南与图兰低地相连，东缘多山地，东西长约1 200千米，南北宽400～900千米。西部较平坦，平均海拔300～500米，宽度达900千米；东部较高，平均海拔500～1 000米，宽400千米（魏凤等，2018）。因其靠近西伯利亚，地面平坦，再加上北部无高山屏障，西伯利亚冷空气长驱直入，冬季气温可降至－30℃以下。哈萨克丘陵地处亚欧大陆内陆，是典型的大陆性干旱半干旱气候，属荒漠、半荒漠地带，自北向南分属草原带（已开辟大片耕地）、半荒漠带，东南部在巴尔喀什湖附近为荒漠带。山区有松林，生荒地用作牧场，当地农业生产以畜牧业为主。

中亚地区分布着许多大大小小的盆地，且以沉积盆地为主，大都分布在阿姆河-锡尔河流域和里海-咸海周边，蕴含着丰富的油气资源。滨里海盆地面积约为50万平方千米，东西长约600千米，大部分位于哈萨克斯坦境内，是中亚地区面积最大的盆地。阿姆河盆地，又称为卡拉库姆盆地，是图兰低地东南部的一个大型沉积盆地，横跨土库曼斯坦东部和乌兹别克斯坦西南部，部分位于阿富汗境内，面积为43万平方千米，是世界上仅次于西西伯利亚盆地和波斯湾盆地的第三大富气盆地。中亚农业最发达的盆地当属位于乌兹别克斯坦、塔吉克斯坦和吉尔吉斯斯坦三国边界的费尔干纳盆地，该盆地以物产丰富著称，以中亚五国1%的土地面积养活了22%的人口，被誉为“中亚明珠”。费尔干纳盆地位于帕米尔高原西侧，为天山及吉萨尔-阿赖山脉环抱的封闭山间盆地，有河谷和山口通向盆地之外，气候冬季温和，但夏季炎热。盆地内的景观主要为绿洲和荒漠，绿洲靠周围山地流出的河流灌溉，这里物产丰富，自古以盛产瓜果、苜蓿、棉花及多种金属矿藏而著称，近年来又发现了丰富的石油蕴藏，周围的山地有优良牧场，历史上以出“汗血宝马”而闻名遐迩（中国国家地理，2015）。

山地主要分布在中亚东部，如中亚东部哈萨克斯坦、吉尔吉斯斯坦和乌兹别克斯坦境内的天山山脉。天山山脉分为两段，东段位于中国新疆，西段则在中亚地区。西段天山地区山势陡峭，海拔在4 000～5 000米，东西长约2 500千米，南北宽为250～350千米，面积约为60万平方千米。天山在中亚及中国西北荒漠地区的包围下形成了独特的湿润气候，降水主要来自大西洋水汽，少量来自北冰洋水汽。天山共发育了15 953条冰川，是世界现代冰川最多的山系之一，被誉为“中亚水塔”（陈秀妍等，2019），丰富的冰川融水形成一条条河流，河流滋润出绿洲，形成了中亚农业和牧业环境优越的“七河地区”。

图尔盖高原和帕米尔高原是中亚地区两大典型高原。图尔盖高原位于中亚西北部的哈萨克斯坦和俄罗斯境内，西以南乌拉尔山、穆戈扎雷山东麓为界，东接哈萨克丘陵地，北连西西伯利亚平原，南到图兰低地。南北长600千米，宽300千米，面积约15万平方千米，海拔310米，境内有北流的乌巴甘河和南流的图尔盖河。图尔盖高原成桌状高原和平顶残丘，多盐湖、干谷、峡谷和盆地，中部有南北方向延伸的图尔盖洼地，北部属草原带，为农垦区，南部是半荒漠地带，用作牧场（魏凤等，2018）。帕米尔高原位于中亚东南部的塔吉克斯坦，横贯中国、塔吉克斯坦和阿富汗。“帕米尔”是塔吉克语“世界屋脊”的意思，高原海拔4 000～7 700米，拥有许多高峰。该高原是地球上两条巨大山带（阿尔卑斯-喜马拉雅山带和帕米尔-楚科奇山带）的山结，也是亚洲大陆南部和中部地区主要山脉的汇集处。帕米尔高原不仅是万山之结，更是万水之源，以萨雷阔勒岭为界，岭东是塔里木河水系，如叶尔羌河和喀什噶尔河，孕育了整个塔克拉玛干沙漠的星星绿洲；岭西是阿姆河水系，如瓦罕走廊中的喷赤河，孕育了中亚沙漠中富饶的两河绿洲文明（另一条为锡尔河）。根据地形特点，帕米尔高原分为东西两部分，东帕米尔高海拔地区的牧业主要是牦牛和有关杂交品种、绵羊和山羊，农作物主要是大麦、马铃薯、豆类、油菜籽和根菜；西帕米尔谷地种植业主要以小麦、苹果、梨、葡萄为主，畜牧业以牛为主。

二、河流与湖泊

中亚地区地形特征为东南高西北低，故河流走向基本为西北走向，水量小，水能少，由于冰山融化和夏季降雨，其汛期在春夏季节。河流大都属于跨多国的内陆河，大部分属于咸海流域，部分注入伊塞克湖和巴尔喀什湖、塔里木河等。它们主要靠冰雪融水补给，有些是季节性河流，比如阿姆河、锡尔河、伊犁河和额尔齐斯河（焦凡，2009）。中亚干旱半干旱地区湖泊众多，1平方千米以上的湖泊有3 000多个，100平方千米以上的湖泊有60多个，湖泊总面积超过88 000平方千米，是全球湖泊分布相对密集的地区之一（Bernhard Lerner，Petra Döll，2004）。由于干旱少雨，中亚湖泊水源主要来自高山冰川融水、山地降水和河川径流，湖泊水位对气候的影响较为敏感，主要湖泊有伊塞克湖、巴尔喀什湖、里海和咸海。

阿姆河全长2 540千米，流域南北宽950千米，东西长1 450千米，北接锡尔河，东连塔里木盆地，南接印度河和赫尔曼德河流域，流域面积达46.5万平方千米，是中亚地区流量最大的河流。它由喷赤河和瓦赫什河汇合而成，流经塔吉克斯坦、阿富汗、土库曼斯坦和乌兹别克斯坦，最后注入咸海。阿姆河主要靠高山冰雪融水和上游山区冬春降雨补给，上游山区冬春多雨，年降雨量可达1 000毫米，平原地区年降雨量只有200毫米，而下游地区雨量不到100毫米。阿姆河进入平原后，因在沙漠中穿行，无支流汇入，加之降水少、蒸发量大，沿途渗漏和灌溉，河流水量大减。在努库斯（乌兹别克斯坦第六大城市）以下，河流分数支入咸海，形成面积达1万平方千米广阔的河口三角洲。阿姆河沿岸平原广布绿洲，形成发达的灌溉农业区，河流通航里程长，是中亚重要的水运航道。

锡尔河全长3 019千米，流域面积46.2万平方千米，为中亚最长的河流，发源于天山山脉，流域包括费尔干纳盆地以及吉尔吉斯斯坦的纳伦河和卡拉河流域。锡尔河向西穿越塔吉克斯坦和乌兹别克斯坦后转向西北穿过哈萨克斯坦注入咸海，主要靠冰川融雪补给，上游流经山地，河水湍急，水力资源丰富，整个中下游河段沿岸有狭窄的绿洲，是哈萨克斯坦重要的灌溉农业区之一，灌溉面积达 220 万公顷以上，但也正因为灌溉用水量大，加之中下游地区气候干旱，无支流汇入，导致锡尔河注入咸海的水量逐年减少。

伊犁河也是中亚地区比较重要的河流，发源于中国新疆天山深处，全长 1 439 千米，从新疆西流至霍尔果斯河进入哈萨克斯坦境内，在哈萨克斯坦境内 802 千米，其间流经峡谷、沙漠地区，最后注入中亚的巴尔喀什湖。因向西开口，伊犁河流域常年接受大西洋等水域水汽补给，降水丰富，同时流域内大小冰川和永久积雪分布宽广，每年可补给河川径流水量约为 20 亿～25 亿立方米。该河流域的谷地年降水量约 300 毫米，山地年降水量 500～1 000 毫米，集水区内山地面积占 68%，是径流丰富的重要原因，由于降水丰富，山地能自然形成植被，低山缓坡还能经营旱地农业。

额尔齐斯河是中亚地区唯一一条流入北冰洋的外流河，发源于中国的阿尔泰山，沿阿尔泰山南麓向西进入哈萨克斯坦，注入斋桑泊，出湖后穿行于哈萨克斯坦东北部，最终注入北冰洋。河流全长 4 248 千米，在哈萨克斯坦境内的 1 400 千米位于中上游，主要靠融雪、融冰和降水补给，水量充沛，落差集中，蕴藏着丰富的水能资源。

伊塞克湖位于吉尔吉斯斯坦与中国天山北坡的封闭性山间盆地中，为吉尔吉斯斯坦面积和水量最大的湖泊，分别占吉尔吉斯斯坦的 91%和 97%（吴淼等，2011）。其最大深度为 702 米，以巨大的容水量影响着湖区气候，虽然高踞海拔 1 600 米，但在隆冬也不结冻。湖盆区 2.3 万平方千米的平原低地是吉尔吉斯斯坦的重要产粮区和畜牧区。

巴尔喀什湖是中亚哈萨克斯坦东部的一处内陆冰川堰塞湖，湖面海拔 340 米，东西长 605 千米，宽 9～74 千米，为世界第四长湖，面积为 1.7 万～2.2 万平方千米，流域面积的 85%在哈萨克斯坦境内。以湖中部萨雷姆瑟克半岛以北的乌泽纳拉尔湖峡为界，巴尔喀什湖被分为东西两部分，西部有伊犁河注入，占全湖总流入水量的 75%～80%，水淡且浅，平均含盐量 1.5%；东部仅有数条小河注入，水微咸且深，平均含盐量 10.5%，形成了一湖咸淡两水的特殊现象。巴尔喀什湖所在地区属温带大陆性气候，年均气温 5℃左右，每年 11 月底至次年 4 月初湖面封冻，其鱼类资源比较丰富。

里海是世界上最大的咸水湖，位于中亚西部，也是欧洲和亚洲的分界线之一。里海东西平均宽约320千米，湖岸线长约7 000千米，面积37.1万平方千米，蓄水量超过7.7万立方千米。海区纵跨几个不同的气候区，北里海虽属大陆性气候，但变化不剧烈；中里海西部气候温和，而东部则为干燥的沙漠气候；南里海属夏季干燥的亚热带气候。海区平均年降水量为200～1 700毫米，分布不均，东海岸少，西南海岸多。里海地区航运业较发达，通过伏尔加河及伏尔加-顿河等运河，实现了白海、波罗的海、里海、黑海、亚速海五海通航。

对中亚地区影响最大的湖泊是咸海，它是中亚最大的两条内陆河——阿姆河和锡尔河的终端湖。咸海位于哈萨克斯坦和乌兹别克斯坦的交界处，依湖面面积而论，曾是世界第四大湖泊（仅次于里海、苏必利尔湖和维多利亚湖）。自20世纪60年代以来，由于阿姆河和锡尔河的河水大量用于农业和工业，加之20世纪70年代以来气候持续干旱，导致湖面水位下降、湖面面积急剧减小、湖水盐度增高，湖盆附近地区大量干盐堆积，引发一系列生态环境问题。如今咸海的面积比20世纪60年代缩减了90%以上，咸海面积的大幅度缩减是中亚地区水资源缺乏的写照，水资源短缺已成为阻碍中亚地区国家发展的重要因素。

三、气候资源

中亚地区为典型的温带大陆性气候，自然景观为温带草原和温带沙漠。由于地处欧亚大陆腹地，尤其是东南缘高山阻挡了来自印度洋、太平洋的暖湿气流，该地区气候有其突出的特征。

温度变化剧烈，气温年较差和日较差大。中亚地区年平均气温分布呈东西部高、中部低的特点。土库曼斯坦是中亚气温较高的地区，年平均气温在15℃以上，乌兹别克斯坦次之，哈萨克斯坦气温与纬度高低成正比，塔吉克斯坦西部气温最低，年平均气温在−3℃以下，吉尔吉斯斯坦东南部在0℃以下（黄秋霞等，2013）。从极值分布来看，中亚地区最冷月和最暖月分别出现在1月和7月，1月份平均气温较低且地区间差异较大，除土库曼斯坦月均温在2℃外，其他国家1月份平均气温均在0℃以下，哈萨克斯坦和吉尔吉斯斯坦甚至在−10℃以下；7月份的高温区域主要集中在塔吉克斯坦，以及吉尔吉斯斯坦、乌兹别克斯坦和和土库曼斯坦东部地区。

降水稀少，且降水的地域和季节变化较大。中亚地区年降水呈东南部多、西部和北部少的特点。东南部的山区降水充沛，而西部的荒漠及北部的丘陵降水相对较少，一般年降水量在300毫米左右，部分地区低于100毫米，并且山地中也有部分地区雨量少于沙漠地区，如帕米尔的年降水量仅60毫米。中亚地区降水差异明显还体现在季节分配上，该地区处于亚洲中部干旱区，是全球最大的非地带性干旱区，降水主要受西风环流和北大西洋涛动的影响，以冬季及春季为主，夏秋季降水极少（徐利岗，2015）。

晴天多，光热资源充足。由于阳光辐射，中亚每平方厘米地面每年可获10～13平方万卡热量，在土库曼斯坦则几乎达到16万卡。经科学测试，在中亚北纬40°地方夏季所获阳光照射量并不逊于热带地区。中亚地区降水稀少（尤其是7—9月）使得该地区年平均日照时间为2 000～3 000小时，光热资源十分丰富且光热同期，有利于农作物的生长。

第二节　人文经济概况

中亚位于欧亚大陆中部，是人类历史上不同民族和不同文化的集散地，也是古代丝绸之路和现代亚欧大陆桥的中转站，自古以来就是东西文化、经济、政治等交流的要冲，民族迁徙、文化变异、多种政治力量冲突、多种文化融合、不同区域经济的发展都使得中亚在历史上形成独特的社会文化状况。总体上，中亚地区都是多民族、多种宗教并存的国家，其中伊斯兰教占有主要地位。该地区男女比例基本持平，人口明显集中分布于一些自然条件较好的盆地、河谷地区，而分布在干旱地区和荒漠地区的人口极其稀少。

一、人口与民族

中亚地区的人口总数约为7 381万人，受自然、经济、政治、民族等诸多因素影响，人口分布呈现以下突出特点。第一，人口密度较低且分布极不均匀。中亚地区人口密度约为每平方千米38人，低于世界平均水平。人口明显集中分布于一些自然条件较好的盆地、河谷地区，在卡拉库姆沙漠、克孜勒库姆沙漠及哈萨克斯坦中部的荒漠几乎是渺无人烟，而绿洲及大城市周围集聚了大量人口，如富庶的费尔干纳盆地。第二，出生率和自然增长率高。中亚各国人口出生率普遍在30‰以上，自然增长率在25‰左右，该状况与世界最不发达国家相似，无法适应其经济发展水平（芦洁，2013）。第三，各国基本上都处于城市化发展的中期阶段。从全球城市化发展角度来看，五国城市化所处发展阶段还比较落后（唐兵等，2013）。

中亚五国均为多民族国家，有130多个民族生活在该地区，主要是哈萨克、乌兹别克、吉尔吉斯、土库曼、塔吉克、卡拉卡尔帕克等世居民族，多民族从古至今一直影响着中亚地区的历史进程。一方面，中亚民族问题集民族、部族、地域、宗教、语言、历史以及经济、社会文化等因素于一身，是一个极为复杂的综合性社会问题。另一方面，它反过来又对中亚社会的诸多领域发挥着不可忽视的作用，甚至可以说，在中亚的政治、经济和社会文化发展进程中，民族问题始终是一个带有全局性的关键问题。

二、宗教文化

中亚地区教徒众多、教派林立，每个民族都有自己的宗教信仰，主要的宗教有伊斯兰教、东正教、基督教等。该地区主体民族如哈萨克、乌兹别克、吉尔吉斯、土库曼、塔吉克以及鞑靼、维吾尔和东干等民族都信奉伊斯兰教。20世纪90年代初期，中亚地区大约有伊斯兰教教徒3 850万人。此外，在中亚的俄罗斯人、斯拉夫语族居民中有相当数量的东正教教徒，还有部分居民信仰天主教、新教和犹太教，但数量不多。

三、经济发展与产业结构

自20世纪90年代初以来，中亚各国经济发生了显著的变化。总体来看，经济发展大致分为四个阶段：第一阶段是1992—1995年，为应对经济危机，中亚各国开始打破旧制度，通过建立健全经济管理机构、建立相关制度和法律体系以及发行本国货币，从计划经济向市场经济转变，并初步建立了市场经济体系。这一阶段经济下滑。第二阶段是1996—2000年，各国相继制定了经济或工业发展战略，开始重视经济发展过程中国家的宏观调控，实行具有稳定导向的宏观经济政策，使得市场经济得到进一步巩固和发展，经济开始复苏。第三阶段为2001—2008年，该阶段是各国经济发展最快的时期，经济基本保持在10%的增长水平，各国开始重视国际市场，积极参与国际合作，此阶段也伴随着各国经济结构与制度的进一步调整，以寻求更符合自身条件的发展道路（吴宏伟、于树一，2009）。第四阶段为2009年至今，受2008年全球金融风暴和2009年欧债危机的影响，各国经济增速放缓且波动明显，中亚国家的市场经济体系还未成熟，抗风险能力不强。各国充分发挥其亚欧中转站的作用，积极推动区域一体化，重视发挥上海合作组织、欧亚经济联盟等区域性组织的作用。

中亚各国产业结构经历了从1991年之前的相对单一到1991年之后逐渐完善的转变。1991年之前五国主要供应原材料和农产品，这种生产分工的影响较为深远，导致其产业结构依然偏重于农业和能源产业（吴宏伟、于树一，2009）。与1991年之前相比，五国产业结构的变化主要体现在工业与服务业占国内生产总值的比重上升，农业的比重下降，服务业逐渐成为国民经济的主导产业。

从农业来看，1991年之前除土库曼斯坦外其他四国农业产值在国民经济中占比较大，因为经济体制改革及国家经济政策中心的转移，各国在1991年之后大力发展现代化工业，用于农业发展的资金及农业生产补贴急剧下降，农业产值在国民经济的比重也降低，且农业基础设施建设一直处于较低水平，交通设施、农田灌溉及相关生产设施相对薄弱，尤其农田灌溉系统较为匮乏。

从工业来看，在经历20世纪90年代初期工业发展波动后五国工业发展渐趋平稳。工业化水平不高，各国基本以资源和原材料作为增长的动力，工业仍以农业与资源类产业为主，易形成资源陷阱，而高附加值的工业缺乏、过多依赖外贸以及侨汇收入仍然是中亚各国发展的短板。目前中亚国家迫切需要发展工业，提高资本存量发展国民经济（刚翠翠，2015）。

从服务业来看，五国服务业占比总体呈上升趋势，除土库曼斯坦外其余四国服务业迅速发展成主导产业。由于各国1991年之后进行经济体制改革，放宽市场准入，扩大对外开放与合作，使得商贸、物流、仓储等传统服务业迅速发展，电子信息、金融保险、科技研发等现代服务业也逐渐发展。总体来看，中亚国家服务业蓬勃发展，但从内涵与质量方面考量，仍存在明显问题，国家服务业的发展大多属于传统服务业领域，在现代服务业领域，如科技、教育、文化等行业发展缓慢，旅游、现代物流、电子商务等现代服务业仍处于起步阶段。从国家的客观现实看，当前最为需要的是用资本、技术、人才来促进服务业发展，摆脱底子薄、基础弱、规模小、层次低等问题，这自然也有利于中亚地区整体产业结构升级（孙力，2016）。

第三节　历史沿革

一、发展演变

中亚历史古老悠久，位于亚欧大陆的核心地带，被誉为世界中心，由于地处东亚、西亚、南亚、北亚的交通要道，自古以来就成为兵家必争之地，无数帝国在这块土地上兴起、兴盛、衰亡。无论是东方文明，还是西方文明，都将征服中亚作为对外扩张的重要通道。其历史演变大致可以分为 1922 年之前、1917—1991 年和 1991 年至今三个阶段。

1922 年以前，中亚是人类早期居住地之一，经过漫长的历史发展演变，这些远古居民逐渐分化为游牧部落和农耕部落，并建立了早期的奴隶制国家。因其特殊的地理位置，中亚经历了一段长达 20 多个世纪受周边强国交替控制的历史，民族结构因此变得复杂，经济和文化也受到各种文明不同程度的影响。中亚曾在 14 世纪和 16 世纪建立过强大的帖木儿帝国、乌兹别克布哈拉汗国；到 17 世纪后期，随着火器的大规模应用和现代军事技术的发展，农耕民族相对游牧民族存在较大优势；到 19 世纪，由于大英帝国和沙俄在中亚竞争的影响，该地区首次出现了欧洲意义上的边界，并取代了不断变化的游牧界线，改变了游牧部落历史上不停更换所隶属地方政权的状况。该地区国家间也因此长期存在关于土地、界限划定、水资源、民族间关系、移民和地区领导权等方面的矛盾（孟祥芸，2016）。

1917—1991 年，1917 年 11 月 7 日俄国十月革命爆发建立起苏俄政权（俄罗斯苏维埃政权），中亚地区被纳入苏俄版图。苏联成立之初，中亚地区并没有建立各自的民族自治共和国，而是作为苏俄的一部分加入苏联。中亚地区民族划界完成的时间不同，因此成为苏联加盟共和国的时间也不相同，土库曼斯坦和乌兹别克斯坦于 1924 年加入苏联，塔吉克斯坦于 1929 年加入，哈萨克斯坦和吉尔吉斯斯坦于 1936 年加入。这一时期，由于其发展条件比较恶劣，单靠自身的力量难以很好地发展，于是苏联除了将一些工业布局在中亚以外，每年还对中亚民族地区进行财政转移支付，扶持各个地区的发展。

1991年至今，1991年年底中亚五国（哈萨克斯坦、乌兹别克斯坦、吉尔吉斯斯坦、土库曼斯坦、塔吉克斯坦）开始进入世界秩序领域（袁剑，2018），但继续维持现有边界，共同奉行不破坏边界的原则。1993年8月，中亚五国签署声明，进一步确认了维系各国间现有边界的既有原则，在此基础上，中亚各国基于各自国家利益的考量，迫切希望解决自身与周边各国的边界争议，但由于历史遗留特征与多边态势及其在中亚各国自身民族国家建设过程中所发挥的政治动员功能的独特性，该问题在具体的解决方面进展缓慢（袁剑，2020）。

1991年至今，在全球化的大背景下，各国经济发展均取得了长足进步，GDP保持快速增长。在经济合作方面，随着中国“一带一路”倡议的提出和实施，中国与中亚地区的经贸合作往来更加密切，中国一直是哈萨克斯坦、乌兹别克斯坦和土库曼斯坦这三个中亚主要国家的全球第一大贸易伙伴。总体而言，经过30年的发展，中亚五国的内政外交均有长足的进展，未来发展潜力仍旧巨大。

二、农业发展时期

中亚五国的农业发展经历了复杂又艰辛的过程。自中亚绿洲灌溉农业开始，其农业区主要沿河流和山谷等水源充沛的地区分布，且以人工灌溉的谷物种植农业为主。农业发展与自然环境的变化密切相关，尤其水资源在自然环境中扮演着非常重要的角色，当气候变化导致水源充足时，绿洲灌溉农业就相对发达；气候较干旱时，其分布范围会相应收缩，而具有北方草原特征的农牧经济就会相应地扩张（谭玉华，2013）。随着农业的不断发展演变，20世纪以来其发展过程主要可以划分为发展转型时期、发展低迷时期和1991年之后的发展时期。

发展转型时期（1917—1982年），该时期农业发展主要经历了起步和转型两个阶段。农业起步阶段，苏维埃政权建立不久，粮食匮乏问题严重，产生粮食收购危机。1917—1921年实行的战时共产主义政策核心内容是取消一切商品交换，强制实行余粮收集制和口粮配给制，除口粮、饲料和种子外，农民必须将其余粮食按照规定价格卖给国家，不得自由出售。1921年国内战争结束，开始向新经济政策转变，其中一项重要内容就是用粮食税代替粮食征集制，即按国家规定缴纳一定的粮食税，超过税额的余粮归个人所有，这从根本上激发了农民的生产积极性。虽然新经济政策仅实施了3年时间，但它给国家带来的变化却表现出了强烈的说服力，农业开始复苏，农业产量得以恢复，农民不仅生活宽裕，还能向城市供应充足的食品（吕卉，2010）。1927年农业转型阶段，农业经济组织体系发生根本转折，农村生活方式彻底改变。与此同时，政府开始重视农业机械化建设和生产，建设了大量拖拉机、联合收割机、发动机、复式和半复式脱谷机等机器制造厂和修理厂，制造了大量供集体农庄使用的载重汽车和轻便汽车，并且还专门为集体农庄设立了拖拉机站和国营农场人民委员部等服务保障管理部门。1937年建成了24.37万个集体农庄，联合了占农村人口93%的1 850万农户，拥有占全苏联99.7%的耕地，基本完成了农业集体化（刘震，2016）。集体农庄制度一直延续到1991年且其公有化程度和范围一度得到扩展，农业领域高度集中的计划经济体制始终未发生改变。

发展低迷时期（1982—1991年），苏联农业经济进入困难时期，出现了农业经济危机。1985年，国家将6个有关部门合并，成立国家农工委员会，管理部门的名称变了，但实际仍然是行政性的管理方法，无法适应农业发展，1989年被取消。之后成立国家食品和采购委员会，取消州、边疆区和共和国农工综合体机构的行政职能，改为经济实体。在这一时期，苏联才把科学技术进步提到社会经济发展战略关键因素的地位，这在时间上至少晚了15～20年，致使农业发展缺乏后劲，农业劳动生产率不断下降（戈宁，1990）。实践表明改革结果并没有形成以经济手段为基础的科学管理体系，严重挫伤了农业生产者的积极性。总之，在1991年之前的70余年中，农业一直是其国民经济的薄弱环节，片面发展重工业，忽视农业以及在农业政策上的失误，导致农业生产发展缓慢，甚至出现停滞和倒退（张红侠，2018）。

1991年之后发展时期（1991年至今），该时期农业发展可以分为农业停滞阶段和农业复苏阶段。农业停滞阶段，20世纪90年代初期农业地位急剧下降，经济社会发展处于茫然阶段，农业发展资金链的断裂和市场需求的萎缩以及农业发展的严重下滑使得中亚各国措手不及。为摆脱经济发展困境，各国纷纷把发展重心放到了工业能源行业上，长期对农业发展不够重视，普遍存在农业投入严重不足的问题。农业基础设施建设也一直处于较低水平，交通设施、农田灌溉及相关生产设施相对薄弱，尤其是农田灌溉系统缺乏，主要依靠世界银行等国际机构有限的援助和贷款实施水利规划和建设。农业生产资料方面，化肥等物质资料的生产和发展能力普遍欠缺；农业机械设备老化失修，农机和生产方式的提高与更新难以满足各国农业生产需求，农业生产资料条件十分有限，亟待发展。科研机构也早已不适应新时期的农业科技环境，农业科技研究一直停滞不前。总之，这一阶段，中亚各国农业发展的社会经济条件十分有限，农业发展基本处于停滞甚至倒退状态。农业复苏阶段，随着经济发展，各国开始重视农业生产，农业逐渐走出低谷。近年来，中亚各国纷纷进行作物布局调整以满足国内对农产品的需求，除哈萨克斯坦大幅度减少粮食种植面积外，其他四国均致力于谷物种植面积的增加，经过多年的粮经结构调整，粮食成为其种植业的主要作物。虽然中亚地区粮食粗放经营，广种薄收，但凭借着富余的耕地资源其粮食总产量在世界排名靠前。在其他国家及国际组织的帮助下，中亚各国在农业科技化方面加大了资金、人员及其他生产要素的投入，并不断调整农业发展相关政策，提高农业科技水平。虽然受经济转型、经济结构及发展战略的影响，各国农业投入结构仍不完善，信贷体制不健全，直接影响了农业生产技术的提高和农业现代化水平的推进，但中亚地区自然资源条件得天独厚，各国都具有农业产业升级、规模扩大的良好基础，产业发展潜力较大。

第二章 CHAPTER 2

中亚五国自然资源

中亚五国位于东半球（45°27′E至87°18′E，35°7N′至55°26′N），地处亚欧大陆的结合部，西起里海，东部与中国新疆维吾尔自治区相邻，北部与俄罗斯毗邻，南部与伊朗和阿富汗接壤。地势总体呈现“东高西低”的特点，起伏较大，东南部的帕米尔地区和东部的天山地区山势陡峭，西部的里海沿岸平原自北向南海拔逐渐降低，东西之间分布着广阔的荒漠与半荒漠区域。

中亚五国自然资源较为丰富，土地资源广阔，气候条件较好，水资源储量也较为可观。耕地资源方面，哈萨克斯坦、乌兹别克斯坦两国土地资源丰富，存在大量未开垦土地；吉尔吉斯斯坦、塔吉克斯坦多山地，耕地资源有限；土库曼斯坦境内卡拉库姆大沙漠占据着较大比例。同时，该地区四季分明，光照时间长，热量高，温差大，光热条件好。然而，中亚五国水资源分布失衡，塔吉克斯坦水资源储量居于世界第八位，境内分布多种类型水源；哈萨克斯坦、吉尔吉斯斯坦两国人均水资源量均高于世界人均占有量，但土库曼斯坦、乌兹别克斯坦都是缺水国家。此外，中亚五国森林资源均十分有限，但草场面积辽阔，拥有多个优质大草原，草原资源情况良好，极有利于农牧业的发展。可见，中亚五国发展农牧业的自然禀赋较好，自然资源条件得天独厚。

通过对中亚五国自然资源进行分析，有助于对其资源特点进行深入了解，宏观把握农业资源发展状况。本章主要从国土面积、耕地资源、气候资源、水资源、森林资源和草原资源等方面分别进行介绍。

第一节　国土面积

一、哈萨克斯坦

哈萨克斯坦共和国（The Republic of Kazakhstan），简称哈萨克斯坦（Kazakhstan），位于中亚北部（45°27′E至87°18′E，40°56′N至55°26′N），东接中国，西濒里海，南与乌兹别克斯坦、土库曼斯坦、吉尔吉斯斯坦接壤，北邻俄罗斯。国土面积约为272.49万平方千米①，其中陆地及内陆水体面积269.97万平方千米，东西长约3 000千米，南北宽约1 700千米，是世界上面积最大的内陆国家。

哈萨克斯坦地形复杂，境内有山脉、丘陵、盆地、低地、沙漠、河流等各种地形，但大部分为平原和低地（占国土面积的80%）。全境处于平原向山地的过渡地带，国土沙化严重。荒漠与半荒漠分布较广，尤其在南部地区，从里海延伸到阿尔泰山的半荒漠，约占国土面积的15%。

全国共划分为14个州和3个直辖市（表2-1），首都努尔苏丹位于中北部的阿克莫拉州，面积952平方千米②，截至2020年年底，全市人口约有120万人③，是全国人口第二大城市，同时也是全国政治、文化教育、经济贸易和旅游中心。阿拉木图坐落在哈萨克斯坦东南部的山区，邻近吉尔吉斯斯坦，全市面积约700平方千米，是全国人口第一大城市，截至2020年年底，约有191万人④，同时也是全国公路枢纽、航空要站和最大的工业中心。

表2-1　哈萨克斯坦行政区划

州、直辖市名称	首府	行政区（个）	城市（个）
阿克莫拉州	科克舍套	17	10
阿克托别州	阿克托别	12	8
阿拉木图州	塔尔迪库尔	16	10
阿特劳州	阿特劳	7	2

①④　数据来源：中国驻哈萨克斯坦大使馆经济商务参赞处 http://kz.mofcom.gov.cn/http://www.mofcom.gov.cn/dl/gbdqzn/upload/hasakesitan.pdf。

②　数据来源：北京市人民政府外事办公室 http://wb.beijing.gov.cn/home/yhcs/sjyhcs/sj_yz/sj_yz_nesd/sj_yz_nesd_csgk/201912/t20191227_1522937.html。

③　数据来源：哈萨克国际通讯社 https://lenta.inform.kz/cn/120_a3751514。

（续）

州、直辖市名称	首府	行政区（个）	城市（个）
东哈萨克斯坦州	乌斯季卡缅诺戈尔斯克	15	10
江布尔州	塔拉兹	10	4
西哈萨克斯坦州	乌拉尔	12	2
卡拉干达州	卡拉干达	9	11
克孜勒奥达尔州	克孜勒奥尔达	7	3
科斯塔奈州	科斯塔纳	16	5
曼格斯套州	阿克套	4	3
巴甫洛达尔州	巴甫洛达尔	10	3
北哈萨克斯坦州	彼得巴普洛夫斯科	13	5
图尔克斯坦州	图尔克斯坦	12	8
阿拉木图市	—	—	1
努尔苏丹市	—	6	1
奇姆肯特市	—	—	1

数据来源：哈萨克斯坦国家统计署。

二、吉尔吉斯斯坦

吉尔吉斯共和国（Kyrgyz Republic），简称吉尔吉斯斯坦（Kyrgyzstan），位于中亚东北部（约 69°E 至 80°E，39°N 至 43°N），东南与中国接壤，西南毗连乌兹别克斯坦，南邻塔吉克斯坦，东北接哈萨克斯坦。国土面积约为 19.99 万平方千米[①]，东西长 900 千米，南北宽 410 千米，面积位居世界第 85 位。

吉尔吉斯斯坦地势由东南向西北缓慢下降，山脉纵横，地形复杂。全国平均海拔为 2 750 米，90%以上的领土海拔在 1 500 米以上，其中 1/3 地区的海拔在 3 000～4 000 米，终年可见雪山，素有“中亚瑞士”之称。境内东北部是天山山脉，西南部为帕米尔-阿莱山脉，山脉之间分布着海拔不等、大小各异的谷地，如伊塞克湖盆地、楚河谷地等，西南部的费尔干纳盆地和北部塔拉斯河谷地一带以低地为主，面积约占国土面积的 15%。托木尔峰是全国最高点，海拔为 7 439 米。

① 数据来源：国务院发展研究中心主办，中国智库网站 https://www.chinathinktanks.org.cn/content/detail/id/y9fedm96。

全国共划分为7个州和2个直辖市（表2-2），并在州、市下设区。首都比什凯克市面积130平方千米，截至2020年年底，人口105万①人，是全国人口最多的城市，同时也是全国政治、经济、文化和科学中心。奥什市是全国人口密度最大和人口数量第二大城市，截至2020年年底人口约有29万人②，从1939年开始作为奥什州的行政中心，拥有至少3 000年的历史，被称为“吉尔吉斯斯坦的南方之都”。

表2-2　吉尔吉斯斯坦行政区划

州、直辖市名称	首府	行政区（个）	城市（个）
比什凯克市	—	—	1
楚河州	托克马克	9	4
伊塞克湖州	卡拉尔	5	3
纳伦州	纳伦	5	1
塔拉斯州	塔拉斯	4	1
奥什市	—	—	1
奥什州	奥什	7	3
贾拉拉巴德州	贾拉拉巴德	8	5
巴特肯州	巴特肯	3	4

数据来源：吉尔吉斯斯坦统计署。

三、塔吉克斯坦

塔吉克斯坦共和国（The Republic of Tajikistan），简称塔吉克斯坦（Tajikistan），位于中亚东南部（67°31′E至75°14′E，36°40′N至41°05′N），东接中国，西邻乌兹别克斯坦，南与阿富汗接壤，北邻吉尔吉斯斯坦。国土面积约为14.31万平方千米③，东西长700千米，南北宽350千米，是中亚国土面积最小的国家。

塔吉克斯坦地形地貌复杂，境内93%为山区，具有“高山国”之称。

① 数据来源：中国驻吉尔吉斯斯坦大使馆经济商务参赞处 http://kg.mofcom.gov.cn。

② 数据来源：驻吉尔吉斯斯坦经商参处 http://kz.mofcom.gov.cn/www.mofcom.gov.cn/dl/gbdqzn/upload/hasakesitan.pdf。

③ 数据来源：一带一路生态环保大数据服务平台 http://wap.greenbr.org.cn/gbxx/zy/tajkst/。

50%的领土海拔在3 000米以上，最高峰为索莫尼峰（海拔7 495米）。山地类型多种多样，东部是帕米尔高原地带，中部是吉萨尔-阿莱山脉，北部则是费尔干纳盆地和库拉明山坡地，西南部以低山脉和平原地形为主，如瓦赫什谷地、吉萨尔谷地和喷赤谷地等。

全国共划分为3个州、1个区和1个直辖市（表2-3），首都杜尚别面积125平方千米，截至2020年年底约有85.13万人①，是全国人口第一大城市，同时也是国家政治、科学和文化教育中心。工业以棉纺织、缫丝、食品加工和机械制造为主，总产值占全国的9%。苦盏（又称胡占德）面积2 852平方千米，截至2019年年底人口约17.93万②，是全国人口第二大城市，同时也是中亚最著名的文明古城之一。

表2-3 塔吉克斯坦行政区划

州、直辖市（区）名称	首府	行政区（个）	城市（个）
杜尚别市	—	—	—
共和国直辖区	科法尔尼洪	—	—
哈特隆州	库尔干秋别	24	6
索格特州	苦盏	14	10
戈尔诺—巴达赫尚自治州	霍罗格	7	1

数据来源：塔吉克斯坦统计署。

四、土库曼斯坦

土库曼斯坦（Turkmenistan），位于中亚西南部（52°16′E至66°25′E，35°05′N至42°29′N），东南与阿富汗交界，西濒里海与阿塞拜疆、俄罗斯相望，南邻伊朗，北部和东北部与哈萨克斯坦、乌兹别克斯坦接壤。国土面积约为49.12万平方千米③，靠近里海的海岸线长为1 768千米。

土库曼斯坦地形总体上呈“东南高、西北低”的特点，全国平均海拔高度

① 数据来源：中国驻塔吉克斯坦大使馆经济商务参赞处 http://tj.mofcom.gov.cn/。

② 数据来源：https://web.archive.org/web/20191209061559/http://hdr.undp.org/sites/default/files/hdr2019.pdf。

③ 数据来源：中国驻土库曼斯坦经济商务参赞处 http://tm.mofcom.gov.cn/。

为 100～200 米，是中亚五国中地形最为平坦的国家，全境 80%的领土被卡拉库姆沙漠覆盖。南部和西部为科佩特山脉和帕罗特米兹山脉；西部和东部为土库曼巴尔坎山脉和库吉唐套山脉，1/4 的国土面积位于图兰平原，其余为山脉和山麓。

全国共划分为 5 个州和 1 个直辖市（表 2－4）。首都阿什哈巴德面积约为 300 平方千米，截至 2020 年年底人口约 100 万人①，是国家政治、经济、文化和科研中心。该市有电力、食品加工、轻工、机械制造和金属加工等工业部门，科学、文化和新闻事业较为发达。土库曼纳巴德是全国人口第二大城市，截至 2020 年年底约有 23 万人，② 是东部的中心城市，中亚铁路和外里海铁路在此交汇。

表 2－4　土库曼斯坦行政区划

州、直辖市名称	首府	行政区（个）	城市（个）
阿什哈巴德市	—	—	1
阿哈尔州	阿瑙	9	1
巴尔坎州	涅比特达格	6	7
达绍古兹州	达绍古兹	9	2
列巴普州	土库曼纳巴德	14	5
马雷州	马雷	12	5

数据来源：土库曼斯坦统计署。

五、乌兹别克斯坦

乌兹别克斯坦共和国（The Republic of Uzbekistan），简称乌兹别克斯坦（Uzbekistan），位于中亚腹地（56°00′E 至 73°10′E，37°10′N 至 45°36′N），东接吉尔吉斯斯坦，东南和塔吉克斯坦相连，西与土库曼斯坦毗邻，南靠阿富汗，北部和东北与哈萨克斯坦接壤。国土面积约为 44.89 万平方千米，③ 是世界上仅有的两个双重内陆国之一。

乌兹别克斯坦地形东高西低，平均海拔 200～400 米。东南部吉萨尔峰为最高峰，海拔 4 643 米，西北部的咸海低地海拔最低，高度为－12 米。东部为天山山脉和吉萨尔-阿莱山脉，常年积雪；中部为克孜勒库姆沙漠。除了最高

① 数据来源：中国驻土库曼斯坦大使馆经济商务参赞处 http://tm.mofcom.gov.cn/。

② 数据来源：https://ca.araratour.com/turkmenabad。

③ 数据来源：中国驻乌兹别克斯坦大使馆经济商务参赞处 http://uz.mofcom.gov.cn/。

峰吉萨尔峰，境内还分布着霍扎比里亚赫峰、别什托尔峰和大奇姆干峰。

全国共划分为1个自治共和国、12个州和1个直辖市（表2-5）。首都塔什干市面积约260平方千米，截至2020年年底，常住人口258.69万人①，是中亚人口规模最大的城市，同时也是政治、经济、文化和交通中心。撒马尔罕市面积约为51.90平方千米，截至2020年年底人口约54万人②，是乌兹别克斯坦文化中心之一，同时也是中亚地区最古老的城市之一。布哈拉地处欧亚交通要道，是古丝绸之路上的名城，有“中亚麦加”之称，自古以来是中亚地区商业、建筑技术、科学、文学艺术比较发达的城市。

表2-5 乌兹别克斯坦行政区划

州、直辖市名称	首府	行政区（个）	城市（个）
卡拉卡尔帕克斯坦共和国	努库斯	14	2
安集延州	安集延	14	11
布哈拉州	布哈拉	11	10
费尔干纳州	费尔干纳	15	9
吉扎克州	吉扎克	12	7
纳曼干州	纳曼干	11	8
纳沃伊州	纳沃伊	8	6
卡什卡达里亚州	卡尔希	14	12
撒马尔罕州	撒马尔罕	16	11
锡尔河州	古利斯坦	9	5
苏尔汉河州	铁尔梅兹	14	8
塔什干州	塔什干	15	17
花拉子模州	乌尔根奇	10	3
塔什干市	—	—	1

数据来源：乌兹别克斯坦统计署。

第二节 耕地资源

一、哈萨克斯坦

哈萨克斯坦地势西北低、东南高，土地面积居世界第九位，土地资源十分

①② 数据来源：中国驻乌兹别克斯坦大使馆经济商务参赞处 http://uz.mofcom.gov.cn/。

丰富。拥有农业用地 21 699.20 万公顷，其中耕地面积 2 974.84 万公顷，人均耕地 1.63 公顷，还有大量可供开垦的荒地，但其土地利用率并不高，有 900 万公顷的土地未被开发。

耕地面积方面，1992 年耕地面积为 3 505 万公顷，之后开始逐年下降且减幅明显，到 2002 年降至 2 834.6 万公顷；2002 年后耕地面积逐渐回升出现增长，但增速十分缓慢，远不及 1992 年水平（图 2－1）。同时人均耕地面积随着耕地面积的变化呈波动下降趋势。1992—1999 年人均耕地面积不断波动，1995 年达到最高点，为 2.2 公顷，1996 年人均耕地面积出现下降之后逐渐回升，至 1999 年恢复到了 2.15 公顷，变动趋势总体呈“M”形。1999 年后人均耕地面积进入持续下降期，到 2018 年降至 1.63 公顷，相比 1992 年下降了 0.5 公顷，降幅为 23.5%。灌溉用地的变化与其耕地面积的变化基本一致，在 1992 年后逐年下降，21 世纪以来虽有波动，但基本稳定在 200 万公顷左右，近年来灌溉用地面积稳定在 206.6 万公顷保持不变。

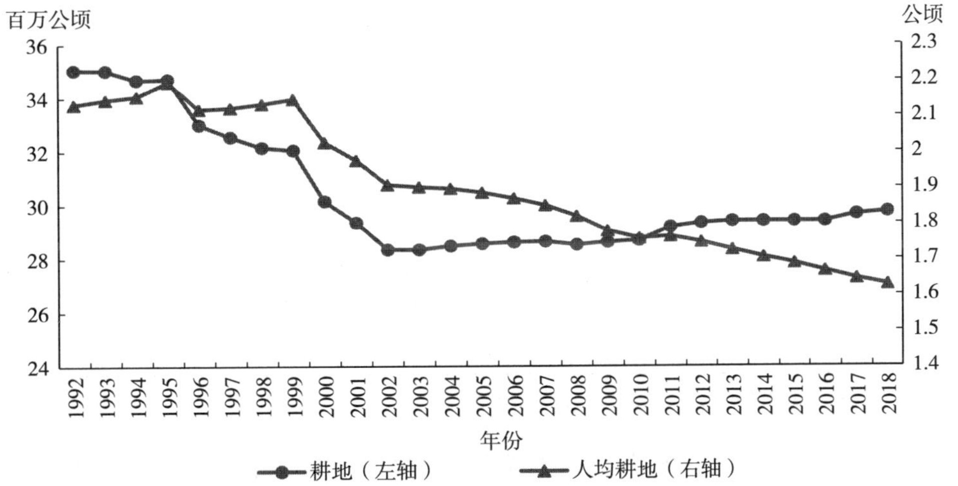

图 2－1　1992—2018 年哈萨克斯坦耕地面积变化

数据来源：世界银行数据库。

哈萨克斯坦耕地资源虽较为丰裕，但分布具有明显的地域性。其耕地资源大部分分布于北部及东北部平原地区，这些区域内部整体地势较为平坦，气候及自然条件良好，机械化条件也较好，主要包括北哈萨克斯坦州、科斯塔奈州、阿克莫拉州及巴甫洛达尔州等，丰富的耕地资源也使得这些区域成为主要农业区。其中北哈萨克斯坦州耕地面积达 400 万公顷，占全国农业用地的比例将近 70%（表 2－6）。西部及西南部地区耕地较少，如阿特劳州、阿克托别州等耕地面积很小，其中阿特劳州耕地面积为 0.61 万公顷，占全国农业用地中的比例只有 0.07%，而曼格斯套州由于草地牧场面积占比较高，农业用地几乎全服务于畜牧业，耕地面积更小。其余可耕地则主要位于西部的伏尔加河下游、东部的阿尔泰山脉以及南部的北天山后伊犁阿拉套山（李宁，2011）。

表 2-6 哈萨克斯坦各州耕地分布

地区	农业用地（万公顷）	耕地面积（万公顷）	耕地面积占比（%）
哈萨克斯坦	21 700	2 939.5	13.55
阿拉木图州	790	100	12.66
阿特劳州	930	0.61	0.07
阿克莫拉州	1 110	490	44.14
阿克托别州	2 500	110	4.40
东哈萨克斯坦州	430	70	16.28
江布尔州	670	80	11.94
西哈萨克斯坦州	490	40	8.16
卡拉干达州	1 160	100	8.62
克孜勒奥尔达州	—	—	—
科斯塔奈州	1 800	570	31.67
巴甫洛达尔州	270	70	25.93
北哈萨克斯坦州	580	400	68.97
图尔克斯坦州	370	70	19.92
曼格斯套州	1 271.1	—	—

数据来源：中国驻哈萨克斯坦大使馆经济商务参赞处。

哈萨克斯坦耕地资源丰富，土壤类型多样，境内有黑钙土、栗钙土、褐土、沙质土壤等多种类型土壤分布，且各土壤类型区域分异明显（表 2-7）。北部地区是较大面积的森林草原带和草原带，分布着黑钙土和栗钙土，土壤质量较高。再加上这一区域地势平坦，有着充足的光热资源，适宜种植业大规模耕作及收获，全国粮食产量的 80%都产于此地。而主要农牧区则分布着大面积的栗钙土、灰棕钙土和褐土，土壤湿度低，有机质含量低，肥力低下，形成草原带及半荒漠带。由于耕地资源长期没有得到合理养护和科学经营，开垦的荒地多年粗放经营，土壤肥力下降，相当一部分耕地遭风蚀，荒漠化严重，耕地整体质量正在退化。

表 2-7 哈萨克斯坦主要土壤类型及其分布

土壤类型	黑钙土、栗钙土	栗钙土	灰棕钙土、褐土	沙质土壤
分布地区	科斯塔奈州、阿克莫林州、巴甫洛夫州、切利诺格勒州及北哈萨克斯坦州等	西哈萨克斯坦州、卡拉干达州、阿克托别州及科斯塔奈州等	于斯蒂尔特地区、图尔盖地区、别持帕克达拉地区、曼格斯套州以及阿特劳州等	哈萨克斯坦南部及西南部地区

数据来源：赵常庆，2005. 列国志：哈萨克斯坦［M］. 北京：社会科学文献出版社。

二、吉尔吉斯斯坦

吉尔吉斯斯坦93%的国土面积为山地，耕地资源并不丰富。农业用地面积为1 054.1万公顷，耕地面积为128.8万公顷，占比约12.2%，真正适于耕种的土地仅为全国陆地面积的7%，而人均耕地仅为0.204公顷，能够稳定投入农业生产的耕地比例更小。

耕地面积变动方面，耕地整体波动较大。1993—1995年耕地面积剧烈下降，1995年跌至历史最低，仅为125.8万公顷；1995年后出现骤增，到1999年增至136.8万公顷，之后再次进入长期下降状态；到2018年耕地面积为128.8万公顷，相比1999年下降了5.84%（图2-2）。耕地资源分布较为集中，主要分布于楚河州和伊塞克湖州的楚河谷地、伊塞克湖盆地等，两者耕地占比合计将近50%，是重要的粮食和经济作物产区，西南部的费尔干纳盆地和北部的塔拉斯河谷地一带分布着诸多小面积低地，占比仅为15%。由于人口增长相对稳定，人均耕地面积也大致随耕地面积变化，1992年人均耕地面积为0.29公顷，1996年后进入持续下降期，到2018年，人均耕地面积为0.20公顷，比1992年下降了30.13%。吉尔吉斯斯坦耕地资源主要分布在楚河州、伊塞克湖州、奥什州等地区，纳伦州耕地资源占比最小。

吉尔吉斯斯坦耕地灌溉比例较高，灌溉面积达100万公顷左右，在耕地中占比接近80%，灌溉区域主要在锡尔河上游地区费尔干纳盆地及楚河州、奥什州（樊海灵，2017）。相对于耕地面积下降，灌溉面积却出现了增长，从1992年的100.7万公顷增至2016年的102.33万公顷，耕地面积中有灌溉设施的土地面积占比79.45%。但在灌溉耕地中，有22.0万公顷土地出现不同程度的盐渍化，

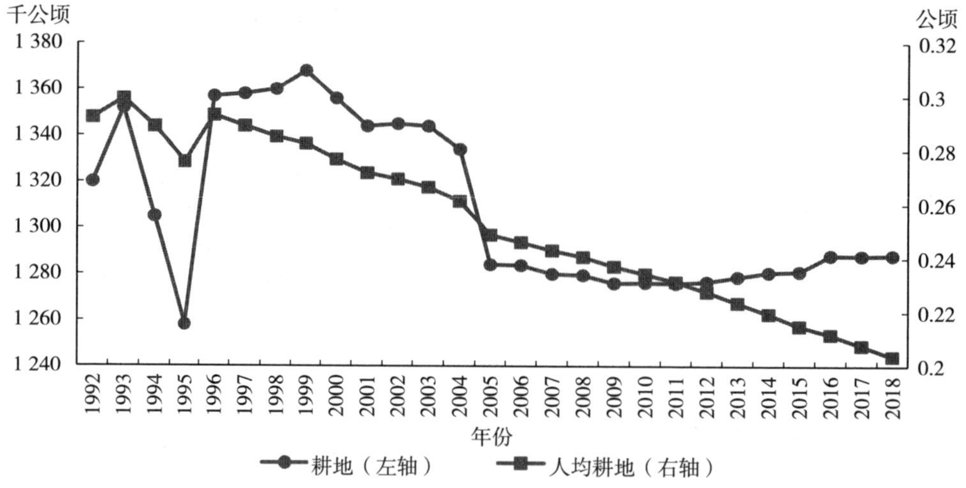

图 2-2　1992—2018 年吉尔吉斯斯坦耕地面积变化

数据来源：世界银行数据库。

8.2 万公顷土地碱性化，65.1 万公顷土地易受风侵蚀，76.5 万公顷土地易被水侵蚀，受风和水侵蚀的山区灌溉土地面积超过 70 万公顷，11.2%的土地状况不佳，1.1 万公顷的耕地得不到有效灌溉，大面积的土地盐碱化严重影响着农作物耕作与收获（吉尔吉斯共和国农业和改良部—水管理和水利部，2015）。

吉尔吉斯斯坦境内分布着较大面积的山间盆地，主要土壤类型有灰漠土、灰钙土、草甸土以及褐土浅褐土等，其中灰漠土所占比重较高，土壤条件整体较好（表 2-8）。北部和西部的河谷、盆地中多有钙质灰土分布，土质肥沃。而在楚河州、巴肯特州、贾拉拉巴德州、奥什州、塔拉斯州等地主要是灰漠土分布，灰漠土有机质含量最多，砾质化程度轻，在以上各州的耕地资源中占据较大比重，分布面积占巴特肯州耕地的一半以上，占贾拉拉巴德州、奥什州和塔拉斯州大约为 38%，占楚河州比例约为 18.6%（马雪琴等，2013）。

表 2-8　吉尔吉斯斯坦土壤类型及分布

分布区域	土壤名称	土壤类型
奥什州	灌溉（陈）灰钙土、灰钙—草甸土 普通图兰灰钙土	半封闭山间盆地土壤
楚河州	灰钙草甸、草甸灰钙 草甸沼泽盐碱土、山谷浅褐土	半封闭山间盆地土壤
贾拉拉巴德州	普通图兰灰钙土 山地坚果林（胡桃）黑棕土	半封闭山间盆地土壤 山坡土壤

（续）

分布区域	土壤名称	土壤类型
纳伦州	山谷浅褐土	封闭型山间盆地土壤 山坡土壤
塔拉斯州	山谷浅褐土、山地高山草甸土 山地褐土、山地浅褐土	封闭型山间盆地土壤 山坡土壤
伊塞克湖州	山地浅褐土	山坡土壤

数据来源：李磐，吉恒莹，等，2014. 吉尔吉斯斯坦与新疆土壤测定方法对比分析［J］. 中国农学通报，30（11）。

三、塔吉克斯坦

塔吉克斯坦是高山国，高原和山地面积达 90%，耕地资源稀缺。农业用地面积在中亚五国中最小，只有 473.8 万公顷，占国土面积的 33.51%，而耕地面积仅为 70.18 万公顷，仅占全国农业用地面积的 14.8%，人均耕地面积仅有 0.077 公顷。

耕地面积总量有限，且一直处于波动变化中。1992—1998 年耕地面积出现大幅下降，从 86 万公顷减少到了 78.4 万公顷；1998 年后下降趋势放缓，基本稳定在 78 万公顷左右；2004 年后，耕地面积再次出现大幅下降，波动明显，2006 年只有 73.7 万公顷，相比 2004 年减少了 4.1 万公顷；自 2009 年以后耕地面积变化同样保持着下降趋势，但下降缓慢，波动较小，2014 年后趋于稳定（图 2－3）。直至 2018 年，耕地面积为 70.18 万公顷。人均耕地的变化随着耕地面积的减少而逐年呈下降趋势。1992 年，人均耕地面积为 0.16 公顷，之后呈持续性下降。2018 年人均耕地面积只有 0.077 公顷，仅相当于 1992 年的一半左右，且毫无回升迹象。

塔吉克斯坦耕地资源大多分布在较大的河谷和平原地带，土地相对平整连片，能够进行农业机械作业，主要分布于西北部费尔干纳盆地的西缘、西南部瓦赫什谷地、吉萨尔谷地和喷赤谷地等（于敏等，2017）。同时灌溉用地比例很高，达到了 98.75%，几乎实现了耕地灌溉全覆盖。灌溉用地面积整体呈增长趋势，1992 年之前 10 年较为稳定，2003 年之后逐年快速增长，到 2009 年增长至 74.2 万公顷，比 1992 年增加了 2.4 万公顷，并一直稳定在这一水平。

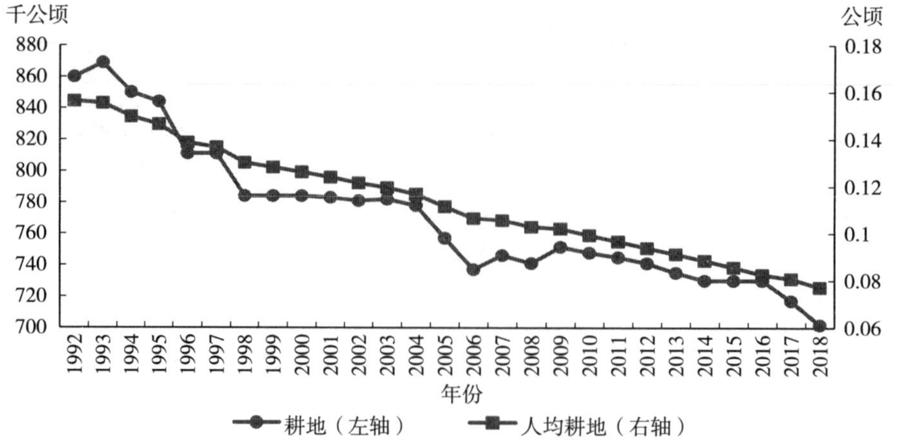

图 2-3　1992—2018 年塔吉克斯坦耕地面积变化

数据来源：世界银行数据库。

四、土库曼斯坦

土库曼斯坦 90%以上被沙漠覆盖，耕地面积占农业用地面积的比重只有 5.7%左右（朱新鑫，2011）。2018 年农业用地总面积为 3 383.80 万公顷，占国土面积 69.3%，其中耕地面积很少，仅有 194 万公顷，人均耕地仅为 0.33 公顷，大部分为永久性草地和牧场。但耕地面积及灌溉用地变动方向较好，呈现出长期稳定的增长趋势。

1992 年以来由于经济改革措施稳妥，农业发展过渡平稳，耕地面积基本呈上升趋势，增长明显。1992 年耕地面积为 148.7 万公顷，之后以年均增长 8.43 万公顷的幅度增至 1995 年的 174 万公顷，并维持在这一水平（图 2-4）。1998 年“永久性土地所有权”改革开始推行，国家也放宽了种植指令，耕地面积再次出现增长，至 2001 年达到了历史最高 204 万公顷。2007 年至 2010 年间由于世界经济形势不稳，农业发展受到影响，耕地面积首次出现波动下降，2010 年耕地面积为 194 万公顷，相比 1992 年增长了 45.3 万公顷，增长幅度为 30.5%。与之相反，人均耕地面积变化下降趋势明显，变动趋势呈“M”形。1992 年人均耕地为 0.38 公顷，之后呈缓慢增长态势，增至 1996 年 0.41 公顷后出现第一个下降期，并降至 1998 年的 0.39 公顷。1998 年之后随着耕地面积的明显上升，人均耕地面积也出现快速增长态势，到 2001 年增至 0.45 公顷，随后转入第二个下降期持续至今，未有回升。2018 年人均耕地面积为 0.33 公顷，相比 2001 年减少了 26.67%。

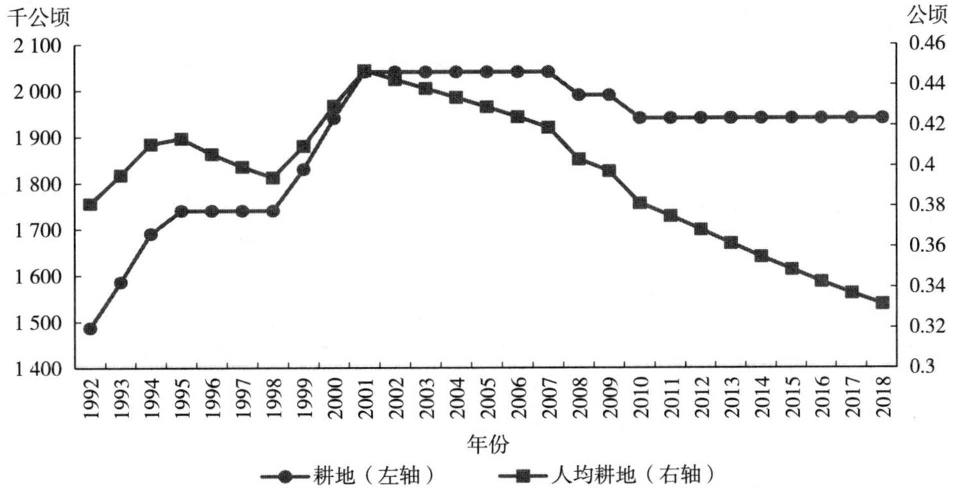

图 2-4 1992—2018 年土库曼斯坦耕地面积变化
数据来源：世界银行数据库。

土库曼斯坦耕地资源主要分布在阿姆河、穆尔加布河、捷詹河以及阿特拉克河周围的绿洲地带。两大天然绿洲分别为阿姆河绿洲和穆尔加布-捷詹绿洲，此外还有科佩特山前绿洲、阿特拉克-松巴尔绿洲等区域分布耕地（表 2-9）。阿姆河中游绿洲从东南向西北展开，长约 300 千米，由冲积平原和阶地构成，主要依靠阿姆河水源灌溉。阿姆河下游绿洲沿阿姆河河谷展开，为冲积平原和河口三角洲。穆尔加布-捷詹绿洲面积约 162.2 万公顷，其中捷詹河三角洲为沙土、龟裂发育的盐碱地平原。科佩特山前绿洲是一片狭窄的洪积平原绿洲，绿洲局部有盐碱地。阿特拉克-松巴尔绿洲位于土库曼斯坦西南，包括阿特拉克下游河谷、松巴尔河和长岱尔河谷地带（土库曼斯坦地理，2018）。这些绿洲地带广泛分布耕地，配套灌溉之后的土壤条件能够满足农业生产。

表 2-9 土库曼斯坦绿洲分布情况

绿洲名称	分布区域	土壤类型	植物种属
阿姆河中游绿洲	列巴普州，阿姆河中游河谷	沙土、黏土、灌溉沉积土壤	芦苇、甘草、柳树、柽柳、胡颓子、盐豆木、胡杨等
阿姆河下游绿洲	达绍古兹州内沿阿姆河河谷展布	天然草地土壤、灌溉沉积土壤、冲积扇土壤、龟裂土壤	草本植物、木本灌木（柽柳，杨柳等）、沙漠植物（猪毛草、梭梭）等

（续）

绿洲名称	分布区域	土壤类型	植物种属
穆尔加布-捷詹绿洲	穆尔加布河、捷詹河两河流域和三角洲洼地	壤土、沙土、盐碱地	棉花、盐穗木、甘草、芦苇、柽柳等
科佩特山前绿洲	科佩特山脉山麓	黄土、灰钙土、重壤土	短生植物、猪毛菜、山艾树等
阿特拉克-松巴尔绿洲	阿特拉克、松巴尔两河流域	灰钙土	橄榄、葡萄、无花果、石榴等

数据来源：《土库曼斯坦地理》。

五、乌兹别克斯坦

乌兹别克斯坦土地资源仅次于哈萨克斯坦，东部和南部山区夹杂着费尔干纳盆地，土壤肥沃，灌溉条件优越，耕地面积较为丰富；中西部多为海拔 200 米以下的平原，75%的土地是草地、沙漠和半沙漠，全国适合耕种的土地大都分布在河谷和绿洲地带，所占比例不足 10%。作为中亚地区最大的以农作物灌溉为主的农业生产国，其农业用地主要为旱地和灌溉地，灌溉地中一半是含盐和盐渍化的土地。2018 年农业用地面积达 2 237 万公顷，其中耕地面积为 406.45 万公顷，约占农业用地面积 18.17%，但由于有着中亚地区最为庞大的人口数量，人均耕地面积仅为 0.123 公顷，耕地负载较重，承载水平低（魏凤等，2020）。

1992 年之后十几年内乌兹别克斯坦耕地面积都保持着缓慢增长，到 2004 年增至 450 万公顷。2004 年后人口激增，相当一部分耕地转化为其他用途，耕地面积急转下降，且降幅较大。直至 2009 年降至 430 万公顷后剧烈下降态势得到缓解，耕地面积出现恢复态势，开始波动上升（图 2－5）。到 2011 年耕地逐渐开始恢复至相对稳定的水平，并稳定在 440 万公顷。到 2018 年耕地面积为 406.45 万公顷，相比 1992 年下降了 9.2%。由于人口数量庞大，人均耕地面积也进入长期的持续下降状态。到 2018 年，人均耕地面积只有 0.123 公顷，相比 1992 年下降了 41.1%。同时灌溉面积居中亚地区首列，农业生产活动集中在自然条件与灌溉条件优越的盆地地区，灌溉比例高，1992 年耕地面积中灌溉用地就达到了 428.1 万公顷，占比 95.69%。之后由于灌溉设施建设不足，以及中亚地区水资源问题紧张，灌溉用地面积明显波动下降，到 2005 年为 419.8 万公顷。2005 年后灌溉用地有所恢复，并逐渐稳定到 421.5 万公顷，不及 1992 年之前灌溉面积水平。由于水资源相对丰富，灌溉比例较高，耕地资源多分布在卡什卡达里亚州、卡拉卡尔帕克斯坦自治共和国、吉扎克州、撒马尔罕州等地区。

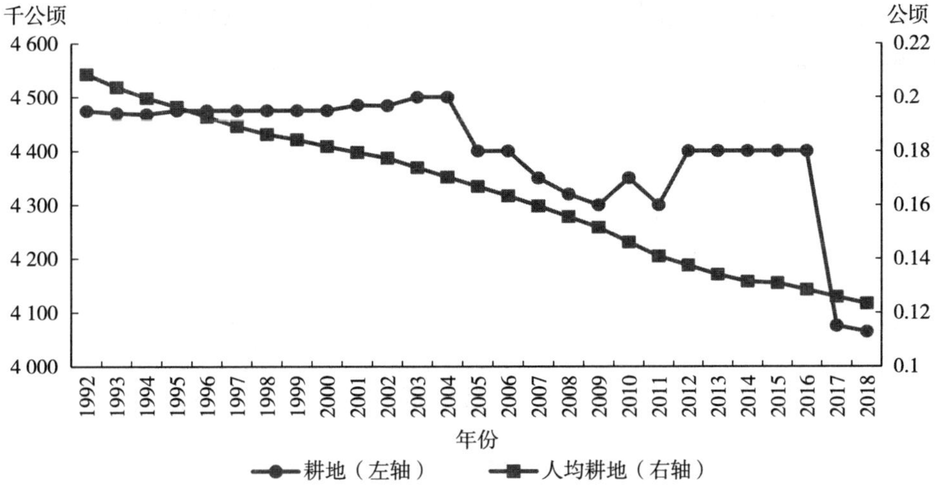

图 2-5　1992—2018 年乌兹别克斯坦耕地面积变化

数据来源：世界银行数据库。

第三节　气候资源

一、哈萨克斯坦

哈萨克斯坦气候类型为显著性大陆性气候，夏季炎热干燥，冬季寒冷少雪（图 2-6）。1 月平均气温为－19～4℃，7 月平均气温为 19～26℃，绝对最高和最低气温分别为 49℃和－57℃，昼夜温差和季节温差都很大（朱新鑫，2011）。境内南北地区之间气温差明显，北方少数城市如彼得罗巴甫洛夫斯克、巴甫洛达尔等地 1 月平均气温可低至－19℃，7 月较为凉爽，平均气温为 19℃。南部地区如奇姆肯特、克孜勒奥尔达等地区气候较温和，1 月平均气温为－4℃，7 月平均气温为 26℃，气候条件较北部地区优越（陈其钢，2007）。随着全球气候变暖，西哈萨克斯坦州等地面临严重干旱，而北哈萨克斯坦州、科斯塔奈州等因邻近俄罗斯的西伯利亚地区，气候寒冷，极端天气频发（娜迪拉・甫拉提，2016)。

全年光热资源十分丰富，境内自北向南，年均日照时间达 2 200～3 000 小时。光热同季，充足日照使其能获取较多的热量，通常每天的太阳辐射量为 3.8～5.2 千瓦时/平方米，日照所产生的热量为每年 1 300～1 800 千瓦/平方米，图尔克斯坦州、克孜勒奥尔达州和咸海沿岸等地区太阳辐射量尤为丰富。除丰富的太阳能资源，较长的光照时间和较大温差也十分有利于农作物生长和养分积累（乔刚等，2013)。

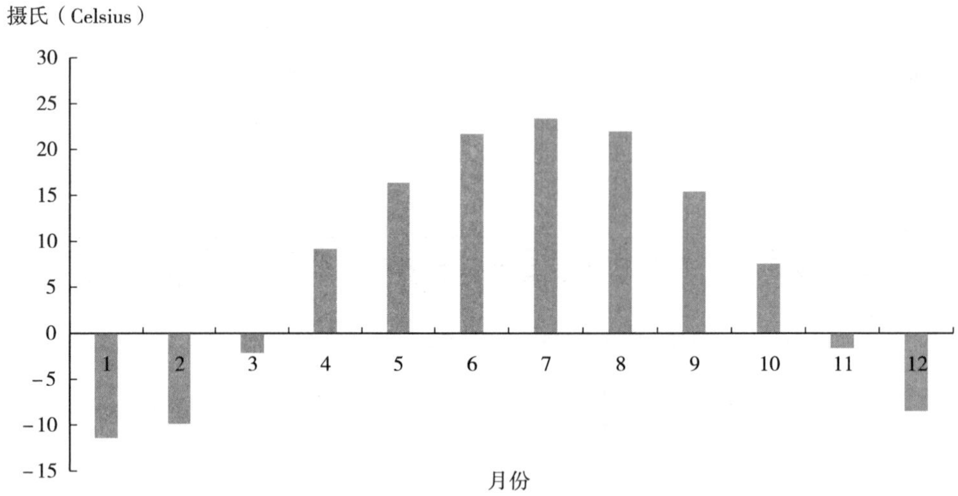

图 2-6　1992—2016 年哈萨克斯坦月平均气温情况
数据来源：世界银行数据库。

二、吉尔吉斯斯坦

吉尔吉斯斯坦气候类型为明显干旱的大陆性气候，部分地区地处温带，南部呈现亚热带气候特征，气候较为脆弱（图 2-7)。1 月平均气温－6℃，最低的阿克赛河谷为－50℃，7 月份平均气温 27℃，最高的奥什市温度曾达 50℃。在平原和山麓地区，年均气温为 10～13℃，高山地区在－8℃左右，昼夜及地区温差较大（丁峰等，2017)。由于靠近沙漠，高山地貌复杂同时又受到伊塞克湖的影响，气候特征较为多样，极端大陆性气候与近似海洋性气候并存，夏季炎热干燥，冬季寒冷，四季分明。山谷山麓地带具有亚热带气候特征，较为温暖，高寒地区海拔高，冬季漫长寒冷，雪原与冰川广布。

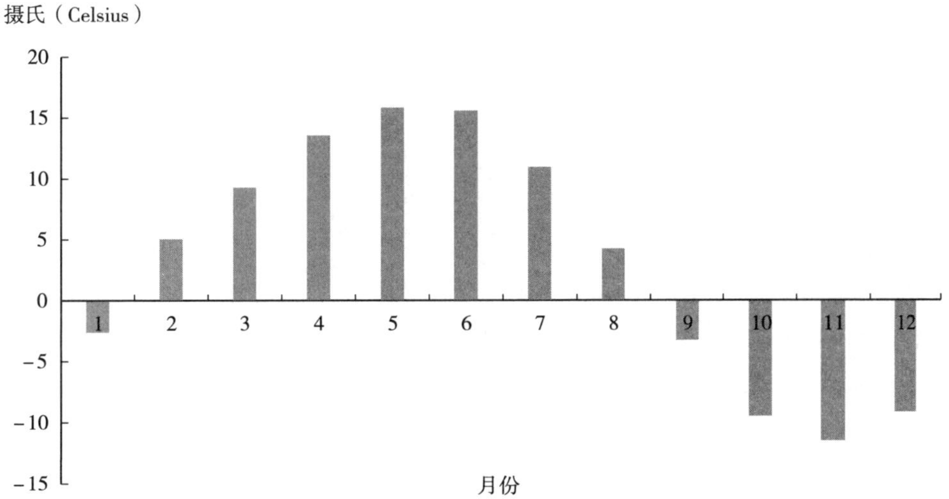

图 2-7　1992—2016 年吉尔吉斯斯坦月平均气温情况

数据来源：世界银行数据库。

由于阳光充足，尤其是在山区全年日照时间长，境内年均太阳辐射量高。但夏冬两季日照时间相差很大，6 月一般在 10～12 个小时以上，而 12 月只有 5～6 个小时，在高山地区的峡谷之内，日照时间更短（李婷，2012）。除了季节时间差异较大之外，不同地区的日照时间也有较大的差异。位于伊塞克湖州的卡拉科尔地区日照时数最为充足，达 2 965 小时；其次为伊塞克湖西岸地区，晴朗天气主要集中在冬季，年日照时数达 2 881 小时，而伊塞克湖东岸地区日照时数为 2 670 小时；琼克孜勒苏谷地年均日照时数最低，不足 1 700 个小时。根据其国家能源部数据，境内全年日照时数超过 2 800 小时，全年辐射总量为每平方米 1 000～1 700 千瓦时。

三、塔吉克斯坦

塔吉克斯坦境内分布着较多山地，多重山脉塑造了复杂的地质特点和独特的气候特征。全境属典型的大陆性气候，南部地区与亚热带气候特征相近，光热条件较好。季节气温变化明显，1 月平均气温－2～5℃，最低气温－20℃；7 月平均气温为 23～30℃，最高气温可达 40℃（图 2-8）。地域上南北温差不大，南部的哈特隆州年均气温为 16.5℃，北部的苦盏地区年均气温在 14.7℃左右，南北两地月平均气温差仅为 4℃。而在山谷和山底地区年均气温为 6～17℃，帕米尔西部地区终年积雪，年均气温为－6～1℃（牛海生，2014）。

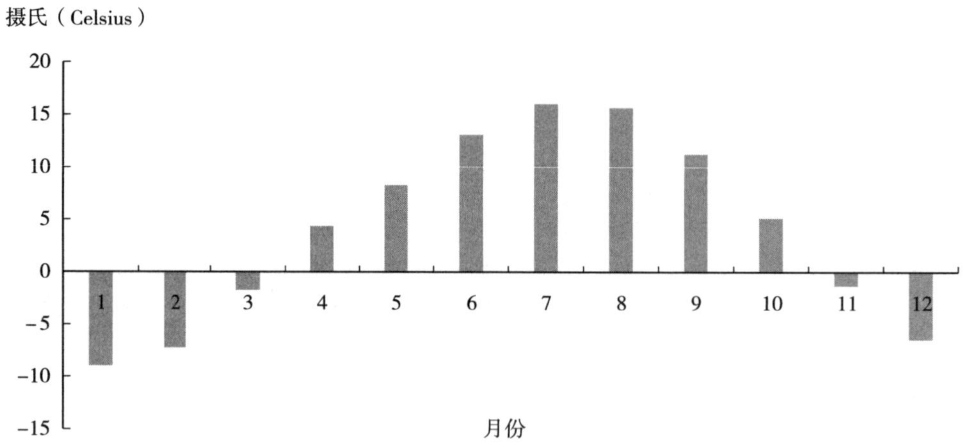

图 2-8　1992—2016 年塔吉克斯坦月平均气温情况
数据来源：世界银行数据库。

作为高山国，塔吉克斯坦日照条件良好，光热资源也十分丰富。每年晴天日数为 280～330 天，年日照时数基本为 2 500～3 000 小时，年总辐射量为 6 000～8 000 兆焦/平方米，平原地区的太阳能辐射为 280～925 兆焦/平方米，高原地区为 360～1 120 兆焦/平方米（乔刚等，2013）。良好的日照时数和太阳能辐射酝酿了充沛的年积温，大于 10℃的年积温为 4 500℃左右，南部哈特隆州由于纬度低，大于 10℃的年积温高达 5 800～6 000℃，是国内第一大农业生产区（牛海生，2014），独特的气候条件和丰富的光热资源为牧业、林果业等的发展提供了良好的自然资源发展条件。

四、土库曼斯坦

土库曼斯坦境内沙漠分布面积广，是世界上最干旱的地区之一，气候类型属于较为干燥的强烈大陆性气候，湿度低，夏季干燥炎热，冬季寒冷。年平均气温为 14～16℃，其中 1 月平均气温为 4.4℃，是全年最冷的月份，7 月平均气温为 27.6℃（图 2-9）。同时气温年较差和日较差大，很多地方昼夜温差达 20℃；季节性差异也很大，夏季气温长期高达 35℃以上，东南部曾有 50℃的极端纪录，冬季在东南部的山区也会出现低温。地域上，北方地区年平均气温为 11～13℃，东南部为 15～18℃，平均气温从东北部的－6℃过渡到东南部的 3℃和最西北部的 27～32.4℃（姚一平等，2014）。在列别捷克和卡拉库姆沙漠的中部和东南部最高气温可达 48～50℃，在北部、里海沿岸和山区气温稍低，偏东南部的谢尔赫塔巴特（库什卡）地区冬季气温低至－33℃。

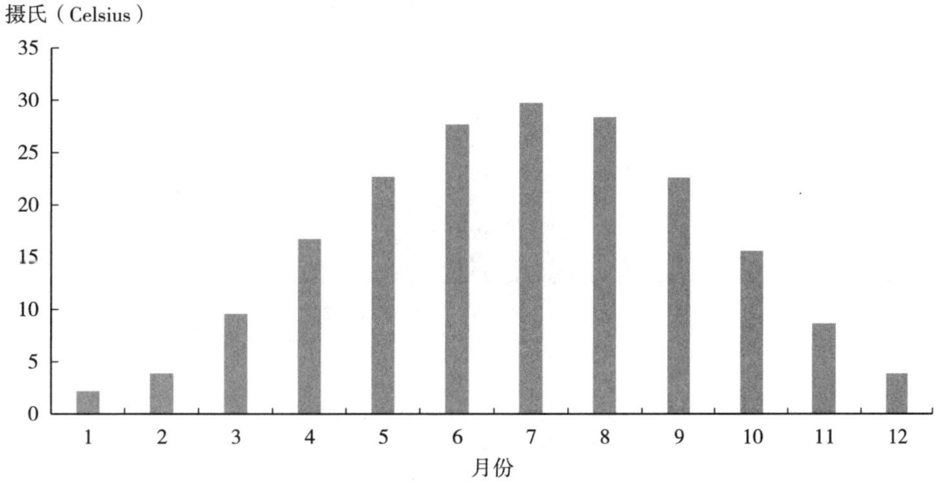

图 2－9　1992—2016 年土库曼斯坦月平均气温情况
数据来源：世界银行数据库。

由于地理位置和沙漠影响，稀少的云量使得晴朗天气多，日照时间长。很多地区全年日照时间高达 240～250 天，无霜期除西北地区（达绍古兹绿洲）较低（187～200 天）之外，其他地区基本为 230～250 天。较好的光照条件和干热地面使得地表有大量热量得以积累，全境年太阳辐射总量高，西北为 606.7 千焦/平方厘米，东南高达 682.0 千焦/平方厘米，极大地丰富了该国的光热资源。

五、乌兹别克斯坦

乌兹别克斯坦是位于中亚腹地的“双内陆国”，气候类型以严重干旱的大陆性气候为主（图 2－10）。其中陆地面积的 20.4%为半干旱及草原气候，67.3%为干旱及沙漠气候，其余为高山及高原气候，夏季漫长、炎热，干燥少雨；冬季短促、寒冷，雨雪不断。1 月平均气温为－6～－3℃，最冷时，地面最低温度可达－30～－20℃，北部绝对最低气温为－38℃，南部气温为 2～3℃，7 月平均气温为 26～32℃，最热时，地面最高温度可达 40～44℃，南部白天气温高达 40℃，昼夜温度变化明显。沙漠地区是中亚五国最为干旱的地区，也是气温最高、蒸散强烈的地区（胡汝骥等，2014）。

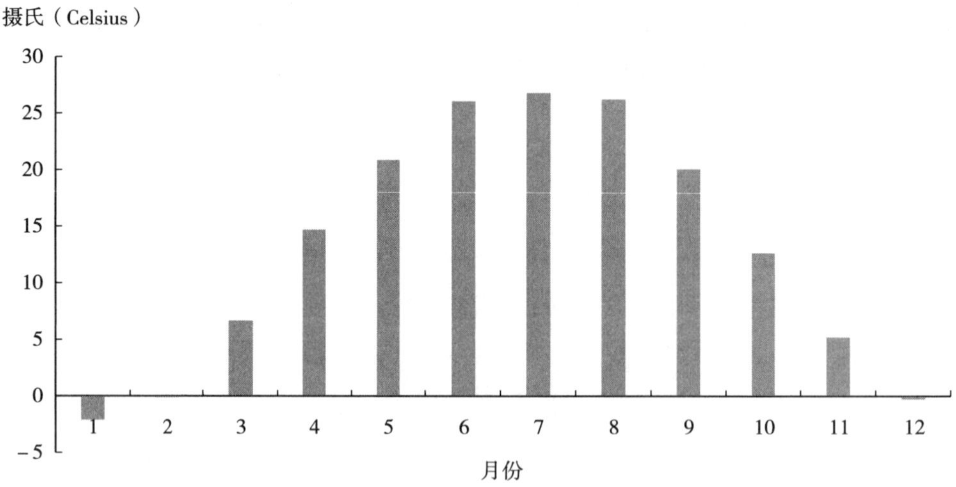

图 2-10　1992—2016 年乌兹别克斯坦月平均气温情况
数据来源：世界银行数据库。

由于光热资源充沛，该国被称为“太阳的国度”，日照时间较长。全年日照时数长达 2 410～3 090 小时，日照时数南北差异大，南部地区全年日照时数超过 3 000 小时，光照积温达到 4 000～5 000 千瓦时，北部地区年照射时间则相对较少，为 2 000 小时。由于年日照天数逾 300 天，太阳能资源潜力巨大，在可再生能源中所占比例高达 97%，丰富的光热资源不仅带来预计 510 亿吨油当量的太阳能产量，也为粮食作物种植和生产提供了良好条件（乔刚等，2013）。

第四节　水资源

一、哈萨克斯坦

哈萨克斯坦水资源较为丰富，境内多河流、湖泊。水资源总量约为 64.35 亿立方米，其中地表水总量 56.5 亿立方米，年人均水资源量在 9 500 立方米左右，高于世界年人均水资源占有量（8 600 立方米）（王冕，2015）。

降水方面，大部分地区降水稀少，部分山区、南部地区及阿拉木图地区降水量稍丰。境内年均降水量约为 256 毫米，作物生育期 4—10 月的降水量达 158.47 毫米，占全年降水量的 60%（王恒等，2018）。森林带年均降水量为 300～400 毫米，丘陵带为 300～400 毫米，草原带只有 250 毫米，而在半干旱和干旱地区降水量只有100～200毫米（龙爱华等，2010）。东西部区域降水主要集中在夏、冬季，南部降水量主要集中在春、冬季，中部降水量春季和夏季较多（黄秋霞等，2014）。

地表水资源方面，水源类型丰富，境内河流和湖泊众多，还有相当一部分雪水和冰川资源（表2-10）。境内共有8.5万条大小河流和季节性河流，大部分为内流河，其中长度1 000千米左右的有6条，100千米以上的有228条，10～100千米之间的河流有近万条。主要河流有额尔齐斯河、锡尔河、伊希姆河，乌拉尔河和伊犁河等，平均年径流量达1 380亿立方米（陈其钢，2007）。拥有湖泊48 262个，其中94%属于小型湖，面积超过10平方千米的中型湖泊有296个，面积在100平方千米以上的大型湖泊有21个，主要有巴尔喀什湖、阿拉湖和马尔卡科尔湖等，占全部湖域面积的60%，还有两个具有海洋性特征的跨境湖泊里海和咸海。境内冰川约有2 700条，面积达2 033平方千米，体积为98.4立方千米，冰川水资源总量约950亿立方米，大多分布在境内南部的北天山山脉（外伊犁-阿拉套山脉、齐利克河流域等地）和准噶尔-阿拉套山脉等地（娜迪拉·甫拉提，2016），主要冰川有科尔热涅夫斯基冰川、阿拜冰川等。

表2-10 哈萨克斯坦主要河流情况

主要河流	流域	集水面积（万平方千米）	河流长度（千米）		多年平均年总径流量（亿立方米）
			总长度	哈国境内长度	
锡尔河	咸海-锡尔河流域	46.2	2 219	1 400	179
伊犁河	巴尔喀什-阿拉胡流域	13.1	1 001	815	178
额尔齐斯河	额尔齐斯河流域	1 529.2	4 248	1 698	335
伊希姆河	伊希姆河流域	15.5	2 450	1 400	22
努拉河	努拉-萨雷斯河流域	5.5	978	978	9
托博尔河	托博尔-图尔盖河流域	39.5	1 591	800	6
塔拉斯河	楚河-塔拉斯河流域	5.3	661	—	8
楚河		14.8	1 186	800	28
乌拉尔河	乌拉尔河-里海流域	23.1	2 428	1 082	92

数据来源：龙爱华，邓铭江，等，2010. 哈萨克斯坦水资源及其开发利用 [J]. 地球科学进展（12）。

同时，地下水资源也较为丰富，总量约580亿立方米，天然补给量约达480亿立方米，可更新资源量为370亿立方米/年，已探明的可采储量为

43 384 立方千米/昼夜，其中耕地灌溉用水占地下水总储量的 54.4%。地下水在所有山区都有分布，但将近 60%分布在南部阿拉木图州、江布尔州、克孜勒奥尔达州；北部、西部和中部各州则较为贫乏，西部地区分布比例约 20%，主要分布在里海沿岸，中部契尔卡尔-捷恩古兹湖地区占比约 16.9%，其余分布在东哈萨克斯坦州（刘燕平，2008）。

二、吉尔吉斯斯坦

吉尔吉斯斯坦拥有 500 亿立方米的水资源蕴藏量，人均占有量居世界前列，水资源丰富。由于空气干燥，降水量有限，年降水量在 200～800 毫米之间，高山地区可达 1 000 毫米以上；降水集中在边缘山脉，如普斯克姆山、恰特卡尔山和费尔干纳山降水量达 1 000～1 500 毫米；而巴雷克奇地区、巴特肯地区及贾拉拉巴德州的部分高山地区，大都不足 200 毫米。降水集中在冬春季 3—4 月份，占到全年降水的 70%左右，夏季 7—9 月份几乎没有降水（李湘权等，2010）。

地表水资源方面，境内河流有 25 万多条，总长度超过 50 万千米，大部分是 10～50 千米或小于 10 千米的小型河流，地表径流量达 450 亿～600 亿立方米/年，主要有纳伦河、恰卡尔河、楚河、萨雷查斯河、塔拉斯河、克孜勒苏河等（李湘权等，2010）。此外拥有湖泊数量 1 923 个，水面总面积达 6 836 平方千米，储量达 1 706 亿立方米，主要湖泊有伊塞克湖、松格里湖、索恩湖、恰特尔湖、萨雷切列克湖等，84%的湖泊分布在海拔 3 000～4 000 米处的山地（表 2-11）。冰川是其重要河流的源头，境内共有冰川 8 208 条，总面积 8 077 平方千米，储量约 650 亿立方米，主要分布在海拔 3 000～6 500 米处。向北的冰川占比为 69.9%，向南的仅为 18%，其余冰川分布于东、西向。冰川在阿姆河流域、锡尔河流域、楚河塔拉斯河及阿萨河流域、塔里木河流域、伊塞克湖流域均有分布，面积最大的冰川位于塔里木河流域，冰川覆盖率达 11.9%；最小的在锡尔河流域，仅为 2%（李湘权等，2010）。

吉尔吉斯斯坦地下水资源较为丰富，预计总蕴藏量 6 972 立方千米，潜在储量为 11 立方千米/年，平均年抽取量 2.4 立方千米，有效地下水储量为 5.3 立方千米/年。全国 44 个主要产区可供利用的地下水储量为 60 亿立方米/年，利用量为每昼夜 520 万立方米（吴淼等，2011）。地下水主要分布在北部的楚河、伊塞克湖和西部的费尔干纳谷地，可更新资源总量约为 110 亿立方米/年。但地下水抽取量近些年来逐渐下降，到 2014 年，抽取量只有 2.25 亿立方米，总体利用水平不高。

表 2－11　吉尔吉斯斯坦主要河流情况

河流名称	流域面积（万平方千米）	径流形成区	流经国家	流向
阿姆河	30.9	塔吉克斯坦、吉尔吉斯斯坦	塔吉克斯坦、乌兹别克斯坦、阿富汗、土库曼斯坦	咸海
卡尔卡拉河	—	吉尔吉斯斯坦东部与哈萨克斯坦交界地界	吉尔吉斯斯坦、哈萨克斯坦	伊犁河
锡尔河	21.9	吉尔吉斯斯坦	吉尔吉斯斯坦、乌兹别克斯坦、塔吉克斯坦、哈萨克斯坦	沙漠
塔拉斯河	5.27	吉尔吉斯斯坦	吉尔吉斯斯坦、哈萨克斯坦	咸海
塔里木河	100	吉尔吉斯斯坦、塔吉克斯坦	吉尔吉斯斯坦、塔吉克斯坦、中国	台特马湖
楚河	6.75	吉尔吉斯斯坦	吉尔吉斯斯坦、哈萨克斯坦	

数据来源：李湘权，邓铭江，等，2010. 吉尔吉斯斯坦水资源及其开发利用 [J]. 地球科学进展 (12)。

三、塔吉克斯坦

塔吉克斯坦被称为“中亚水塔”，在中亚五国中水资源最为丰富，水储量居世界第八位，人均水资源拥有量居世界第一。境内集中了中亚地区 55.49%的水流量以及 60%以上的冰川，水资源量总体积约为 983.46 立方千米，已有开发量只有实际的 10%（于敏等，2017）。

降水方面，境内年降水量为 500 毫米左右，主要集中于 10 月至次年 3 月，降水量占比达 90%以上，4 月至 9 月间降水量很少（加依娜古丽·窝扎提汗等，2015）。冰川区域降水量达 2 400 毫米，中部山区降水量也在 1 800 毫米以上。寒冷季节平原地区的固体降水量占总量的 35%～60%，山麓和山区的占比为 45%～80%，高山区达到 100%（吴万虎，2013）。

地表水资源方面，可再生地表水资源量每年为 604.6 亿立方米，每年实际可利用地表水量为 189.1 亿立方米。河流主要属阿姆河流域、泽拉夫尚河流域和锡尔河流域，阿姆河流域面积占比为 84%，每年在其境内产生 526.88 亿立方米的水量。河流总长度为 28 500 千米，长度 500 千米以上的河流有 4 条，长度超过 10 千米的河流有 947 条，主要河流有阿姆-喷赤河、瓦赫什河、锡尔河、泽拉夫尚河等（对外投资合作国别指南，2019）（表 2－12）。同时拥有湖泊约 1 300 多个，湖水面积总计 1 005 平方千米，较大的湖泊有 22 个，面积可达 625 平方千米，其中 80%位于海拔 3 000 米的帕米尔高原和中部山脉地带，面积较小。雪水、冰川分布也很广，积雪覆盖面积广阔，大都从 11 月底或 12 月初开始，至次年 3 月中旬或 4 月初结束，其中东帕米尔的平均积雪天数为 45 天，东吉萨尔山脉平均积雪天数达 245 天。塔吉克斯坦还是中亚冰川中心，有 145 092 处冰川，覆盖面积达 7 600～8 400 平方千米，主要分布于东南部帕米尔高原、天山及其支脉，蕴含超过 13 立方千米的水量，几乎是全国河流年径流量的 1/4（吴万虎，2013），纯净淡水总量可达 559 立方千米，积雪和冰的总容量可达 845 立方千米。

表 2－12　塔吉克斯坦主要河流及其流域情况

主要河流	长度（千米）	流域面积（万平方千米）	产生水资源量（亿立方米）	年均径流量（亿立方米）	径流量高峰期
阿姆-喷赤河	921	11.4	210.89	17.57	6—8 月
锡尔河	110	44.4	10.10	0.84	年内分配较均匀
泽拉夫尚河	350	1.23	46.37	3.86	6—8 月
瓦赫什河	524	3.91	205	16.83	5—9 月
卡菲尔尼甘河	387	1.16	54.52	4.54	4—7 月

数据来源：根据鲜丽菊《气候变化对流域径流的影响研究——以塔吉克斯坦典型流域为例》（2015）整理。

地下水资源方面同样十分丰富，总蕴藏量约为 187 亿立方米，其中可利用部分为 60.2 亿立方米，平均每年抽取水量为 24 亿立方米。且水资源利用水平较高，部分地区地下水既适合日常饮用，又适合灌溉（牛海生等，2013）。

四、土库曼斯坦

土库曼斯坦深居内陆，远离海洋，沙漠广布，水资源总量仅为 14 亿立方米，仅占中亚水资源总量的 0.72%，年人均水资源量不足 2 800 立方米，大部分国土基本没有河流，属于缺水国家。由于降水稀少，年均降水量为 787 毫米，多年平均降水量在 76～380 毫米之间，且主要集中在春季 1—5 月。降水量主要分布在山区和山前地带，从西北部沙漠平原的 80 毫米向东南部山区绿洲 350 毫米递增，东南部的科佩特达格山地区和帕罗特米兹山脉降水量最多，年均降水量可达 380 毫米，而中央卡拉库姆沙漠和东北部沙漠等地区的平均降水量只有 100 毫米左右，卡拉博加兹戈尔湾周边地区年降雨量仅有 80 毫米左右（张文娜，2013）。

地表水资源仅占中亚地区的 0.5%，南部和西部山区水量稍丰，沙漠区域则极其稀缺，因此建有许多引水运河和水库。河流水资源总量约为 250.04 亿立方米，其中 88%来自阿姆河，水量达 220.00 亿立方米，年均流量为 214 亿立方米，5—8 月的流量可达年流量的 61.2%（表 2－13）。穆尔加布河、捷詹河、阿特拉克河合计为 28.54 亿立方米，占 11.4%，其中穆尔加布河流域面积为 6 万平方千米。境内阿姆河、穆尔加布河、捷詹河、阿特拉克河等均为跨境河流，流量非常有限（阿依古丽，2014）。同时由于土壤干燥疏松，湖泊较少，绝大部分为咸水湖，湖泊规模不大，面积从数百平方米到数十平方千米不等，主要包括库乌里湖、叶罗伊隆杜兹湖、莫拉加拉湖、萨雷卡梅什湖等，其中萨雷卡梅什湖是境内最大的时令性咸水湖。淡水湖主要有亚斯汉湖、托皮坦湖、迦拉泰列克格湖等，卡拉库姆运河地区还有不计其数的小湖泊。

表 2－13　土库曼斯坦主要河流情况

单位：千米

主要河流	河流发源	河流长度		补给方式	流向
		总长	在土境内		
阿姆河	兴都库什山脉北坡维略夫斯基冰川	2 485	1 000	积雪、冰川水	咸海
穆尔加布河	帕鲁帕米苏斯山	978	350	冰雪融水和冬春季的局部降雨	卡拉库姆沙漠
捷詹河	兴都库什山系巴巴山脉	1 150	300	春冬两季融化的雪水和雨水	卡拉库姆沙漠
阿特拉克河	伊朗东北部科比特达格山	635	140	—	里海

数据来源：姚俊强，等，2014. 土库曼斯坦水资源现状及利用问题 [J]. 中国沙漠，34 (3)。

由于沙漠广布，地下水是大部分地区唯一的稳定水源，总储量达 33.6 亿立方米，占中亚总储量的 7.73%；可开采量为 12.2 亿立方米，占中亚总可开采量的 7.20%；实际的地下水可开采量为 5.69 亿立方米，占中亚实际总可开采量的5.16%。地下水资源主要源于山区降水、高山融水和地表水的渗漏，实际地下水开采量的63.27%用于生活用水和农业灌溉（张文娜，2013）。

五、乌兹别克斯坦

乌兹别克斯坦水资源十分缺乏。水资源主要来源于河流，淡水资源人均占有量只有625立方米，主要分布于费尔干纳盆地、塔什干州和撒马尔罕州，是世界第八大缺水国。境内大部分地区比较干旱，大气降水较少，且地区分布极不均匀，年降雨量从西北的97毫米到中部和南部山区的425毫米不等，平均年降雨量为264毫米。其中平原地区降雨量90～580毫米，山区的降水量可达460～910毫米，部分地区可超过1 000毫米，平均降水深度为每年206毫米。大气降水主要集中在秋冬季，基本在冬季10月至次年1月之间。

河流是其地表水资源的主要来源，最大的河流为阿姆河和锡尔河，其中阿姆河年均径流量为790亿立方米，但只有8%的水量流入乌兹别克斯坦。锡尔河有两个源头，分别是纳伦河和卡拉尔河，年均径流量为380亿立方米，但只有5%的水量流入乌兹别克斯坦。境内建有许多人工湖和水库，构成了众多而广泛的水系和水网，极大地改变了境内水流模式。河流的上游山区由于巨大的水位落差形成了明显的生态梯度，径流形成区内约有90%的水资源被用于农业灌溉（张小瑜，2013），同时拥有高山湖泊和平原湖泊，但数量有限。其中高山湖泊面积一般在10平方千米以下，大多位于海拔2 000～3 000米的山地，数量相对较多。平原湖泊主要依托于较大河流的水源补给，多位于阿姆河和锡尔河的三角洲地带，数量有限。主要湖泊有艾达尔湖、坚吉兹湖、图达湖等，其中艾达尔湖面积较大，湖面面积为1 248平方千米，坚吉兹湖湖面面积为312平方千米、图达湖为225平方千米。位于西北部的卡拉卡尔帕克斯坦共和国分布着许多面积较小的湖泊，多为咸水湖，其中最大一个是苏多奇耶湖（刘文等，2013），此外，中亚最大湖泊咸海的南部也属于乌兹别克斯坦。

尽管地下水资源有限，但乌兹别克斯坦多年来地下水的开采与抽取已达到相当规模，仅次于哈萨克斯坦。2004年地下水抽取量为4.67亿立方米，之后逐年波动，2008年抽取量明显增加，达到了6.78亿立方米，之后再次出现波动，2012年跌至4.0亿立方米以下，只有3.71亿立方米，到2015年，地下水抽取总量也只有 5.39 亿立方米。地下水近 10 年来抽取量维持在 4 亿立方米这一水平，抽取利用程度较为有限，但近几年来有明显的抽取量增长态势，利用程度逐年提高。

第五节　森林资源

一、哈萨克斯坦

哈萨克斯坦森林资源极其短缺，林地总面积为 1 978.8 万公顷，占国土总面积的 7%。其中森林资源面积为 339.62 万公顷，占林地资源的比例为 17.2%，其余均为其他林地。森林面积自 1992 年以来总体呈先持续下降后上升的趋势，1992 年森林面积为 316.12 万公顷，之后进入持续下降期，到 2010 年降至 308.22 万公顷，相比 1992 年下降了 7.9 万公顷，年均下降量为 4 389 公顷（图 2-12）。就树种类型来看，森林资源中梭梭林所占面积最大，约占森林面积的 50%，其次是灌木林，利用价值较高的高大乔木（主要为针叶林和阔叶林）所占比例不及 1/4，即近 2/3 的林木不具有工业利用价值（赵晓迪等，2015）。自然再生林面积基本在 240 万公顷左右，人造林面积在 1992 年之初，逾百万公顷，2000 年达到了 105.6 万公顷，但之后随着森林面积的下降而减少，到 2016 年仅为 90.1 万公顷，相比 2000 年减少了 15.5 万公顷。

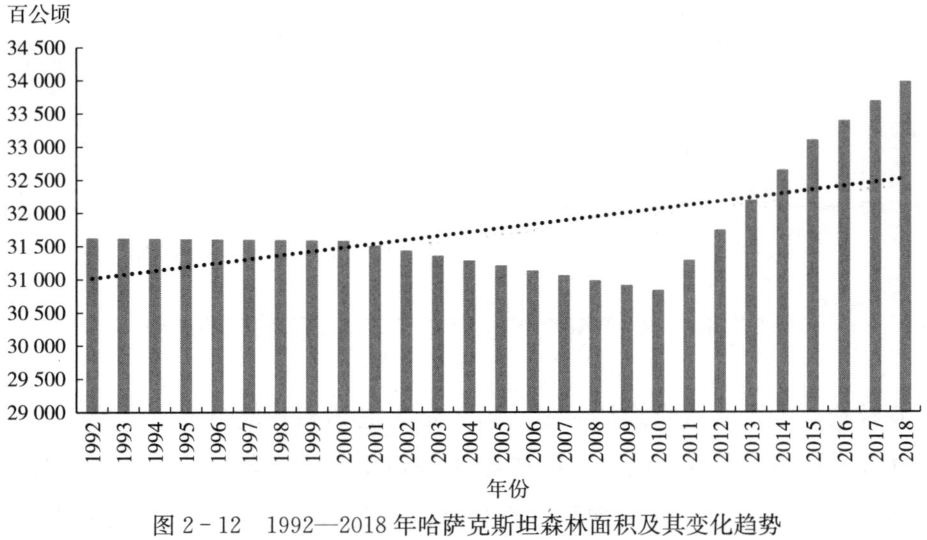

图 2-12　1992—2018 年哈萨克斯坦森林面积及其变化趋势

数据来源：世界银行数据库。

森林资源的分布呈现不均衡性，主要分布在东部及其向南北方向的延伸地带，西部部分地区也有分布。其中东哈萨克斯坦州所占比重最大，为林地总面积的44%，靠近东部的巴甫洛达尔州、阿克莫拉州和阿拉木图州也占有一定比重（蒲开夫，2009）。东哈萨克斯坦州和巴甫洛达尔州建有2个国家级的森林保护区以及面积达60万公顷的卡通卡拉盖国家森林公园（赵晓迪，2015）。西哈萨克斯坦州森林资源也占有一定比例，是林地总面积的15%。但西部大部分州府（卡拉干达州、科斯塔奈州）覆盖率还不到0.2%。

二、吉尔吉斯斯坦

吉尔吉斯斯坦森林资源较为缺乏，全国林业用地面积为320万公顷，其中127.89万公顷是林地。1992年之后森林面积呈逐年小幅度增加趋势，1992年森林面积为114.53万公顷，之后经历了缓慢增长，到2018年增至127.89万公顷，相比1992年增加了13.36万公顷，增长幅度为11.67%，年均增幅0.45%（图2-13）。

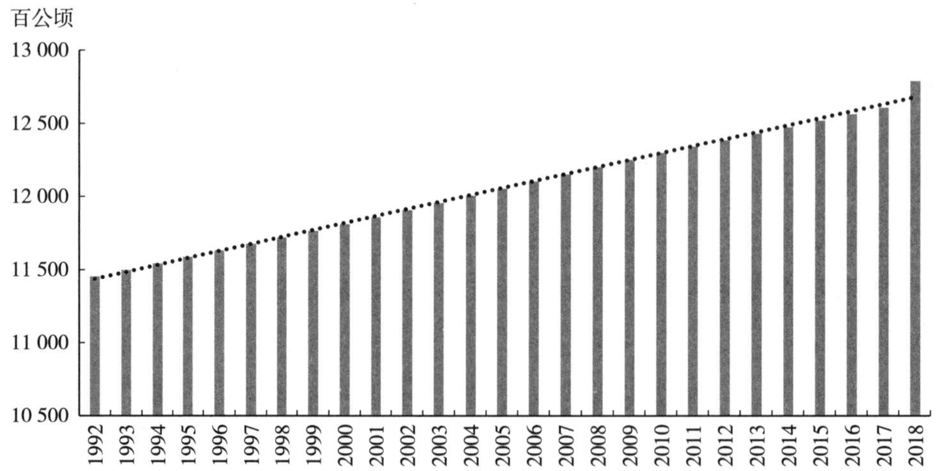

图2-13　1992—2018年吉尔吉斯斯坦森林面积及其变化趋势
数据来源：世界银行数据库。

森林资源中以天然原始林为主，其次是人造林和其他自然再生林。天然原始林在森林资源中所占比例一直保持在92%以上，具有绝对比重优势。且天然原始林在1992—2005年还实现了一定程度的增长，1992年原始林面积为79.35万公顷，1992年以后天然原始林面积持续增加，到2005年达到了80.15万公顷，相比 1992 年增加了 0.8 万公顷，但 2005 年后天然原始林面积变动趋势与森林面积保持一致开始逐年下降，到 2015 年降至 59 万公顷。人造林面积较小，在森林面积中占比也小，人造林面积 1992 年之初为 5.08 万公顷，逐年增加至 2005 年的 6.34 万公顷，2016 年人造林面积只有 4.7 万公顷，在森林面积中占比只有 7.38%。此外，境内还分布着很小比例的其他自然再生林。

三、塔吉克斯坦

塔吉克斯坦因水资源丰裕，境内原始森林分布较广，森林资源较为丰富。森林面积自 1992 年以来发展势头较为良好，总体呈增长态势。1992 年森林面积只有 40.84 万公顷，之后出现明显增长，到 2000 年增至 41 万公顷并稳定在这一水平保持不变（图 2-14）。2010 年以后，森林资源再次实现增长，且增长速度较前一次增长较快，2018 年达到了 42.18 万公顷，相比 1992 年增长了 3.28%。森林资源构成主要以原始林为主，但其持续增长主要依靠人造林的面积增加。森林面积增加幅度小，而原始林面积多年来稳定在 29.7 万公顷保持不变，在其森林面积中占比约为 70%，自然再生林面积也一直维持在 1.2 万公顷，两者面积保持在固定水平不变；而人造林则从 1992 年的 9.94 万公顷增加到 2015 年的 10.3 万公顷，在森林面积中的占比从 24.34%增加至 24.42%，较为缓慢。总体而言，塔吉克斯坦森林资源自 1992 年以后处于相对稳定状态。

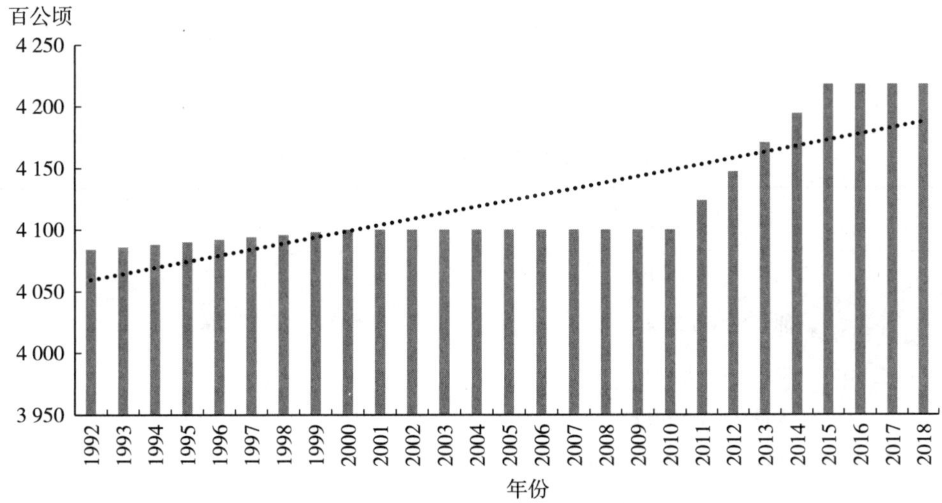

图 2-14　1992—2018 年塔吉克斯坦森林面积及其变化趋势

数据来源：世界银行数据库。

森林资源分布较为集中，主要围绕吉萨尔-达尔瓦泽山系分布，该区域植被最为丰富，代表植物是杜松林、阔叶林、旱生林、高山以及亚高山草甸、半稀树草原和山地草原。植被特点以孑遗阔叶林为主，还有旱生向阳林、高草及半热带稀树草原和喜温的桧柏林（吾买尔夏提·塔汉等，2013）。但森林林木资源利用率较低，林业、木材加工业、纸浆及纸张制造业相应发展水平均较低，在全部工业产值中的比例不足 1%（土流网，2016）。而近些年来，过度放牧和砍伐使得不合理利用现象严重，森林资源未来发展趋势堪忧。

四、土库曼斯坦

土库曼斯坦是中亚地区森林资源最为丰富的国家，森林覆盖率居中亚五国之首，达到了 8.8%。拥有 413 万公顷森林，主要树种以梭梭树为主。森林资源中天然次生林占据着绝对的优势地位，面积达到 402.3 万公顷，在森林面积中所占的比例达到了 97.48%；而原始林面积只有 10.4 万公顷，在森林面积中占比只有 2.52%（表 2-14）。由于干燥的气候和广布的沙漠、草地，加上人工造林投入不足、技术缺乏，该国人工植树难度较大，人工植树成活率较低，人造林面积基本为零，难有成效。因此，森林资源 97%是用于生态保护用途的水土保持林，用于蓄积农业、加工业木材的生产林几乎不存在，而余下 3%也被划为生物保护用途，均为生物多样性保护林。目前，科佩特山区分布着自然保护区。

表 2-14　土库曼斯坦森林资源类型及其比例

森林资源类型	面积及比例
森林面积（万公顷）	412.7
原始林（万公顷）	10.4
原始林比例（%）	2.52
人造林（万公顷）	0
其他自然再生林（万公顷）	402.3
其他自然再生林比例（%）	97.48

数据来源：联合国粮食及农业组织数据库。

森林类型方面主要包括山地森林、沙漠森林以及图加以森林。山地森林以刺柏为主，此外还有杜松林、核桃、开心果等。沙漠森林多为人造林，目的在于防沙治沙，以旱生植被为主，但成活率低，不易成林，多年生草本植物占有相当大的比重。图加以森林主要分布在主要河流如阿姆河等沿岸，河岸植被形成如杨树、准噶尔柳等特有的生物群落（Allamuradov 等，2005）。

五、乌兹别克斯坦

乌兹别克斯坦森林覆盖率仅次于土库曼斯坦，人均森林面积为 0.11 公顷，森林面积整体呈逐年快速上升趋势。1992 年森林面积为 263.18 万公顷，之后开始逐年增长且增长态势明显；到 2001 年首次突破 300 万公顷，之后继续保持较快的增长趋势到 2018 年森林面积已达到 363.8 万公顷，与 1992 年相比增加了 100.62 万公顷，增幅 38.23%，年均增幅 1.47%（图 2－15）。森林面积构成中，自然再生林占比较大，其次是人造林，而原始林占比很小。1992 年原始林面积为 5.7 万公顷，到 2015 年增长量只有 1.6 万公顷，在森林面积中占比为 2.06%，是中亚地区原始林面积最小的国家。人造林相比原始林面积较大，1992 年为 25.52 万公顷，之后逐年上升，到 2015 年增长到了 80.15 万公顷，在其森林面积中占比为 22.58%。而自然再生林面积达到了 234.54 万公顷，在森林面积中所占比例超过 66%。

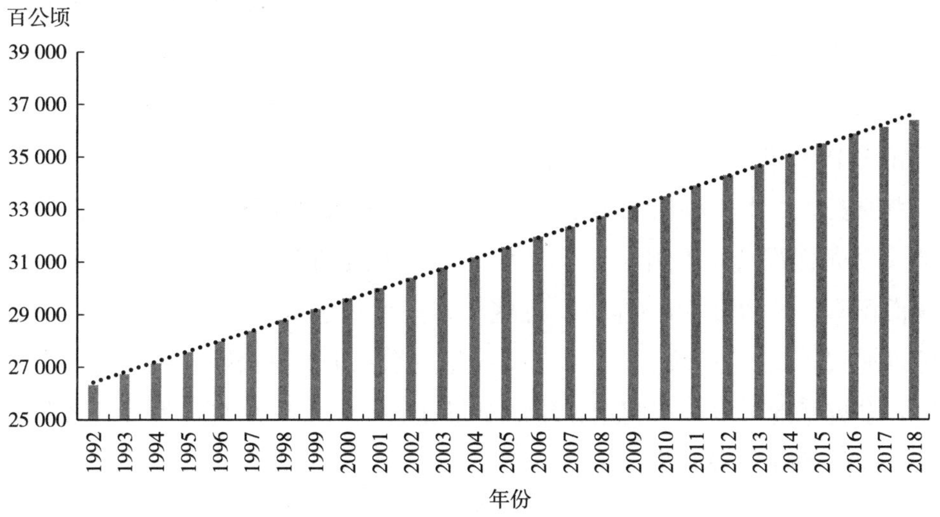

图 2－15　1992—2018 年乌兹别克斯坦森林面积及其变化趋势

数据来源：世界银行数据库。

森林资源类型中，水土保持林占比较大，为93%，主要分布在沙漠地带的河谷及绿洲周边。生物多样性保护林主要分布在山区，所占比例为6%，其余主要为用材林，分布在山谷地带（赵晓迪等，2016），干旱稀疏林主要分布在沙地平原、山谷河滩（洪泛区）和山区。最大的林区位于卡拉卡尔帕克、布哈拉和纳沃伊地区，主要树种是梭梭树、红柳等耐旱植物，占森林总面积的87.9%。小面积山林主要分布在天山、突厥斯坦和吉萨尔山脊西坡，占森林总面积的10.4%；其余森林资源呈带状分布在阿姆河和锡尔河沿岸，约占森林总面积的1.7%（赵晓迪等，2016）。

第六节　草原资源

一、哈萨克斯坦

哈萨克斯坦境内草原面积广布，国土面积的1/4是草原，牧场面积居世界第五位，永久性草地及牧场面积在中亚地区居于首位，草地资源总量丰富。1992年后永久性草地及牧场面积总体呈增长态势，1992年永久性草地及牧场面积约为1.87亿公顷，之后逐年增加（图2-16）。1995年前后由于草地开发被转为其他用途，降至1.82亿公顷。1995年后虽呈波动性增长，但2000年后再次进入逐年下降趋势，减少趋势明显，到2009年永久性草地及牧场面积只有1.82亿公顷。2010年由于宏观经济环境影响，畜牧业出口大幅增长，其永久性草地及牧场面积猛增至1.88亿公顷，之后虽有一定消减，但总体稳定在1.86亿公顷这一水平。2018年，永久性草地及牧场面积达到约1.86亿公顷，相比1992年减少了约0.1亿公顷。

草原资源以人工种植为主，2016年人工种植草地面积为1.12亿公顷，占草地及牧草总面积的比例为60%，但草地面积正在缓慢缩减。天然生草地及牧场面积所占比重在40%左右，近些年来呈增长态势，从2011年的6 920万公顷增加到了2016年的7 580万公顷，年均增长132万公顷，主要分布在北部地区，多数草地可以全年利用，年产草量在8 000万吨左右，为发展畜牧业创造了有利的条件（张丽萍，2013）。

草原类型方面包括草原草地、荒漠和半荒漠草地、草甸草地、沼泽草地等。其中草原草地主要分布在有水源或积雪较厚的山前平原，荒漠和半荒漠草地主要分布于水源稀少、湿度低、地面裸露地区，草甸草地主要在平原和山地分布，而积水和浅薄积水地区则主要分布着沼泽草地。草场资源中近60%牧场缺少水塘，利用率不高，被利用的牧场中有2 700万公顷草场已退化（中国驻哈萨克斯坦经济商务参赞处，2015）。

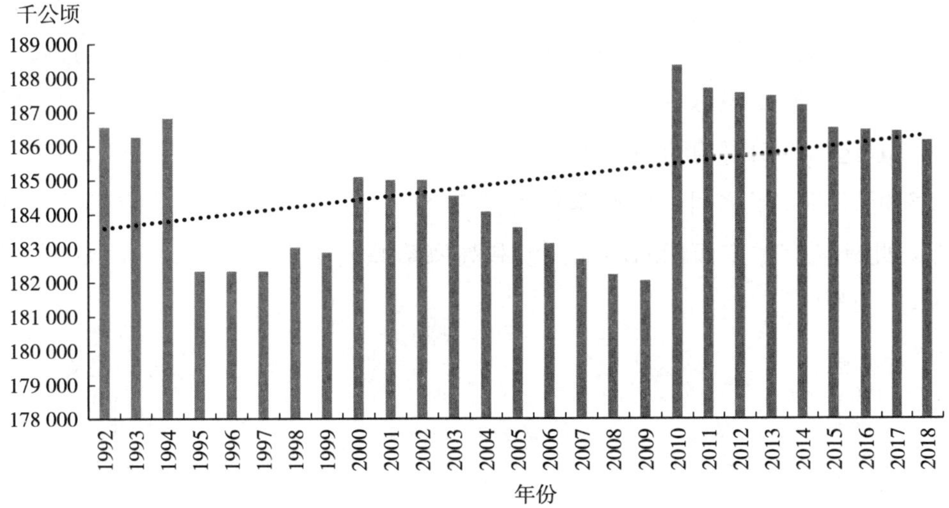

图2-16　1992—2018年哈萨克斯坦永久性草地及牧场面积变化

数据来源：联合国粮食及农业组织数据库。

二、吉尔吉斯斯坦

2018年吉尔吉斯斯坦牧场资源和天然草场约占全国国土面积的50%，约占全国农业用地的90%。1992年永久性草地及牧场面积为870万公顷，之后开始逐年上涨，至2003年后达到峰值942.9万公顷；2003年后开始削减，到2018年，永久性草地及牧场面积为917.6万公顷，比1992年增加了47.6万公顷，年平均增加1.83万公顷（图2-17）。永久性草地及牧场中，自然生草地占有较大比重，且与永久性草地及牧场面积变化趋势同步，整体呈下降趋势。2001年自然生草地面积为935.8万公顷，在永久性草地及牧场面积占比99.91%，2018年降至917.4万公顷，在永久性草地及牧场面积占比99.97%。人工种植草地面积较小，只有几千公顷，且近些年也在逐年消退。天然草原面积中，夏季牧场的比重为43.82%，春秋季牧场和冬季牧场的比例分别为30.34%和25.84%。但随着国有土地私有化以及经济市场化，私有农场在村庄或农场附近的春秋牧场进行放牧，超载过牧严重，造成春秋牧场退化，草地生产力下降。

地形、水文、土壤等条件差异塑造了该国复杂多样的草原植被类型，其中最具代表性的是山地草原和山地草甸草原，广泛分布于海拔 700～3 000 米之间，山地草甸草原植被覆盖度达 80%～95%，鲜草产量最高；山地草原植被是天山山脉和帕米尔-阿赖山山脉最为代表性的草原类型，占国土面积的 23.15%，因此吉尔吉斯斯坦又被称为高山草原之国。分布面积最广的则是疏林干草原，草原面积达 77.74 万公顷，多分布于西天山、阿赖山、天山山脉。草甸草原包括高山草甸和高寒草甸草原，占据国土面积的 18.14%，分布海拔在 2 300～3 600 米之间，植被覆盖度达 90%。费尔干纳盆地北缘有荒漠草原分布，此外还有一定面积的山地荒漠和高寒草原分布于天山山脉（阿依丁・热西坦等，2019）。

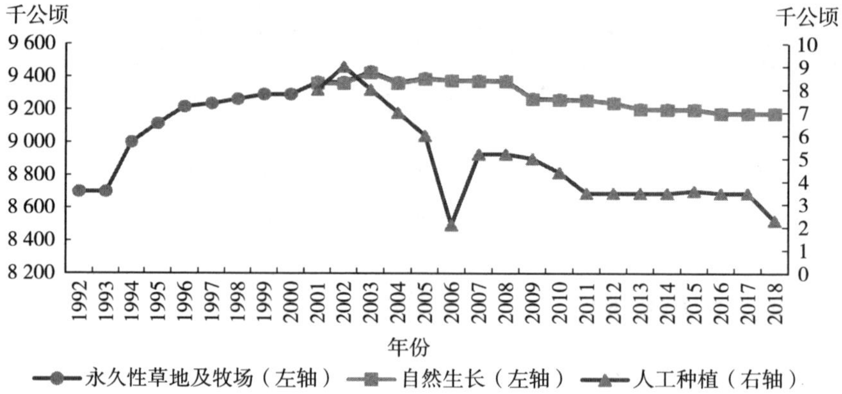

图 2-17　1992—2018 年吉尔吉斯斯坦永久性草地及牧场面积变化

数据来源：联合国粮食及农业组织数据库。

三、塔吉克斯坦

塔吉克斯坦草场面积广阔，草原资源较有优势，在 1992 年之前牧场面积已达 330 万公顷，刈草场面积为 3 万公顷，1992 年之后牧场面积不断缩小，牲畜头数减少（蒲开夫，2010）。该国自 1992 年以后永久性草地及牧场面积整体呈上升趋势，略有波动。1992 年永久性草地及牧场面积为 350.4 万公顷，之后开始波动变化，1997 年后进入较为稳定的逐年增长态势，2002 年后增长速度相比前期增长有所加快，到 2009 年增长至 387.5 万公顷，近些年来稳定在这一水平保持不变（图 2-18）。2018 年永久性草地及牧场面积为 387.5 万公顷，相比 1992 年增加了 37.1 万公顷，年平均增加 1.43 万公顷。当前天然草地面积为 368.95 万公顷，牧场面积很大一部分未能有效使用，但其草原牧场资源并未丧失，只需人力及资金投入即可实现再次开发。

草原植被类型方面以草本植物群落和半灌木植物群落为主，两者占比达到国家农业土地的 70%。在低山和山间谷地，沙漠和半沙漠植物种类占优势，而在山前低矮草、短命植物、半荒漠植物占比更多。在中山和高山带分布有亚高山、高山低矮草草甸草原，面积较广，多年生草本植物伴生有半灌木植物，植物群落分布在海拔 2 800～3 000 米的范围内。在高山区域，主要是在西帕米尔和东帕米尔地区分布有荒漠植物，即多年生低矮草和半灌木。沼泽是湿地植物的主要类型，分布面积不大，高山区域也有分布，主要是用于各种家畜冬季放牧场和割草场，其中帕米尔沼泽地是永久性的冻土，因而在帕米尔把沼泽草地作为全年牧场来使用（张丽萍等，2014）。

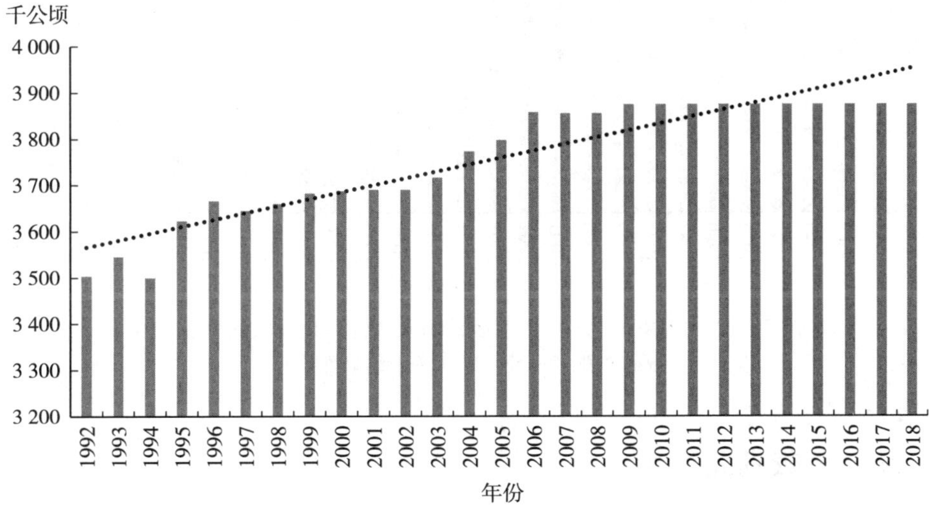

图 2-18　1992—2018 年塔吉克斯坦永久性草地及牧场面积变化

数据来源：联合国粮食及农业组织数据库。

四、土库曼斯坦

土库曼斯坦草原资源较为丰富，境内分布着相当比例的荒漠草原，在中亚地区永久性草地及牧场面积仅次于哈萨克斯坦。1992 年，永久性草地及牧场面积为 3 380 万公顷，1994 年开始出现削减趋势，降至 3 370 万公顷并保持在这一水平（图 2-19）。1999 年后，永久性草地及牧场面积再一次下降，且下降持续时间长，削减速度快。到 2011 年永久性草地及牧场面积降至 3 183.8 万公顷，相比 1992 年下降了 196.2 万公顷，年均减少 10.33 万公顷。2011 年后下降态势得到缓解，永久性草地及牧场面积降至 3 183.8 万公顷，并在这一水平上保持稳定。总体来说，永久性草地及牧场面积自 1992 年以来便开始逐渐削减，1992—1999 年基本稳定在 3 370 万～3 380 万公顷这一水平，1999 年开始逐年快速减少，2011 年后永久性草地及牧场面积下降趋势得到遏止，并再一次稳定在固定水平，但此时草场资源已远不及 1992 年年初水平。

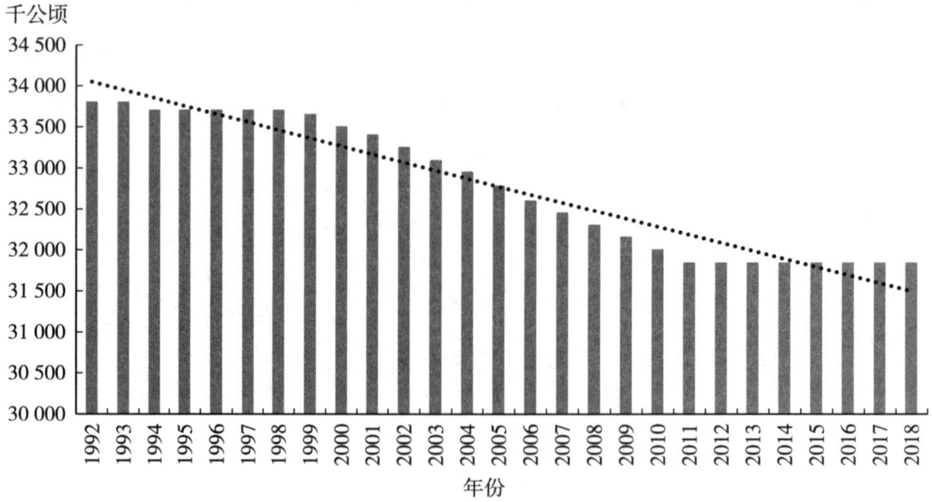

图 2-19　1992—2018 年土库曼斯坦永久性草地及牧场面积变化

数据来源：联合国粮食及农业组织数据库。

五、乌兹别克斯坦

乌兹别克斯坦草原资源总量不及哈萨克斯坦与土库曼斯坦，但永久性草地及牧场分布较广，且草场资源整体变化不大。1992 年初草场资源情况较好，永久性草地及牧场面积为 2 287 万公顷，1993 年降至 2 280 万公顷并稳定在这一水平（图 2-20）。1998 年由于经济发展迫使一部分草场资源被开发而被转向其他用途，永久性草地及牧场面积再次下降至 2 250 万公顷，并保持这一水平至 2001 年。2002—2003 年两年间永久性草地及牧场面积打破稳定水平再次下降，到 2003 年降至 2 200 万公顷并在这一水平保持稳定。自 1992 年以来永久性草地及牧场面积整体呈阶梯形变动，下降趋势明显。到 2018 年，永久性草地及牧场面积依旧保持在 2 111.52 万公顷，相比 1992 年下降了 175.78 万公顷，年均下降 6.76 万公顷。

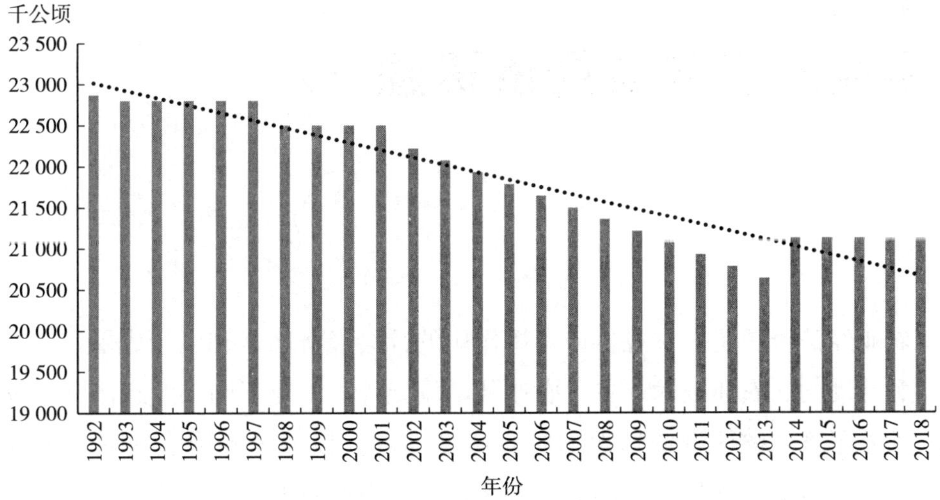

图 2 - 20　1992—2018 年乌兹别克斯坦永久性草地及牧场面积变化趋势

数据来源：联合国粮食及农业组织数据库。

第三章 CHAPTER 3
中亚五国农业经济资源

农业经济资源是对农业生产发挥作用的社会经济因素和生产成果，如农业人口和劳动力、农业技术装备、农业基础设施等。中亚五国农业经济资源发展水平参差不齐，整体资源情况面临着诸多问题。该地区各国农村人口虽在增加，但农业劳动力均呈减少趋势，未来将会对农业就业水平造成不利影响。同时，农业基础设施发展程度也有限，用于农业灌溉和电力供应的设施设备缺乏和应用效率低下阻碍了该地区农业的进一步发展。另外，农业生产资料投入不足，化肥、农药等使用量均处于较低水平，农业生产率不高，生产效益不佳。总的来说，中亚各国农业经济资源状况不理想，各国在农业劳动力、生产资料等各方面的投入和应用均有限，农业经济资源尚处于不断发展和改进之中。

第一节　农业劳动力

一、哈萨克斯坦

1991 年之前哈萨克斯坦由于国内经济混乱，居民生活质量降低，致使自然增长率下降的同时人口大量外流，人口总数迅速减少，仅 1991—2002 年期间减少人口数量就达 170 万人。直至 2003 年，国内人口增长趋于稳定，人口自然增长率逐渐提升，增长趋势明显，图尔克斯坦州、克孜勒奥尔达州、江布尔州、曼格斯套州等地人口增长速度最快（中国驻哈萨克斯坦大使馆经济商务参赞处，2014）。农村人口及农村劳动力也随着国家人口总数的增长而变动。到 2019 年总人口达到了 1 851.39 万人，其中农村人口达到 786.09 万人，在总人口中占 42.46%，农业就业人员为 128.17 万人。总体而言，该国人口总数与农村人口数量逐渐增长，但农业就业人员数量变动趋势不容乐观。

该国 1991 年以后农村人口出现大量流失，从 1991 年的 721 万人下降到 2002 年的 650.17 万人，共减少 70.83 万人（图 3－1）。2002 年后随着经济逐步复苏，社会稳定，农村人口在持续减少后开始缓慢增加，到 2019 年增加到 786.09 万，相比 2002 年增加了 135.92 万人。此外农业就业人口多年来不增反降，自 1991 年以来经过几年稳定期，1993 年后开始逐年下降，但下降趋势较缓，2013 年后下降趋势明显加快，与农村人口呈反方向变动。到 2019 年农业就业人口为 128.17 万人，相比 1991 年减少了 166.42 万人，缩减比例达 56.5%，在总就业人数中的比例只有 14.86%，说明农村人口在增加，但实际从事农业的劳动者情况并不乐观，农业劳动力缺口日益扩大。

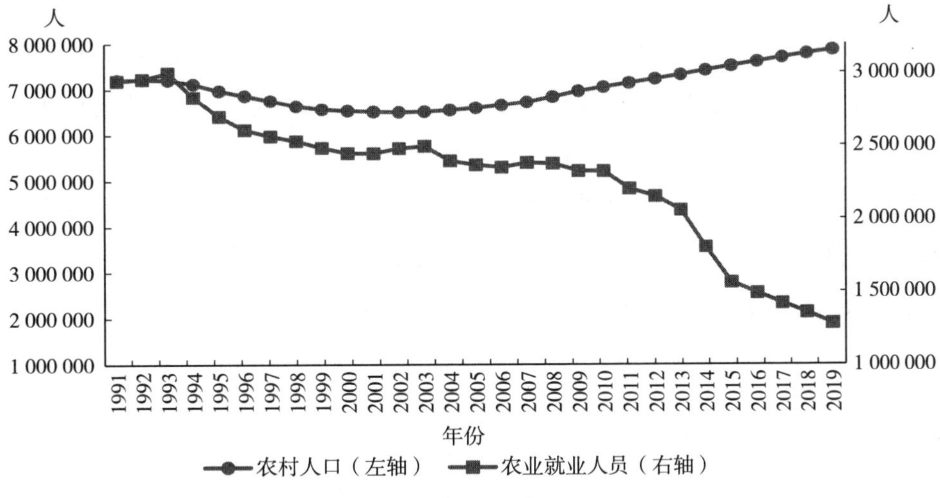

图 3－1　1991—2019 年哈萨克斯坦农村人口与农业就业人员变化情况

数据来源：世界银行数据库。

在农业就业区域方面，不同农业区的缩减程度也有差异，农业就业人口主要集中在阿拉木图州、图尔克斯坦州、科斯塔奈州及江布尔州。虽然全国从事农业生产活动的人口逐年减少，但科斯塔奈州、曼格斯套州、巴甫洛达尔州以及阿斯塔纳市农业就业人口变动并不大，阿斯塔纳市甚至有小幅度增长。而卡拉干达州、图尔克斯坦州、北哈萨克斯坦州、阿拉木图州、阿克托别州以及江布尔州农业就业人员缩减比例较大，其中卡拉干达州与图尔克斯坦州两州缩减幅度最为明显。整体来看，农业劳动力的流失使得农业生产需求难以满足，且当前农业劳动力大幅度缩减趋势持续，极易出现农业从业人口严重短缺、大量耕地无人耕种而荒废的现象。

二、吉尔吉斯斯坦

吉尔吉斯斯坦国民经济以农牧业为主，国内农村人口总数长期大于城镇人数。自 1991 年以来人口总数保持着持续增长态势，到 2019 年总人口数量达到 645.70 万人，其中农村人口 409.38 万人，在总人口中占比达到 63.4%，农业就业人口数量为 46.23 万人。总的来说，农村人口在国家人口数中长期占据优势，但增长速度逐渐放缓，农业就业人员数量出现长期下降，尚未有回升之势。

作为中亚地区粮食及果蔬生产加工的重要基地，该国农村人口在其总人口中所占比重较大，一度超过 60%。1991 年年初农村人口数量为 279.02 万，此后呈持续性增加态势，1995 年后农村人口增长率提高。到 2019 年，农村人口数量达到 409.38 万人，相比 1991 年增加了 130.36 万人，增长幅度为 46.72%（图 3－2）。农业就业人口自 1991 年之后处于不断波动之中，但并没有出现明显的人口数量缩减。1991 年农业就业人口为 57.7 万人，占就业总数的百分比为 35.5%，此后至 2001 年持续增长，2001 年后进入持续性的波动下降期，到 2019 年下降至 46.23 万人，相比 1991 年下降了 11.47 万人，降幅大且总体呈缩减趋势，在劳动力总数中的比例也出现波动性下降。

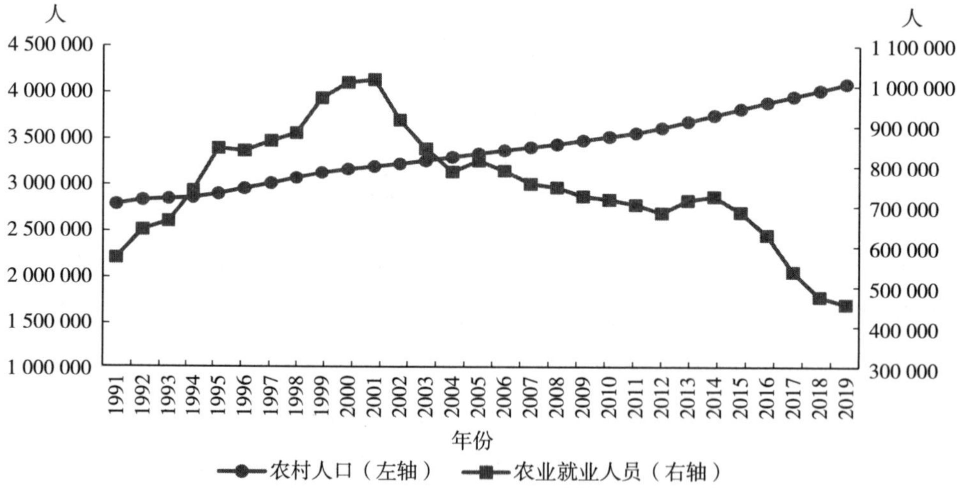

图 3－2　吉尔吉斯斯坦农村人口与农业就业人员变化情况

数据来源：世界银行数据库。

农业就业人口在区域分布方面表现出了聚集性，农业人口及劳动力主要分布在楚河州、奥什州、贾拉拉巴德州、塔拉斯州、伊塞克湖州等地区，从事粮食种植、畜牧养殖等农业活动。这些区域是主要农业区，农业资源条件和灌溉条件相对较好，农业发展水平相对较高，该区域农业人口及劳动力数量占总量的大部分。但由于耕地资源有限加之农村人口数量较多，不可避免地存在着人多地少的问题。很多农业就业人员在农村地区就业机会少，就业质量不高，且农业综合生产能力较弱、农业生产和发展技术性人才紧缺，对农业生产相关的技术人员仍有一定规模的需求，这成为其农业人口及劳动力发展的一大缺陷。

三、塔吉克斯坦

塔吉克斯坦1991年以后尽管也出现了国内人口外流的现象，但总人口一直保持着增长态势，且人口自然增长率较高，增长速度快。农村人口占据绝对优势，城镇人口比例在中亚地区最低。2019年该国人口总数为932.1万人，其中农村人口数量达到677.55万人，在总人口占比达到72.69%，农业就业人员数量达到97.15万人，是中亚地区农村人口和农业劳动力占比最高的国家。

该国农村人口相对于城镇人口有着绝对的数量优势，2015年将近74%的全国人口居住在农村，农村人口不仅基数较大，且1991年以后至今保持着持续增长的态势，增速明显。1991年农村人口数量为372.16万人，之后逐年增加，增速较缓；2004年后增速加快，增长态势明显，至2019年增加到677.55万，相比1991年增加了305.39万人（图3-3）。国内农业就业覆盖了国内大部分的劳动力，在总就业人数中有超过50%的人口在农业领域实现就业，且由于1991年以后局势稍显稳定，农业就业劳动力比例一度超过了60%，2001年后基本稳定在50%左右。农业就业人口1991年以后虽有所增长，但整体变动并不大。1991年该国农业就业人口数量为71.59万人，2012年突破100万人，到2016年达到102.97万人。近几年来，农业就业人员比例稍有下降，但依然保持在50%以上，农业就业人口长期大于其他行业就业人数，构成了其国内劳动力就业的主要内容。

农业人口及劳动力基本依托河谷地区的4个主要农业区分布，包括南部河谷地带及哈特隆州的绝大部分地区，作为最大农业生产基地的丹加拉区聚集着大量的农业从业人口，而西部地区的农业从业人员则更多地从事灌溉农业，农业人口分布区域不均。

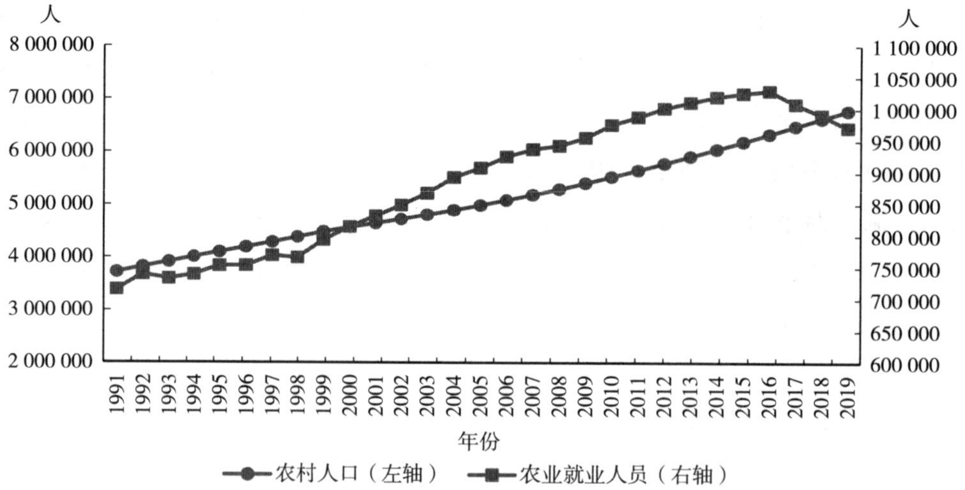

图 3-3 塔吉克斯坦农村人口与农业就业人员变化情况

数据来源：世界银行数据库。

四、土库曼斯坦

土库曼斯坦国内总人口未曾经历大量流失和增长停滞，1991 年以后保持稳定增长，主要集中在首都阿什哈巴德以及土库曼纳巴特、马雷、达绍古兹等城市。2019 年人口总数为 594.21 万，其中农村人口数量为 284.94 万，在总人口中所占比例达到 47.95%，农业就业人员数量为 47.39 万。总的来说，总人口和农村人口增长速度均较慢，增长幅度有限，农业就业人员开始回落，但下降幅度不大。

20 世纪 90 年代初期，该国农村人口占总人口的将近一半，1991 年以后相当长一段时期内农村人口依然占全国人口的大多数。1991 年农村人口数量为 208.44 万，在总人口中占比 55.0%，之后进入一段快速增长期，到 1998 年农村人口增加了 32.2 万，在总人口中的比例为 54.5%（图 3-4）。1998 年后增速逐渐放缓，但农村人口依然大于城镇人口。2007 年后，农村人口数量保持增长，且增长速度逐渐加快。到 2019 年，农村人口达到 284.94 万，相比 1991 年增加了 76.5 万，增长幅度为 36.7%，但在总人口中所占比例降到了 50%以下。农业领域就业人员在全国就业总数中所占的比例高，1991 年这一比例只有 32.98%，到 2019 年缩减到了 20.68%，农业领域从事农业生产及相关活动的劳动力大量流失。由于 1991 年后经济没有出现大的动荡，1991 年之后 10 年间农业就业人口迅速增加，至 2001 年增加至 55.92 万，相比 1991 年增加了 13.1 万。2001 年后农业就业人口增速放缓，波动变化。2009 年后农业就业人口进入持续下降期，到 2019 年下降至 47.39 万，且下降之势未减。可见农业就业人员总量有限，且近些年来持续下降，发展趋势不容乐观。

农业劳动力结构方面，由于灌溉农业较为重要，农业劳动力多沿着阿姆河、穆尔加布河、捷詹河以及阿特拉克河绿洲地带的灌溉农业区分布，包括阿姆河中、下游绿洲、穆尔加布-捷詹绿洲、科佩特山前绿洲、阿特拉克-松巴尔绿洲等地区，并在绿洲向沙漠延伸地带从事畜牧业，这也使得农业人口受限于绿洲水源，农业劳动力的流失及区域分布不均衡可能成为未来农业生产活动中的限制因素。

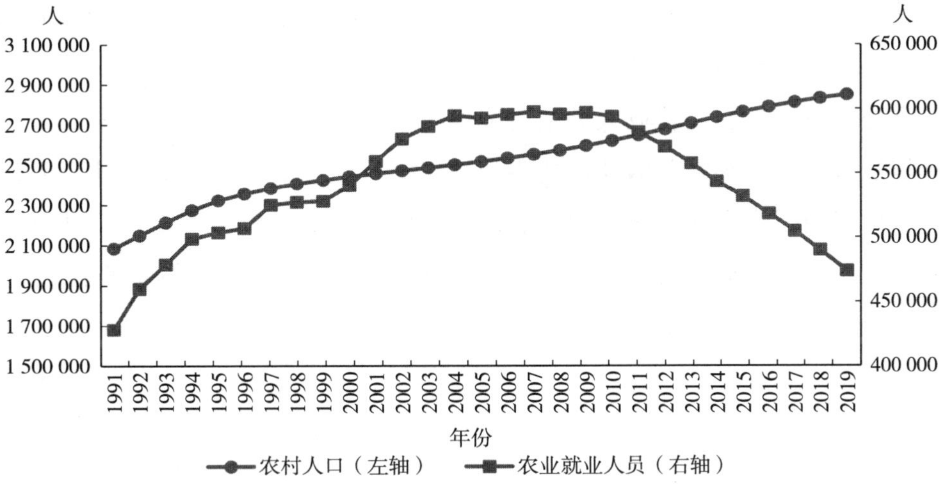

图 3－4　土库曼斯坦农村人口与农业就业人员变化情况

数据来源：世界银行数据库。

五、乌兹别克斯坦

乌兹别克斯坦是中亚地区人口最多国家，人口迁移状况较少。1991 年以后人口总数一直保持着绝对增长，国内人口主要集中在撒马尔罕州、费尔干纳州、喀尔西州、安集延州等。作为传统农业国，2019 年人口总数达到了 3 358.07 万，其中农村人口所占比重达到 49.57%，农业就业人员数量为 358.09 万，远远多于中亚地区其他国家。

农村劳动力十分丰富，农村人口几乎相当于其他中亚国家农村人口之和。自 1991 年以来农村人口数量就相当可观，且一直保持着增长状态，但增长速度在初期并不快，增长态势不明显。1991 年农村人口为 1 218.65 万，到 2009 年增长至 1 375.26 万，增加了 156.61 万（图 3－5）。2009 年政府施行了相关农村改革措施，包括农户制度改革等，农村人口增长速度相对之前有所加快，所占比重将近 50%。到 2019 年农村人口达到 1 664.48 万，相比 1991 年增加了 445.83 万。依托于庞大的农村人口数量，农业劳动力占比较大，但近些年来出现下降态势。1991 年以后农业就业人口快速增加，从 1991 年的 311.89 万增加到 1997 年的 346.77 万；1997 年后进入波动上升期，到 2003 年达到 356.55 万；2003 年后进入持续下降期，到 2010 年下降至 321.72 万。随后又进入波动上升期。农业就业人口在就业总数中所占比重也随之下降，1997 年农业就业人员在总就业人员中所占比例为 41.58%，之后逐年下降，2010 年降至 26.81%，到 2019 年只有 25.71%。

乌兹别克斯坦农业就业人员主要聚集于粮食、棉花生产区以及畜牧区，从事种植及畜牧养殖等农业活动，主要分布于萨马尔罕州、费尔干纳州、安集延州、苏尔汗河州、塔什干州、纳沃伊州、卡什卡达里亚州等农牧地区的 160 多个农村区，这些区域的农业劳动力比例占总数的 60%以上。但随着农业人口及劳动力渐趋下降，未来农业劳动力的优势地位可能会消失。

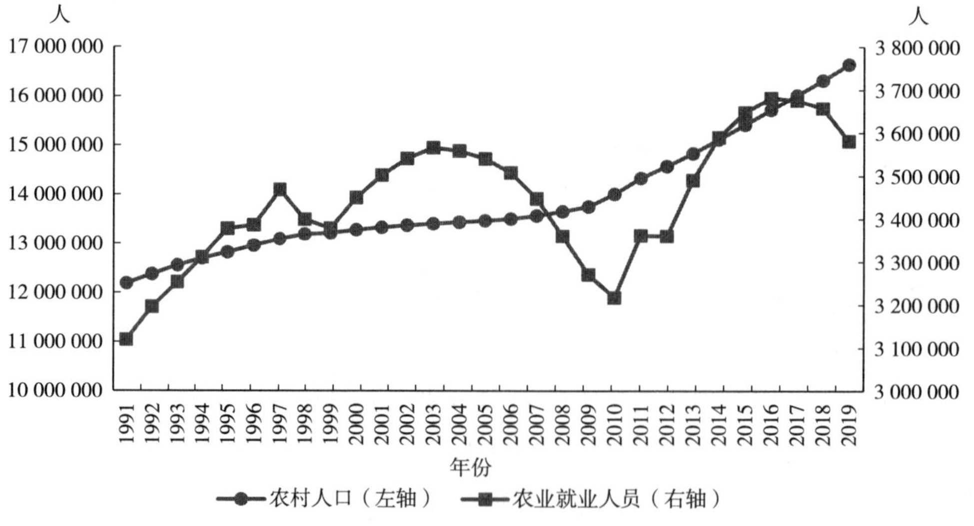

图 3－5　乌兹别克斯坦农村人口与农业就业人员变化情况

数据来源：世界银行数据库。

第二节　农业基础设施

一、哈萨克斯坦

哈萨克斯坦基础设施条件优于其他四国，应用条件较好，相对优势明显，整体水平发展更为成熟先进。交通基础设施中良好或较好等级公路占比较低，有很多公路、铁路等需要技术修复及新建，为此该国通过政策性文件大力改造现有交通基础设施。通信电信设施发展在中亚地区处于前列，通信设备及网络应用条件逐步发展成熟。然而农业电力设施应用区域结构失衡，但电力与周边国家互联互通情况较好，基本能够满足正常的用电需求。农业基础设施方面，农业水利设施应用状况不佳，虽有相对完善的设施系统，但农业灌溉效率较低，存在着利用效率低、管理不善、更新慢等问题。当前，该国正大力推进基础设施建设，通过大量投入资金力图将其建设成为欧亚物流和交通枢纽。

交通设施方面，主要以公路运输为主，铁路为辅，其他运输方式较为落后。国内公路路线密度较小，到 2016 年营运总里程数为 9.64 万千米，其中国道为 2.35 万千米，州（区）道为 7.39 万千米（中国驻哈萨克斯坦大使馆经济商务参赞处，2016），但只有约 37%的国道、9%的地方公路状况良好，大多数为三级公路（高洋，2016）。铁路基本还是 1991 年之前遗留下来的，存在着线路老化和规划不够合理的问题，主线较少、分布集中、密度不高、运输规模有限，铁路密度仅为 5.53 千米/千平方千米，而这一数据在独联体国家为 23～28 千米/千平方千米（胡颖等，2018）。2013 年，该国发布《发展交通基础设施（到 2020 年）》，大力推进公路等交通设施的改造和完善，随着近几年的发展，交通基础设施发展有了明显进步。

农田水利设施方面大都存在使用年限较长、年久失修的问题，使用效率较低，农业灌溉引水量的 40%以上被无效损耗、漏失（吴淼等，2010）。在 204 座水库的基础上，还为不同区域的水源调度修建了多座大型引水干渠（运河），包括阿拉木图大渠、额尔齐斯河-卡拉干达-杰兹卡兹甘运河等，还建有覆盖 51.7 万公顷土地的田间灌溉系统，以调节水量，保障农业用水灌溉。农业电力方面，电力消费结构以工业用电为主，各地区电力资源分配不平衡，北部地区电力较为丰富，西部和南部为电力短缺地区，但电力紧张状况可以通过北部地区送电和中亚共同电网（吉尔吉斯斯坦和乌兹别克斯坦国家电网）进口电力等得到缓解。由于大规模的农庄数量减少，农村地区用电量大幅降低，农业电力消费量仅为23亿～25亿千瓦小时（中国驻哈萨克斯坦大使馆经济商务参赞处，2018）。

二、吉尔吉斯斯坦

吉尔吉斯斯坦基础设施状况一般，1991年以后虽采取了一系列举措以推进国内基础设施建设，并取得了很大进步，但一些基础设施发展成果仍然有限。交通基础设施大都修建于1991年之前，1991年之后修复、养护不够，大部分交通设施应用状况并不理想。近年来通过不断修缮道路，修复铁路，在道路网、线和道路外设施等方面都取得了很大的进步。通信基础设施发展较为迅速，但互联网覆盖率低，大都集中在比什凯克等大城市。农业基础设施方面，农业水利设施以灌溉设施为主，建有多座水库、干渠，能够基本满足农业生产需求。农业电力设施基础也较好，设施运转能力和发电能力也为农业生产提供了保障。

该国交通设施发展程度相比哈萨克斯坦较为有限，由于高山国家交通运输成本高，国内交通运输主要依靠公路来完成，公路总里程并不长，铁路运输发展相比公路来说更为缓慢。公路承担了90%以上的运输量，国内各类道路总长3.4万千米，城、镇、村内道路1.9万千米，公路（过境公路除外）总长1.7万多千米，基本实现了全国覆盖。铁路交通并不发达，20世纪90年代前期发展处于停滞状态，2015年后虽加快建设，但铁路网建设依然较为缓慢。国内大部分交通设施修建较早，由于缺乏资金、技术等因素而无力维修和保养，交通设施路况差、老化或损毁现象严重（中国驻吉尔吉斯斯坦大使馆经济商务参赞处，2010）。

作为灌溉大国，吉尔吉斯斯坦灌溉比例高达80%，主要灌溉区域在楚河州及纳伦州。农业水利设施以水库和引水渠为主，有12座库容量超过100万立方米的较大水库，同时建有楚梅什干渠、楚河干渠大坝、大塔拉斯渠、巴拉萨雷和卡德拉里大渠等引水渠工程。但依然存在着灌溉设施利用效率低、与农田灌溉匹配程度不高等问题。而水电开发较为发达，在实现国内自我供给的同时还少量出口至周边国家，能够较好地保障国内工农业生产用电。农业电力设施主要集中在纳伦河流域，其中贾拉拉巴德州托克托古尔水电站是最大的水电站，负有调节纳伦河、锡尔河流域费尔干纳盆地的农田灌溉职能。

三、塔吉克斯坦

塔吉克斯坦在中亚地区地势较偏，境内93%被山地覆盖，基础设施建设成本高、难度大，相比其他中亚国家较为落后。政府对基础设施的投入与建设也十分有限，近些年来在国际资金帮助下，基础设施建设逐步恢复、改善、重建，有了很大发展。其中，交通基础设施修复力度较大，改善效果明显，通行能力及路面状况都有了很大的提高。通信基础设施也有了快速发展，但仍存在通信价格高、难以全面覆盖等问题。农业设施方面，农业水利设施不足，供水取水效率不高，且修建、养护困难。而农业电力也难以保持稳定供应，整体农业基础设施应用情况较差。

交通基础设施同样以公路为主，境内现有公路总里程为1.37万千米，但几乎全为1991年之前修建，且公路布局不均衡，河流盆地分布密集，高山地区分布稀疏，发展缓慢。铁路总里程仅有950.7千米，而能正常使用的只有64.87%，且部分铁路早已超出使用年限。同时铁路电气化改造和技术更新任务进展缓慢，难以发展。

农田水利设施方面也存在问题，农业供水及灌溉大都依靠几个大型水库，包括凯拉库姆水库、努雷克水库、瓦赫什河上的梯级水电站等。当前的水利设施及灌溉设备大都超出了使用年限且无力维修和更新，灌溉系统能正常有效运行的只能达到55%。大面积耕地无法有效灌溉，供水、排水系统老旧，农田灌溉取水一般需要3～4梯级才能到农田，难以与农业生产灌溉需求相匹配（于敏等，2017）。塔吉克斯坦农业电力设施主要依靠水电站供给，近30座规模不等的各类型水电站保证着国内绝大部分工业和农业用电。但其电力供应有明显的季节性，冬季电力难以自给，需要进口。

四、土库曼斯坦

土库曼斯坦1991年以后经济基本保持平稳，国内各项基础设施也得到了一定的发展。随着经济发展，政府加大了资金投入力度，基础设施与交通网络等也得到了改善。当前交通基础设施改善明显，但各类交通发展不均衡，通信网络设施也已完成了全面的现代化改造，但物流设施发展较慢。农业水利设施以水库、运河为主，但水利设施受自然地理因素限制较大，应用效率低，农业电力设施方面保障程度相对较好，能够基本满足农业生产过程中的电力需求。

该国新建了许多新的铁路和公路线路，同时维修、改造了主要旧线路，整体交通设施较为完善。运输公路总里程为 1.37 万千米，其中国家级公路 6 540 千米，国际公路 2 280 千米，约 2/3 为最近十几年新建（中国驻土库曼斯坦大使馆经济商务参赞处，2017）。公路分布密度较高，可覆盖全国所有城市和州、区两级行政中心及主要乡镇。国内铁路发展状况不如公路，且基本是在 2005 年以后才有了明显改善。铁路总里程 5 113 千米，共有 742 座铁路桥，可基本实现东西贯通，南北相连，铁路路网呈不规则的“大”字形分布，但尚无电气化铁路［对外投资合作国别（地区）指南——土库曼斯坦，2017］。其铁路新建率低，车站中只有不到 20%为 1991 年以后新建，大部分铁路线严重老化且大都与乌兹别克斯坦进行对接。

土库曼斯坦农田水利设施相对较为完善。由于水资源严重缺乏且分布不均，建造了多座水库和运河以调度水资源，主要包括卡拉库姆大运河、布哈尔运河、捷詹水库等。农业灌溉用水比重占到 90%以上，以灌溉渠道和水坝为主，主要水源是阿姆河以及卡拉库姆大运河。卡拉库姆运河调水工程实际引水量约达 130 亿立方米，土地灌溉面积超过 100 万公顷。但由于蒸发强烈，运河和灌渠流经疏松沙地，渗漏流失水量增加，大量水资源损耗（姚俊强等，2014）。农业电力设施保障程度相对较好，国内电力充裕，有多条输变电线路和 400 余个变电站，电力设施的配备生产和运输为农业生产和进步提供了良好的发展条件和保障。

五、乌兹别克斯坦

乌兹别克斯坦的基础设施比较落后。近年来随着经济的稳步增长，国家加大了基础设施建设力度和国家资金投入，包括公路的新修、改造和配套服务设施建设，铁路的电气化改造和铁路网建设，火电站和水电站的兴建以及电信网络和供水管网的现代化改造等，基础设施总体得到很大改善。农业基础设施相对其他四国而言处于较高水平，农业灌溉设施和水利设施应用情况良好，境内有多座火电站及水电站，电力保障能力高，农业领域高灌溉水平和高发电能力为农业生产及加工提供了良好的基础设施保障。

由于其位置特殊性，1991 年以后国家加大了基础设施建设力度，改造、新修了公路、铁路，加强了配套服务设施建设和现代化改造。国内公路总里程为 18.4 万千米，国家级公路和地方公路分别为 6 000 千米和 24 000 千米，还有国家级高速公路将近 3 000 千米，但道路基本状况仍有待改善。铁路运输是其最重要的交通运输方式，现有铁路线总长 6 400 千米，其中电气化铁路约 1 000 千米，能够有效利用的占比为 67.5%。当前乌兹别克斯坦积极参与和着力于国际运输通道的建设，连通阿富汗、巴基斯坦以及伊朗的铁路建设已经取得一定进展。交通设施地域分布差异明显，撒马尔罕和布哈拉地区中部、南部和费尔干纳盆地地区交通运输设施相对便利，而北部各州交通系统则比较落后（刘二虎，2018）。

农业灌溉水平比较高，有效灌溉面积高于其他四国，其灌溉地面积达 425 万公顷，水利基础设施相对完善。同时拥有 53 座水库以及总长达 1.71 亿米的灌渠（张小瑜，2013），境内咸海流域的水资源全部用于农业生产，其中"阿姆藏"灌溉系统改造项目顺利实施完成，保证了约 30 万公顷的土地灌溉，但同样存在着设备老化问题。农业电力设施方面，乌兹别克斯坦掌握着中亚地区 50%的发电能力（中国驻乌兹别克斯坦大使馆经济商务参赞处，2010），共有电站 43 座，大都分布在中部地区，主要发电来源是火电站，包括锡尔河火电站、塔什干火电站等，水电在全国电力生产中占比只有 11.2%，电力成本相对较低，可以实现自给，能够很好地保障农业设施用电（乌兹别克斯坦的电力生产与消费，2014）。

第三节　农业生产资料

农业生产资料是进行农业生产的物质要素，包括农机设备、农药、肥料、农林牧副渔产品深度加工设备以及运输、储藏机械设备等。随着社会生产力的发展，生产资料逐渐成为农业生产投入的主要内容，是提高劳动生产率、促进农业产出提高的重要手段。中亚各国农业生产资料发展情况具有很大的相似性，大都经历了一定的衰退期，生产资料投入不足。本节将从肥料、农药以及农业机械等方面对中亚各国的农业生产资料发展情况进行介绍。

一、哈萨克斯坦

（一）肥料

哈萨克斯坦1991年以后，农业生产资料发展基本陷于停滞，近些年来应用情况逐步改善。全国肥料消费总量自1991年后就进入了持续下降的状态，每公顷耕地投入的肥料从1992年的13.55千克降至1998年的0.54千克，1998年后肥料投入量开始回升，但总体呈波动变化，增长不稳，到2016年每公顷耕地投入的肥料也只增长至4.51千克，且国家钾肥和复合肥料完全依赖进口。进入21世纪，该国建造了化肥生产企业，包括国家氮肥厂以及国家磷肥厂。国家氮肥厂主产区在曼格斯套州，氮肥产量比例占全国总量的90%，2017年氮肥消费量接近50万吨，国家磷肥厂主产区在江布尔州，磷肥产量占到了全国总产量的91%，2017年磷肥消费量为16.35万吨（中国驻哈萨克斯坦经济商务参赞处，2018）。化肥使用方面，全国化肥施用量一直处于不足状态，使用水平较低，1991年以后化肥施用量骤降，两年内减少了35.40万吨。1992年化肥施用量为47.50万吨，之后逐年波动下降，降幅明显，到1998年降至1.30万吨，相比1992年减少了46.20万吨，降幅达97.26%。2000年化肥使用量为3.7万吨，之后逐年增长，虽在2005年出现下降，但2006年后又恢复增长态势，增速较缓。到2016年，全国化肥施用量为11.69万吨，相比1992年减少35.81万吨，完全恢复到1991年水平较为困难（图3-6）。

（二）农药

农药使用方面，哈萨克斯坦农药发展在中亚地区并不占优势，农药消费长期处于紧缺状态。1991年农药使用量尚且可观，1992年使用量达到1.72万吨，但单位面积耕地的农药投入量尚不足0.5千克。1994年后农药使用量开始下降，且下降幅度明显，至2000年只有0.30万吨，远远不能满足农业生产需要。2000年后，各项农业生产资料开始恢复，农药使用量也开始增长，2006年后增速明显，但2009年受经济危机影响，农药使用量进入波动上升期，且波动幅度较大（图3-6）。到2016年，全国农药使用量为1.06万吨，每公顷耕地的农药消费量为0.36千克，农药应用发展前景整体向好。

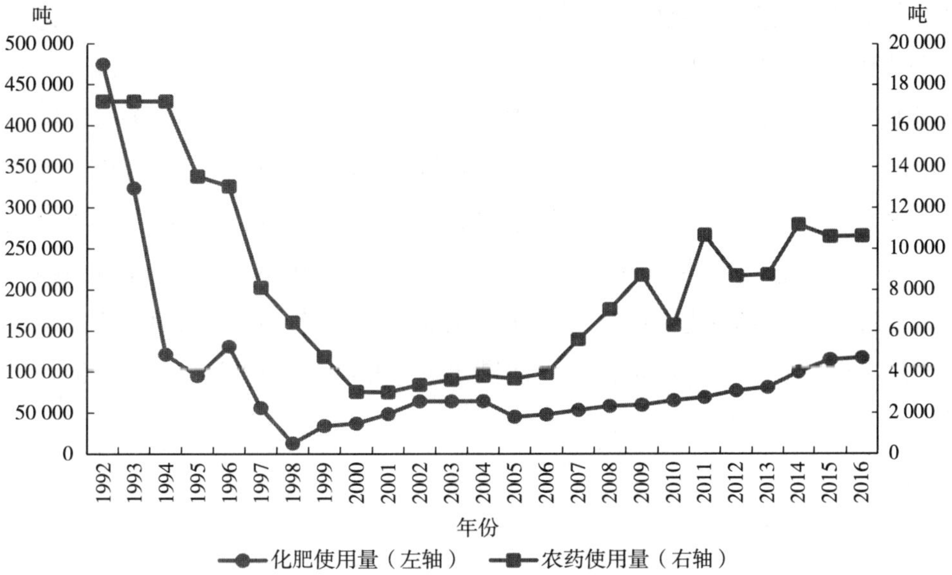

图 3-6　1992—2016 年哈萨克斯坦化肥与农药使用情况

数据来源：美国农业部世界农业生产率数据库；联合国粮食与农业组织数据库。

（三）农业机械

哈萨克斯坦机械制造发展较早，1991 年之前大部分机械制造企业如阿拉木图重型机械厂、基洛夫机器制造厂等拥有大量先进设备。近几年来，随着《机械制造业发展纲要》的推进，机械制造得到了一定发展，机械水平有所提升。农业机械方面，1991 年以前农业基本实现了机械化与规模化生产，每公顷土地投入的农业机械数量较为可观。1991 年之后农业机械化程度逐渐下降，农业机械保有量不如 1991 年之前，但总体来说农业机械水平在中亚地区处于较好水平。

农业机械数量方面，1991 年全国农业机械保有量能够达到 26.25 万辆，其中农用拖拉机 21.74 万辆，每 100 平方千米耕地投入的拖拉机数量为 62 辆，农业机械化条件相对较好（图 3-7）。1992 年以后，农业机械数量急剧下降，至 2000 年已减少至不足 7 万辆，每 100 平方千米耕地拥有的拖拉机数量下降到 17 辆，相比 1991 年降幅超过 70%。2000 年后农业机械量进入缓慢下降期，2007 年后，农业机械量开始出现增长，但增幅极小。到 2016 年，农业机械量为 53 606 辆，相比 1991 年减少了 20.89 万辆，减少幅度为 79.58%。可以说，哈萨克斯坦农业机械的投入自 1991 年以来长期处于倒退状态。

农业机械数量在急剧减少的同时，已有农业机械的质量状况也处于衰退境地。农业机械设备有超过70%是1991年之前建造，政府无力投入资金进行维修、保养以及更新，普遍存在年久失修、功能老化、更新改造缓慢以及分布不合理等问题。为改变这一现状，一方面，政府积极采购俄罗斯、美国等国家的农业机械，超过1万台的俄罗斯联合收割机投入农业生产。另一方面，逐渐加大支持力度，在投资2.7亿坚戈改建农业拖拉机厂的同时，降低农业机械租赁公司的租赁利息，对生产者从国外购买农业机械实施6%～12%的财政补贴，取消了播种机、多功能中耕机等农业机械的进口关税。但考虑到农业需求和自然损耗，当前农业机械数量依然无法满足本国粮食生产的实际需要，缺口十分明显（李宁，2009）。

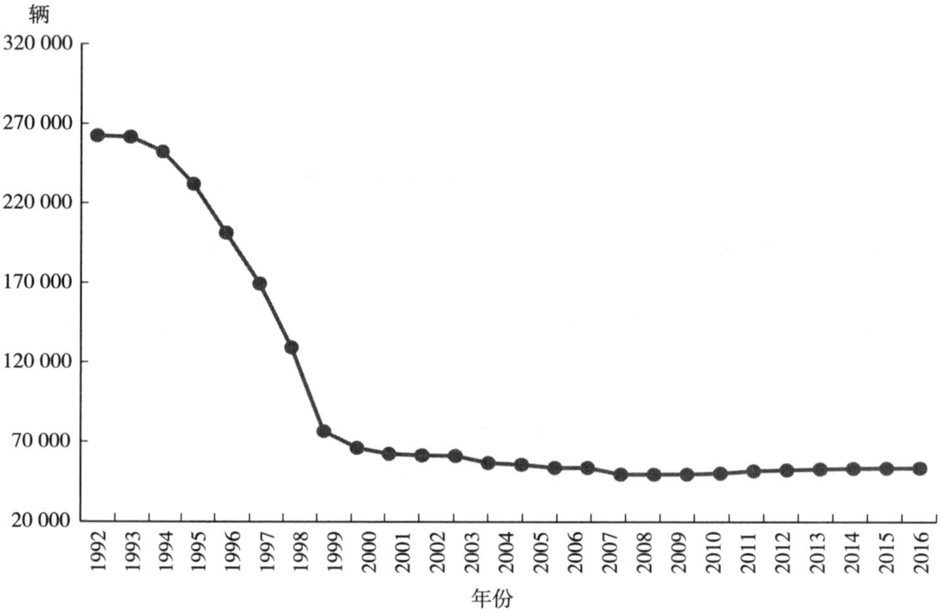

图3-7　1992—2016年哈萨克斯坦农业机械变化情况

数据来源：美国农业部世界农业生产率数据库。

二、吉尔吉斯斯坦

（一）肥料

吉尔吉斯斯坦耕地施肥量较低，生产资料供应不足。1992年每公顷耕地的肥料施用量为24.24千克，2002年只有7.05千克，2003年后每公顷耕地化肥消费量处于波动上升状态，整体水平不高，波动较大。就化肥使用而言，1991年之后10年化肥施用量变化不大，基本稳定在3万吨左右，2000年后，化肥施用量骤降至0.7万吨，并在这一水平波动变化，到2008年只有0.38万吨，2010年后再次波动下降，降幅明显（图3-8）。化肥使用不仅数量起伏较大，且地域分布极不均衡。北方多数农产区化肥供应仅占实际需求的20%，南部勉强达到了80%（中国驻吉尔吉斯斯坦大使馆经济商务参赞处，2008）。由于自身无化肥生产能力，农业生产所需的复合肥料和有机矿物肥料等完全依赖进口，主要进口来源国为俄罗斯及乌兹别克斯坦，而国内每年农业生产需求化肥一般在35万～40万吨之间，但进口的化肥量平均在10万吨左右，只能保障30%左右的化肥需求。由于肥料施用量不足、种类单一直接导致土壤腐殖质减少，土壤肥力下降并退化，农产品产量和质量低，且进口化肥价格高昂，很难真正应用到农业生产施肥中去（张建伟，2016）。

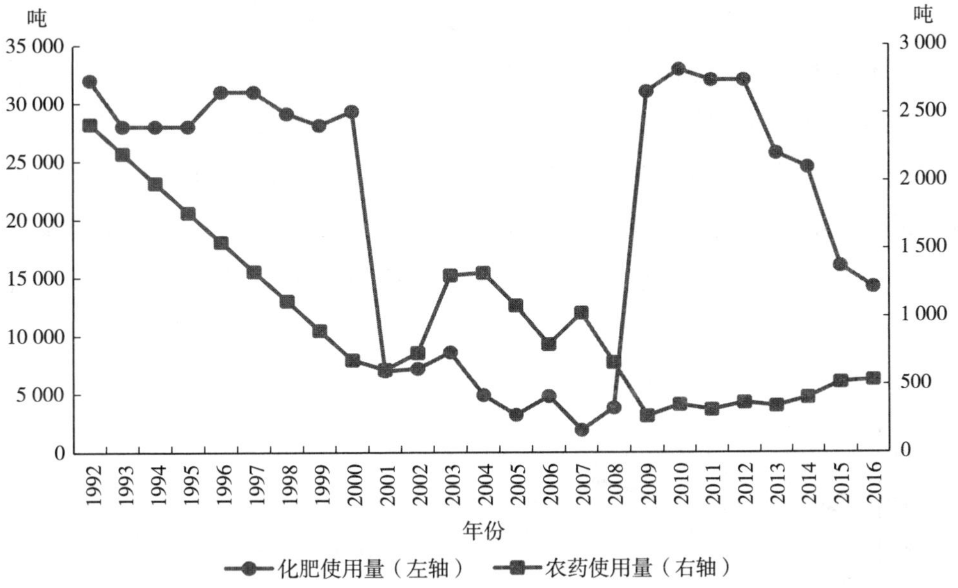

图3-8　1992—2016年吉尔吉斯斯坦化肥与农药使用情况

数据来源：美国农业部世界农业生产率数据库；联合国粮食与农业组织数据库。

（二）农药

农药领域的供应能力也比较薄弱，供应量有限且主要依靠进口，农药使用量不足。1992年农药投入总量为2 418吨，单位面积耕地所投入的农药数量为1.74千克，之后便开始持续下降，到2001年只有609.60吨，单位面积的农药使用量仅为0.43千克。2001年后其农药使用量开始波动上升，增至2004年的1 321.3吨之后又一次开始下降。2009年后，农药使用量逐步趋于稳定，虽逐年增长但增长幅度有限，到 2016 年也只有 532.8 吨。相比 1992 年减少了 1 885.20 吨，下降了 77.97%，每公顷耕地的农药消费量为 0.39 千克，相比 1992 年减少了 1.35 千克，下降了 77.59%（图 3－8）。现有农药消费结构中，农药市场包含杀虫剂、杀菌剂、除草剂等多种类型，贾拉拉巴德州各种类型农药应用情况较好，塔拉斯州和楚河州除草剂应用情况较好。

（三）农业机械

吉尔吉斯斯坦农业机械在 1991 年之前发展水平较高，但 1991 年之后农业机械保有量变动较大，曾出现农业机械市场供给连续空缺。经历过几次波动之后，总体发展趋势向好，但仍存在一定的农业机械量缺口。

1992 年农业机械数量为 26 850 辆，其中农用拖拉机为 25 000 台，每 100 平方千米耕地拥有的拖拉机数量为 189 台（图 3－9）。1992 年以后每 100 平方千米耕地拥有的拖拉机数量变动并不大，只有 1996 年略有下降。但由于政府资金不足，80%的农机需要更新换代，农业劳动者大都需要手工耕作，农业机械数量在经历了两年的较快增加后骤然下降，1995 年、1996 两年间就减少了将近 8 000 辆，保有量跌至最低点。1996 年后农业机械量又大幅增加，增至

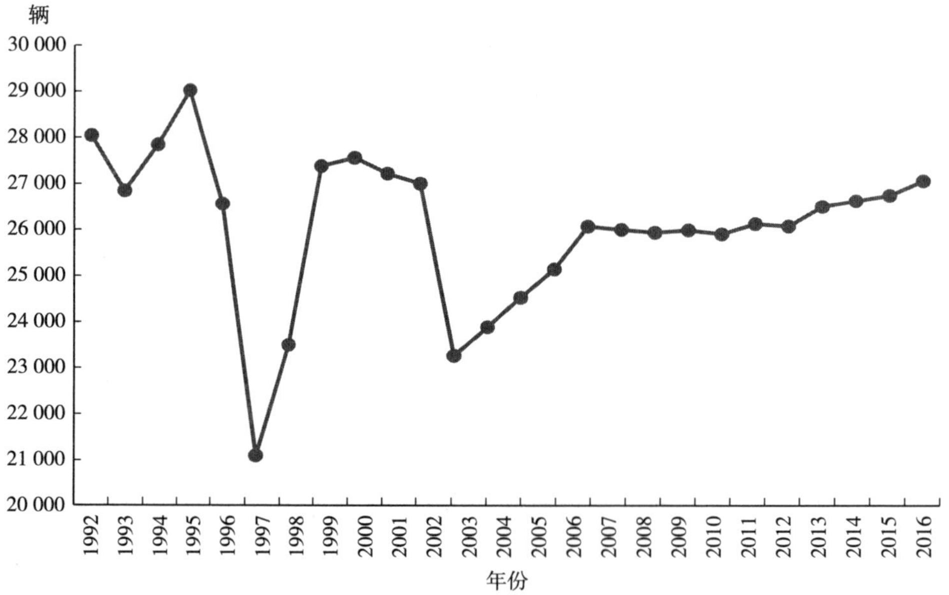

图 3－9　1992—2016 年吉尔吉斯斯坦农业机械变化情况

数据来源：美国农业部世界农业生产率数据库。

1999年的27 570辆，之后再一次经历快速减少，至2002年减少至23 268辆。2002年后，农业机械量开始逐年回升，但增加速度不快，变动趋势渐稳，整体来看，农业机械数量变动趋势呈“W”形变动，且近些年来逐年增加，发展势头良好。

现有农机设备自产比例相对较低，大部分来源于各国际组织和外国赠送及援助。仅1992年至2005年期间共得到各援助组织和援助国赠送的830台（套）农机设备，2006年中国政府援助吉尔吉斯斯坦1 205台（套）农机，2010年再次向其分别提供3 000万及7 000万元人民币农机设备的无偿援助（中国驻吉尔吉斯斯坦大使馆经济商务参赞处，2010）。而据AlekseevK. I.研究，该国未来农业机械预计需求缺口超过80 000台。农业机械数量虽有所增长，但增速缓慢，农业机械缺口仍十分明显，农业机械化水平不高，在数量和质量上均显不足，且生产材料缺乏，农机设备很难得到及时更新和充分利用。

三、塔吉克斯坦

（一）肥料

塔吉克斯坦1991年之前肥料应用水平较高，化肥的使用量远远超过世界平均用量，年使用量在15万～20万吨之间。1991年之后肥料施用量除2000年前后有大幅减少外，整体处于较好的状态。其中，戈尔诺-巴达赫尚自治州和索格特州以有机肥料应用为主，两者在全国有机肥料应用总量中占比接近90%，哈特隆州矿物肥料应用相对较多，在全国矿物肥料总量中占比56.78%。化肥方面，化肥施用量在1991年之后持续减少，1992—1994年间就减少了5.8万吨。1994年后下降趋势放缓，1999年后开始波动上升，但始终处于较低水平，到2016年化肥使用量也只有0.9万吨，相比1992年减少了11.9万吨，减幅达92.97%（图3-10）。化肥使用量骤减原因在于1991年之后工业薄弱，化肥企业纷纷停产，生产能力较低，需要大量从俄罗斯、哈萨克斯坦及乌兹别克斯坦进口，进口价格高且数量有限，化肥在农业生产中的应用水平极低，化肥缺口尤其是氮磷钾肥的缺口逐年增大。

（二）农药

塔吉克斯坦1991年之前农业生产中的农药应用情况相对较好，1991年以后

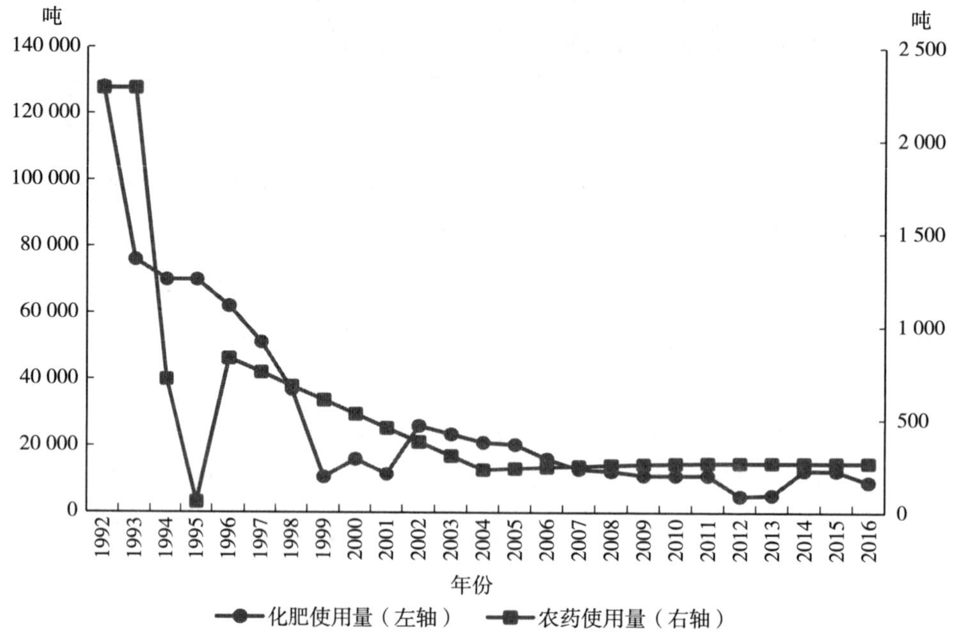

图 3-10　1992—2016 年塔吉克斯坦化肥与农药使用情况

数据来源：美国农业部世界农业生产率数据库；联合国粮食与农业组织数据库。

农药供应有所不足，应用水平有一定的下降。1992 年农药投入总量为 2 280 吨，每公顷耕地的农药投入量为 2.31 千克，之后出现直线下降，到 1995 年农药总数量降至 54 吨，单位面积农药使用量只有 0.06 千克，单位面积的耕地农药使用量几乎为零，1996 年农药总投入又猛增至 826 吨，单位面积使用量增至每公顷 0.9 千克。1996 年以后虽然农药使用量依旧处于减少状态，但减少幅度趋缓，2004 年后逐步稳定在 250 吨左右，单位面积的农药消费量进入一个稳定发展时期，维持在 0.30 千克左右，且尚未有明显的增长趋势（图 3-10）。

（三）农业机械

塔吉克斯坦农业机械化在中亚地区并无优势，早在 1991 年之前农业机械使用程度就较为有限。1991 年之后农业机械应用情况出现恶化，且由于相当比例的农业机械超过使用年限，机械使用效率不足，难以满足正常的农业生产需求。

20 世纪 90 年代初农业机械数量状况相对较好，1991 年为 3.6 万辆，拖拉机达到 3.7 万辆，平均千公顷耕地拥有 46 辆。1992 年出现了小幅度增长，达到了 3.64 万辆，其中农用拖拉机 3.57 万台，每 100 平方千米耕地拥有的拖拉机数量为 415 台，这是农业机械保有量最理想的时期（图 3－11）。1992 年后，农业机械数量连年下降，且下降幅度较大，2008 年降至 1.63 万辆。2008 年后农业机械数量开始增加，但增速十分缓慢。到 2016 年农业机械数量只有 1.71 万辆，相比 1992 年减少了 1.93 万辆，远不及 1991 年的机械水平。农业机械数量的不足也反映在不同农机的保有量上。2010 年拖拉机保有量只有 1.36 万辆，较 1991 年减少了 67%，播种机、谷物收获机和采棉机拥有量分别降低了 53%、56%和 94%（牛海生，2013）。2010 年后，农业机械数量虽然开始回升，但随着粮食作物的播种面积不断增加，每年都会有巨大的农业机械缺口，十分影响正常的农业生产和收获（黄群，2017）。

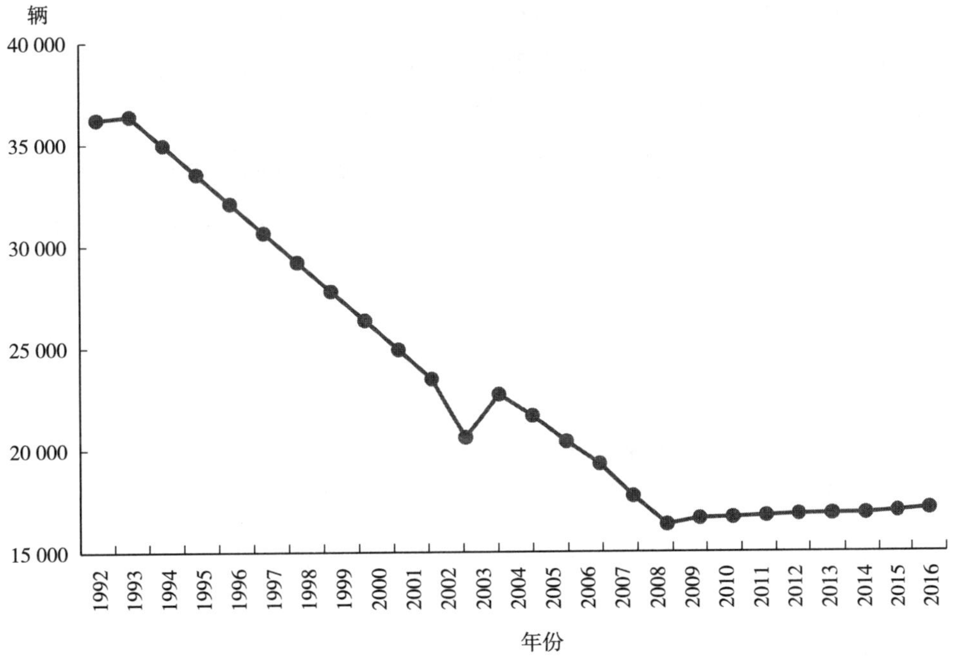

图 3－11　1992—2016 年塔吉克斯坦农业机械变化情况
数据来源：美国农业部世界农业生产率数据库。

农业机械是国内市场上的紧俏商品，高山地势使得农业机械应用困难，机械化水平不高。同时，由于自身没有农业机械制造厂，无力自主生产机械，农业机械都需要从白俄罗斯进口，进口渠道散乱无序，一定程度上影响着农机正常进口。而且现有的农业机械大都承接于 1991 年之前，老化率高，利用效率低，农业领域资金投入不足也导致农业机械难以进行维修、保养和更新，农业机械水平难以满足农业生产需要。

四、土库曼斯坦

(一) 肥料

与其他中亚国家相比，土库曼斯坦农业生产中化肥施用状况较好。尽管20世纪90年代化肥施用量出现波动，由1992年的17.5万吨降至1998年的7.6万吨，但1991年之后经济平稳过渡，采取了一系列措施保证化工领域发展，建立或改造了捷詹尿素厂、马雷氮肥厂、钾肥生产厂等，保障了化肥生产能力（图3-12）。1998年后化肥施用量开始连年增长，且增长幅度较快，到2006年化肥施用量已达到25.86万吨，之后增速放缓，2016年增至29.3万吨。化肥消费以氮肥为主，其次是硝酸铵化肥，两者构成化肥主要市场。由于列巴普州拥有优质钾盐矿，钾肥生产条件非常良好，1991年以来钾肥生产和消费量逐年上升，不仅能够满足国内农业生产需要，同时能够出口。磷酸盐化肥早在1991年之前就已有一定的使用规模，1991年之后消费量有所下降，逐渐失去其数量优势。

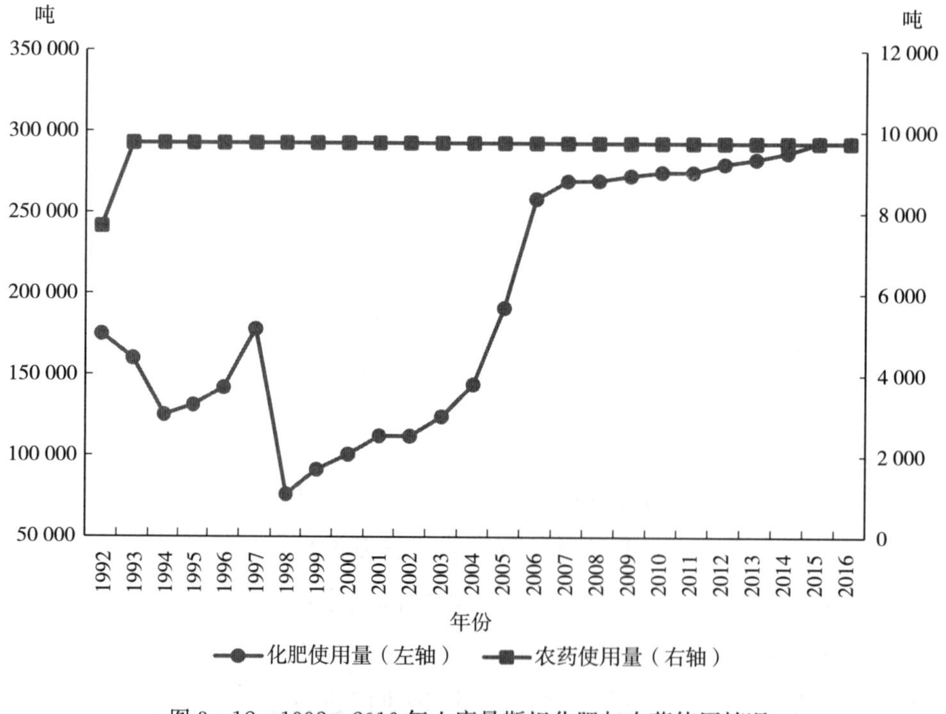

图3-12 1992—2016年土库曼斯坦化肥与农药使用情况
数据来源：美国农业部世界农业生产率数据库；联合国粮食与农业组织数据库。

（二）农药

土库曼斯坦农药使用量在中亚地区居于前列，每公顷耕地的农药投入保持在4.62千克以上。农药使用量在1992年为7 663吨，1993年增长至9 712吨，之后农药使用量便稳定在这一水平（图3-12）。就单位面积的农药使用量来说，由于耕地面积波动上升，单位面积的农药使用量也随之变动。1993年后单位面积的农药使用量逐渐下降，2001年降至4.62千克，此后进入第一个稳定期。2007年后农药使用量开始波动上升，2010年达到了4.86千克，至2016年维持这一水平不变。整体来讲，农药应用状况较好，变化趋势也较为稳定。

（三）农业机械

土库曼斯坦农业机械发展状况较为稳定，1991年之前已普遍实现农业机械化生产，生产效率较高。1991年之后农业机械数量整体呈增长态势，机械保有量情况较好，相比中亚其他国家而言具有良好的农业机械发展趋势。但就农业机械总量而言，与哈萨克斯坦、乌兹别克斯坦两国尚有一定差距。

1980年该国拥有拖拉机数量37 100台，摘棉机9 300台，联合收割机1 100台，农用载重卡车17 500辆（土言，1999），能够很好地满足其农业生产需求。1991年之后由于经济过渡较为平稳，没有出现大的社会动荡，第一年就实现了农业机械的大幅增长，从1991年的5.26万辆增长至1992年的6.99万辆，增长量达到1.73万辆，其中农用拖拉机6.27万台，每100平方千米耕地拥有的拖拉机数量为422台（图3-13）。1992年以后，农业机械数量出现回落，至1994年降至5.75万辆且稳定在这一水平。2003年后，国家加大投入积极改造和维修农业机械，同时积极采购或合作建造新型农业机械投入农业生产，因此再一次出现农业机械数量的增长，虽在2008年、2010两年受宏观环境影响有所波动，但总体而言保持着持续增加趋势，且2010年后农机数量增加趋势明显加快。2016年农业机械数量达到6.56万辆，相比1991年增加了1.3万辆，增幅为24.71%。2017—2020年从约翰迪尔（John Deere）公司采购了相当数量的农机设备，包括粮食收割机、棉花采摘机、耕种拖拉机、播种机、耕犁等（中国驻土库曼斯坦大使馆经济商务参赞处，2018）。2018年已接收200台棉花采摘机投入农业生产，农业机械化生产能力在中亚国家中走在前列。

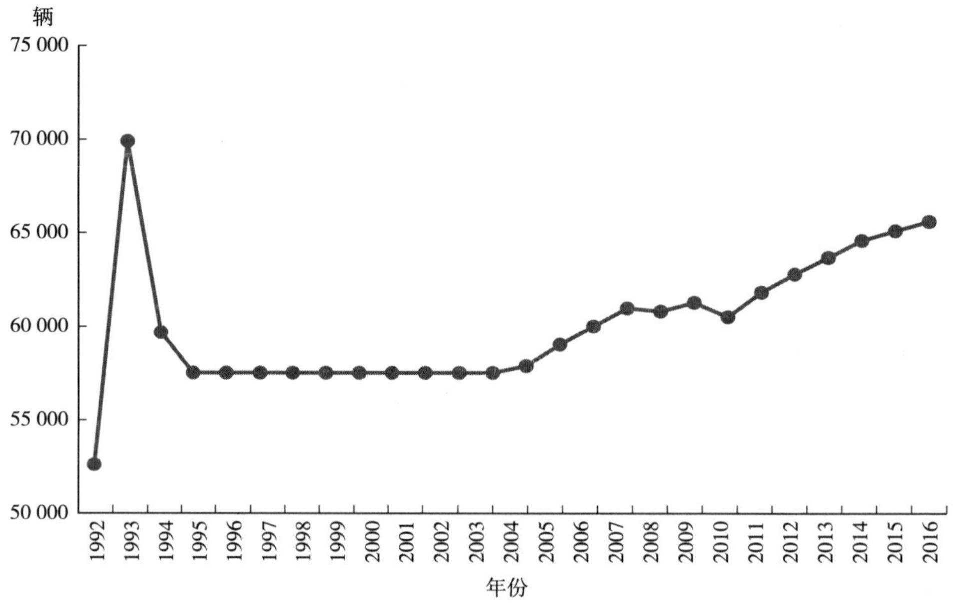

图 3-13　1992—2016 年土库曼斯坦农业机械变化情况
数据来源：美国农业部世界农业生产率数据库。

五、乌兹别克斯坦

(一) 肥料

乌兹别克斯坦肥料的使用状况在中亚地区居于首位，单位面积耕地所投入的肥料在 1991 年便能达到 1 631.7 千克，每公顷耕地化肥施用量长期在 150 千克以上，2011 年每公顷耕地化肥消费量已突破 200 千克，到 2016 年单位面积耕地的肥料投入已达到 237.92 千克，极大地促进了农作物产量的提高。农业肥料的使用以有机肥料为主，2018 年有机肥料使用量达到 586.4 万吨，同年矿物肥料使用量只有 91.2 万吨。国内矿物肥料生产结构中氮肥生产占据绝对比重，达到 72.43%，其余基本为钾肥和磷肥生产。

就化肥使用来说，不仅能够自主生产化肥，且在满足本国农业生产需要的同时还能对外出口。但 1991 年之后化肥施用量波动变化较大，1992 年化肥使用总量为 73 万吨，之后由于经济不稳出现骤降，到 1996 年降至 44.5 万吨（图 3-14）。1996 年后化肥生产能力大幅提高，施用量仅一年增至 1997 年的 87.51 万吨，相比 1996 年增加了 43.01 万吨。1997 年后化肥施用量进入波动变化状态，到 2016 年使用总量为 76.35 万吨，相比 1992 年增加了 3.35 万吨，整体呈“W”形变动，且增长态势明显。

图 3-14　1992—2016 年乌兹别克斯坦化肥使用情况
数据来源：美国农业部世界农业生产率数据库。

乌兹别克斯坦在国内建成了多个农业化学企业，生产的化肥品种主要为硝酸铵和尿素，其次是磷肥，除自用外其余全部向独联体国家出口。主要化肥生产企业为化学工业公司，还建有多家化工企业，其中约 2/3 的化工产品主要面向农业，极大地促进了农业发展。然而，尽管农业化肥生产能够实现出口，但其生产结构不完善，磷肥缺口明显，每年农业生产所需磷肥 51.8 万吨，但本国只能生产 15 万吨，土壤缺硫现象明显（中国驻乌兹别克斯坦大使馆经济商务参赞处，2013）。

（二）农业机械

乌兹别克斯坦的机械制造早在 1991 年之前就已建立，并形成部门较齐全的工业体系，植棉和轧棉设备制造业具有优势，承担着中亚地区 2/3 的机器制造产品生产。农业机械水平相对较高，机械设备在中亚地区较有优势，农业机械保有量居于地区前列。

1991 年乌兹别克斯坦农业机械数量为 18.93 万辆，由于经济社会不稳定降至 1993 年的 17.35 万辆，之后便稳定在这一水平（图 3 - 15）。2003 年开始，农业机械数量波动上升，2011 年后上升速度加快，增速明显，到 2013 年超过 1991 年机械量水平，2016 年农业机械量达到 19.62 万辆，相比 1991 年增加 6 955 辆，预计将来农业机械量将继续快速增加。农业机械主要类型为拖拉机、联合收割机以及播种机，三者在总量中占比超过 80%。

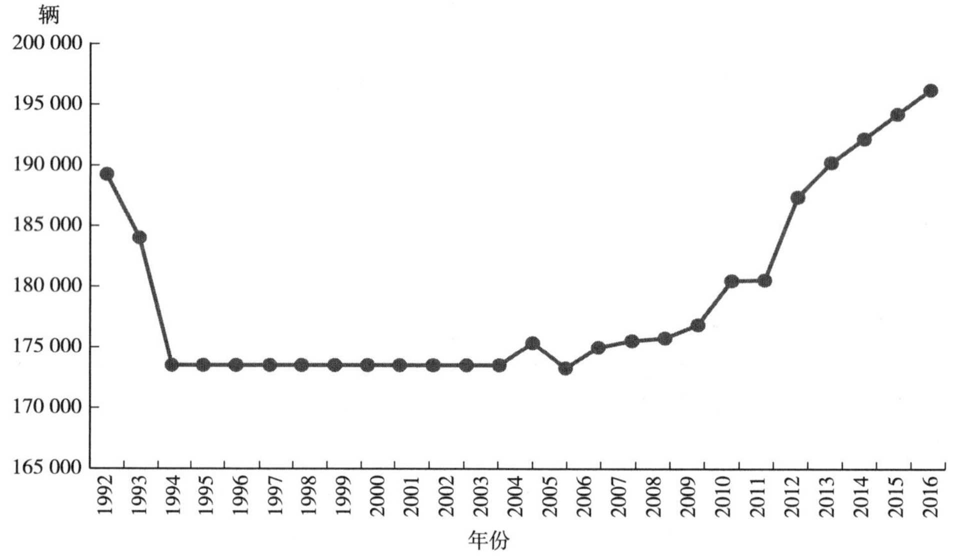

图 3 - 15　1992—2016 年乌兹别克斯坦农业机械变化情况
数据来源：美国农业部世界农业生产率数据。

国家在加大了农业机械装备资金投入力度的同时在塔什干、撒马尔罕、安集延等城市都建有较大型的机械制造厂，包括塔什干拖拉机厂、农业机械厂等，每年制造的农业机械包括大中型马力拖拉机、棉花种植、采收和加工机械、蔬菜水果加工设备等，在满足自身农业生产需要的同时还能对外出口。同时通过租赁、进口等多种方式提高本国农业机械水平，投入相对比例的资金用于农业机械进口，主要进口类型有拖拉机、收割机和打谷机、播种机、推土机、铺轨牵引车等，主要进口国家是中国。除此之外还积极与其他国家开展大型农机组装合作，并引进外国技术建立农业机械设备服务中心，以提供机械维修和使用培训服务（中国驻乌兹别克斯坦大使馆经济商务参赞处，2013），因此，尽管农业机械数量曾出现下降期，但乌兹别克斯坦农业机械水平始终保持在地区前列。

第四章 CHAPTER 4

中亚五国农业生产

中亚五国农业生产以种植业和畜牧业为主，以渔业和林业为辅。种植业中，各国粮食种植结构相差不大，均以小麦和大麦为主。经济作物方面，中亚五国水果和蔬菜比较短缺，油料基本不能自给自足，每年都需要从国外大量进口油菜籽、葵花籽。经过多年的种植结构调整，粮食成为中亚五国种植业的主要作物，虽然粮食粗放经营，广种薄收，但凭借着富余的耕地资源，其总产量在世界上拥有较前的排名。畜牧业中，中亚地区 1992 年之前是主要的畜产品生产区，畜牧业主要包括家禽养殖业、家畜养殖业和特色产业。各国畜牧业均以牛、羊养殖业为主，其他家畜养殖量相对较小。此外，虽然地处欧亚大陆腹地，地理条件较封闭，但区域内渔业资源非常丰富，渔业发展空间较大，有较好的市场发展潜力。

第一节 种植业

种植业是人类赖以生存的食物与生活资料的主要来源，主要包括粮食作物、经济作物、绿肥作物、饲料作物、牧草和花卉等园艺作物，可以为轻纺工业、食品工业提供原料，为畜牧业和渔业提供饲料，是农业的重要组成部分之一。

中亚地区的种植业主要以粮食作物和经济作物为主。粮食作物品种主要包括小麦、大麦、玉米和水稻等，其中小麦是最重要的粮食作物；经济作物以棉花为主，甜菜、烟叶、水果为辅。

一、哈萨克斯坦

（一）粮食作物

哈萨克斯坦的粮食作物生产主要分布在科斯塔奈州、北哈萨克斯坦州和阿克莫拉州。其中，阿克莫拉州、科斯塔奈州和北哈萨克斯坦州主要以小麦种植为主，三者种植面积占比达到 78.99%，阿拉木图州和北哈萨克斯坦州主要以土豆种植为主，两者种植面积占比接近 40%。

1. 谷类作物

从种植面积来看，主要谷类作物整体呈下降趋势，2018 年其种植面积约占总耕地面积的 48.85%。谷类作物种植面积变动趋势可分为三个阶段：第一阶段为急速减少期（1992—1998 年），这一时期作为第三大粮仓的哈萨克斯坦进行作物结构调整，粮食种植面积大幅度减少。第二阶段为逐步恢复期（1999—2009 年），随着经济逐步复苏，农业生产能力逐步恢复，种植面积逐年增加，到 2009 年增至 1 632.44 万公顷。第三阶段为不断波动期（2009 年至今），种植面积处于不断波动之中，但总体变化幅度不大，到 2018 年，主要谷类作物种植面积为 1 535.81 万公顷，相比 1992 年减少 28.33%（图 4-1）。

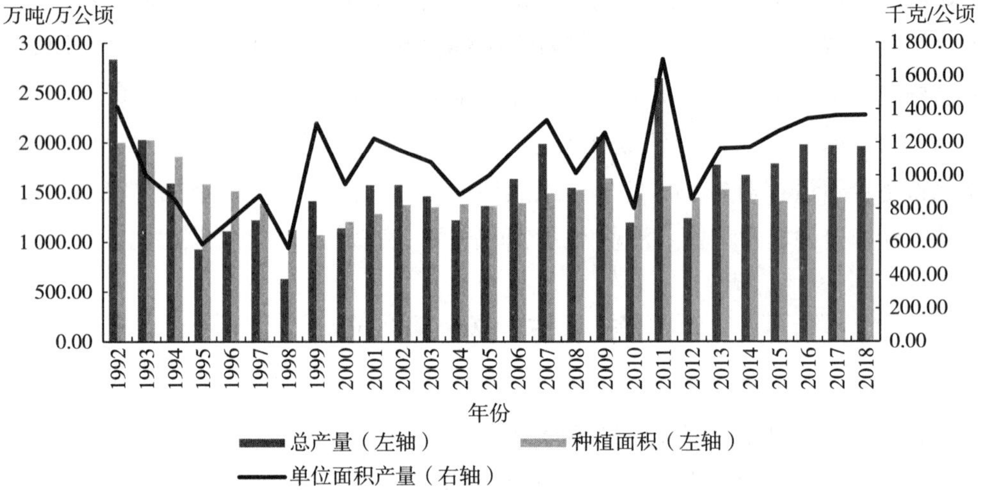

图 4-1　1992—2018 年哈萨克斯坦主要谷类作物种植情况

数据来源：联合国粮食及农业组织数据库。

从产量来看，主要谷类作物整体波动不大，2018 年其产量约占粮食作物总产量的 90%。1992—1995 年，谷类作物总产量急剧减少，从 1992 年的 2 835.71 万吨降至 1995 年的 926.83 万吨，单位面积产量从 1 415.46 千克/公顷减少至 587.13 千克/公顷；1996—2014 年期间，谷类作物总产量和单位面积产量均进入剧烈变动期，波动十分明显，至 2014 年总产量为 1 667.57 万吨，单位面积产量为 11.705 8 千克/公顷；2014 年以来，谷类作物总产量和单位面积产量变动趋向于稳定，并呈现逐年增加态势，2018 年，哈萨克斯坦主要谷类作物总产量为 1 959.65 万吨，相比 1992 年减少了 30.89%，单位面积产量为 1 364.84 千克/公顷。

从作物构成来看，主要谷类作物包括小麦、大麦、燕麦和稻谷。小麦是第一大作物，2018 年种植面积为 1 135.44 万公顷，约占主要谷类作物总种植面积的 79.08%，约占可耕种面积的 50%，产量为 1 394.41 万吨，占主要谷物作物总产量的 71.16%。大麦是第二大作物，2018 年种植面积为 251.70 万公顷，占主要谷类作物种植面积的 17.53%，产量为 397.13 万吨，约占主要谷类作物总产量的 20.27%。燕麦 2018 年的种植面积为 23.52 万公顷，占主要谷类作物种植面积的 1.64%，产量达到 33.61 万吨，约占主要谷类作物总产量的 1.72%。除此之外，玉米和水稻也占有一定比例，整体呈增加趋势，种植面积分别为 15.0 万公顷、10.15 万公顷，总产量分别为 86.21 万吨和 48.29 万吨（表 4－1）。

2. 豆类作物

从种植面积来看，主要豆类作物整体呈“U”形增长态势，2018 年其种植面积约占全国总耕地面积的 3.30%。1992 年至 1999 年间豆类作物种植面积逐年下降；1999 年后出现回升并开始增长，但整体增长态势较缓，增加幅度并不明显，至 2015 年，种植面积增长至 28.28 万公顷；2015 年后，豆类作物种植面积出现大幅增长，尤其是 2016—2017 年，涨幅达 128.43%，到 2018 年，主要豆类作物种植面积达到 97.02 万公顷，相比 1992 年增加了 78.48 万公顷，增长了 5.23 倍（图 4－2）。

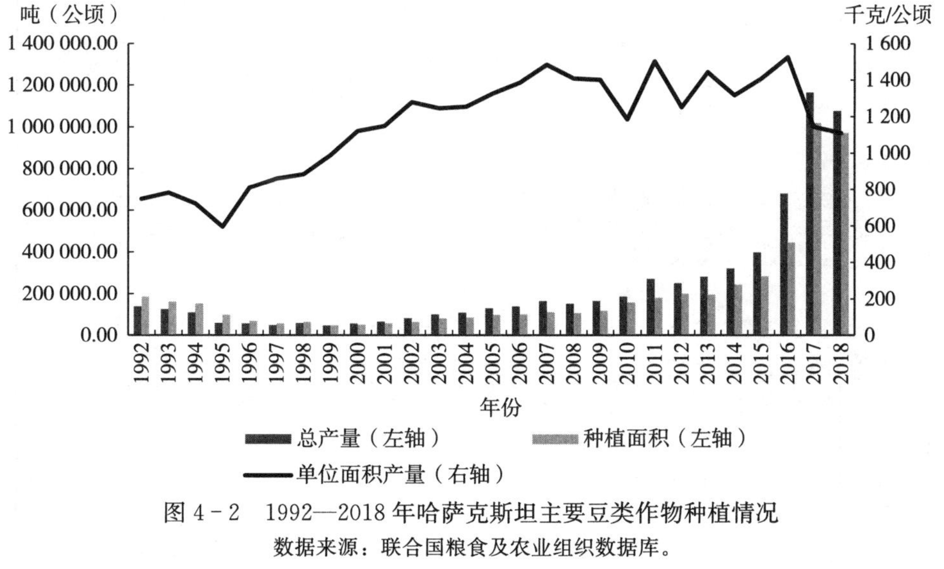

图 4－2　1992—2018 年哈萨克斯坦主要豆类作物种植情况

数据来源：联合国粮食及农业组织数据库。

表 4-1　1992—2018 年哈萨克斯坦主要谷类作物总产量和种植面积

年份	总产量（吨）					种植面积（公顷）				
	小麦	大麦	玉米	燕麦	水稻	小麦	大麦	玉米	燕麦	水稻
1992	18 284 600	8 510 800	367 700	727 000	467 000	13 722 900	5 627 400	117 800	448 800	117 000
1993	11 585 000	7 148 500	355 200	802 000	403 000	12 622 000	6 884 600	108 700	546 500	109 300
1994	9 052 200	5 496 900	233 500	822 000	283 000	12 086 000	5 649 700	104 300	613 100	101 300
1995	6 490 400	2 208 100	135 600	249 760	184 450	11 290 900	3 933 700	70 200	406 800	84 100
1996	7 678 100	2 695 800	122 100	358 770	226 240	11 233 900	3 280 700	72 700	421 800	86 500
1997	8 955 000	2 583 000	111 210	286 190	255 350	10 599 000	2 762 100	61 320	336 500	83 000
1998	4 746 300	1 093 280	166 840	73 370	236 070	9 126 900	1 767 200	62 300	175 000	73 400
1999	11 241 800	2 264 900	197 600	194 200	199 300	8 736 300	1 700 700	65 500	138 700	71 000
2000	9 073 460	1 663 650	248 790	181 770	214 300	10 050 100	1 625 200	74 600	189 300	72 100
2001	12 706 810	2 243 770	320 390	220 200	198 700	10 766 100	1 711 500	86 300	182 800	69 200
2002	12 699 980	2 208 920	435 210	183 220	199 089	11 656 500	1 736 800	105 200	144 400	65 733
2003	11 537 420	2 153 930	437 550	170 900	273 340	11 255 700	1 886 900	101 200	160 900	83 600
2004	9 936 970	1 387 930	457 790	130 240	275 849	11 785 200	1 642 300	102 700	169 800	80 700
2005	11 198 330	1 527 500	432 080	160 020	284 570	11 813 200	1 450 600	104 000	135 900	84 900
2006	13 460 480	1 952 880	413 610	183 330	288 780	11 861 200	1 671 300	89 300	155 600	87 600
2007	16 466 870	2 441 190	421 220	229 650	294 350	12 683 000	1 837 800	92 300	169 800	87 400
2008	12 538 190	2 058 550	420 160	137 790	254 710	12 906 300	1 966 700	95 400	146 500	75 500
2009	17 052 020	2 518 610	471 200	203 960	306 960	14 279 800	1 709 300	99 200	149 200	86 900
2010	9 638 400	1 312 810	462 040	133 810	373 150	13 138 000	1 332 800	95 600	162 800	94 000
2011	22 732 067	2 593 109	481 960	258 295	346 758	13 686 428	1 515 337	96 654	143 401	93 335
2012	9 841 128	1 490 696	520 430	147 157	350 831	12 410 935	1 634 011	100 320	165 411	93 030
2013	13 940 809	2 539 034	569 262	304 798	344 305	12 953 532	1 836 666	107 857	220 544	89 429
2014	12 996 865	2 411 817	663 994	225 989	377 041	11 923 108	1 909 356	125 710	192 261	95 277
2015	13 746 967	2 675 174	734 093	243 770	422 225	11 569 536	2 037 246	137 737	204 330	98 753
2016	14 985 379	3 231 268	762 360	335 375	447 830	12 373 452	1 894 068	135 116	209 892	94 319
2017	14 802 865	3 305 224	784 695	284 586	489 485	11 911 989	2 068 766	136 677	213 277	104 500
2018	13 944 108	3 971 266	862 094	336 129	482 945	11 354 380	2 516 952	150 062	235 226	101 480

数据来源：联合国粮食及农业组织数据库。

从总产量来看，主要豆类作物产量整体变动与种植面积变化趋势一致，2018 年其产量约占粮食作物总产量的 0.27%。1992 年至 2018 年间，受种植面积与单位面积产量增加的共同影响，豆类作物总产量于 1999 年开始缓慢增加，2010 年后增长速度逐渐加快，2015—2018 年间大幅增加，从 2015 年的 39.75 万吨增加至 2018 年的 107.55 万吨，三年间增加了 67.81 万公顷，增加幅度约达 170.57%，相比 1992 年，主要豆类作物产量增加了 93.70 万吨，增长了 7.76 倍。

从作物构成来看，主要豆类作物包括干豆、扁豆和黄豆等。干豆种植面积和产量均为最高，2018 年种植面积为 42.45 万公顷，占主要总豆类种植面积的 43.76%，产量达 40.98 万吨，占主要豆类作物总产量的 38.10%。扁豆和黄豆种植面积和产量相对较小，2018 年种植面积分别为 29.46 万公顷、12.36 万公顷，占主要豆类作物面积的 30.36%、12.74%，产量分别为 25.36 万吨、25.54 万吨，分别占主要豆类作物总产量的 23.57%、23.75%（表 4 - 2）。

（二）经济作物

哈萨克斯坦的经济作物生产主要分布在东哈萨克斯坦州、北哈萨克斯坦州、巴甫洛达尔州、图尔克斯坦州。其中，北哈萨克斯坦州、东哈萨克斯坦州、科斯塔奈州、阿拉木图州主要种植油料作物，而棉花种植基本分布在图尔克斯坦州。

1. 油料作物

从种植面积来看，主要油料作物面积整体呈不断增长的趋势，2018 年其种植面积约占全国总耕地面积的 8.22%。种植面积从 1992 年的 35.04 万公顷增加至 2018 年的 241.55 万公顷，增长了约 6 倍，其中 1992 年至 2006 年增长速度较为平缓，2007 年至 2018 年增长速度较快（图 4 - 3）。

从产量来看，主要油料作物产量整体呈波动上升趋势，2018 年其产量约占经济作物总产量的 30%。1992—1996 年，总产量和单位面积产量波动中有所下降，尤其是单位面积产量下降趋势明显，单位面积产量由 1992 年 499.77 千克/公顷急剧下降至 1996 年的 227.52 千克/公顷，下降幅度超过 54.48%；1997—2018 年，总产量和单位面积产量波动中有所上升。其中 1992—2011 年总产量增加平缓，2012—2018 年总产量呈急剧增长的态势，特别是 2015—2018 年，增长幅度较大，为 75.66%。

表 4－2　1992—2018 年哈萨克斯坦主要豆类作物总产量和种植面积

年份	总产量（吨）							种植面积（公顷）						
	黄豆	扁豆	干豆	鹰嘴豆	绿豆	豌豆	干豌豆	黄豆	扁豆	干豆	鹰嘴豆	绿豆	豌豆	干豌豆
1992	11 800	25 331	15 000	5 000	300	100	81 000	9 900	24 409	15 000	10 000	1 000	100	125 000
1993	5 860	25 331	21 000	7 000	200	100	66 000	5 200	24 431	20 000	10 000	1 000	100	100 000
1994	5 510	25 331	22 000	14 500	100	100	42 580	5 700	24 453	30 000	15 000	1 000	100	76 300
1995	3715	25 331	4 000	900	100	150	24 320	4 200	24 475	15 000	2 200	1 000	100	51 500
1996	2 953	25 331	3 000	1 400	100	180	22 930	3 500	24 497	8 000	1 400	1 000	100	30 600
1997	3 311	25 331	3 000	1 080	100	113	14 920	3 170	24 520	6 000	900	1 000	60	20 000
1998	3 834	25 331	16 100	500	200	120	11 450	2 870	24 542	20 800	1 000	1 000	50	14 900
1 999	3 900	25 331	8 800	1 500	300	130	5 600	3 000	24 564	9 600	800	1 100	50	7 000
2000	3 970	25 331	15 500	1 300	400	290	9 200	3 500	24 587	10 000	1 000	800	100	10 000
2001	8 679	25 331	15 700	1 800	500	450	13 600	6 400	24 609	9 000	1 500	400	130	15 500
2002	25 090	25 331	3 200	1 000	380	400	26 655	16 777	24 631	3 500	1 000	234	100	17 974
2003	37 865	25 331	5 000	2 000	811	300	29 293	26 942	24 654	5 000	1 200	419	100	22 510
2004	46 670	25 331	2 000	2 000	861	400	31 572	31 900	24 590	1 500	2 000	434	100	26 317
2005	62 630	25 331	1 000	2 160	900	400	37 800	38 100	24 441	800	3 395	400	100	31 000
2006	76 920	25 331	706	3 100	900	400	32 200	46 400	24 293	355	5 300	400	90	24 000
2007	83 268	26 986	771	3 505	1 000	400	48 526	49 100	25 724	327	3 961	400	90	31 382
2008	88 710	14 686	726	10 276	2 000	800	34 865	51 200	13 916	200	10 200	600	250	31 700
2009	94 330	244	550	8 700	2 200	900	58 000	52 400	230	200	14 300	800	300	49 600
2010	113 890	2 000	710	11 200	2 300	1 000	55 410	61 600	1 873	300	23 000	800	300	69 700
2011	133 168	7 000	390	29 600	1 700	1 000	97 940	70 085	6 516	200	26 000	800	300	76 600
2012	169 764	4 666	460	20 700	2 100	1 200	51 470	84 341	4 302	200	34 000	800	300	76 300
2013	203 286	6 000	480	25 000	2 200	1 300	42 787	103 052	5 485	146	31 800	900	300	53 249
2014	217 906	7 818	51 237	4 700	2 500	1 600	34 787	116 374	7 449	63 906	10 818	1 200	378	43 506
2015	220 354	41 091	87 651	1 435	2 800	1 800	42 338	106 039	38 044	88 274	3 954	1 320	436	44 782
2016	231 168	139 724	223 661	3 487	2 500	1 567	76 725	106 098	103 966	169 367	4 111	1 060	385	60 558
2017	252 319	313 156	456 044	6 676	2 600	1 656	131 178	125 493	330 528	448 839	10 705	1 126	404	100 672
2018	255 437	253 552	409 800	15 900	2 633	1 674	136 541	123 623	294 574	424 507	24 470	1 142	406	101 458

数据来源：联合国粮食及农业组织数据库。

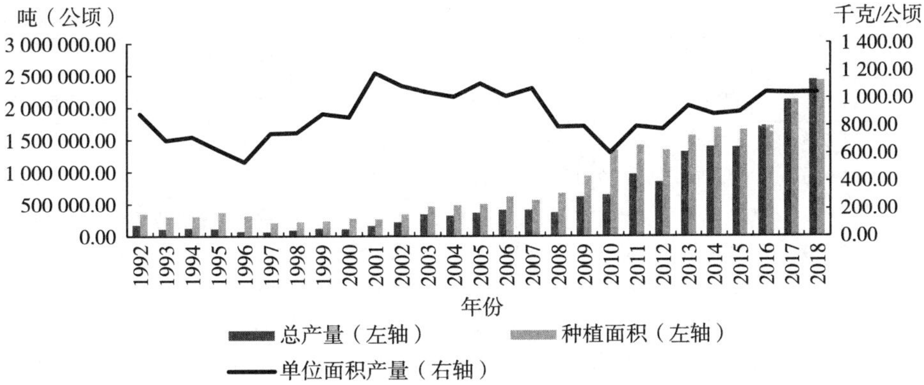

图 4-3　1992—2018 年哈萨克斯坦主要油料作物种植情况

数据来源：联合国粮食及农业组织数据库。

从作物结构来看，主要包括亚麻籽、葵花籽、大豆和油菜籽。亚麻籽是第一大油料作物，2018 年种植面积为 107.69 万公顷，占主要油料作物种植面积的 44.58%，产量为 93.35 万吨，占主要油料作物总产量的 38.4%，约为 1992 年的 86.44 倍。葵花籽是第二大油料作物，2018 年种植面积为 84.96 万公顷，占主要油料作物种植面积的 35.17%，产量为 84.77 万吨，占主要油料作物总产量的 34.87%，约为 1992 年 8.61 倍。除此之外，大豆和油菜籽也占有一定比例，2018 年种植面积分别为 12.36 万公顷、36.54 万公顷，总产量分别为 25.54 万吨和 39.43 万吨，分别约为 1992 年的 21.65 倍、7.28 倍（表 4-3）。

表 4-3　1992—2018 年哈萨克斯坦主要油料作物总产量和种植面积

年份	总产量（吨）				种植面积（公顷）			
	大豆	油菜籽	葵花籽	亚麻籽	大豆	油菜籽	葵花籽	亚麻籽
1992	11 800	54 140	98 400	10 800	9 900	66 500	261 340	12 700
1993	5 860	16 300	85 500	3 900	5 200	43 500	248 020	9 100
1994	5 510	22 400	96 700	2 300	5 700	39 400	257 320	5 900
1995	3 715	10 100	98 700	1 800	4 200	45 800	315 870	5 600
1996	2 953	3 683	64 333	900	3 500	18 200	290 180	4 000
1997	3 311	5 037	54 464	700	3 170	10 810	191 200	1 600
1998	3 834	3 528	83 230	780	2 870	16 200	198 300	1 000
1999	3 900	11 500	104 300	1 200	3 000	16 700	213 300	1 400
2000	3 970	2 940	104 630	590	3 500	7 500	261 700	1 400
2001	8 679	5 000	149 115	800	6 400	10 000	248 840	1 030
2002	25 090	2 105	189 820	630	16 777	2 956	319 700	640
2003	37 865	7 335	292 560	790	26 942	9 600	431 000	917
2004	46 670	4 322	265 610	777	31 900	7 000	446 500	1 000

（续）

年份	总产量（吨）				种植面积（公顷）			
	大豆	油菜籽	葵花籽	亚麻籽	大豆	油菜籽	葵花籽	亚麻籽
2005	62 630	30 000	267 360	1 080	38 100	40 000	422 000	1 100
2006	76 920	63 300	267 950	5 390	46 400	111 700	453 100	5 100
2007	83 268	118 310	205 820	5 220	49 100	160 700	349 700	4 500
2008	88 710	82 690	185 750	10 300	51 200	152 800	453 800	12 800
2009	94 330	107 220	367 890	47 650	52 400	180 800	646 800	58 400
2010	113 890	109 170	328 900	94 610	61 600	304 600	744 500	225 200
2011	133 168	148 475	409 200	273 077	70 085	154 576	882 469	309 670
2012	169 764	116 865	400 272	157 878	84 341	203 124	682 257	369 629
2013	203 286	241 796	572 690	295 021	103 052	254 342	822 429	384 338
2014	217 906	241 477	512 765	419 957	116 374	243 363	768 739	556 152
2015	220 354	138 170	534 047	491 389	106 039	220 621	701 307	622 545
2016	231 168	169 761	754 858	561 771	106 098	161 104	807 470	633 615
2017	252 319	278 975	902 888	683 338	125 493	251 092	882 963	858 657
2018	255 437	394 341	847 705	933 533	123 623	365 408	849 583	1 076 891

数据来源：联合国粮食及农业组织数据库。

2. 蔬菜类

从种植面积来看，主要蔬菜类整体呈上升趋势，2018 年其种植面积仅占全国耕地面积的 0.54%。种植面积由 1992 年的 5.49 万公顷增长至 2018 年的 15.79 万公顷，增长约 2.9 倍，其中在 2009—2012 年增长幅度最大，为 53.12%，年平均增长率约为 15.26%。

从产量来看，主要蔬菜类的单位面积产量经历短暂下降后呈增长趋势，2018 年其产量占经济作物总产量的 46.8%。1997—2000 年，单位面积产量由 10 371.85 千克/公顷迅速增长至 15 938.78 千克/公顷，年均增幅约为 53.67%；2000—2009 年，单位面积产量由 15 938.78 千克/公顷增加至 23 274.58 千克/公顷，增幅 46.02%。2010—2018 年，单位面积产量增加了 3 411.30 千克/公顷。总产量则呈逐年上升的趋势，2018 年总产量 384.52 万吨比 1992 年 83.30 万增加了 301.22 万吨，年均增幅 6.06%（图 4 - 4）。

从作物构成来看，主要蔬菜作物包括西红柿、洋葱、卷心菜、黄瓜、辣椒和茄子。西红柿是种植面积最大的蔬菜作物，2018 年种植面积为 3.03 万公顷，占主要蔬菜作物总种植面积的 19.20%，产量为 76.55 万吨，约占主要蔬菜作物总产量的 19.90%，相比 1992 年增加了 1.91 倍。洋葱是种植面积第二大的蔬菜作物，2018 年种植面积为 2.88 万公顷，占主要蔬菜作物总种植面积

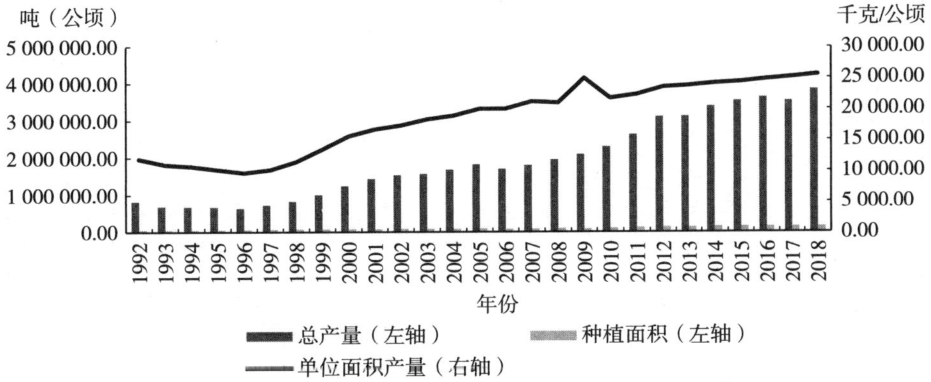

图 4-4　1992—2018 年哈萨克斯坦主要蔬菜类种植情况

数据来源：联合国粮食及农业组织数据库。

的 18.23%，产量为 81.35 万吨，在所有蔬菜作物中产量最高，比 1992 年增加了近 10 倍。卷心菜和黄瓜也占有较大的比例，2018 年种植面积均约为 2 万公顷，总产量分别为 54.61 万吨和 46.01 万吨，比 1992 年分别增加了 2.58 倍和 3.74 倍。除此之外，辣椒和茄子占有较小的比例，总产量约占主要蔬菜作物总产量的 5.88%和 2.48%（表 4-4）。

3. 水果类

从种植面积来看，主要水果类作物种植面积波动起伏较大，2018 年其种植面积仅占全国总耕地面积的 0.37%。1992—2002 年，种植面积呈明显下降趋势。2002 年种植面积由 1992 年的 11.43 万公顷下降至 7.27 万公顷，下降幅度超过 36%；2003—2009 年，在经过 2002—2003 年种植面积短暂增加之后，水果种植面积再次下降，2009 年较 2003 年下降了 2.2 万公顷。2010—2018 年，呈小幅度上升趋势，面积基本维持在 8 万～10 万公顷。

从产量来看，2018 年主要水果类作物的产量占经济作物总产量的 19.43%。1992—2018 年，单位种植面积产量呈不断上升趋势，由 1992 年的 4 192.48 千克/公顷增加至 2018 年的 14 646.42 千克/公顷，增幅达 249.35%。总产量也呈不断增加的趋势，从 1992 年的 47.92 万吨增加到 2018 年的 159.59 万吨，增加了约 2.3 倍（图 4-5）。

从作物构成来看，以西瓜、苹果为主。西瓜是第一大水果作物，2018 年种植面积为 5.36 万公顷，占主要水果作物种植面积的 49.15%，产量为 124.86 万吨，约占主要水果总产量的 78.24%，约为 1992 年的 4.33 倍。苹果是第二大水果作物，2018 年种植面积为 3.47 万公顷，占主要水果作物种植面

表 4-4　1992—2018 年哈萨克斯坦主要蔬菜类总产量和种植面积

年份	总产量（吨）								种植面积（公顷）							
	西红柿	洋葱	卷心菜	黄瓜	辣椒	茄子	大蒜	其他瓜类	西红柿	洋葱	卷心菜	黄瓜	辣椒	茄子	大蒜	其他瓜类
1992	400 000	80 000	212 000	123 000	10 000	8 000	/	/	15 000	6 000	13 000	17 900	2 000	1 000	/	/
1993	310 000	70 000	187 500	100 500	12 000	8 000	/	/	15 000	8 000	10 000	14 900	2 000	1 000	/	/
1994	280 000	120 000	171 000	90 000	10 000	10 000	/	/	15 000	8 000	10 000	14 000	2 000	1 000	/	/
1995	308 000	70 000	170 000	95 000	15 000	14 000	/	/	15 000	9 000	11 800	16 000	2 000	1 000	/	/
1996	146 240	183 000	169 600	102 000	20 000	15 000	/	/	18 000	12 700	13 900	15 000	2 000	1 000	/	/
1997	180 697	200 066	185 955	125 000	22 000	12 000	/	/	18 610	16 970	16 390	15 000	2 000	1 000	/	/
1998	249 078	244 000	164 948	136 219	27 000	15 400	/	/	21 130	18 000	14 380	17 100	2 000	1 000	/	/
1999	300 600	280 000	215 400	162 000	32 000	18 400	/	/	20 400	18 600	12 560	19 600	2 100	1 100	/	/
2000	387 030	256 490	262 670	167 910	40 000	30 500	8 000	97 000	22 500	18 300	14 500	11 700	3 000	1 500	400	6 500
2001	426 523	300 788	299 810	200 812	43 735	41 748	9 000	119 200	24 100	19 300	15 100	13 070	3 010	2 720	500	8 000
2002	448 855	309 922	321 793	212 665	51 723	38 455	10 000	144 800	24 810	19 112	15 510	13 540	3 820	2 660	500	10 000
2003	447 850	320 022	327 960	226 640	58 370	43 750	12 000	138 800	24 400	18 527	15 600	14 200	4 000	2 800	600	9 000
2004	490 940	327 280	321 550	259 970	73 530	48 310	14 100	152 700	25 100	17 700	14 400	14 700	4 200	2 600	1 000	10 000
2005	541 280	356 980	331 760	268 790	85 390	51 000	16 600	175 870	25 700	18 100	14 000	14 600	4 800	3 100	800	11 600
2006	510 800	297 780	319 410	257 760	89 570	58 380	15 000	156 130	23 200	16 300	13 300	13 300	4 700	3 400	900	10 300
2007	515 190	341 430	337 720	251 730	105 830	51 130	18 000	185 070	22 900	17 500	14 200	12 600	5 200	2 600	1 000	12 100
2008	549 310	376 840	361 130	268 010	121 790	44 280	18 270	215 750	25 200	18 500	15 300	13 800	6 300	2 500	1 100	16 100
2009	580 890	388 240	376 270	270 340	139 150	51 430	17 610	273 110	22 200	16 400	12 900	11 700	6 000	2 600	700	17 600
2010	593 420	440 500	411 950	298 840	136 660	63 620	22 360	334 600	25 700	20 400	17 300	15 400	6 900	3 000	1 200	20 000
2011	609 377	545 396	465 462	331 628	131 493	60 522	23 280	462 207	26 486	23 934	19 022	16 114	6 774	2 988	1 300	24 756
2012	650 659	573 428	442 390	362 840	148 225	70 369	27 390	832 065	27 483	22 719	17 695	16 763	7 568	3 375	1 500	40 855
2013	653 680	573 599	494 484	356 845	162 796	75 645	26 270	774 205	27 932	21 510	19 490	16 387	8 138	3 652	1 400	37 116
2014	690 466	608 384	498 046	395 402	174 174	76 838	31 857	914 681	28 739	22 936	19 696	17 659	8 539	3 606	1 528	43 078
2015	687 687	685 936	498 556	396 608	182 570	84 254	27 594	973 028	28 623	25 085	19 412	17 809	8 749	3 896	1 338	46 256
2016	705 550	757 347	548 111	404 028	199 800	83 325	33 481	898 004	28 989	27 213	20 778	17 762	9 831	3 785	1 720	43 397
2017	739 007	744 264	505 059	409 700	203 177	85 635	38 831	812 498	29 485	26 665	19 180	17 761	9 615	3 935	2 002	38 793
2018	765 453	813 516	546 081	460 110	226 037	95 233	44 881	893 857	30 317	28 773	19 962	20 120	10 217	4 213	2 260	42 004

数据来源：联合国粮食及农业组织数据库。

表 4-5 1992—2018 年哈萨克斯坦主要水果类总产量和种植面积

年份	总产量（吨）						种植面积（公顷）					
	西瓜	苹果	葡萄	桃	杏	梨	西瓜	苹果	葡萄	桃	杏	梨
1992	288 400	77 000	63 000	18 800	14 000	18 000	33 500	50 500	16 600	3 700	5 000	5 000
1993	182 300	40 000	39 800	8 800	9 000	5 000	23 000	46 500	15 600	3 200	4 500	4 000
1994	146 100	38 000	36 900	8 500	9 000	9 600	22 400	43 000	15 500	3 200	4 500	4 200
1995	162 300	36 600	68 320	8 200	8 000	15 500	24 000	43 000	14 800	2 900	4 000	5 500
1996	181 800	56 000	37 090	6 000	9 500	14 500	28 300	45 000	12 600	2 400	4 000	4 000
1997	181 140	51 000	36 480	4 400	8 000	12 000	28 900	43 500	10 500	1 900	3 000	3 000
1998	305 600	31 200	10 210	1 500	4 000	5 000	39 400	40 500	9 100	600	1 500	1 600
1999	369 600	57 600	26 800	1 300	3 000	5 000	38 000	40 000	9 500	800	1500	2 000
2000	324 600	144 600	61 600	2770	6740	10 240	34 300	43 800	10 800	700	1 800	2 500
2001	400 000	103 230	43 238	2 411	5 456	8 729	41 000	41 210	10 340	650	1 900	2 220
2002	484 000	110 453	26 275	2 370	5 745	9 572	16 607	39 866	10 700	710	1 994	2 820
2003	461 000	93 100	28 029	1 990	6 051	9 339	41 789	39 200	9 600	600	1 904	2 678
2004	514 200	148 880	53 196	3610	8540	16 750	43 526	36 361	9 200	700	1 500	3 200
2005	507 970	142 200	52 300	3 070	9 330	17 280	43 200	34 100	9 300	500	1 800	3 200
2006	541 280	115 620	48 710	2 280	9 870	14 420	41 300	26 200	8 700	400	1 700	2 700
2007	476 720	101 660	43 090	2 110	9 940	11 070	38 800	24 400	8 400	300	2 000	1 700
2008	653 910	94 290	33 460	1 550	6 180	7 920	38 300	25 800	8 700	300	2 300	1 700
2009	579 190	117 970	55 720	1 890	13 250	11 310	34 100	26 100	9 500	350	2 300	1 300
2010	783 590	107 150	56 350	2 220	12 330	11 032	43 200	29 700	9 500	475	2 500	1 886
2011	785 796	114 654	57 100	2 224	12 366	10 890	42 308	29 127	10 000	495	3 136	1 802
2012	817 854	129 700	71 700	2 257	19 230	11 716	38 931	30 282	11 000	455	3 544	1 798
2013	938 747	143 856	68 050	1 673	15 271	14 143	43 517	30 290	13 900	427	2 970	1 914
2014	1 013 308	157 870	70 327	1 777	19 086	14 162	45 726	30 352	14 597	281	3 581	2 314
2015	1 114 555	147 561	63 401	1 353	17 601	14 283	48 192	31 645	14 616	390	3 371	1 977
2016	1 172 839	188 099	75 041	1 405	18 630	14 120	50 125	32 463	14 550	438	3 360	1 895
2017	1 281 510	181 057	81 223	1 864	17 107	14 231	54 589	32 955	14 742	539	3 282	1 922
2018	1 248 613	222 482	88 547	2 447	20 224	13 634	53 555	34 680	14 402	680	3 740	1 908

数据来源：联合国粮食及农业组织数据库。

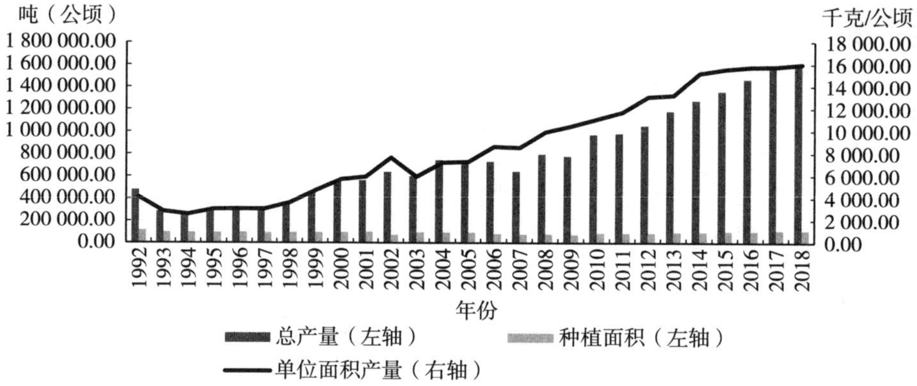

图 4-5　1992—2018 年哈萨克斯坦主要水果类种植情况

数据来源：联合国粮食及农业组织数据库。

积的 31.83%，产量为 22.25 万吨，占总产量的 13.94%，约为 1992 年的 2.89 倍。除此之外，还有少量的葡萄、桃、杏、梨等水果，但其种植面积和产量均较小（表 4-5）。

4. 纤维作物

从种植面积来看，主要纤维作物整体呈现倒“V”形的变化趋势，2018 年其种植面积占全国总耕地面积的 0.45%。1992—1996 年，种植面积较为平稳，维持在 10 万～11 万公顷；1997—2004 年，种植面积快速增加；1997 年种植面积仅有 10.25 万公顷，到 2004 年这一数值达到 21.98 万公顷，年均增速 11.51%；2004 年以后，种植面积逐渐回落（图 4-6）。

从产量来看，总产量和单位面积产量波动幅度极大，整体呈现“W”形的变化趋势。这一趋势可划分为四个阶段：第一阶段为急剧下降期，时间为 1992—1998 年，总产量由 1992 年 24.60 万吨锐减至 1998 年 16.16 万吨，下降幅度达到 34.3%。第二阶段为快速上升期，时间为 1998—2005 年，总产量快速上升。2005 年总产量较 1998 年增加 30.34 万吨，达到 46.50 万吨；第三阶段为迅速下降期，时间为 2005—2010 年，总产量快速下降。总产量由 2005 年 46.5 万吨骤减至 2010 年 23.99 万吨，下降幅度超过 49.1%；第四阶段为再次上升期，时间为 2010—2013 年，总产量和单位面积产量逐步上升。2013 年总产量较 2010 年增加 15.69 万吨，达到 39.67 万吨。

从作物构成来看，棉花是最主要的纤维作物，2018 年种植面积为 13.26 万公顷，产量为 34.36 万吨，约为 1992 年的 1.40 倍。棉花主要种植在南部地区，也是除小麦以外的最大出口作物（表 4-6）。

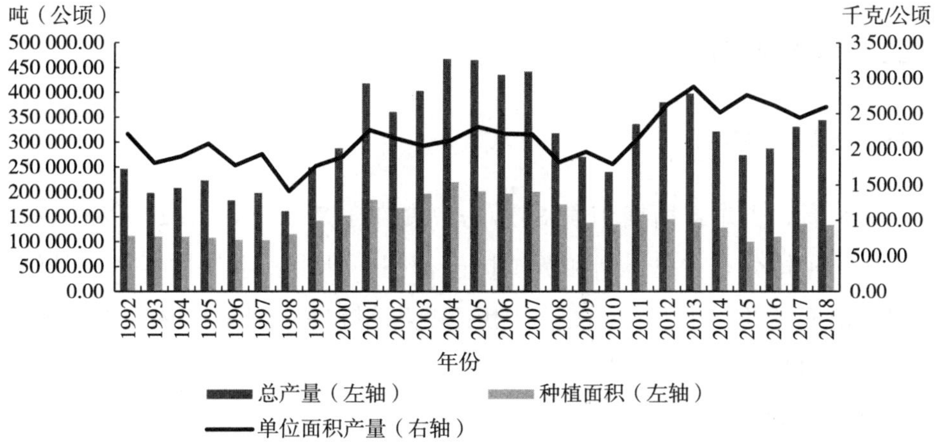

图 4-6　1992—2018 年哈萨克斯坦主要纤维作物种植情况

数据来源：联合国粮食及农业组织数据库。

表 4-6　1992—2018 年哈萨克斯坦主要纤维作物总产量和种植面积

年份	籽棉总产量（吨）	籽棉种植面积（公顷）
1992	246 000	111 200
1993	198 000	109 600
1994	207 940	109 500
1995	223 030	107 400
1996	182 770	103 100
1997	197 830	102 500
1998	161 600	114 645
1999	249 400	141 300
2000	287 140	151 800
2001	417 500	184 100
2002	360 703	167 844
2003	402 655	196 500
2004	467 112	219 794
2005	465 000	201 100
2006	435 400	196 400
2007	441 700	199 900
2008	317 520	174 600
2009	270 010	137 500
2010	239 850	134 000
2011	336 050	154 300
2012	379 660	144 700
2013	396 730	138 000
2014	320 706	127 563
2015	273 900	99 300
2016	286 700	109 601
2017	330 491	135 477
2018	343 619	132 590

数据来源：联合国粮食及农业组织数据库。

二、吉尔吉斯斯坦

(一) 粮食作物

总体来看，吉尔吉斯斯坦逾30%的粮食产于楚河州，21.10%和16.70%的粮食作物种植分布在奥什州和贾拉拉巴德州。其中，小麦主要产于楚河州、奥什州和伊塞克湖州；大麦主要产于伊塞克湖州和楚河州；玉米主要产于奥什州、巴特肯州和贾拉拉巴德州。

1. 谷类作物

从种植面积来看，主要谷类作物整体呈波动变化，变动幅度有限，2018年其种植面积约占全国总耕地面积的43.73%。1992—2018年期间，谷类作物种植面积整体较为稳定，基本在55.80万公顷至67.85万公顷之间小范围波动。种植面积在1995年最低，仅有55.80万公顷，在1997年达到最大值，为67.85万公顷。到2018年，种植面积为56.32万公顷，比1992年减少了0.93万公顷，缩减幅度约为1.62%（图4-7）。

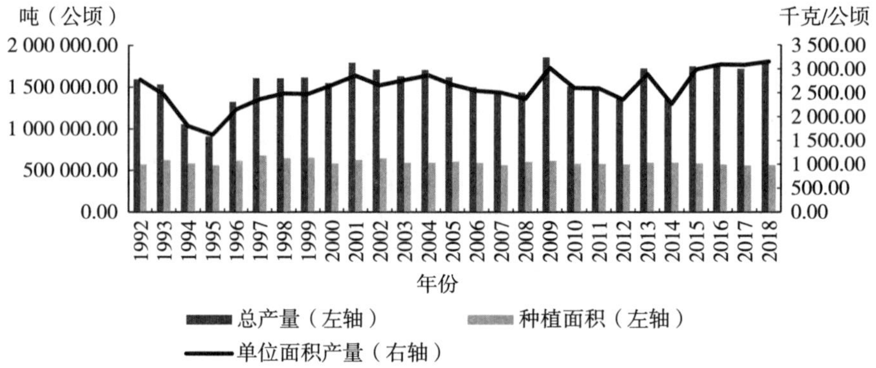

图4-7 1992—2018年吉尔吉斯斯坦主要谷类作物种植情况
数据来源：联合国粮食及农业组织数据库。

从总产量来看，主要谷类作物占据绝对优势，2018年其在粮食作物总产量中占比达到94.01%，但产量变化波动较大。谷类作物在20世纪90年代初期变动明显，1992—1995年间产量急剧下降，从159.50万吨下降至90.99万吨，年均下降约22.84万吨；1995—1997年间出现大幅增长，从90.99万吨增长至161.03万吨，年均增长约35.02万吨；1997年至今，谷类作物经历了三年的静止期后于1999年开始进入多年波动变化状态，波动幅度明显，到

2018 年，主要谷类作物总产量为 178.15 万吨，相比 1992 年增加了 18.65 万吨，增长幅度只有 11.69%。

从作物构成来看，以小麦种植为主，其他谷类作物种植面积和产量也不断增长。小麦种植面积远远大于其他种类作物，2018 年种植面积达 25.38 万公顷，占主要谷类作物总种植面积的 45.06%，产量为 61.59 万吨，占主要谷类作物总产量的 34.57%。玉米种植面积不如小麦的 1/2，2018 年种植面积为 10.51 万公顷，占主要谷类作物面积的 18.54%，但其单位面积产量较高，是小麦的 2.72 倍，总产量为 69.29 万吨，是主要谷类作物总产量的 38.89%。大麦产量也较为可观，种植面积和产量分别为 19.19 万公顷和 42.93 万吨，在总种植面积和总产量中分别占比 34.06%和 24.10%。除此之外，燕麦的种植面积和产量缩减幅度较大，水稻保持着增加态势，2018 年水稻种植面积和总产量分别为 1.13 万公顷、4.08 万吨（表 4－7）。

表 4－7　1992—2018 年吉尔吉斯斯坦主要谷类作物总产量和种植面积

年份	总产量（吨）					种植面积（公顷）				
	小麦	大麦	玉米	燕麦	水稻	小麦	大麦	玉米	燕麦	水稻
1992	679 000	620 500	280 700	12 000	2 800	248 400	263 500	54 700	4 000	1 900
1993	830 700	509 600	183 800	8 000	2 400	338 300	235 500	40 700	3 000	2 500
1994	608 400	309 600	129 300	7 000	3 900	333 100	206 700	36 600	4 000	3 000
1995	625 000	158 900	116 100	3 200	6 700	363 900	150 700	36 200	2 700	4 500
1996	964 100	166 400	182 167	3 200	9 200	451 500	108 400	46 500	2 058	5 400
1997	1 273 660	151 628	170 565	2 700	11 700	549 600	83 200	38 300	1 300	6 100
1998	1 203 676	161 708	227 886	3 134	11 023	510 500	80 900	46 298	1 413	5 500
1999	1 109 107	179 850	308 356	4 590	15 066	482 700	102 000	58 139	1 784	6 100
2000	1 039 109	150 209	338 263	2 849	18 991	443 688	70 332	58 805	1 298	6 229
2001	1 190 600	139 949	442 772	3 730	16 557	478 470	67 280	72 633	1 478	5 545
2002	1 162 567	149 315	373 604	4 905	20 811	505 100	63 600	64 634	1 448	6 651
2003	1 013 718	197 878	398 541	4 207	18 342	428 652	86 859	65 444	1 338	6 100
2004	998 248	233 400	452 949	5 197	18 344	410 052	102 408	73 129	1 930	6 104
2005	950 076	213 511	437 305	3 025	17 067	423 948	101 810	72 106	1 404	5 782
2006	840 299	203 974	437 969	2 572	18 713	406 260	103 351	72 158	1 160	6 315
2007	708 877	227 236	460 678	2 657	17 269	354 699	125 399	76 021	1 362	6 116
2008	746 200	210 600	462 100	2 700	17 700	384 600	133 300	78 900	1 600	6 200
2009	1 056 656	289 670	486 636	3 868	20 710	402 002	123 598	78 800	1 439	6 268
2010	813 300	231 500	440 878	2 877	20 861	375 238	122 527	72 714	1 154	6 334
2011	799 841	233 793	446 411	2 931	19 432	372 967	121 975	74 225	1 337	6 289
2012	540 531	212 745	578 294	1 533	23 069	322 679	146 965	94 856	872	7 160
2013	819 383	309 926	568 186	2 000	27 220	346 410	147 120	91 902	917	7 904

（续）

年份	总产量（吨）					种植面积（公顷）				
	小麦	大麦	玉米	燕麦	水稻	小麦	大麦	玉米	燕麦	水稻
2014	572 734	197 084	556 142	1 201	28 230	339 027	155 398	91 982	841	8 062
2015	704 601	370 191	641 944	4 096	30 208	297 289	173 933	102 348	1 507	8 611
2016	661 514	415 266	648 744	2 204	34 847	270 439	184 615	101 717	1 010	9 904
2017	600 997	424 412	653 351	2 159	38 180	249 860	192 702	101 370	891	10 704
2018	615 926	429 306	692 877	2 638	40 783	253 804	191 854	105 063	1 140	11 346

数据来源：联合国粮食及农业组织数据库。

2. 豆类作物

从种植面积来看，主要豆类作物呈现逐年增加的趋势，2018 年其种植面积约占全国总耕地面积的 4.60%。豆类作物种植面积主要呈三阶段变化：第一阶段为持续上升阶段（1992—2007 年），20 世纪 90 年代初期增长较为缓慢，从 1992 年的 0.22 万公顷增长至 2003 年的 2.06 万公顷，2003 年以后种植面积增长速度加快，到 2007 年增长至 4.40 万公顷，比 2003 年增加了 2.34 万公顷；第二阶段为剧烈变动阶段（2008—2015 年），2008 年种植面积为 4.21 万公顷，至 2010 年骤减至 2.48 万公顷，减少了 1.73 万公顷，2010 年后又急剧增加，增至 2013 年的 6.53 万公顷，年均增长 1.35 万公顷，之后再次出现回落；第三阶段为缓慢增长阶段（2016 年至今），种植面积再次开始增长，但增长幅度有限，到 2018 年，主要豆类作物种植面积为 5.92 万公顷，比 1992 年增加了 5.70 万公顷，增长了约 26 倍（图 4-8）。

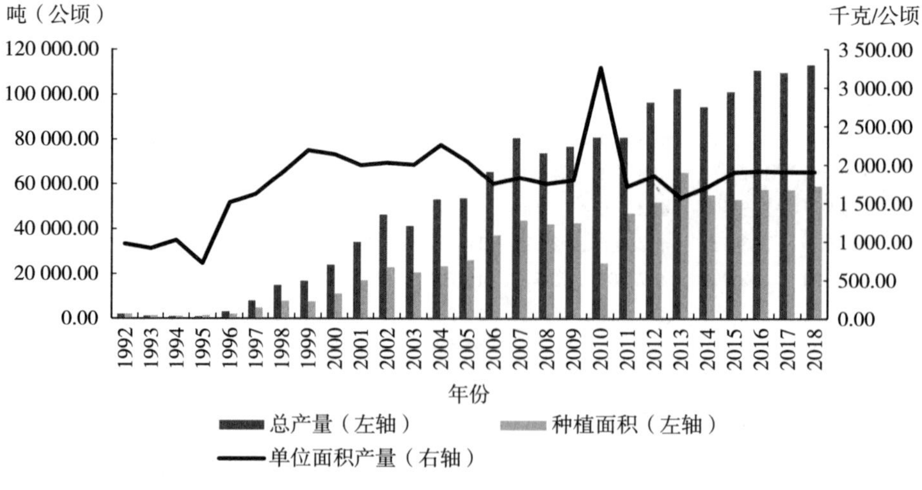

图 4-8 1992—2018 年吉尔吉斯斯坦主要豆类作物种植情况

数据来源：联合国粮食及农业组织数据库。

从总产量来看，主要豆类作物近年来发展较快，整体呈持续上升趋势，2018 年其产量约占粮食总产量的 5.98%。1992—1995 年期间总产量出现了短暂下降，从 0.22 万吨下降至 0.10 万吨，但变动幅度不大；1995 年后，总产量开始进入持续上升时期，且增长速度较快，变动幅度较为明显，从 1995 年的 0.10 万吨增长至 2018 年的 11.23 万吨，增长了 11.13 万吨。总体来看，1992—2018 年总产量增长明显，26 年间翻了 50 多倍，单位面积产量也随之不断上升。

从作物构成来看，主要豆类作物以干豆为主，其次为大豆和绿豆。干豆种植面积和总产量均占据较大比例，2018 年种植面积为 5.56 万公顷，在豆类作物中占比 93.86%，总产量为 10.18 万吨，在主要豆类作物中占比为 89.84%。大豆和绿豆种植相对较少，2018 年种植面积分别为 0.16 万公顷和 0.15 万公顷，在主要豆类作物中占比分别为 2.70%、2.53%，总产量为 0.29 万吨、0.70 万吨，在主要豆类作物中占比为 2.47%、6.18%（表 4 - 8）。

表 4 - 8　1992—2018 年吉尔吉斯斯坦主要豆类作物总产量和种植面积

年份	总产量（吨）					种植面积（公顷）				
	大豆	绿豆	豌豆	干豌豆	干豆	大豆	绿豆	豌豆	干豌豆	干豆
1992	878	/	/	/	1 300	640	/	/	/	1 600
1993	415	/	/	/	700	320	/	/	/	900
1994	303	/	/	/	700	278	/	/	/	704
1995	158	/	/	/	800	329	/	/	/	1 000
1996	17	/	/	/	3 200	28	/	/	/	2 100
1997	8	/	/	/	8 100	8	/	/	/	5 000
1998	8	4 000	/	/	11 000	26	1 000	/	/	6 900
1999	57	4 500	/	/	12 300	93	1 000	/	/	6 600
2 000	16	5 600	/	/	18 500	80	1 300	/	/	9 900
2001	144	4 600	/	/	29 400	288	1 000	/	/	15 800
2002	137	6 700	300	/	39 238	208	1 600	20	/	21 015
2003	225	5 000	276	839	35 025	346	1 500	19	617	18 144
2004	861	16 000	400	953	35 057	830	3 000	30	671	19 017
2005	301	8 000	400	841	44 251	253	2 000	30	631	23 362
2006	205	8 000	300	733	56 428	251	2 000	20	554	34 529
2007	23	8 200	400	1 518	70 594	27	2 000	40	1 008	40 919
2008	10	5 500	1 000	765	66 769	11	2 000	80	543	39 511
2009	16	6 600	1 000	1 445	67 859	9	2 800	90	1 065	38 667
2010	114	7 200	1 300	1 000	71 400	121	2 700	100	700	21 184
2011	70	5 000	1 000	1 050	73 800	68	1 700	100	700	44 500

（续）

年份	总产量（吨）					种植面积（公顷）				
	大豆	绿豆	豌豆	干豌豆	干豆	大豆	绿豆	豌豆	干豌豆	干豆
2012	166	16 000	1 058	1 600	77 800	96	1 700	100	1 000	49 000
2013	157	18 000	1 027	1 400	82 100	196	1 800	100	1 500	61 700
2014	605	4 400	900	1 600	87 100	512	2 000	100	1 190	51 348
2015	1 056	5 400	1 000	422	93 400	850	1 900	100	297	49 906
2016	1 240	9 267	1 086	201	99 119	1 033	2 024	116	128	54 368
2017	3 512	6 356	1 168	324	98 490	1 711	1 435	127	230	53 899
2018	2 872	7 007	1 146	491	101 802	1 623	1 532	125	358	55 583

数据来源：联合国粮食及农业组织数据库。

（二）经济作物

1. 油料作物

从种植面积来看，主要油料作物整体呈倒“V”形变化趋势，2018 年其种植面积占全国总耕地面积的 1.77%。1992—2005 年种植面积快速增长，1992 年种植面积仅有 0.55 万公顷，2005 年达到 6.04 万公顷，约是 1992 年的 11 倍，其中，1992—1999 年种植面积增长幅度较大，年均增幅达到 32.67%。2005—2018 年，种植面积逐年下降，到 2018 年仅有 1.72 公顷，与 2005 年相比下降幅度超过 71.52%（图 4 - 9）。

从产量来看，主要油料作物总产量变化趋势与种植面积趋势一致呈倒“V”形，2018 年其产量占经济作物总产量的 1.78%。1992—2005 年，总产量逐年增加，由 1992 年 0.41 万吨急剧增长至 2005 年 7.08 万吨，年均增幅达到 24.5%，单位面积产量在 1992—1996 年不断下降后开始稳步提升；2005—2018 年，总产量逐年下降，2018 年总产量仅有 2.28 万吨，与 2005 年相比下降 4.80 万吨，下降幅度超过 67.80%。

从作物构成来看，主要包括葵花籽、大豆，另有少量油菜籽和亚麻籽。葵花籽是第一大油料作物，2018 年种植面积为 1.55 万公顷，占主要油料作物种植面积的 90.20%，产量为 1.99 万吨，占总产量的 86.92%，是 1992 年产量的 8.19 倍。大豆是第二大油料作物，2018 年种植面积为 0.16 万公顷，占主要油料作物种植面积的 9.45%，产量约为 0.29 万吨，占总产量的 12.58%，是 1992 年产量的 3.27 倍（表 4 - 9）。

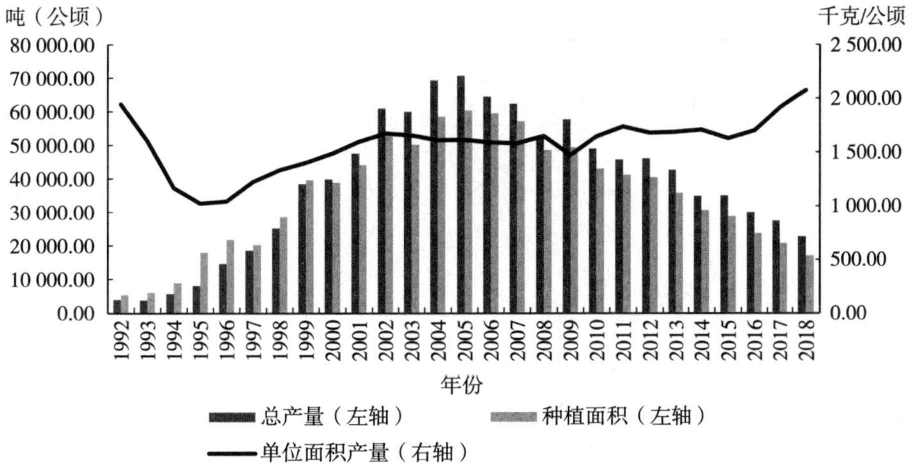

图 4－9　1992—2018 年吉尔吉斯斯坦主要油料作物种植情况

数据来源：联合国粮食及农业组织数据库。

表 4－9　1992—2018 年吉尔吉斯斯坦主要油料作物总产量和种植面积

年份	总产量（吨）				种植面积（公顷）			
	大豆	油菜籽	葵花籽	亚麻籽	大豆	油菜籽	葵花籽	亚麻籽
1992	878	769	2 425	/	640	957	3 887	/
1993	415	1 410	2 060	/	320	1 933	3 988	/
1994	303	2 696	2 790	/	278	2 103	6 638	/
1995	158	578	7 473	/	329	1 625	16 145	/
1996	17	332	14 389	/	28	694	21 135	/
1997	8	168	18 533	/	8	135	20 275	/
1998	8	67	25 274	/	26	135	28 586	/
1999	57	78	38 453	/	93	107	39 596	/
2000	16	95	39 871	/	80	255	38 641	/
2001	144	350	47 147	/	288	399	43 625	/
2002	137	254	60 648	/	208	272	52 320	/
2003	225	320	59 424	132	346	368	49 350	179
2004	861	1 027	67 231	301	830	1 293	55 994	486
2005	301	863	69 230	372	253	877	58 772	521
2006	205	609	63 572	173	251	774	58 287	285
2007	23	232	62 028	186	27	263	56 733	246
2008	10	122	52 736	4	11	143	48 514	2
2009	16	188	57 506	50	9	220	49 268	25
2010	114	110	48 823	86	121	160	42 888	45
2011	70	100	45 568	102	68	100	41 045	52

（续）

年份	总产量（吨）				种植面积（公顷）			
	大豆	油菜籽	葵花籽	亚麻籽	大豆	油菜籽	葵花籽	亚麻籽
2012	166	/	45 858	90	96	/	40 470	44
2013	157	/	42 515	89	196	/	35 700	43
2014	605	/	34 334	84	512	/	30 187	40
2015	1 056	/	34 001	100	850	/	27 989	45
2016	1 240	/	28 744	74	1 033	/	22 804	32
2017	3 512	71	23 930	68	1 711	65	18 999	28
2018	2 872	48	19 851	67	1 623	32	15 496	29

数据来源：联合国粮食及农业组织数据库。

2. 蔬菜类

从种植面积来看，主要蔬菜类作物整体呈“N”形变化趋势，2018 年其种植面积占全国总耕地面积的 2.94%。第一阶段为逐年增长期（1993—1999 年），1999 年种植面积达到 3.22 万公顷，是 1993 年 1.12 万公顷的近 3 倍，年均增幅达到 37.5%；第二阶段为急剧下降期（1999—2002 年），2002 年种植面积仅有 1.62 万公顷，相较 1999 年下降约 1.6 万公顷，下降幅度超过 49.7%；第三阶段为平稳增长期（2002—2018 年），2018 年面积达到 3.79 万公顷，是 2002 年 2.34 倍（图 4 - 10）。

从产量来看，主要蔬菜类作物总产量呈“N”形变化趋势，2018 年其产量占经济作物总产量的 57.35%。1993—2001 年总产量快速增长，1993 年产量仅为 18.6 万吨，到 2001 年迅速增长至 52.22 万吨，是 1992 年的 1.67 倍，从 1992—2001 年年均增长了 2.33 万吨；2001—2002 年，产量从 2001 年的 52.22 万吨下降到 2002 年的 29.19 万吨；2002—2018 年总产量逐年增加，到 2018 年总产量已达到 76.57 万吨，与 2002 年相比增加了 47.38 万吨，年均增幅约 9.5%。单位面积产量在经历 1992—1995 年下降之后，开始不断提升，到 2018 年单产达到最大值 20 196.20 千克/公顷，是 1995 年单产的约 1.86 倍。

从作物构成来看，主要包括西红柿、洋葱、卷心菜和黄瓜。西红柿是第一大蔬菜类作物，2018 年种植面积为 1.16 万公顷，占主要蔬菜作物种植面积的 30.5%，产量为 22.47 万吨，占总产量的 29.35%，是 1992 年的 2.50 倍。洋葱是第二大蔬菜类作物，2018 年种植面积为 0.91 万公顷，占主要蔬

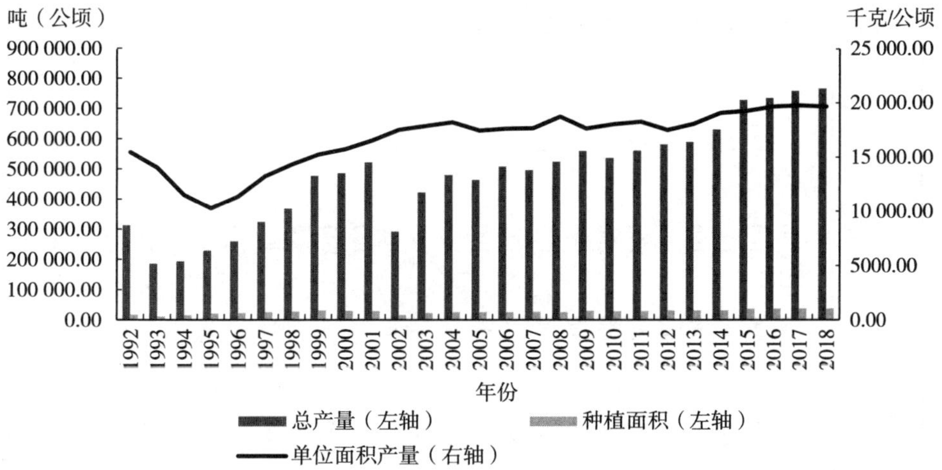

图 4-10　1992—2018 年吉尔吉斯斯坦主要蔬菜类种植情况

数据来源：联合国粮食及农业组织数据库。

菜作物种植面积的 24.06%，产量为 20.98 万吨，占总产量的 27.40%，是 1992 年的 1.31 倍。卷心菜和黄瓜也是种植面积较多的蔬菜，2018 年种植面积为 0.62 万、0.59 万公顷，分别占主要蔬菜作物种植面积的 16.33%、15.69%，产量分别为 14.70、11.96 万吨，分别占总产量的 19.20%、15.61%（表 4-10）。

3. 水果类

从种植面积来看，2018 年主要水果类作物的种植面积占全国总耕地面积的 4.45%，其变动趋势分为两个阶段。1992—2001 年，种植面积并不稳定，波动起伏较大；2001—2018 年，面积总体呈逐年上升的趋势，并于 2016 年达到峰值 6.02 万公顷，相比 2001 年增加了 1.62 万公顷（图 4-11）。

从产量来看，总产量和单位面积产量均在短暂下降之后总体呈现上升趋势。1992—1993 年单产直线下降，由 4 465.24 千克/公顷下降至 1 838.47 千克/公顷，年均下降幅度 58.83%；1992 年以后单产持续增加，到 2018 年单产已达到 7 267.15 千克/公顷，是 1992 年的 1.63 倍。总产量在 1993 年骤减后持续增长，2018 年总产量为 42.03 万吨，约为 1993 年的 7 倍。

从作物构成来看，主要包括苹果、西瓜和杏。苹果是种植面积最大的水果，2018 年种植面积为 2.77 万公顷，占主要水果种植面积的 47.98%，产量为 14.49 万吨，占总产量的 34.47%，约为 1992 年的 2 倍。西瓜是产量最大的水果，2018 年种植面积 0.99 万公顷，占主要水果种植面积的 17.14%，产量

表 4-10　1992—2018 年吉尔吉斯斯坦主要蔬菜类总产量和种植面积

年份	总产量（吨）							种植面积（公顷）						
	西红柿	洋葱	卷心菜	黄瓜	辣椒	茄子	大蒜	西红柿	洋葱	卷心菜	黄瓜	辣椒	茄子	大蒜
1992	89 900	160 000	38 500	12 000	500	0	11 600	5 800	5 500	2 000	2 500	50	0	1 100
1993	61 100	82 200	23 700	8 900	500	100	9 500	3 500	4 100	1 200	1 500	50	50	800
1994	55 400	91 200	24 200	11 000	1 000	200	10 400	4 000	6 300	1 200	2 800	100	100	1 200
1995	63 310	105 800	29 623	15 400	1 000	200	13 900	4 137	8 100	1 900	4 800	100	100	2 000
1996	80 395	105 700	39 537	20 300	1 000	200	12 200	5 500	8 300	2 000	5 000	100	100	1 600
1997	98 839	119 361	59 925	29 400	1 000	200	15 100	6 000	8 700	3 000	5 600	100	100	1 800
1998	119 678	114 455	72 031	35 800	7 500	400	18 500	8 145	6 953	4 484	5 300	700	200	1 800
1999	138 395	175 568	89 356	45 900	2 000	300	25 800	8 737	10 244	5 600	5 000	200	100	2 300
2000	155 602	147 447	100 509	49 800	1 500	200	31 200	9 494	8 246	5 800	4 000	150	100	2 500
2001	165 493	149 166	119 057	57 800	1 000	100	29 633	9 785	7 611	6 041	3 400	100	100	2 975
2002	101 637	84 400	68 579	26 091	1 000	100	10 050	5 443	4 622	3 190	1 699	100	100	1 031
2003	143 717	104 005	104 070	50 164	900	100	19 445	7 792	5 225	4 506	3 233	100	100	1 783
2004	168 118	117 070	113 170	55 743	1 000	100	24 973	9 131	5 913	4 916	3 565	100	100	2 068
2005	171 199	109 985	94 672	62 403	1 100	100	24 235	9 276	5 732	4 546	3 941	100	100	2 251
2006	172 914	107 579	144 139	57 304	1 200	100	24 780	9 451	5 735	5 229	3 562	100	100	2 198
2007	180 331	126 292	100 331	58 538	1 800	300	28 542	9 494	6 479	4 691	3 593	100	200	2 502
2008	187 221	118 842	120 893	63 841	3 100	1 000	29 287	9 957	3 101	5 478	3 667	200	670	2 479
2009	194 038	136 396	123 816	68 307	4 200	800	32 024	10 030	6 779	5 770	4 013	300	800	2 651
2010	182 222	131 912	112 149	74 035	5 000	400	31 041	9 514	6 545	4 966	4 153	300	400	2 552
2011	176 706	138 006	127 833	79 919	7 800	400	30 592	9 181	6 705	6 141	4 537	500	300	2 501
2012	191 735	151 033	103 067	90 883	6 000	1 300	37 105	9 928	7 365	5 329	5 189	500	300	3 065
2013	195 053	152 055	109 380	87 507	8 000	1 500	36 167	9 972	7 262	5 592	4 883	600	300	2 636
2014	204 627	156 190	128 003	101 486	7 000	400	33 068	10 262	7 309	5 779	5 231	700	300	2 495
2015	226 709	192 255	147 480	110 356	8 500	400	42 320	11 386	9 062	6 769	5 422	700	300	3 084
2016	234 718	185 344	145 424	117 131	8 083	919	42 666	11 655	8 572	6 629	5 879	640	455	3 076
2017	228 952	202 432	147 190	118 282	8 220	522	52 670	11 496	9 122	6 624	5 966	686	258	3 579
2018	224 737	209 794	147 019	119 569	8 534	563	55 523	11 580	9 124	6 192	5 947	743	264	4 065

数据来源：联合国粮食及农业组织数据库。

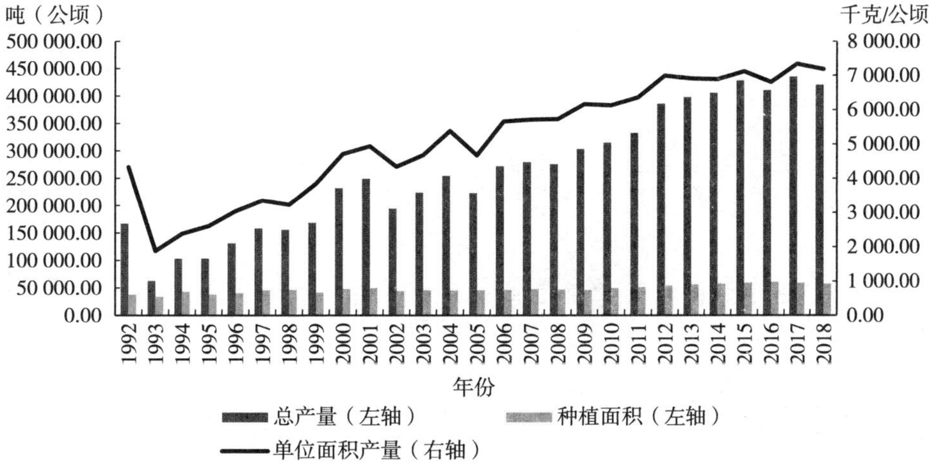

图 4 - 11　1992—2018 年吉尔吉斯斯坦主要水果类种植情况

数据来源：联合国粮食及农业组织数据库。

为 21.81 万吨，占主要水果总量的 51.85%，约为 1992 年的 6.30 倍。杏也是重要的水果，2018 年种植面积 0.79 万公顷，占水果种植面积的 13.58%，产量为 2.57 万吨，占水果总量的 6.12%。此外，还种植葡萄、桃、梨等水果（表 4 - 11）。

4. 纤维作物

从种植面积来看，主要纤维作物整体呈现先波动上升后波动下降的趋势，2018 年其种植面积占全国总耕地面积的 1.79%。1992—2004 年种植面积在波动中有所上升，面积在 2004 年达到最大值 4.63 万公顷，比 1992 年增加 2.41 万公顷；2005—2018 年种植面积在波动中有所下降，面积在 2015 年达到 1.43 万公顷，比 2005 年减少了 3.08 万公顷，2015 年后种植面积有小幅度上升（图 4 - 12）。

从产量来看，主要纤维作物先呈现波动上升随后呈“W”形变动趋势，2018 年其产量占经济作物总产量的 5.82%。1992—2004 年总产量波动上升，2004 年总产量达到峰值 12.17 万吨，相较 1993 年最低值 4.92 万吨，增幅达到 147.36%；2005—2018 年，总产量呈“W”形变动，总产量先由 2005 年 11.81 万吨骤减至 2009 年 4.92 万吨，接着又逐年上升至 2011 年的 10.13 万吨，随后下降到 2015 年后又迅速上升。

从作物构成来看，棉花是最主要的纤维作物。2018 年种植面积 2.30 万公顷，产量为 7.47 万吨，与 1992 年相比增幅约为 42.60%（表 4 - 12）。

表 4-11　1992—2018 年吉尔吉斯斯坦主要水果类总产量和种植面积

年份	总产量（吨）						种植面积（公顷）					
	西瓜	苹果	葡萄	桃	杏	梨	西瓜	苹果	葡萄	桃	杏	梨
1992	34 600	72 000	31 000	1 900	25 000	2 500	2 900	19 600	6 100	700	7 000	1 100
1993	18 600	16 400	9 200	1 400	15 000	2 000	1 500	20 450	5 700	700	4 500	1 200
1994	18 900	44 900	17 600	1 650	16 500	3 500	2 600	26 600	6 800	750	5 200	1 300
1995	23 300	46 300	19 700	1 400	10 000	3 000	3 580	22 100	6 700	700	3 500	1 200
1996	40 500	61 300	14 300	1 100	12 000	2 000	4 880	23 700	6 400	700	3 400	1 350
1997	38 256	73 800	22 751	2 200	18 000	3 500	3 165	28 800	7 300	700	4 000	1 600
1998	46 606	63 700	17 218	2 300	22 000	4 000	3 791	27 000	7 478	800	5 400	1 500
1999	62 826	53 600	18 088	2 500	25 000	6 400	4 186	22 000	7 507	800	5 200	1 600
2000	65 333	110 000	26 489	2 000	20 000	8 300	3 983	26 900	7 248	800	7 200	1 700
2001	83 538	109 500	27 445	1 500	18 000	9 400	5 159	26 400	7 420	780	8 000	1 700
2002	42 163	109 000	17 650	1 400	15 000	9 000	2 273	22 887	7 526	691	9 067	1 559
2003	85 328	104 800	11 705	2 800	11 000	8 500	4 455	23 000	6 525	900	9 200	1 500
2004	88 052	128 500	14 597	3 500	15 400	4 500	4 554	24 500	6 499	900	7 400	1 400
2005	85 831	107 400	11 392	3 000	13 000	2 500	4 513	24 500	6 549	1 000	7 300	1 700
2006	97 696	136 400	14 721	3 800	16 500	3 200	5 051	24 500	6 583	1 000	7 300	1 700
2007	119 118	122 000	14 874	5 500	15 200	3 100	5 932	24 500	6 622	1 300	7 500	1 800
2008	124 410	90 900	10 491	17 000	30 000	3 200	6 091	20 800	6 331	3 500	8 500	1 800
2009	137 208	113 500	12 276	15 000	22 000	3 500	6 511	20 900	6 076	3 300	8 000	1 800
2010	157 283	111 000	4 509	17 700	21 000	3 400	7310	23 200	6 018	3 300	8 000	1 800
2011	151 589	127 700	6 697	15 500	22 000	9 000	7023	23 100	6 106	2 500	7 800	4 700
2012	193 265	137 000	7 850	11 800	24 100	12 000	8 872	24 500	5 498	2 000	7 400	5 600
2013	195 818	143 000	8 106	12 100	27 000	12 000	8 802	26 000	5 840	2 500	8 300	5 000
2014	200 249	145 000	8 473	12 000	28 000	12 000	9 254	26 600	5 758	2 600	8 500	5 100
2015	248 557	128 000	5 726	10 600	24 300	11 000	11 295	26 500	5 651	2 500	8 000	5 200
2016	223 004	135 078	8 586	9 691	23 839	10 352	10 198	28 551	5 600	2 285	8 249	5 279
2017	230 948	147 463	8 607	11 893	25 036	11 117	10 586	27 833	4 915	2 396	8 037	5 144
2018	218 096	144 889	8 774	11 990	25 702	10 823	9 910	27 748	4 844	2 396	7 855	5 079

数据来源：联合国粮食及农业组织数据库。

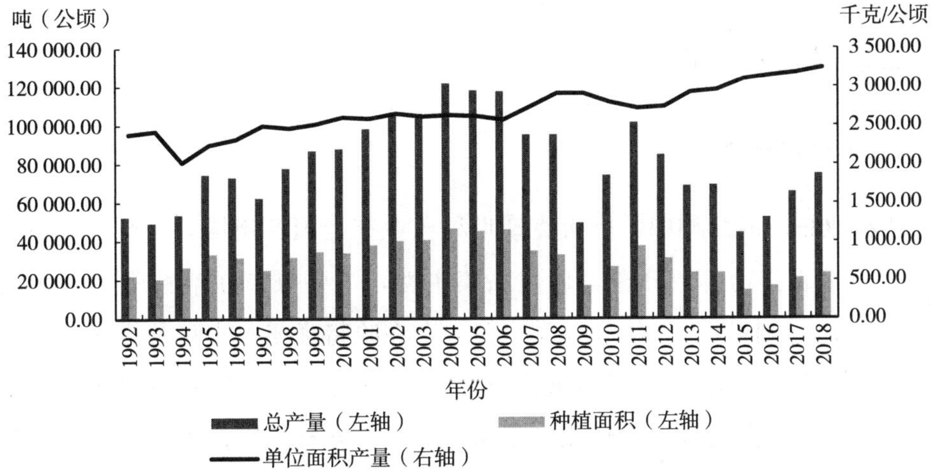

图 4-12 1992—2018 年吉尔吉斯斯坦主要纤维作物种植情况

数据来源：联合国粮食及农业组织数据库。

表 4-12 1992—2018 年吉尔吉斯斯坦主要纤维作物总产量和种植面积

年份	籽棉总产量（吨）	籽棉种植面积（公顷）
1992	52 400	22 000
1993	49 200	20 300
1994	53 500	26 500
1995	74 548	33 200
1996	73 100	31 500
1997	62 387	25 000
1998	77 836	31 584
1999	86 890	34 545
2000	87 884	33 764
2001	98 168	37 955
2002	106 385	40 106
2003	105 889	40 513
2004	121 700	46 259
2005	118 089	45 120
2006	117 517	45 741
2007	95 074	34 758
2008	95 091	32 651
2009	49 195	16 902
2010	74 040	26 492
2011	101 328	37 277
2012	84 735	30 924
2013	68 560	23 437
2014	68 995	23 340
2015	44 128	14 259
2016	52 111	16 588
2017	65 349	20 558
2018	74 718	23 045

数据来源：联合国粮食及农业组织数据库。

三、塔吉克斯坦

（一）粮食作物

在农业总产值结构中，塔吉克斯坦种植业在全国各州均有分布，产值占比约 70%。粮食作物生产分布呈现出高集中性，主要分布在哈特隆州和索格特州。其中小麦、棉花、谷物和豆类主要分布在哈特隆州；土豆及饲料作物主要分布在索格特州。戈尔诺-巴达赫尚自治州和中央直辖市虽有一定面积的粮食作物种植，但所占比例相对较低。各州种植面积除杜尚别市近几年有较大幅度的减少外，其他各地区种植面积变化不大。

1. 谷类作物

从种植面积来看，主要谷类作物总体呈增长态势，但变动幅度较小，2018 年其种植面积约占全国总耕地面积的 49.72%。1992—1997 年期间种植面积先出现了短暂下降的趋势，1994 年只有 24.31 万公顷，之后开始逐年增长，且增速较快，至 1997 年种植面积增长至 40.95 万公顷；1997 年后，谷类作物种植面积进入较长的波动变化期，但变动幅度相对有限，基本在 34 万公顷到 45 万公顷之间波动，至 2009 年种植面积为 44.82 万公顷；2010 年后，种植面积开始逐年波动下降，但下降幅度不大，到 2018 年，主要谷物作物种植面积为 35.78 万公顷，相比 1992 年增加了 9.51 万公顷，增长幅度约为 36.20%（图 4 - 13）。

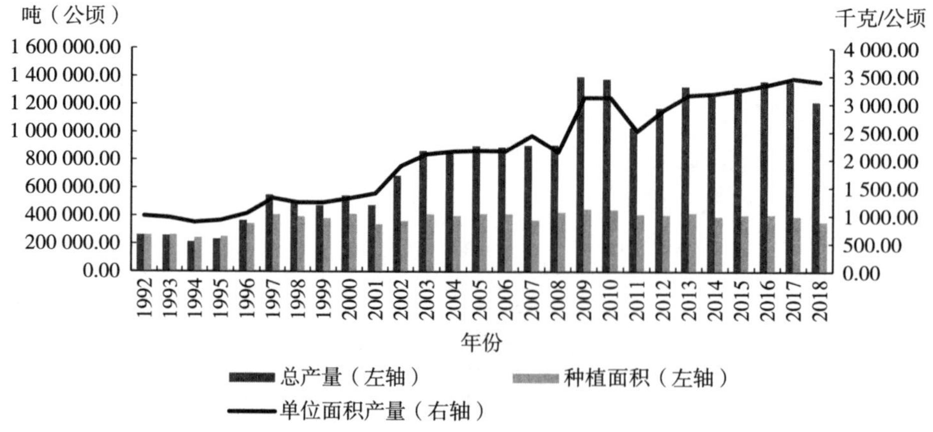

图 4 - 13　1992—2018 年塔吉克斯坦主要谷类作物种植情况

数据来源：联合国粮食及农业组织数据库。

从总产量来看，主要谷类作物在种植面积相对稳定而单位面积产量不断提升的联动影响下，谷类作物总产量增长明显。总产量变化以2008年为界，可分为前后两个阶段。1992—1997年间缓慢增长至55.04万吨，1997年后回落；2001年再次出现增长且增速相对较快，增至2003年总产量为86.56万吨，之后增长陷入停滞，整体呈“M”形变动趋势；2008年后，总产量先猛增至90.90万吨，2010年后又出现急剧下降，整体波动明显，到2018年，主要谷物作物总产量为121.83万吨，相对1992年增加了95.50万吨，但再次出现下降趋势。

从作物构成来看，主要谷类作物包括小麦、大麦、玉米、水稻及燕麦。小麦是第一大谷类作物，2018年种植面积为25.55万公顷，在谷类作物总面积中占比为71.41%，总产量为77.90万吨，在主要谷类作物总产量中占比为63.94%，但单位面积产量并不高。大麦种植面积仅次于小麦，2018年为7.23万公顷，占主要谷类作物总面积的20.19%，总产量为10.88万吨，占主要谷类作物总产量的8.93%。玉米种植面积仅为1.59万公顷，占比为4.46%，但总产量位列第二，为23.74万吨，占比为19.48%，单位面积产量为主要谷类作物中最高。此外，水稻和燕麦相对较少，种植面积分别为1.18万公顷、0.22万公顷，占比分别为3.30%、0.63%，产量分别为9.04万吨和0.27万吨，所占比例很小（表4-13）。

表4-13　1992—2018年塔吉克斯坦主要谷类作物总产量和种植面积

年份	总产量（吨）					种植面积（公顷）				
	小麦	大麦	玉米	燕麦	水稻	小麦	大麦	玉米	燕麦	水稻
1992	166 400	41 514	32 278	2 944	20 184	183 400	55 000	10 900	3 386	10 000
1993	170 600	30 000	33 500	2 736	22 700	200 400	38 000	11 000	3 490	12 400
1994	149 000	25 000	18 000	2 080	20 000	177 200	38 900	10 000	4 027	13 000
1995	170 000	22 478	19 372	1 650	21 600	191 400	36 200	10 000	3 211	12 000
1996	239 000	17 360	90 047	490	20 722	279 000	30 000	24 000	1 502	12 000
1997	452 209	23 352	30 306	325	44 161	356 423	25 000	11 020	751	16 300
1998	388 149	25 579	35 511	474	40 289	339 064	28 000	11 910	841	16 400
1999	365 136	25 217	35 707	508	47 326	317 900	32 812	12 707	738	19 000
2000	406 196	18 624	37 762	77	81 978	343 102	35 834	13 980	728	21 630
2001	387 314	15 482	34 296	22	39 776	295 700	18 000	11 620	116	15 240
2002	544 565	36 061	55 379	647	50 200	304 259	24 900	15 770	653	17 600
2003	660 222	50 515	94 850	647	59 415	334 866	33 900	25 160	710	17 170
2004	631 328	63 406	112 954	613	51 445	317 300	43 400	24 130	738	14 130
2005	618 467	64 484	155 813	1 093	62 404	315 500	42 700	38 500	993	19 000

（续）

年份	总产量（吨）					种植面积（公顷）				
	小麦	大麦	玉米	燕麦	水稻	小麦	大麦	玉米	燕麦	水稻
2006	640 339	62 327	138 885	2 263	48 536	320 700	38 700	36 800	1 580	15 450
2007	649 300	71 039	130 075	3 459	52 109	276 300	42 300	32 430	3 100	16 970
2008	659 096	57 601	136 428	1 859	53 989	331 766	64 829	14 516	3 065	10 261
2009	1 088 591	101 685	142 515	3 022	63 416	358 766	57 894	14 411	2 591	14 559
2010	1 033 144	116 399	151 061	4 243	76 854	342 566	69 420	12 534	3 668	14 854
2011	726 880	74 345	154 881	1 614	76 875	311 179	71 334	12 776	2 050	13 212
2012	812 588	102 359	174 857	2 518	82 378	303 677	72 855	13 914	2 396	13 177
2013	947 350	123 978	175 357	3 034	78 039	318 601	73 177	14 048	2 580	11 719
2014	868 368	113 430	194 194	1 782	79 933	292 573	73 525	14 622	2 438	11 108
2015	896 362	138 240	200 519	2 922	85 807	295 632	77 174	18 950	2 394	11 769
2016	917 081	141 957	208 113	3 265	96 476	297 479	77 604	16 833	2 536	13 678
2017	899 653	145 620	218 448	3 251	97 763	285 867	76 848	16 704	2 478	12 527
2018	778 986	108 817	237 355	2 692	90 446	255 549	72 279	15 944	2 242	11 825

数据来源：联合国粮食及农业组织数据库。

2. 豆类作物

从种植面积来看，主要豆类作物增长态势明显，2018 年其种植面积约占全国总耕地面积的 2.55%。1992 年后豆类作物种植面积不断波动，略有增长，到 2004 年增至 0.67 万公顷，总增长量仅有 0.12 万公顷；2004 年后进入持续增长期，虽偶有下降，但总体仍呈不断增长态势，2018 年，主要豆类作物种植面积为 1.84 万公顷，相比 1992 年增加 1.29 万公顷，增长了约 2.35 倍（图 4－14）。

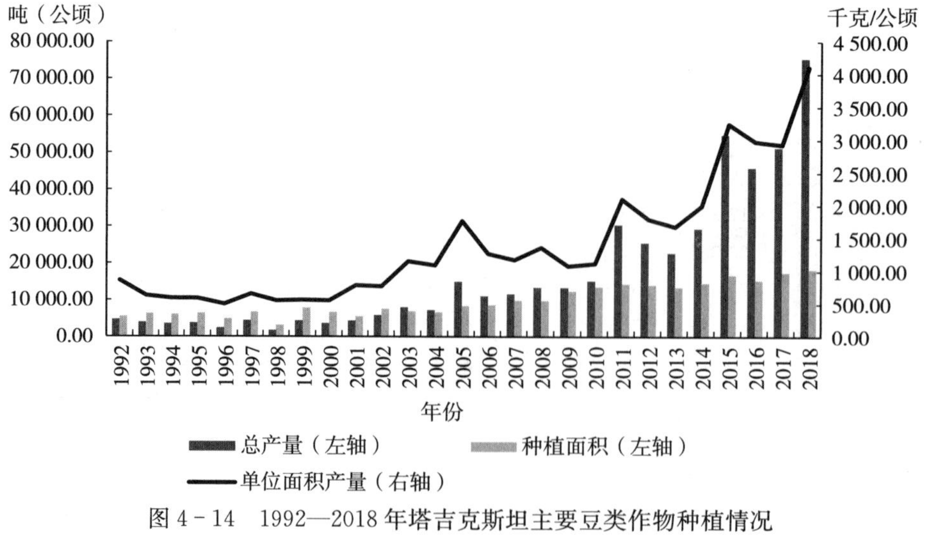

图 4－14　1992—2018 年塔吉克斯坦主要豆类作物种植情况

数据来源：联合国粮食及农业组织数据库。

从总产量来看，主要豆类作物产量变化阶段性特征明显，增幅较大，2018年其产量约占粮食作物总产量的5.83%。1992—2005年间，总产量变动十分和缓，基本在0.85万吨上下波动，至2005年总产量也只有1.51万吨；2006年开始豆类总产量逐年增加，且增速逐渐加快，增长至2011年的3.04万吨；2011年后，总产量经历第一次回落后出现大幅增长，猛增至2015年的5.48万吨，增幅达80.26%；2015年再次出现回落后，又一次实现明显增长，至2018年增至7.55万吨，增幅达37.77%。

从作物构成来看，主要豆类作物包括干豌豆、干豆和绿豆。干豌豆种植比例最高，种植面积为0.91万公顷，在主要豆类作物总面积中占比为49.71%，但其总产量并不高，只有0.99万吨。干豆和绿豆种植面积均为0.43万公顷，在主要豆类作物种植面积中占比为23.34%，总产量均为3.22万吨，在主要豆类作物总产量中占比为42.70%（表4-14）。

表4-14 1992—2018年塔吉克斯坦主要豆类作物总产量和种植面积

年份	总产量（吨）					种植面积（公顷）				
	黄豆	扁豆	绿豆	干豆	干豌豆	黄豆	扁豆	绿豆	干豆	干豌豆
1992	2	950	1 900	1 020	900	400	1 960	561	515	2 100
1993	4	980	1 700	446	856	500	2 150	498	1 173	2 000
1994	10	946	1 700	4	984	900	2 425	493	10	2 345
1995	7	789	1 700	416	891	600	2 185	489	1 095	2 088
1996	25	605	1 400	85	387	1 100	1 734	399	212	1 537
1997	14	511	1 200	86	2 690	700	1 527	339	69	4 205
1998	23	308	1 200	21	285	600	1 146	336	55	1 180
1999	15	240	1 400	19	2 778	577	884	388	21	6 028
2000	21	162	1 000	116	2 448	400	549	275	314	5 210
2001	17	55	1 646	602	2 114	315	190	449	970	3 710
2002	18	333	1 479	650	3 456	783	397	400	699	5 400
2003	1	262	2 000	2 494	3 350	40	490	536	882	5 070
2004	1	366	2 600	1 935	2 456	100	510	690	940	4 483
2005	0	396	2 660	3 181	8 844	0	477	698	1 630	5 715
2006	1	395	3 200	3 368	4 156	20	600	831	1 410	5 900
2007	14	514	3 400	2 535	5 239	170	675	873	1 350	6 900
2008	1	410	4 000	5 247	3 804	89	556	1 016	1 965	6 243
2009	30	496	4 300	3 775	4 841	122	588	1 081	4 245	6 401
2010	22	593	4 359	4 359	5 884	100	612	1 071	4 933	6 860
2011	36	665	12 065	12 065	5 605	135	633	2 891	2 794	8 032
2012	20	1 299	8 479	8 502	7 265	50	988	2 014	2 452	8 741

（续）

年份	总产量（吨）					种植面积（公顷）				
	黄豆	扁豆	绿豆	干豆	干豌豆	黄豆	扁豆	绿豆	干豆	干豌豆
2013	21	1 170	6 100	8 685	6 803	62	892	1 887	2 477	8 247
2014	19	827	10 588	10 588	7 367	59	636	3 067	3 077	7 868
2015	22	1 043	22 885	22 885	8 007	62	643	4 272	4 272	7 630
2016	24	963	18 283	18 283	8 411	71	617	3 639	3 639	7 458
2017	25	904	19 980	19 980	10 438	74	633	4 085	4 085	8 618
2018	26	1 068	32 233	32 233	9 922	75	588	4 284	4 284	9 126

数据来源：联合国粮食及农业组织数据库。

（二）经济作物

1. 油料作物

从种植面积来看，主要油料作物种植面积总体呈波动上升趋势，2018 年其种植面积占全国总耕地面积的 0.69%。1997 年种植面积达到最低值 1 050 公顷，经过明显的起伏后于 2015 年达到峰值 6 176 公顷，2018 年又下降至 4 975 公顷（图 4－15）。

从产量来看，总产量和单位面积产量先下降后波动上升。第一阶段为急剧下降阶段（1992—1996 年），总产量由 1992 年的 487 吨减少至 1996 年 71 吨，年均下降幅度超过 38.21%；第二阶段为波动上升阶段（1997—2018 年），总产量于 2015 年达到峰值 1.36 万吨，比 1997 年增加 1.35 万吨。

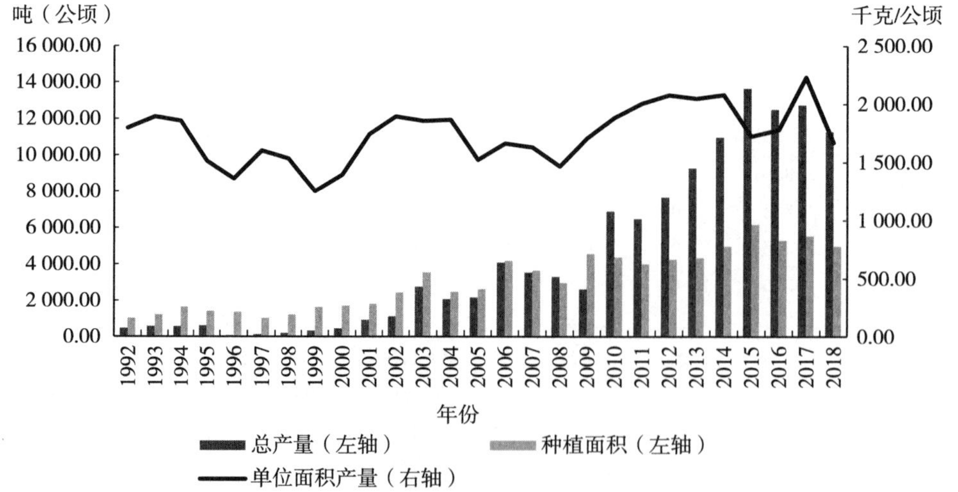

图 4－15　1992—2018 年塔吉克斯坦主要油料作物种植情况

数据来源：联合国粮食及农业组织数据库。

从作物构成来看，主要包括葵花籽和油菜籽。葵花籽是第一大油料作物，2018 年种植面积为 4 391 公顷，占主要油料作物种植面积的 88.26%，产量为 10 970 吨，占主要油料作物总产量的 97.31%，约为 1992 年的 24.16 倍。油菜籽是仅次于葵花籽的油料作物，2018 年种植面积为 509 公顷，占主要油料作物种植面积的 10.23%，产量为 277 吨，占主要油料作物总产量的 2.46%，约为 1992 年的 9 倍（表 4－15）。

表 4－15　1992—2018 年塔吉克斯坦主要油料作物总产量和种植面积

年份	总产量（吨）			种植面积（公顷）		
	大豆	油菜籽	葵花籽	大豆	油菜籽	葵花籽
1992	2	31	454	400	400	247
1993	4	30	561	500	400	336
1994	10	33	543	900	400	343
1995	7	16	605	600	300	517
1996	25	17	29	1 100	200	80
1997	14	4	108	700	50	300
1998	23	22	152	600	300	345
1999	15	23	290	577	400	660
2000	21	10	425	400	500	818
2001	17	18	906	315	300	1 208
2002	18	24	1 095	783	250	1 400
2003	1	27	2 733	40	400	3 100
2004	1	23	2 045	100	300	2 080
2005	0	44	2 121	0	500	2 120
2006	1	71	4 012	20	900	3 260
2007	14	31	3 490	170	690	2 800
2008	1	30	3 274	89	640	2 236
2009	30	40	2 554	122	659	3 771
2010	22	41	6 834	100	567	3 715
2011	36	25	6 417	135	305	3 564
2012	20	122	7 525	50	110	4 092
2013	21	33	9 218	62	27	4 256
2014	19	57	10 890	59	108	4 804
2015	22	50	13 577	62	122	5 992
2016	24	37	12 442	71	59	5 153
2017	25	242	12 476	74	228	5 241
2018	26	277	10 970	75	509	4 391

数据来源：联合国粮食及农业组织数据库。

2. 蔬菜类

从种植面积来看，主要蔬菜类作物整体呈现先短暂波动再稳步增长的趋势，2018 年其种植面积占全国总耕地面积的 6.82%。1992—2001 年种植面积出现起伏但波动幅度不大。2002—2018 年，种植面积逐年增长，2018 年种植面积达到 4.92 万公顷，约是 2002 年的 3 倍，年均增幅约 5.28%（图 4-16）。

从产量来看，总产量和单位面积产量均呈现先下降后上升的趋势。第一阶段为不断下降阶段（1992—1999 年），总产于 1998 年达到最低值 25.62 万吨，相较 1992 年下降了约 14 万吨，下降幅度 35.4%；第二阶为快速增长阶段（2000—2018 年），总产由 2000 年 27.33 万吨增至 2018 年约 147 万吨，年均增长幅度 9.79%。

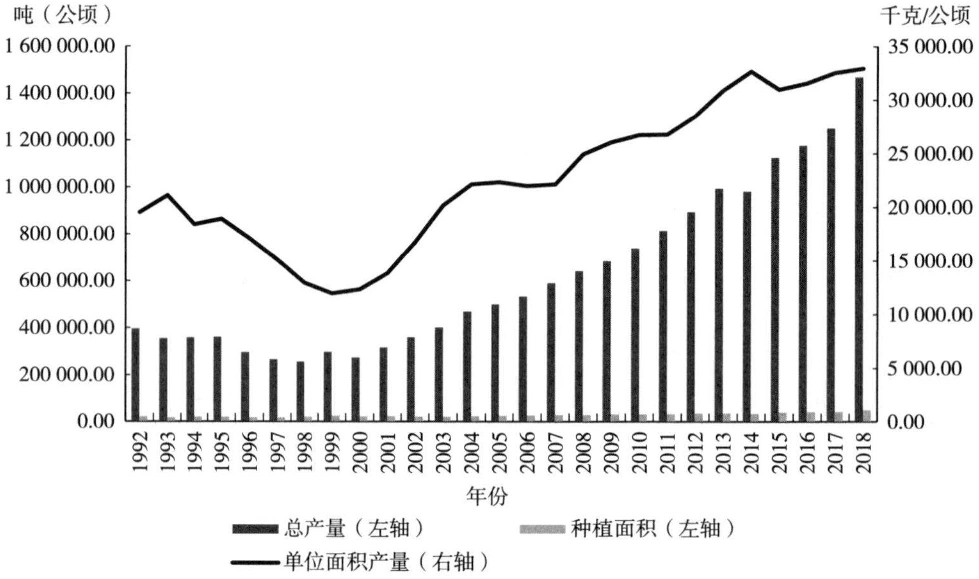

图 4-16 1992—2018 年塔吉克斯坦主要蔬菜类种植情况
数据来源：联合国粮食及农业组织数据库。

从作物构成来看，蔬菜作物以洋葱、西红柿和黄瓜为主。洋葱是第一大蔬菜作物，2018 年种植面积为 2.26 万公顷，占主要蔬菜作物种植面积的 45.89%，产量为 68.09 万吨，占总产量的 46.36%，是 1992 年的 3.87 倍。西红柿是第二大蔬菜作物，2018 年种植面积 1.56 万公顷，占主要蔬菜作物种植面积的 31.81%，产量为 44.38 万吨，占主要蔬菜作物总产量的 30.21%，是 1992 年的 2.52 倍。黄瓜是重要的蔬菜作物，2018 年种植面积为 0.68 万公顷，占主要蔬菜作物种植面积的 13.89%，产量为 21.16 万吨，占总产量的 14.41%，约为 1992 年的 18 倍。此外，还种植卷心菜、大蒜等蔬菜（表 4－16）。

表 4－16　1992—2018 年塔吉克斯坦主要蔬菜类总产量和种植面积

年份	总产量（吨）					种植面积（公顷）				
	西红柿	洋葱	卷心菜	黄瓜	大蒜	西红柿	洋葱	卷心菜	黄瓜	大蒜
1992	176 100	176 100	32 000	11 767	400	9 200	9 200	1 500	664	20
1993	157 300	157 300	28 600	11 390	400	7 600	7 600	1 200	592	40
1994	158 900	158 900	28 900	11 799	400	8 900	8 900	1 400	573	50
1995	159 400	159 400	29 000	12 976	400	8 700	8 700	1 400	595	50
1996	128 900	128 900	23 400	14 902	320	7 800	7 800	1 300	573	40
1997	113 700	113 700	20 700	17 560	330	7 900	7 900	1 300	739	50
1998	107 700	107 700	19 600	20 922	233	8 900	8 800	1 400	867	40
1999	124 900	124 900	22 700	24 907	245	11 200	11 200	1 700	1 022	45
2000	110 000	113 000	20 800	29 293	242	9 800	9 900	1 496	1 191	50
2001	129 247	129 247	23 488	34 101	322	9 964	9 964	1 594	1 312	56
2002	155 278	139 995	29 064	35 187	80	9 068	9 732	1 426	1 405	7
2003	169 778	152 597	37 845	41 550	141	9 102	9 534	1 452	1 643	10
2004	198 500	180 400	42 000	48 363	200	9 700	10 000	1 600	1 897	15
2005	209 000	188 000	47 300	55 601	200	10 000	11 000	1 700	2 139	15
2006	221 000	199 000	49 800	63 239	200	10 600	12 000	1 800	2 428	13
2007	247 500	217 000	54 300	71 251	200	11 500	13 000	2 000	2 719	12
2008	267 000	235 600	59 000	79 613	200	11 300	12 200	1 800	3 062	12
2009	272 177	268 531	55 000	88 294	598	12 000	13 600	2 100	3 331	35
2010	289 057	302 272	49 550	97 656	253	11 778	14 499	1 884	3 756	19
2011	304 209	343 422	58 326	107 003	990	11 799	15 595	2 052	3 991	58
2012	345 749	368 052	67 005	112 112	1 548	12 543	16 215	2 170	4 312	100
2013	368 066	435 360	72 546	115 896	1 465	12 558	17 449	2 277	4 477	113
2014	352 082	420 792	78 029	129 653	920	11 963	15 571	2 088	4 576	68
2015	369 243	523 807	86 978	144 314	1 272	12 820	19 427	2 251	5 103	98
2016	361 531	556 955	93 864	161 390	3 255	13 565	19 830	2 399	5 439	222
2017	409 398	555 059	102 503	178 035	5 896	13 831	19 475	2 577	5 629	488
2018	443 811	680 920	116 899	211 612	15 643	15 635	22 557	3 044	6 826	1 091

数据来源：联合国粮食及农业组织数据库。

3. 水果类

从种植面积来看，主要水果类作物整体呈波动上升趋势，2018 年其种植面积占全国总耕地面积的 16.69%。1992—2002 年种植面积波动不大，基本维持在 8 万～10 万公顷。2003—2018 年种植面积波动上升，2014 年面积达到峰值 12.30 万公顷，比 2003 年增加 3.71 万公顷，2014 年后面积小幅度下降（图 4－17）。

从产量来看，主要水果类作物总产量和单位面积产量呈现先下降后上升的趋势，2018 年其产量占经济作物产量的 39.94%。1992—1999 年总产和单产下降，总产由 1992 年 38.2 万吨下降至 1999 年 19.26 万吨，下降幅度约 50%；单产由 4 793.68 千克/公顷骤减至 2 268.83 千克/公顷，下降幅度约 52.67%；2000—2018 年总产和单产波动上升，2018 年总产量达到 118.4 万吨，是 2000 年的 3.28 倍，单产则由 2000 年的 3 759.91 千克/公顷上升至 9 856.50 千克/公顷，上升了 6 096.59 千克/公顷（图 4－17）。

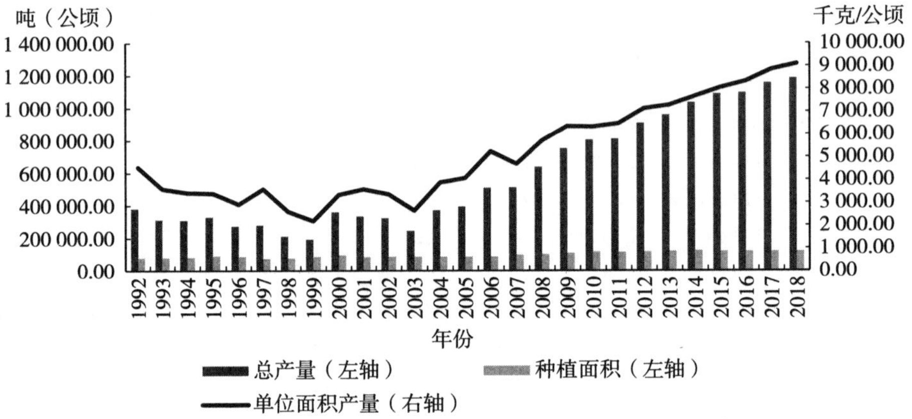

图 4－17 1992—2018 年塔吉克斯坦主要水果类种植情况
数据来源：联合国粮食及农业组织数据库。

从作物构成来看，以苹果、西瓜和葡萄为主。苹果是种植面积第一的水果作物，2018 年种植面积为 4.24 万公顷，占主要水果作物种植面积的 35.33%，产量为 23.87 万吨，占总产量的 20.15%，是 1992 年的 2.71 倍。西瓜是产量最大的水果植物，2018 年种植面积为 1.99 万公顷，占主要水果作物种植面积的 16.59%，产量为 64.18 万吨，占总产量的 54.20%。葡萄是重要的水果作物，2018 年种植面积为 3.33 万公顷，占主要水果作物种植面积的 27.68%，产量为 24.19 万吨，占总产量的 20.43%，是 1992 年的 2.42 倍。此外，还种植桃、杏等水果（表 4－17）。

表 4－17 1992—2018 年塔吉克斯坦主要水果类总产量和种植面积

年份	总产量（吨）					种植面积（公顷）				
	西瓜	苹果	葡萄	桃	杏	西瓜	苹果	葡萄	桃	杏
1992	136 300	88 000	99 900	23 000	35 000	8 630	27 200	28 500	7 700	7 700
1993	107 200	71 600	87 500	18 700	28 500	9 000	28 300	29 000	8 000	8 000

（续）

年份	总产量（吨）					种植面积（公顷）				
	西瓜	苹果	葡萄	桃	杏	西瓜	苹果	葡萄	桃	杏
1994	112 900	70 900	80 000	18 500	28 200	9 732	26 600	31 000	8 100	8 100
1995	116 000	71 400	96 400	18 600	28 400	9 848	31 700	31 500	9 000	9 000
1996	52 000	60 600	121 600	15 800	24 100	7 648	31 300	31 000	8 900	8 900
1997	64 091	54 000	126 900	14 100	21 500	9 500	21 500	31 200	6 100	6 000
1998	88 513	46 500	46 300	12 200	18 600	11 700	22 600	31 200	6 400	6 400
1999	83 824	28 700	53 500	12 000	14 600	11 800	25 600	32 500	7 500	7 500
2000	95 252	136 000	110 300	9 300	10 400	10 300	34 080	33 700	9 000	9 000
2001	96 925	94 400	109 709	19 000	15 000	10 640	26 600	33 200	6 900	6 900
2002	111 372	94 500	81 228	20 000	17 000	9 778	29 000	33 000	8 300	8 000
2003	138 528	53 200	28 403	12 000	14 100	10 600	28 400	29 957	8 620	8 300
2004	150 449	101 700	93 200	12 600	14 500	10 600	31 300	31 200	7 000	8 000
2005	170 230	104 800	90 600	17 000	12 300	9 200	30 400	31 500	8 500	8 200
2006	218 153	147 000	105 200	18 000	21 000	9 100	30 400	32 300	8 500	8 200
2007	254 170	111 000	116 934	13 700	15 500	11 100	35 300	32 800	9 800	9 500
2008	285 253	185 500	117 897	22 700	26 000	11 570	38 000	31 944	10 000	10 000
2009	424 579	148 000	138 677	19 000	20 400	19 313	37 000	31 460	10 000	9 800
2010	482 393	156 000	124 299	20 000	21 000	20 951	38 000	37 134	10 200	10 000
2011	423 300	183 300	154 700	23 000	25 000	17 200	40 000	36 508	10 500	10 500
2012	465 000	218 300	167 101	27 500	30 000	18 400	40 700	36 511	10 700	10 700
2013	495 263	227 000	175 335	30 000	31 400	17 342	43 000	37 812	11 200	11 200
2014	545 691	236 000	188 836	31 200	33 000	19 400	44 300	36 125	11 600	11 600
2015	592 435	229 874	203 807	29 567	31 719	21 358	43 656	31 760	11 712	11 315
2016	594 170	224 640	214 775	29 271	31 986	19 970	42 308	31 885	12 853	11 614
2017	631 393	233 208	228 303	29 627	32 235	20 296	42 384	33 111	13 226	11 134
2018	641 784	238 651	241 892	29 882	31 980	19 927	42 446	33 258	13 739	10 773

数据来源：联合国粮食及农业组织数据库。

4. 纤维作物

从种植面积来看，主要纤维作物整体呈现波动下降的趋势，2018 年其种植面积占全国总耕地面积的 25.81%。第一阶段为平稳上升阶段（1992—2004 年），1997 年降至最低值 21.86 万公顷，之后逐年增长，到 2004 年，最高值为 29.36 万公顷，与 1992 年基本相当；第二阶段为波动下降阶段（2005—2018 年），2010 年达到最低值 16.24 万公顷，与 2004 年最高值相比减少了 13.12 万公顷，减少幅度约为 44.69%（图 4 - 18）。

从产量来看，主要纤维作物总产量和单位面积产量波动剧烈，2018 年其产量占经济作物总产量的 10.13%。1992—1996 年总产量由 51.50 万吨骤减至

31.26 万吨，下降幅度约为 39.30%；1997—2004 年总产量由 35.33 万吨急剧上升至峰值 55.7 万吨，上涨幅度超过 85%；单产由 1997 年 1 615.96 千克/公顷上升至 2004 年 1 897.10 千克/公顷，上涨幅度达到 17.40%。2005—2018 年总产量波动中下降，到 2009 年达到最低值 29.60 万吨，与 2004 年峰值相比下降了 26.10 万吨。

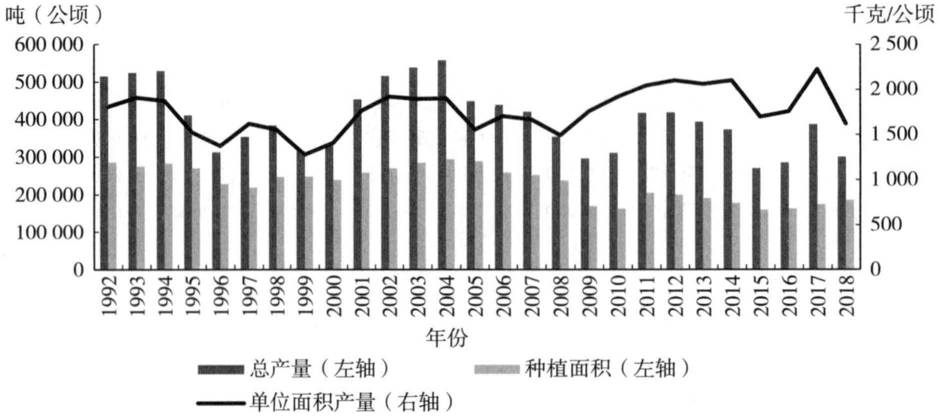

图 4-18　1992—2018 年塔吉克斯坦主要纤维作物种植情况

数据来源：联合国粮食及农业组织数据库。

从作物结构来看，棉花是主要的纤维作物，以种植优质细纤维棉花为主。2018 年种植面积为 18.58 万公顷，产量为 30.03 万吨，仅为 1992 年的 58.31%。棉花作为最主要的经济作物，其产值占农业产值的 60%，在国民经济中有着举足轻重的地位（表 4-18）。

表 4-18　1992—2018 年塔吉克斯坦主要纤维作物总产量和种植面积

年份	籽棉总产量/吨	籽棉种植面积/公顷
1992	515 000	285 300
1993	524 200	275 000
1994	529 281	283 000
1995	410 805	270 000
1996	312 572	228 000
1997	353 324	218 646
1998	383 721	247 347
1999	315 874	247 800
2000	335 428	238 608
2001	452 736	257 371
2002	515 478	269 197

（续）

年份	籽棉总产量/吨	籽棉种植面积/公顷
2003	537 358	284 367
2004	556 991	293 601
2005	447 918	288 655
2006	438 000	257 600
2007	419 786	252 300
2008	353 146	237 130
2009	296 015	168 916
2010	310 560	162 428
2011	416 490	204 110
2012	417 978	199 254
2013	392 811	190 925
2014	372 656	177 637
2015	270 047	159 642
2016	284 708	162 558
2017	386 509	173 979
2018	300 342	185 817

数据来源：联合国粮食及农业组织数据库。

四、土库曼斯坦

（一）粮食作物

由于农作物种植条件大体相似，土库曼斯坦大部分地区农作物品种差异并不明显。粮食作物中谷类作物在各州均有分布，但主要分布在阿哈尔州和马雷州，两州种植面积占比达到48.76%，此外列巴普州由于种植环境较好，谷物产量最高，也非常适合谷类作物生产。

土库曼斯坦粮食生产以谷类作物为主，豆类作物种植品种单一且总产量较低，除干豌豆有少量种植外，其余豆类作物种植基本难成规模。1991年以后，在粮食生产发展纲要框架下，谷类作物经历了种植面积调整，整体发展情况较好，在种植面积及产量等方面有了很大提升，作物构成也更加丰富。

从种植面积来看，主要谷类作物面积变化整体呈增长趋势，近几年波动明显，2018年其种植面积约占总耕地面积的57.34%。1992年之后相当长的一段时期内，种植面积波动上升，增长幅度明显，到2006年增至106.10万公顷，年均增长8.73%；2007—2011年间回落至88.08万公顷并基本稳定在这一水平；2011 年后谷类作物种植面积出现大幅变动，先是猛增至 2013 年的 148.97 万公顷，之后迅速回落至 2014 年的 113.65 万公顷，此后再一次大幅增长，增至 2016 年的 154.76 万公顷后又一次下降，变动趋势整体呈“M”形，2018 年，主要谷类作物种植面积为 111.25 万公顷，相比 1992 年增加了 78.40 万公顷，增幅达 238.66%（图 4－19）。

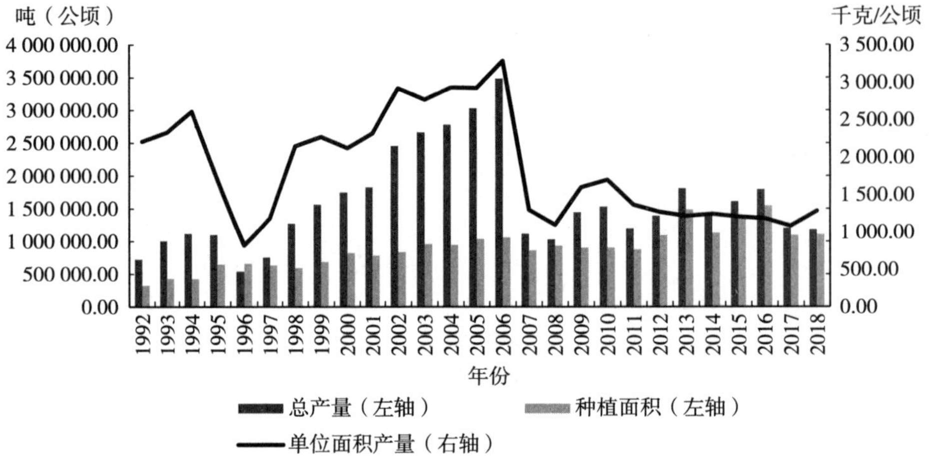

图 4－19　1992—2018 年土库曼斯坦主要谷类作物种植情况
数据来源：联合国粮食及农业组织数据库。

从总产量来看，主要谷类作物整体呈倒“V”形变动趋势，先升后降。1992—2006 年期间总产量增长明显，增幅较大，从 72.68 万吨增至 348.90 万吨，增长量达 276.22 万吨，年均增长 11.86%；2007 年总产量出现断崖式下降，仅 1 年时间下降了 236.72 万吨，降幅达 67.85%，再次下降至 1992 年产量水平；2007 年后，谷类作物总产量开始波动变化，但基本稳定在 150 万吨左右，未有明显的增减趋势。2018 年总产量为 118.90 万吨，相比 2006 年减少了 230 万吨，相比 1992 年增加了 46.22 万吨。

从作物构成来看，主要谷类作物包括小麦、水稻、大麦和玉米，其中小麦占据主导地位。小麦种植面积和总产量均占比较高，2018 年种植面积为 93.65 万公顷，在主要谷类作物总面积中占比为 84.18%，总产量为 100 万吨，在主要谷类作物中占比为 84.11%。水稻种植面积和总产量仅次于小麦，2018 年种植面积为 12.95 万公顷，占主要谷类作物面积的 11.64%，总产量为 13 万吨，占主要谷类作物总产量的 10.93%。大麦和玉米虽有一定比例种植，但其种植面积和总产量都比较少，比例不大（表 4－19）。

表 4-19 1992—2018 年土库曼斯坦主要谷类作物总产量和种植面积

年份	总产量（吨）				种植面积（公顷）			
	小麦	大麦	玉米	稻谷	小麦	大麦	玉米	稻谷
1992	377 000	127 000	159 000	63 823	197 000	60 529	43 000	28 000
1993	509 000	198 000	214 000	87 800	260 000	83 700	50 000	38 600
1994	675 000	203 000	150 000	92 000	262 000	86 000	44 000	37 000
1995	695 000	207 000	121 450	78 600	437 000	147 000	35 000	29 000
1996	453 100	36 100	14 800	40 800	584 000	25 000	20 000	32 000
1997	706 900	20 200	5 300	26 900	496 000	94 000	18 000	32 000
1998	1 245 200	11 700	7 800	13 700	500 000	60 000	15 000	20 000
1999	1 505 800	19 500	8 200	33 300	600 000	50 000	10 000	30 000
2000	1 690 000	24 000	9 700	27 300	700 000	45 000	10 000	70 000
2001	1 760 000	23 000	10 000	39 000	700 000	45 000	10 000	35 000
2002	2 326 000	40 000	15 000	80 000	730 000	55 000	15 500	42 000
2003	2 487 000	50 500	20 000	109 500	850 000	55 000	16 000	42 000
2004	2 600 000	60 000	15 000	110 000	820 000	65 000	15 000	50 000
2005	2 834 000	65 000	16 000	120 000	900 000	65 000	17 000	55 000
2006	3 260 000	78 000	16 000	135 000	925 000	65 000	15 000	56 000
2007	1 082 770	7 670	2 600	28 730	832 900	5 900	2 000	22 100
2008	996 160	2 420	2 750	30 690	905 600	2 200	2 500	27 900
2009	1 405 600	6 560	5 440	29 760	878 500	4 100	3 400	18 600
2010	1 476 620	22 400	5 610	30 600	868 600	13 200	3 300	18 000
2011	1 168 220	6 750	5 510	22 650	857 800	4 500	3 400	15 100
2012	1 200 000	17 235	48 000	129 000	955 183	11 914	31 539	97 084
2013	1 600 000	30 000	52 000	132 000	1 316 095	20 645	39 209	113 716
2014	1 200 000	30 000	50 000	130 000	956 673	21 290	42 570	115 935
2015	1 406 000	30 000	51 000	130 000	1 165 214	24 502	40 302	118 336
2016	1 600 000	20 000	50 000	130 000	1 368 879	17 721	38 484	122 551
2017	1 000 000	26 667	50 333	130 000	900 900	21 265	38 745	138 298
2018	1 000 000	18 969	40 000	130 000	936 488	15 777	30 795	129 457

数据来源：联合国粮食及农业组织数据库。

（二）经济作物

土库曼斯坦的种植业主要集中分布在东南部地区，以马雷州为主。经济作物中棉花种植主要在马雷州，种植比例将近 30%，各州瓜类和蔬菜的种植情况差异较大，瓜类种植主要分布在阿哈尔州，列巴普州是蔬菜种植最多的地区。

1. 蔬菜类

从种植面积来看，2018 年主要蔬菜类作物占全国总耕地面积的 1.00%。蔬菜类作物种植面积变动趋势可分为三个阶段：第一阶段为“V”形变动，时间为 1992—1995 年，从 1992 年的 2.63 万公顷急剧下降至 1993 年的 1.68 万公顷，再急剧回升至 1995 年的 2.92 万公顷；第二个阶段为急速下降期，时间为 1995—1999 年，从 1995 年的 2.92 万公顷减少至 1999 年的 1.15 万公顷；第三阶段为缓慢上升期，时间为 2000—2018 年，从 2000 年的 1.24 万公顷增加至 2018 年的 1.94 万公顷，比 1992 年减少了 26.24%（图 4-20）。

从产量来看，1992—2018 年蔬菜类作物总产量总体呈不断上升趋势，2018 年其产量占经济作物总产量的 3.07%。20 世纪 90 年代初期，产量先下降后上升，从 1992 年的 27.51 万吨增加至 1994 年的 33.95 万吨；1995—1997 年产量不断下降，从 1995 年的 33.20 万吨下降到 1997 年的 19.85 万吨；1998—2007 年产量不断增加，从 1998 年的 21.65 万吨增加至 2007 年的 51.95 万吨。从 2008 年开始处于平稳状态维持在 50 万吨左右，至 2018 年主要蔬菜类总产量为 54.85 万吨，比 1992 年增加了 99.40%。

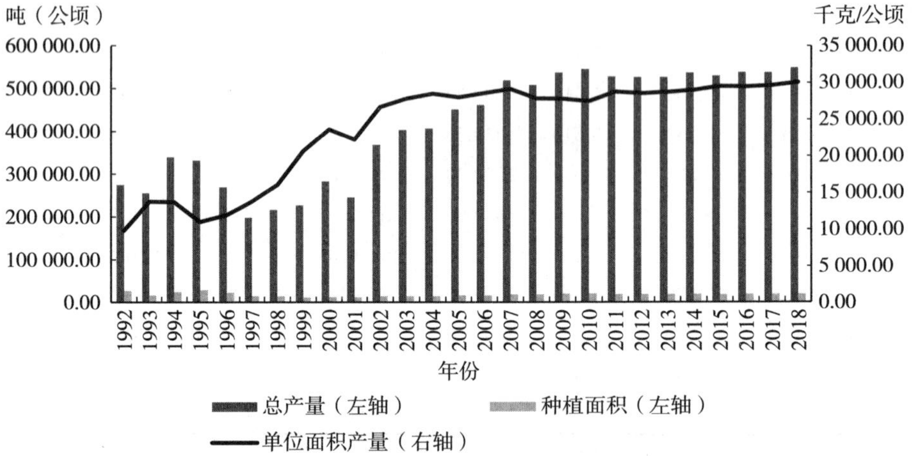

图 4-20　1992—2018 年土库曼斯坦主要蔬菜类种植情况

数据来源：联合国粮食及农业组织数据库。

从作物构成来看，主要蔬菜类作物中产量最高是西红柿，占主要蔬菜类作物总产量的 63.88%，2018 年西红柿产量为 35.04 万吨，种植面积为 1.01 万公顷。其次是洋葱，产量占总产量的 15.26%，2018 年洋葱产量为 8.37 万吨，种植面积为 0.30 万公顷。卷心菜产量 7.18 万吨，占比 13.09%，种植面积为 0.45 万公顷（表 4-20）。

表 4-20　1992—2018 年土库曼斯坦主要蔬菜类总产量和种植面积

年份	总产量（吨）					种植面积（公顷）				
	西红柿	洋葱	卷心菜	黄瓜	大蒜	西红柿	洋葱	卷心菜	黄瓜	大蒜
1992	133 000	71 000	68 000	3 000	86	9 500	8 800	6 500	1 100	400
1993	120 000	90 000	40 000	5 000	472	5 000	6 000	4 600	1 000	200
1994	168 000	100 000	61 000	10 000	500	8 000	8 000	7 000	1 000	200
1995	163 000	105 000	56 000	7 500	500	10 000	9 000	8 000	2 000	200
1996	127 000	87 000	47 000	8 000	500	8 000	7 000	6 000	2 000	200
1997	91 000	56 000	41 000	10 000	500	5 000	4 200	4 000	1 666	200
1998	133 400	45 700	27 900	9 000	500	7 000	3 200	2 500	1 500	200
1999	139 000	48 700	29 300	10 000	500	5 000	3 000	2 100	1 200	200
2000	173 000	60 900	36 600	12 000	600	5 500	3 500	2 200	1 000	200
2001	150 000	53 000	30 000	12 000	700	5 800	2 800	2 000	900	200
2002	225 000	79 000	45 000	18 000	1 100	6 800	3 500	2 600	1 000	250
2003	247 000	86 700	49 000	19 800	1 200	7 000	4 000	2 700	900	200
2004	250 000	85 000	50 000	20 000	2 100	6 800	3 900	2 800	1 000	300
2005	277 500	94 000	55 500	22 000	2 500	8 000	4 200	3 000	1 094	350
2006	282 000	96 000	58 000	24 000	2 000	8 100	4 000	3 200	1 163	250
2007	317 000	108 000	65 000	27 000	2 500	8 700	4 600	3 800	1 200	300
2008	310 000	106 000	64 000	26 000	2 200	9 100	4 500	3 500	1 500	300
2009	327 000	112 000	67 500	28 000	2 500	9 000	4 800	4 500	1 300	300
2010	330 000	114 235	68 631	29 453	2 654	9 700	4 697	4 630	1 347	296
2011	330 000	96 798	67 048	31 036	2 982	9 700	3 771	4 054	1 301	314
2012	330 000	93 970	68 490	31 097	2 867	9 700	3 702	4 206	1 329	308
2013	330 000	91 911	69 661	32 141	2 983	9 700	3 557	4 275	1 339	310
2014	340 000	89 409	70 943	33 450	3 047	10 000	3 426	4 322	1 392	308
2015	340 000	79 177	71 037	36 671	3 228	10 000	2 912	4 355	1 447	313
2016	340 000	86 832	71 153	36 895	3 167	10 000	3 205	4 432	1 462	307
2017	340 000	85 140	71 335	38 100	3 240	10 000	3 098	4 459	1 484	308
2018	350 394	83 717	71 794	39 304	3 312	10 122	3 003	4 504	1 506	308

数据来源：联合国粮食及农业组织数据库。

2. 水果类

从种植面积来看，主要水果作物总体呈先下降后上升的趋势，2018 年其种植面积占全国总耕地面积的 2.72%。1992—2003 年面积呈“V”形变动，从 1992 年的 5.58 万公顷减少至 2003 年的 5.41 万公顷；2004—2018 年，面积平稳波动，从 2004 年的 5.22 万公顷增加至 2018 年的 5.30 万公顷。

从产量来看，2018 年主要水果作物占经济作物总产量的 34.57%，产量居中亚五国第二位，约占 10.42%。1992—2018 年，产量呈先减少后增加再减少，最后保持相对稳定水平的变化趋势。总产量从 1992 年的 34.80 万吨增加至 2018 年的 61.65 万吨，其中在 1997 年总产值最小为 28.41 万吨，2007 年达到最大值，为 72.14 万吨。单位种植面积产量呈“降—升—降—平”的趋势，但总体呈上升趋势（图 4-21）。

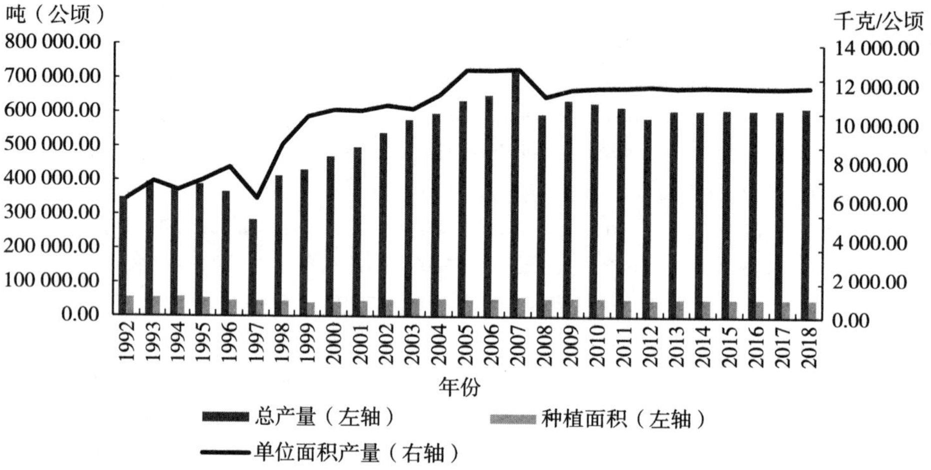

图 4-21　1992—2018 年土库曼斯坦主要水果类种植情况
数据来源：联合国粮食及农业组织数据库。

从构成来看，2018 年，西瓜是在水果作物产量和种植面积最大的水果，占比分别为 40.47% 和 46.66%。其次，葡萄总产量为 24.00 万吨，占比 38.92%，种植面积为 1.77 万公顷，占比为 33.40%。苹果产量和种植面积分别为 6.34 万吨和 0.59 万公顷，占比分别为 10.28%和 11.13%（表 4-21）。

表 4-21　1992—2018 年土库曼斯坦主要水果类总产量和种植面积

年份	总产量（吨）					种植面积（公顷）				
	西瓜	苹果	葡萄	桃	杏	西瓜	苹果	葡萄	桃	杏
1992	179 975	24 000	125 000	8 000	11 000	25 831	7 500	17 501	2 000	3 000
1993	248 352	21 000	114 000	5 000	6 000	24 726	8 500	17 790	2 000	2 000
1994	200 000	23 000	146 600	4 000	5 000	25 000	8 500	19 060	2 000	2 500
1995	195 000	22 000	163 000	3 000	5 000	20 000	9 500	21 000	2 100	1 500
1996	251 000	12 800	94 000	4 000	4 200	22 000	6 000	15 000	2 500	1 000
1997	127 000	14 600	126 900	5 000	10 600	15 000	5 000	20 000	2 196	4 000
1998	232 000	18 500	142 200	6 000	13 900	23 000	4 500	14 000	2 400	1 800
1999	244 000	20 000	145 000	7 000	14 600	21 000	4 000	12 000	2 300	1 500
2000	240 000	23 000	180 000	10 000	17 000	23 000	4 398	12 000	2 500	1 500
2001	235 000	33 000	200 000	10 000	20 000	22 000	6 000	15 000	1 500	1 700
2002	240 000	35 000	230 000	15 000	21 000	24 000	6 000	16 000	2 000	1 700

（续）

年份	总产量（吨）					种植面积（公顷）				
	西瓜	苹果	葡萄	桃	杏	西瓜	苹果	葡萄	桃	杏
2003	250 000	40 000	250 000	18 000	21 000	27 000	6 200	17 000	2 200	1 700
2004	230 000	45 000	280 000	19 000	24 000	26 000	6 200	16 000	2 000	2 000
2005	240 000	45 000	300 000	23 000	28 000	25 000	6 000	15 000	1 900	2 700
2006	250 000	43 000	310 000	19 000	30 000	25 000	5 000	18 000	1 622	2 500
2007	260 000	63 400	337 000	28 000	33 000	26 000	6 000	20 700	2 500	2 400
2008	254 300	61 500	221 500	27 000	32 000	26 000	5 600	17 400	2 400	2 300
2009	281 000	64 000	230 000	29 000	33 500	28 000	6 000	17 000	2 000	2 600
2010	273 759	63 000	230 000	29 000	33 500	27 000	5 900	17 000	2 000	2 600
2011	263 029	62 800	230 000	29 000	33 500	26 000	5 900	17 000	2 000	2 600
2012	230 469	63 300	230 000	29 000	33 500	23 000	5 900	17 000	2 000	2 600
2013	252 634	63 200	230 000	29 000	33 500	25 200	5 900	17 000	2 000	2 600
2014	252 402	63 100	230 000	29 000	33 500	24 830	5 900	17 000	2 000	2 600
2015	250 458	63 200	235 000	29 100	33 550	24 630	5 900	17 500	2 010	2 600
2016	248 511	63 200	235 000	29 100	33 550	24 652	5 900	17 500	2 010	2 600
2017	249 007	63 200	235 000	29 100	33 550	24 681	5 900	17 500	2 010	2 600
2018	249 503	63 398	239 958	29 400	34 227	24 710	5 893	17 689	2 025	2 641

数据来源：联合国粮食及农业组织数据库。

3. 纤维作物

从种植面积来看，主要纤维作物面积呈先下降后上升再下降的趋势，2018年其种植面积占全国总耕地面积的27.57%。纤维作物种植面积变动趋势可分为三个阶段：第一阶段为不断下降阶段（1992—2003年），从1992年的56.70万公顷下降至2003年的48万公顷；第二阶段为逐步上升阶段（2004—2007年），从2004年的52.50万公顷增加至2007年的64.27万公顷；第三阶段为缓慢下降阶段（2008—2018年），从2008年的57.04万公顷下降至2018年的53.50万公顷。

从产量来看，主要纤维作物总产量波动较大，呈“W”形变化，2018年其产量是经济作物总产量的34.66%。纤维作物产量从1992年的129.00万吨减少至2018年的61.82万吨，其中1995年至1996年呈断崖式的减少，减幅达66.32%。单位种植面积产量和总产量的变动趋势一致，因此可以看出影响纤维作物产量的主要因素是单产，而非种植面积（图4-22）。

从作物构成来看，最主要的纤维作物是棉花，是中亚地区的棉花生产大国，也是世界主要的棉花出口国，棉花出口量在全球排名第九。2018年籽棉的总产量为61.82万吨，种植面积为53.50万公顷（表4-22）。

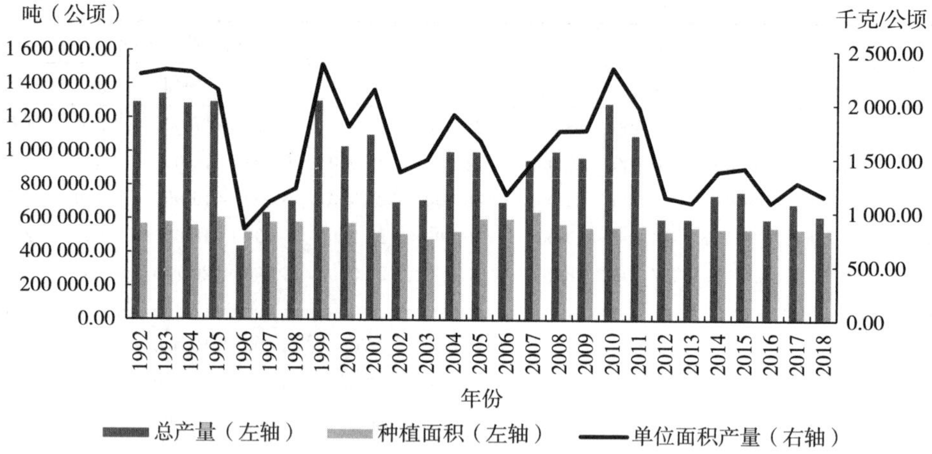

图 4-22 1992—2018 年土库曼斯坦主要纤维作物种植情况

数据来源：联合国粮食及农业组织数据库。

表 4-22 1992—2018 年土库曼斯坦主要纤维作物总产量和种植面积

年份	籽棉总产量（吨）	籽棉种植面积（公顷）
1992	1 290 000	567 000
1993	1 341 000	579 000
1994	1 283 000	559 000
1995	1 293 000	607 000
1996	435 500	519 000
1997	635 200	580 000
1998	707 000	580 000
1999	1 300 000	548 000
2000	1 030 000	574 500
2001	1 100 000	515 000
2002	700 000	510 000
2003	713 700	480 000
2004	1 000 000	525 000
2005	1 000 000	600 000
2006	700 000	600 000
2007	949 800	642 700
2008	1 001 800	570 400
2009	966 200	548 200
2010	1 286 300	550 200
2011	1 096 533	556 400
2012	600 000	525 000
2013	600 000	550 000

（续）

年份	籽棉总产量（吨）	籽棉种植面积（公顷）
2014	745 450	540 000
2015	763 650	540 000
2016	600 000	550 000
2017	690 900	540 000
2018	618 200	535 000

数据来源：联合国粮食及农业组织数据库。

五、乌兹别克斯坦

（一）粮食作物

由于全国各地农作物生产条件有所不同，乌兹别克斯坦各州作物种植具有较大的差异。粮食作物中谷物主要分布在吉扎克州、卡什卡达里亚州和撒马尔罕州，其中小麦作为最主要的粮食作物，在各州均有种植。土豆种植主要分布在撒马尔罕州、苏尔汉河州和费尔干纳州，三个地区土豆种植面积占全国土豆种植面积的 42.87%。

1. 谷类作物

从种植面积来看，主要谷类作物整体变动不大，2018 年其种植面积占全国总耕地总面积的 33.58%。自 1992 年种植面积开始逐年增加，至 1997 年增至最高点 181.33 万公顷，之后开始波动下降，2001 年降至 137.73 万公顷，2002 年再次出现增长，到 2003 年增至 168.78 万公顷；2003 年后，种植面积进入较长时期的瓶颈期，基本在 160 万公顷左右变动，未有明显增减态势；2018 年，主要谷类作物种植面积为 148.36 万公顷，比 1992 年仅增加了 29.56 万公顷，增幅为 24.88%（图 4－23）。

从总产量来看，谷类作物发展情况较好，且长期处于增长状态，2018 年其产量占粮食总产量的 90%以上。1992 年主要谷物作物总产量为 238.75 万吨，之后逐年增长，且增幅较大；至 2016 年增至 804.62 万吨，增长量达 565.87 万吨，增长了 2.37 倍，但 2016 年后产量停止增长并开始下降；2018 年谷类作物总产量为 615.68 万吨，比 1992 年增加了 376.93 万吨，增长了 1.58 倍。

从作物构成来看，主要谷类作物包括小麦、水稻、大麦和玉米。小麦为最

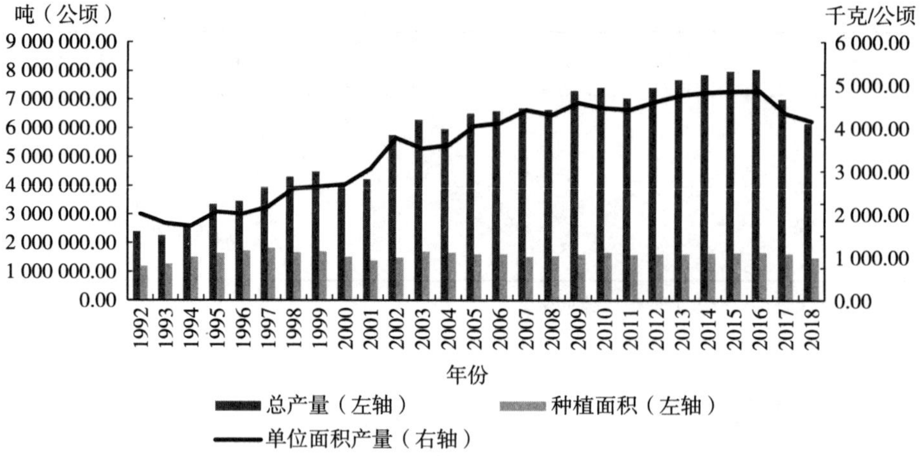

图 4-23　1992—2018 年乌兹别克斯坦主要谷类作物种植情况

数据来源：联合国粮食及农业组织数据库。

主要的作物，2018 年种植面积为 131.14 万公顷，在主要谷类作物中占比为 88.39%，总产量为 541.08 万吨，在主要谷类作物中占比为 87.88%。大麦种植面积仅次于小麦，2018 年为 9.02 万公顷，占比为 6.08%，但其总产量在谷类作物中最低，只有 11.18 万吨，占比仅为 1.82%。玉米和水稻种植面积相对较小，2018 年面积分别为 3.98 万公顷、4.21 万公顷，在总种植面积中占比分别为 2.68%、2.84%，总产量分别为 41.32 万吨、22.11 万吨，占比分别为 6.71%、3.59%（表 4-23）。

表 4-23　1992—2018 年乌兹别克斯坦主要谷类作物总产量和种植面积

年份	总产量（吨）					种植面积（公顷）				
	小麦	大麦	玉米	燕麦	水稻	小麦	大麦	玉米	燕麦	水稻
1992	1 042 400	394 700	367 200	200	583 000	626 990	279 900	98 640	420	182 020
1993	947 400	319 300	403 300	600	581 700	697 400	275 900	105 000	300	180 700
1994	1 452 100	322 300	275 900	700	528 400	958 500	290 900	81 200	600	167 100
1995	2 494 100	347 700	185 500	900	327 600	1 164 300	249 900	52 900	800	165 900
1996	2 741 800	221 000	137 200	400	356 500	1 328 700	163 300	39 900	400	185 200
1997	3 229 200	154 700	136 700	/	416 700	1 468 200	101 400	48 500	/	195 200
1998	3 719 400	88 700	123 800	/	373 300	1 412 400	57 500	38 100	/	148 600
1999	3 757 100	119 400	167 900	/	442 900	1 419 900	59 000	56 800	/	164 200
2000	3 684 200	91 200	130 600	/	173 300	1 355 800	60 400	49 200	/	49 200
2001	3 843 500	140 800	141 300	/	90 000	1 219 800	80 100	38 700	/	38 700
2002	5 183 000	235 500	147 100	/	185 600	1 282 600	129 300	35 100	/	35 100

（续）

年份	总产量（吨）					种植面积（公顷）				
	小麦	大麦	玉米	燕麦	水稻	小麦	大麦	玉米	燕麦	水稻
2003	5 625 600	164 900	146 300	/	350 800	1 507 600	110 800	34 700	/	34 700
2004	5 507 600	110 600	156 400	/	188 100	1 470 390	78 080	34 820	/	66 110
2005	6 057 200	113 100	164 340	/	171 700	1 439 700	72 280	33 630	/	52 480
2006	6 099 300	73 500	194 228	/	224 000	1 448 490	55 990	32 830	/	60 660
2007	6 190 300	99 700	207 400	/	197 800	1 382 200	49 200	34 200	/	48 000
2008	6 147 100	143 100	230 800	/	113 700	1 373 000	99 300	32 300	/	33 800
2009	6 639 800	234 500	230 800	/	194 700	1 354 700	162 900	30 100	/	43 600
2010	6 745 000	179 100	231 600	/	249 800	1 466 300	93 600	28 300	/	69 200
2011	6 526 955	137 766	256 289	/	119 758	1 432 600	107 500	26 471	/	23 100
2012	6 612 200	141 416	328 090	/	325 718	1 404 000	85 300	40 829	/	76 300
2013	6 841 977	135 791	360 112	/	340 219	1 443 672	90 800	33 912	/	44 900
2014	6 955 976	139 587	411 630	/	356 097	1 454 600	92 200	35 600	/	48 800
2015	6 964 664	151 642	439 551	/	425 745	1 445 700	93 000	37 300	/	70 500
2016	6 934 876	167 384	491 919	/	451 981	1 444 064	103 018	39 797	/	71 793
2017	6 079 164	134 270	389 427	/	395 422	1 408 343	99 526	37 417	/	71 289
2018	5 410 760	111 760	413 165	/	221 089	1 311 376	90 231	39 813	/	42 141

数据来源：联合国粮食及农业组织数据库。

2. 豆类作物

从种植面积来看，主要豆类作物长期处于较大波动中，2018 年其种植面积在粮食总面积中占比不足 1%。1992—2005 年种植面积波动范围相对固定，基本稳定在 0.50 万～0.95 万公顷之间，变动幅度不大；2005 年后种植面积开始明显增加，且增速较快，至 2007 年增至最高点 1.32 万公顷，之后迅速下降至 2011 年的 0.52 万公顷；2011 年后豆类作物种植面积开始回升，但增加较为缓慢；到 2018 年种植面积变动至 0.87 万公顷，比 1992 年增加了 0.12 万公顷，增幅仅约为 16%（图 4 - 24）。

从总产量来看，豆类作物在粮食作物中占比较少，总体处于持续增长态势。1992—1996 年间维持在 0.7 万吨左右，1996 年后开始波动增长，2018 年主要豆类作物总产量达到 3.61 万吨，相比 1992 年增加了 2.91 万吨，增长了 4 倍多。

从作物构成来看，主要豆类作物包括鹰嘴豆、蚕豆、干豌豆、扁豆、绿豆等。鹰嘴豆种植面积相对较大，2018 年达到 0.28 万公顷，在豆类作物中占比为 32%，但其产量占比并不高，2018 年总产量 0.67 万吨，占比为 18.65%。

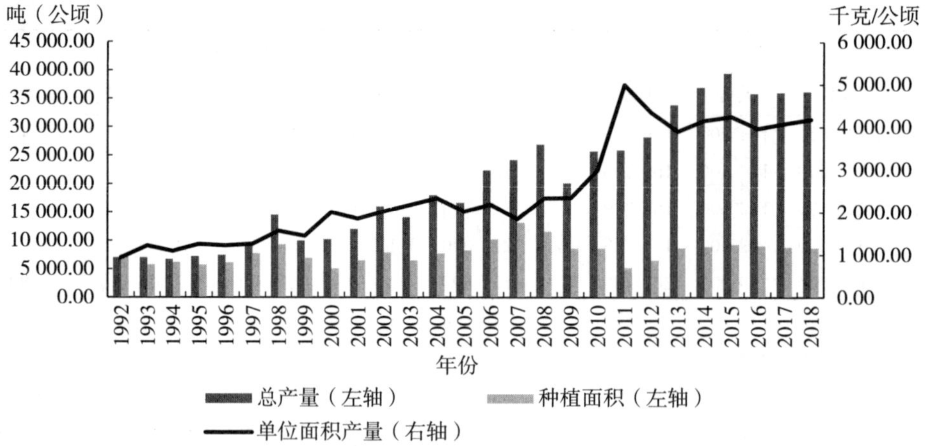

图 4-24　1992—2018 年乌兹别克斯坦主要豆类作物种植情况

数据来源：联合国粮食及农业组织数据库。

蚕豆种植面积仅次于鹰嘴豆，2018 年为 0.23 万公顷，总产量 1.14 万吨，在主要豆类作物中占比分别为 26.67%、31.72%。此外，干豌豆和扁豆种植面积较少，总产量比例也不高。绿豆种植面积为 0.06 万公顷，在主要豆类作物中占比仅为 6.90%，但其总产量相对较多，2018 年为 0.81 万吨，占比为到 22.44%（表 4-24）。

表 4-24　1992—2018 年乌兹别克斯坦主要豆类作物总产量和种植面积

年份	总产量（吨）						种植面积（公顷）					
	蚕豆	扁豆	绿豆	豌豆	干豌豆	鹰嘴豆	蚕豆	扁豆	绿豆	豌豆	干豌豆	鹰嘴豆
1992	2 000	540	2 400	1 200	500	360	4 000	1 100	300	400	1 050	660
1993	2 350	640	2 000	1 000	600	410	2 950	810	275	500	760	480
1994	2 300	620	1 875	990	600	330	3 200	880	298	434	850	530
1995	2 500	690	1 900	1 000	660	450	2 950	810	350	408	760	485
1996	2 700	750	1 700	945	700	650	3 200	880	270	400	850	530
1997	4 300	1 170	1 600	800	1 100	730	4 200	1 160	234	330	1 100	700
1998	7 000	1 970	800	1 700	1 850	1 180	5 100	1 400	220	440	1 300	840
1999	4 100	1 120	2 000	1 000	900	830	3 800	1 000	200	300	1 000	600
2000	6 000	400	2 000	1 000	500	300	2 400	900	200	200	900	500
2001	7 000	800	2 000	1 000	400	800	3 100	1 600	200	200	600	800
2002	10 900	800	2 000	1 000	700	600	4 500	1 200	230	200	1 300	500
2003	9 000	600	2 000	1 000	700	800	3 600	1 000	300	200	1 000	400
2004	11 700	1 000	2 200	1 100	1 000	1 000	4 000	1 000	330	500	1 300	600
2005	10 000	1 000	2 400	1 470	800	1 000	4 000	1 000	350	620	1 500	800
2006	12 800	1 000	3 000	2 000	1 000	2 600	5 000	1 200	400	860	1 300	1 500

（续）

年份	总产量（吨）						种植面积（公顷）					
	蚕豆	扁豆	绿豆	豌豆	干豌豆	鹰嘴豆	蚕豆	扁豆	绿豆	豌豆	干豌豆	鹰嘴豆
2007	13 500	1 200	3 300	2 200	900	3 100	6 500	1 500	410	850	1 500	2 400
2008	15 000	1 300	3 700	2 200	1 500	3 200	5 500	1 000	500	850	1 200	2 500
2009	7 500	600	4 000	2 500	2 000	3 500	2 500	1 000	500	900	1 200	2 500
2010	10 000	800	6 000	3 000	2 200	3 700	2 600	1 000	500	700	1 200	2 600
2011	6 600	700	8 000	5 000	2 400	3 200	1 400	500	500	600	800	1 400
2012	10 000	900	6 000	3 500	2 800	5 000	2 000	800	400	300	1 000	2 000
2013	13 500	900	6 000	5 450	3 000	5 000	2 700	1 000	500	800	1 200	2 500
2014	15 300	1 100	7 000	4 500	3 300	5 700	2 700	1 100	500	800	1 300	2 500
2015	16 500	1 100	7 300	4 700	3 700	6 100	2 900	1 200	600	800	1 200	2 600
2016	12 811	1 003	7 497	5 032	3 044	6 407	2 584	1 074	611	824	1 194	2 759
2017	11 937	948	7 736	5 436	3 064	6 829	2 415	967	565	824	1 193	2 866
2018	11 461	935	8 121	5 798	3 081	6 741	2 312	959	576	852	1 196	2 773

数据来源：联合国粮食及农业组织数据库。

（二）经济作物

经济作物中，乌兹别克斯坦作为棉花生产大国，各州都有棉花种植，其中最多的是卡什卡达里亚州及布哈拉州，两者棉花种植面积占全国的 22.50%，其余各州种植面积比例不足 10%。蔬菜种植分布区域主要在撒马尔罕州、塔什干州和费尔干纳州。瓜果类种植主要分布在卡拉卡尔帕克斯坦自治共和国和吉扎克州。此外费尔干纳州、苏尔汉河州、撒马尔罕州和塔什干州也种植水果。

1. 油料作物

从种植面积来看，主要油料作物总体在波动中呈增加趋势，2018 年其种植面积占全国总耕地面积的 0.42%。1992 年种植面积为 0.99 万公顷，之后平稳波动至 2001 年的 1.11 万公顷；2003 年种植面积达到最高，为 2.28 万公顷；2004—2007 年持续下降至 0.92 万公顷，然后又在波动中缓慢增长；2018 年增至 1.86 万公顷，比 1992 年增加了 0.87 万公顷，增幅为 87.88%（图 4 - 25）。

从总产量来看，主要油料作物变动增势明显，2018 年其产量占经济总产量的 1.17%。1992—1998 年期间，油料作物总产量在不断波动中下降，但下降幅度有限；1998 年后，油料作物总产量虽依旧在不断波动，但变动趋势变为不断上升，且增速较快、增幅明显；2008 年后增速再一次提升，总产量虽

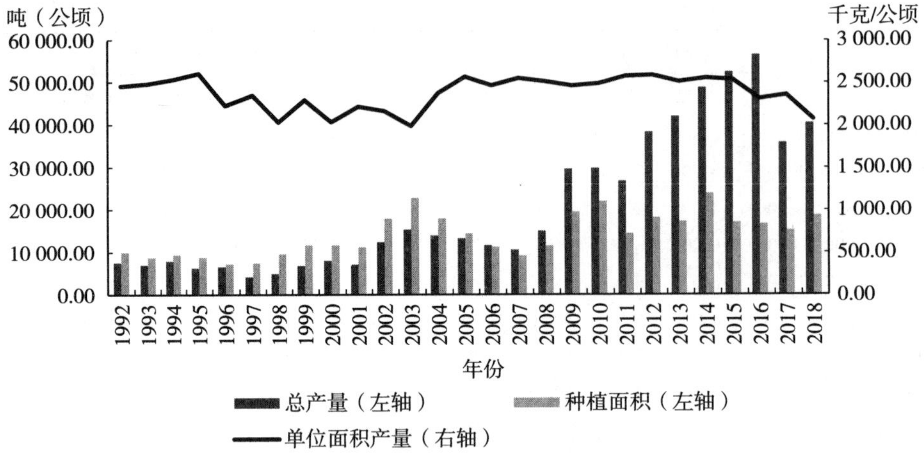

图 4-25　1992—2018 年乌兹别克斯坦主要油料作物种植情况

数据来源：联合国粮食及农业组织数据库。

有波动但出现了跨越式增加，仅 2008—2016 年间总产量就扩大了 4.14 万吨，2016 年后再次出现波动回落；2018 年油料作物总产量达到 4.04 万吨，比 1992 年增加了 3.29 万吨，增长了 4.38 倍。

在作物构成中，主要油料作物有葵花籽、大豆、油菜籽、亚麻籽。葵花籽是种植面积最大的作物，2018 年种植了 0.76 万公顷，在主要油料作物中占比为 40.32%，总产量为 2.67 万吨，占主要油料作物总产量的 66.09%，同时单位面积产量也较高。亚麻籽和油菜籽总产量分别仅为 0.10 万吨和 0.13 万吨，种植面积分别为 0.30 万公顷、0.20 万公顷，所占比例较小（表 4-25）。

表 4-25　1992—2018 年乌兹别克斯坦主要油料作物总产量和种植面积

年份	总产量（吨）				种植面积（公顷）			
	大豆	油菜籽	葵花籽	亚麻籽	大豆	油菜籽	葵花籽	亚麻籽
1992	/	1 100	4 730	1 700	/	1 500	2 820	5 600
1993	/	800	4 700	1 500	/	1 000	2 700	5 000
1994	/	1 000	5 600	1 300	/	1 200	2 800	5 400
1995	/	957	4 400	900	/	1 100	3 300	4 400
1996	/	1 250	4 800	500	/	1 400	2 900	2 900
1997	/	1 300	1 900	1 000	/	1 500	2 900	3 000
1998	/	1 200	3 200	500	/	1 400	5 100	3 000
1999	/	1 500	4 300	1 000	/	1 500	7 100	3 000
2000	/	2 000	5 000	1 000	/	1 600	7 000	3 000
2001	/	1 685	4 400	1 000	/	1 536	6 600	3 000
2002	/	1 500	9 800	1 000	/	1 411	13 360	3 000

（续）

年份	总产量（吨）				种植面积（公顷）			
	大豆	油菜籽	葵花籽	亚麻籽	大豆	油菜籽	葵花籽	亚麻籽
2003	/	1 800	12 470	1 000	/	1 700	18 080	3 000
2004	/	1 632	11 250	1 000	/	1 600	13 320	3 000
2005	/	1 731	10 470	1 000	/	1 700	9 610	3 000
2006	/	1 900	8 696	1 000	/	1 800	6 410	3 000
2007	/	1 800	7 700	1 000	/	1 700	4 500	3 000
2008	/	1 567	12 400	1 000	/	1 600	6 900	3 000
2009	/	1 606	27 000	1 000	/	1 700	14 700	3 000
2010	/	1 600	27 200	1 000	/	1 756	17 200	3 000
2011	/	1 548	24 210	1 000	/	1 786	9 564	3 000
2012	/	1 400	35 874	1 000	/	1 750	13 350	3 000
2013	/	1 500	39 385	1 000	/	1 800	12 365	3 000
2014	/	1 200	46 488	1 000	/	1 600	19 300	3 000
2015	/	1 241	50 132	1 000	/	1 737	12 200	3 000
2016	232	1 367	53 839	1 000	124	1 872	11 553	3 000
2017	6 138	1 325	27 331	994	2 391	1 925	7 836	2 938
2018	11 399	1 314	26 672	1 000	5 998	1 999	7 593	3 000

数据来源：联合国粮食及农业组织数据库。

2. 蔬菜类

从种植面积来看，主要蔬菜类整体呈增长态势，且增加幅度较大，2018年其种植面积占全国总面积的3.30%。蔬菜类种植面积变动阶段性特征十分明显，大致可分为三个阶段。第一阶段为波动下降阶段（1992—1998年），1992年之后蔬菜类种植面积下降明显；第二阶段为增加期（1999—2005年），1998年后种植面积停止下降并迅速增加，仅1999年就增加了7.31万公顷，1999年后虽有回落但整体依旧呈波动增长态势；第三阶段为持续增长期（2005年至今），种植面积进入稳定增长阶段，到2018年，蔬菜类种植面积增至14.58万公顷，相比1992年增长了1倍多（图4-26）。

从总产量来看，主要蔬菜类作物总体处于上升状态，2018年其产量占经济作物总产量的16.33%。蔬菜类作物种植在20世纪90年代并没有实现平稳过渡，总产量逐年下降，但下降幅度不大、趋势较缓。1998年开始蔬菜类总产量一改下降趋势开始上升，仅1999年就增加了142.84万吨；此后，总产量连年上涨，增速也逐年加快，增长趋势可观；到2016年增至最高产量632.16万吨；2016年后产量持续增长态势被打破，有所回落，但下降幅度不大，

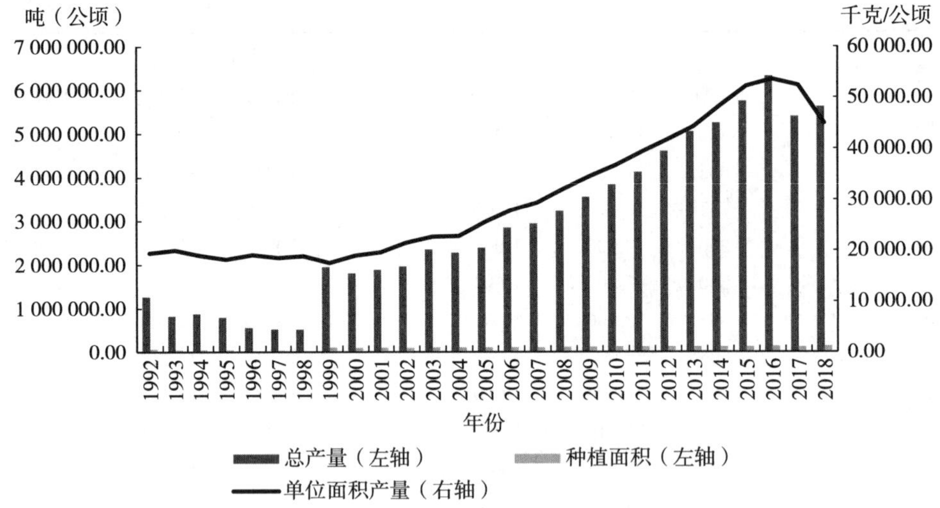

图 4-26　1992—2018 年乌兹别克斯坦主要蔬菜类种植情况
数据来源：联合国粮食及农业组织数据库。

2018 年，蔬菜类作物总产量达 562.15 万吨，相比 1992 年增加了 435.38 万吨，增长了约 3.43 倍。

从作物构成来看，主要蔬菜类作物有西红柿、洋葱、卷心菜、黄瓜等。西红柿是蔬菜类作物中第一大品种，2018 年种植面积为 6.04 万公顷，占主要蔬菜总面积的 41.43%，总产量为 228.42 万吨，占主要蔬菜类作物总产的 40.63%。第二大作物为洋葱，种植面积为 3.67 万公顷，占比 25.17%，总产量为 146.45 万吨，占比 26.05%。卷心菜和黄瓜种植相对较少，种植面积分别为 1.40 万、2.31 万公顷，在主要蔬菜类中占比分别为 9.62%、15.84%，总产量分别为 74.34 万吨、85.71 万吨，在主要蔬菜类中占比分别为 13.22%、15.25%。此外还有一定比例的辣椒、茄子和大蒜种植，但所占比例较小（表 4-26）。

3. 水果类

乌兹别克斯坦是中亚水果生产大国，产量占五国水果总产量的 69%左右（张姣，2013 年）。水果作物种植面积虽然在不断扩大，但产量并不高，尤其是葡萄。

从种植面积来看，主要水果类作物整体在不断增加，2018 年其种植面积占全国总耕地面积的 7%。20 世纪 90 年代初期受经济社会转型影响，水果类种植面积在最初几年逐年缓慢下降，但下降幅度不大。从 1998 年开始，在国家政策作用下，许多果园扩建，水果类作物种植面积不断增长，2008 年后增

表 4-26　1992—2018 年乌兹别克斯坦主要蔬菜类总产量和种植面积

年份	总产量（吨）							种植面积（公顷）						
	西红柿	洋葱	卷心菜	黄瓜	辣椒	茄子	大蒜	西红柿	洋葱	卷心菜	黄瓜	辣椒	茄子	大蒜
1992	526 800	534 400	186 700	14 000	3 000	1 400	1 400	24 800	33 500	8 100	1 600	1 700	100	200
1993	444 800	281 300	86 500	8 300	3 015	2 100	2 300	20 100	17 200	3 700	1 000	1 598	110	300
1994	487 800	275 500	99 000	8 000	3 126	2 000	3 000	21 600	18 100	4 000	900	1 605	100	400
1995	426 700	281 200	75 300	8 000	3 239	1 900	2 700	18 800	17 600	3 800	900	1 611	102	400
1996	268 800	222 800	60 100	5 600	3 352	1 700	1 500	12 600	13 400	2 200	600	1 617	94	200
1997	249 900	203 800	64 600	6 200	3 206	1 600	500	14 600	13 700	3 100	700	1 500	100	100
1998	320 100	142 000	48 100	7 600	3 745	1 500	800	17 100	10 300	2 000	900	1 700	90	0
1999	985 800	634 200	175 000	151 700	3 831	1 700	0	47 900	36 900	8 300	10 300	1 688	100	0
2000	1 011 100	431 300	206 200	153 800	3 982	1 800	0	49 900	24 800	8 900	9 600	1 704	100	0
2001	1 014 000	498 900	209 300	159 400	4 330	2 000	0	50 500	27 800	7 600	9 600	1 800	100	0
2002	1 079 770	479 770	230 600	165 560	4 268	2 000	0	49 660	25 300	7 800	9 210	1 724	100	0
2003	1 410 300	525 090	218 510	168 040	4 395	2 200	24 760	63 880	26 910	7 760	9 010	1 725	100	2 040
2004	1 245 470	538 980	273 550	184 320	4 520	2 500	29 080	56 380	26 330	8 000	10 180	1 715	200	2 300
2005	1 317 160	546 340	287 330	200 210	4 648	2 500	32 100	55 210	26 270	8 200	10 460	1 695	200	2 280
2006	1 583 571	591 113	369 241	258 590	4 779	3 000	37 988	60 470	26 030	10 230	11 220	1 677	250	2 560
2007	1 586 200	653 900	390 100	266 800	4 897	3 300	39 200	58 500	28 600	10 400	11 300	1 655	300	2 400
2008	1 743 800	690 300	468 200	271 900	5 035	3 700	46 400	60 100	26 700	11 000	11 900	1 640	300	2 600
2009	1 876 200	789 700	517 000	311 300	5 173	4 300	49 200	62 300	29 300	10 500	12 200	1 625	200	2 500
2010	2 042 100	822 500	585 300	336 900	5 000	4 800	45 700	63 100	29 900	11 800	13 000	1 600	200	2 600
2011	1 939 567	899 130	714 520	437 663	5 519	5 300	127 633	58 714	29 934	14 200	14 956	1 612	200	4 412
2012	2 124 703	1 009 520	705 543	610 645	6 000	10 000	139 884	60 299	31 487	11 943	16 825	1 600	392	3 090
2013	2 246 927	1 066 577	904 607	607 397	6 000	14 000	203 585	63 304	30 243	15 049	16 879	1 600	500	5 156
2014	2 285 801	1 068 348	1 003 673	718 570	6 000	11 000	154 130	63 100	30 000	13 500	18 800	1 600	300	5 100
2015	2 562 337	1 206 635	952 623	840 186	6 106	11 000	165 762	63 800	30 100	13 300	19 000	1 600	500	5 000
2016	2 796 189	1 273 466	1 093 974	939 882	6 333	10 853	200 869	64 149	31 364	14 774	21 538	1 587	505	5 821
2017	2 455 125	995 131	904 488	813 591	6 395	10 951	214 263	60 486	28 063	11 429	19 537	1 558	481	6 878
2018	2 284 217	1 464 488	743 411	857 076	6 531	10 935	254 857	60 353	36 693	14 027	23 077	1 550	493	9 572

数据来源：联合国粮食及农业组织数据库。

速明显加快，2016年种植面积同比增长6.68万公顷，水果类种植面积达最高点41.04万公顷。2016年后种植面积出现回落，下降幅度较大。2018年主要水果类种植面积为31万公顷，相比1992年增加了2.67万公顷，增加幅度并不大，只有约9.42%（图4-27）。

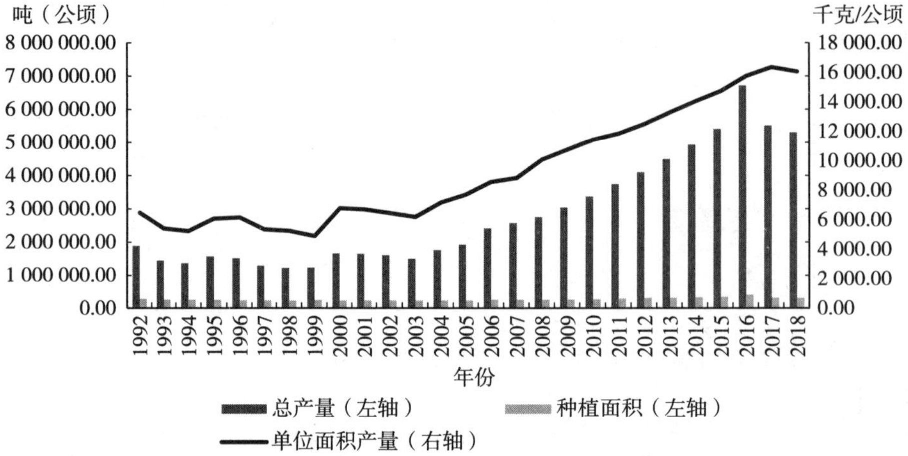

图4-27　1992—2018年乌兹别克斯坦主要水果类种植情况
数据来源：联合国粮食及农业组织数据库。

从总产量来看，主要水果类作物总体呈不断上升趋势，2018年其产量占经济作物总产量的15.43%。水果类总产量变动趋势大体跟种植面积一致，1992—2003年间水果总产量处于较低水平，尚不及200万吨，且在不断波动；2003年后总产量随种植面积的扩大而逐年增加，且增速也明显加快，增长态势十分平稳；2016年水果总产量达到最大值，为672.35万吨，相比1992年增加了483.37万吨；2016年后总产量仍有所下降。到2018年，主要水果类作物总产量为531.12万吨，相比1992年增加了342.14万吨，增长了约1.8倍。

从作物构成来看，主要水果类作物品种十分丰富，包括西瓜、葡萄、苹果等。西瓜是出产最大的水果作物，单产较高，2018年总产量达到183.70万吨，占主要水果作物总产34.59%，但其种植面积并不算大，仅为5.14万公顷，在主要水果作物中占比为16.58%。葡萄是总产量第二大的水果作物，2018年种植面积为10.09万公顷，占比32.55%，总产量为158.98万吨，占比为29.93%。苹果种植面积也较大，为9.81万公顷，占比为31.65%，总产量为113.03万吨。其他水果类作物还有桃、杏和梨等，种植面积较小，占比分别为5.08%、12.48%和1.66%，其中梨的产量最低为9.84万吨（表4-27）。

表 4-27　1992—2018 年乌兹别克斯坦主要水果类总产量和种植面积

年份	总产量（吨）						种植面积（公顷）					
	西瓜	苹果	葡萄	桃	杏	梨	西瓜	苹果	葡萄	桃	杏	梨
1992	883 400	395 900	439 100	90 000	51 400	30 000	73 800	81 600	94 500	13 000	12 400	8 000
1993	622 300	288 500	381 000	75 000	55 000	25 000	48 100	81 600	94 200	14 000	14 500	8 000
1994	578 000	279 500	353 200	70 000	55 000	27 000	48 500	80 600	92 900	14 000	13 500	7 800
1995	472 000	320 000	620 900	67 000	55 000	34 000	42 700	82 200	94 500	13 500	12 000	7 100
1996	469 700	396 500	478 200	72 000	65 000	35 000	39 300	78 100	97 200	10 500	12 000	7 000
1997	376 200	271 500	518 000	56 000	50 000	24 000	38 600	76 100	96 400	10 500	12 000	7 000
1998	469 900	320 000	336 200	38 500	40 000	18 000	47 500	79 800	80 000	8 000	8 200	6 000
1999	517 500	304 000	344 000	29 000	27 500	14 000	44 100	80 300	100 800	9 000	8 500	5 500
2000	451 400	453 000	624 200	46 400	68 000	22 300	36 900	61 500	98 900	9 500	17 000	5 700
2001	466 100	454 500	573 100	48 000	85 000	23 000	35 600	59 000	99 600	10 000	19 000	6 000
2002	479 100	444 600	516 400	45 500	97 000	24 500	37 300	56 700	101 300	10 000	23 000	6 000
2003	583 300	365 200	401 530	45 500	82 000	22 000	41 100	57 500	97 500	9 500	19 000	6 000
2004	572 480	352 400	589 110	51 000	162 000	32 000	34 710	60 000	96 800	9 000	26 000	7 000
2005	615 270	402 000	641 610	56 300	170 000	36 000	33 900	60 500	99 200	10 000	24 000	7 000
2006	744 098	514 441	803 545	66 538	235 637	53 605	37 350	66 163	101 176	8 836	34 573	10 000
2007	840 900	502 500	880 300	68 000	230 000	55 000	39 000	70 000	99 200	8 500	36 000	10 500
2008	981 300	585 000	791 000	75 000	265 000	61 000	42 200	63 000	102 200	8 400	33 000	9 500
2009	1 071 300	635 000	899 600	82 000	292 000	65 000	44 000	64 000	105 600	9 000	34 000	9 800
2010	1 182 400	712 000	987 300	92 000	325 000	72 700	47 900	67 100	107 100	9 400	35 500	10 000
2011	1 294 793	769 363	1 090 238	139 073	384 079	68 796	45 775	77 166	111 518	13 740	39 286	7 083
2012	1 418 426	829 000	1 206 045	154 000	426 000	74 000	53 700	83 052	111 095	15 237	41 804	6 992
2013	1 558 301	894 000	1 322 090	170 000	480 000	80 000	50 600	90 219	113 843	16 421	44 616	6 537
2014	1 696 100	965 000	1 441 200	200 000	547 000	87 000	51 500	89 142	118 531	19 190	47 134	6 410
2015	1 853 594	1 060 000	1 579 349	220 000	606 000	95 000	52 000	92 177	123 407	20 576	48 829	6 535
2016	2 044 929	1 441 566	1 613 131	199 768	1 324 651	99 499	58 533	109 191	121 959	18 417	95 942	6 326
2017	2 030 992	1 028 796	1 625 511	193 326	532 565	104 916	51 007	94 517	103 552	16 835	41 711	6 258
2018	1 836 959	1 130 335	1 589 784	161 930	493 842	98 353	51 409	98 117	100 915	15 745	38 694	5 145

数据来源：联合国粮食及农业组织数据库。

4. 纤维作物

乌兹别克斯坦是棉花生产大国，素有“白金之国”之称，其纤维作物主要以籽棉构成，籽棉、皮棉等种植面积广、产量十分可观，其余纤维作物例如黄麻等种植较少，纤维作物品种较为单一。

从种植面积来看，主要纤维作物多年来变动幅度不大，整体呈缩减趋势，2018 年其种植面积占全国耕地总面积的 25%。自 1992 年纤维作物种植面积出现了小幅度增加，1993 年达到了最高点 170.03 万公顷；1993 年后进入了较长的波动下降期，虽波动幅度不大且长期缓慢下降，但缩减速度较慢；2008 年后种植面积下降速度有所加快，到 2018 年已降至 111.01 万公顷，比 1992 年减少了 56.14 万公顷，减幅为 33.59%（图 4－28）。

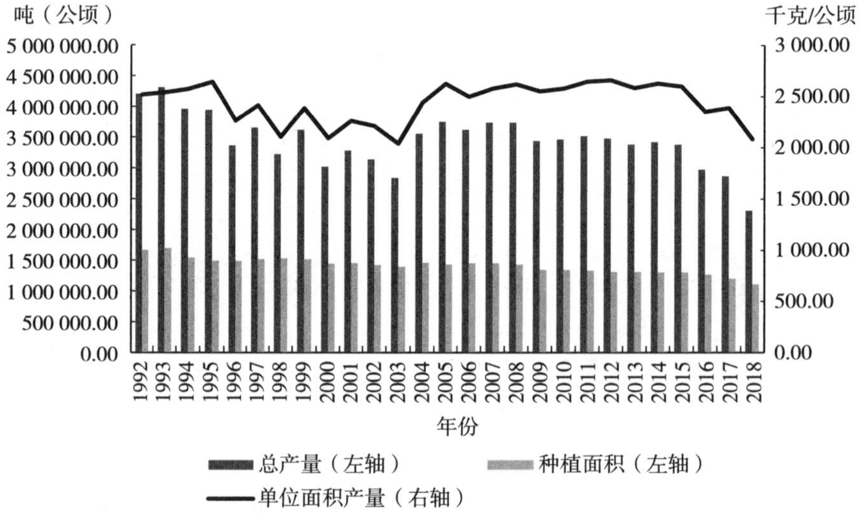

图 4－28　1992—2018 年乌兹别克斯坦主要纤维作物种植情况
数据来源：联合国粮食及农业组织数据库。

从产量来看，主要纤维作物总体呈波动式下降，2018 年其产量在经济作物总产量中占比 67.07%。1992 年后纤维作物总产量开始先升后降，至 2003 年降至 284.25 万吨，10 年间下降了 136.27 万吨；2003 年后纤维作物总产量开始回升，到 2008 年增至 373.58 万吨；2008 年后，其总产量再次出现连续下降，且下降较快，未有回升之势。到 2018 年，主要纤维作物总产量为 230.90 万吨，比 1992 年减少了将近一半，远不如 20 世纪 90 年代初期产量水平。

从作物构成来看，纤维作物主要品种是籽棉和黄麻。作为棉花生产大国，籽棉是其第一大作物，占据着绝对优势，2018 年种植面积达 110.82 万公顷，总产量达 229.30 万吨，在纤维作物种植中所占比例均在 95%以上。此外黄麻也有种植，2018 年种植面积仅为 1.59 万公顷，总产量也只有 0.18 万吨，在纤维作物中占据较小比例（表 4-28）。

表 4-28　1992—2018 年乌兹别克斯坦主要纤维作物总产量和种植面积

年份	总产量（吨）		种植面积（公顷）	
	籽棉	黄麻	籽棉	黄麻
1992	4 128 700	4 800	1 666 680	76 500
1993	4 234 900	5 200	1 695 100	80 700
1994	3 936 100	2 300	1 539 400	26 400
1995	3 934 200	1 300	1 492 800	10 900
1996	3 350 100	2 000	1 487 300	15 400
1997	3 639 300	2 000	1 513 400	17 000
1998	3 206 200	2 000	1 531 600	20 000
1999	3 600 000	2 000	1 517 400	21 000
2000	3 001 800	2 000	1 444 500	20 000
2001	3 264 600	2 000	1 452 000	21 000
2002	3 122 400	2 000	1 421 000	20 000
2003	2 822 500	2 000	1 392 700	20 000
2004	3 536 800	2 000	1 456 250	20 000
2005	3 728 400	2 000	1 427 330	20 000
2006	3 600 300	2 000	1 448 220	20 000
2007	3 716 000	2 000	1 448 700	20 000
2008	3 715 800	2 000	1 425 000	20 000
2009	3 419 800	1 924	1 347 100	19 551
2010	3 442 800	1 862	1 342 500	19 325
2011	3 500 014	1 794	1 329 200	18 970
2012	3 460 058	1 850	1 308 269	20 000
2013	3 361 204	1 900	1 308 750	21 000
2014	3 400 200	1 850	1 301 100	20 000
2015	3 361 300	1 745	1 300 000	18 376
2016	2 958 955	1 743	1 265 101	16 596
2017	2 853 927	1 813	1 201 182	16 324
2018	2 293 039	1 821	1 108 246	15 939

数据来源：联合国粮食及农业组织数据库。

第二节　畜 牧 业

畜牧业是农业中的重要部门，是人类与大自然进行物质交换的重要环节。中亚五国畜牧业主要包括家禽养殖业、家畜养殖业和特色产业。其中哈萨克斯坦畜牧业历史悠久，广阔的草原、充足的日照为畜牧业发展提供了良好的基础，畜产品以牛羊肉和皮、毛、奶产品为主，是中亚的畜牧大国。吉尔吉斯斯坦拥有大面积天然牧场，适合发展畜牧业，但是由于受到养殖方式等条件的制约，未形成规模化养殖，畜牧业产品出口的比较优势得不到充分体现。塔吉克斯坦畜牧业以放牧为主，主要饲养牛、羊和马。畜牧业作为塔吉克斯坦的传统部门，主要提供肉、奶等畜产品。土库曼斯坦的畜牧业以养羊业为主，所产的卡拉库尔绵羊在世界上知名度很高，其驰名国际的地毯就是由这种羊所产的优质细羊毛织造而成。乌兹别克斯坦牛、羊养殖规模相较于其他家畜养殖规模较大，其畜牧业以生产毛、肉为主。总体来看，中亚五国畜牧业均以牛羊养殖业为主，其他家畜养殖量相对较小。除此之外，有些国家特色产业也较为发达。

一、哈萨克斯坦

（一）家畜养殖业

1. 家畜整体存栏量

哈萨克斯坦是中亚的畜牧大国，其家畜养殖业主要包括养牛业、养羊业、养猪业、养马业和养驼业。在地域分布上，养牛业和养羊业主要分布在阿拉木图州、东哈萨克斯坦州和图尔克斯坦州；养驼业主要分布在曼格斯套州、克孜勒奥达尔州和图尔克斯坦州；养猪业主要分布在北哈萨克斯坦州、阿克莫拉州、科斯塔奈州，三个地区生猪存栏量占比超过 50%；养马业主要分布在东哈萨克斯坦州、阿拉木图州、卡拉干达州，三个地区马存栏量占比 38.83%。在畜牧养殖业中，养牛业和养羊业是基础产业，养殖规模最大，养殖数量最多。在家畜养殖中，羊的养殖数量最多，主要以绵羊为主，其养牛业也比较发达。牛肉产量占比大且肉牛品种丰富，有哈萨克白牛、桑特格牛、盖洛威牛、卡尔梅茨牛等。其中有些肉牛是当地经过多年培育而形成的良种，有些则为引进品种。其余家畜如马、猪以及骆驼养殖数量较少，且由于养殖方式等问题，养殖规模相对较小。

家畜整体存栏量变化整体呈现“V”形结构，1999 年前家畜养殖业整体呈下滑趋势，后通过改变市场经济模式、加大外贸合作等方法使得家畜养殖情况有所好转。整体来看，家畜养殖业主要以牛、羊为主，猪和马的养殖规模较小，骆驼养殖业与其他 4 种养殖业相比发展较为缓慢（图 4 - 29）。

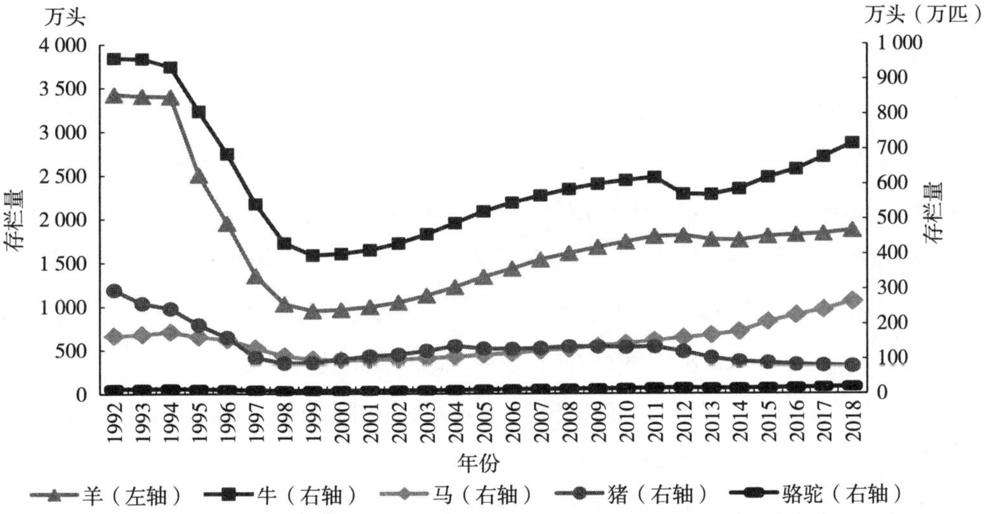

图 4-29　1992—2018 年哈萨克斯坦家畜存栏量变动情况
数据来源：联合国粮食及农业组织数据库。

2. 主要家畜存栏量变化情况

纵观 27 年羊存栏量变化情况（表 4-29），1991 年以后，哈萨克斯坦羊的存栏总数出现了大幅度的下降。羊是畜牧业一个重要组成部分，其产值居整个畜牧养殖业的第一位，其中绵羊所占比例较大，但近些年的发展并未达到 1991 年的养殖量。2018 年，羊的养殖总量为 1 869.91 万头，仅为 1992 年羊存栏量的 54.59%，减少近一半。从 1992 年开始，羊养殖数量开始下降，特别是从 1994 年开始，养殖数量发生骤减，仅 1994 年至 1995 年 1 年间减少了 891.54 万头，到 1997 年更是不足 1992 年存栏量的一半。直至 2000 年，羊的养殖量开始稳步回升，但由于经济技术以及集约化问题，想要恢复到 1991 年前的数量仍需要不断发展。

从牛存栏量可以看出，2018 年牛存栏总数为 716.13 万头，远低于 1992 年的牛存栏总量，减少了 25.44%。其中，1992—1999 年，肉牛存栏数量从 960.44 万头下降到 396.69 万头，减少 58.7%。主要因素为 20 世纪 90 年代初期原有的国有农场牲畜按人分配为家庭私有资产，生产方式的变化以及市场的波动给畜牧业带来巨大影响，牛的养殖数量与生产力水平急剧下滑（周振勇，2020）。2000—2018 年牛存栏量呈增加趋势，稳步上涨，但牛存栏量依旧没有恢复到 1991 年的水平。

养马业规模相对较小，主要集中在阿拉木图、卡拉干达以及东哈萨克斯坦。1992—1994年马的养殖量出现了小幅度的上升，由166.64万匹上升至177.66万匹；从1994年开始至2000年，马匹数量又呈下降趋势，2001年马匹数量开始回升，直至2013年马匹存栏数才超过1992年的存栏数。纵观马匹存栏数可以看出，1991年后的10年里，马匹数量一直有所波动，养殖数量不太稳定。截至2018年马匹存栏数达到264.65万匹，比1992年增长近59%。

生猪养殖整体呈下降趋势，且下降程度较大。2018年生猪存栏量为79.87万头，仅占1992年生猪存栏量的26.84%，下降了73.16%。1992—1999年生猪养殖数量急剧下降，8年间减少了208.43万头；从1999年开始，生猪养殖业情况开始好转，但到了2005年再次出现波动下降趋势，直至2018年，生猪养殖业的情况仍旧不容乐观。

骆驼养殖业近几年的情况有所改善。图尔克斯坦州是主要的畜牧业生产基地，养驼业比较发达。20世纪90年代初期，骆驼存栏量为14.51万头，2018年骆驼存栏量为20.76万头，增长了43.07%。1992—1999年，骆驼养殖数量呈下降趋势，从2000年开始，骆驼养殖数量开始出现转折，呈稳步上升趋势，有较好的发展前景。

3. 家畜产品总体产量

哈萨克斯坦畜牧业历史悠久，广阔的草原、充足的日照为畜牧业发展提供了良好的基础，畜产品以牛羊肉和皮、毛、奶产品为主。在家畜产品中，牛和羊的产品产量最高，其次是马肉、猪肉，驼肉产量最低。牛羊肉供给量基本呈“V”形结构变化，主要由于2000—2018年经济获得快速发展，生活水平的提高与人口的增加促进了消费需求的增长。为提高肉产品供给能力保障市场需求，哈萨克斯坦2013年出台了一系列项目计划扶持发展畜牧业，从改变生产模式、提升品种质量等多方面入手，肉类的生产与出口加工能力有了较大改善(周振勇，2020)。

对于羊类产品，虽然家畜养殖中羊存栏量占比最大，但其产品产量相对较低。其中，羊肉产量最高，其次是羊毛和羊皮。羊类产品产量同样呈现先降后升的趋势，从2000年左右开始呈缓慢上升趋势，但近些年的发展并未达到1992年的产量。

牛类产品的供应量也呈现先降后升的情况，牛奶产量最高，其次是牛肉，最后是鲜牛皮。其中2018年的牛肉和牛皮国内供给量相比20世纪90年代初期有所减少，鲜牛奶供应量在2018年已经恢复至20世纪90年代初期的水平。

表 4-29 1992—2018 年哈萨克斯坦家畜存栏量

单位：头（匹）

年份	水牛	黄牛	牛合计	山羊	绵羊	羊合计	马	猪	骆驼
1992	12 000	9 592 400	9 604 400	692 000	33 558 800	34 250 800	1 666 400	2 976 100	145 100
1993	11 000	9 576 300	9 587 300	688 000	33 375 700	34 063 700	1 703 500	2 591 000	148 800
1994	10 500	9 346 600	9 357 100	896 800	33 113 300	34 010 100	1 776 600	2 445 200	154 800
1995	10 500	8 072 900	8 083 400	859 400	24 235 300	25 094 700	1 636 000	1 982 700	141 200
1996	10 000	6 859 900	6 869 900	798 800	18 724 500	19 523 300	1 556 900	1 622 700	130 500
1997	10 000	5 424 600	5 434 600	679 000	12 872 000	13 551 000	1 310 000	1 036 500	111 200
1998	9 000	4 307 100	4 316 100	690 900	9 636 900	10 327 800	1 082 700	879 000	97 100
1999	9 000	3 957 900	3 966 900	835 200	8 691 300	9 526 500	986 300	891 800	95 800
2000	9 000	3 998 200	4 007 200	931 300	8 725 400	9 656 700	969 600	984 200	96 100
2001	9 000	4 106 600	4 115 600	1 041 700	8 939 400	9 981 100	976 000	1 076 000	98 200
2002	9 000	4 293 500	4 302 500	1 271 100	9 207 500	10 478 600	989 500	1 123 800	103 800
2003	9 000	4 559 500	4 568 500	1 485 500	9 787 500	11 273 000	1 019 300	1 229 800	107 500
2004	9 000	4 871 000	4 880 000	1 827 000	10 420 100	12 247 100	1 064 300	1 368 800	114 900
2005	9 000	5 203 900	5 212 900	2 122 400	11 286 700	13 409 100	1 120 400	1 292 100	125 700
2006	10 000	5 457 400	5 467 400	2 329 000	12 005 500	14 334 500	1 163 500	1 281 900	130 500
2007	10 000	5 660 400	5 670 400	2 536 600	12 813 700	15 350 300	1 235 600	1 304 900	138 600
2008	10 000	5 840 900	5 850 900	2 609 900	13 470 100	16 080 000	1 291 100	1 352 700	143 200
2009	10 000	5 991 600	6 001 600	2 644 300	14 126 100	16 770 400	1 370 500	1 347 300	148 300
2010	10 000	6 095 200	6 105 200	2 708 900	14 660 800	17 369 700	1 438 700	1 326 300	155 500
2011	10 000	6 175 300	6 185 300	2 675 000	15 313 100	17 988 100	1 528 300	1 344 000	169 600
2012	10 000	5 702 400	5 712 400	2 652 464	15 439 438	18 091 902	1 607 400	1 204 200	173 200
2013	10 000	5 690 000	5 700 000	2 496 057	15 137 217	17 633 274	1 686 200	1 031 600	164 800
2014	10 000	5 851 200	5 861 200	2 362 824	15 197 780	17 560 604	1 784 500	922 296	160 915
2015	10 000	6 183 852	6 193 852	2 327 193	15 688 315	18 015 508	2 070 273	887 627	170 513
2016	10 081	6 413 205	6 423 286	2 299 424	15 884 814	18 184 238	2 259 218	834 230	180 077
2017	10 327	6 764 212	6 774 539	2 279 165	16 049 807	18 328 972	2 415 654	815 121	193 124
2018	10 414	7 150 920	7 161 334	2 282 948	16 416 177	18 699 125	2 646 535	798 732	207 566

数据来源：联合国粮食及农业组织数据库。

近几年牛类产品供给量均为上升趋势，发展势头良好。

其他家畜类产品主要以肉类为主且产量较低，如猪肉生产总量呈下降趋势，呈“N”字结构变化。驼肉的需求量相比其他肉类较少，近几年相对稳定，变化不大（图 4 - 30）。

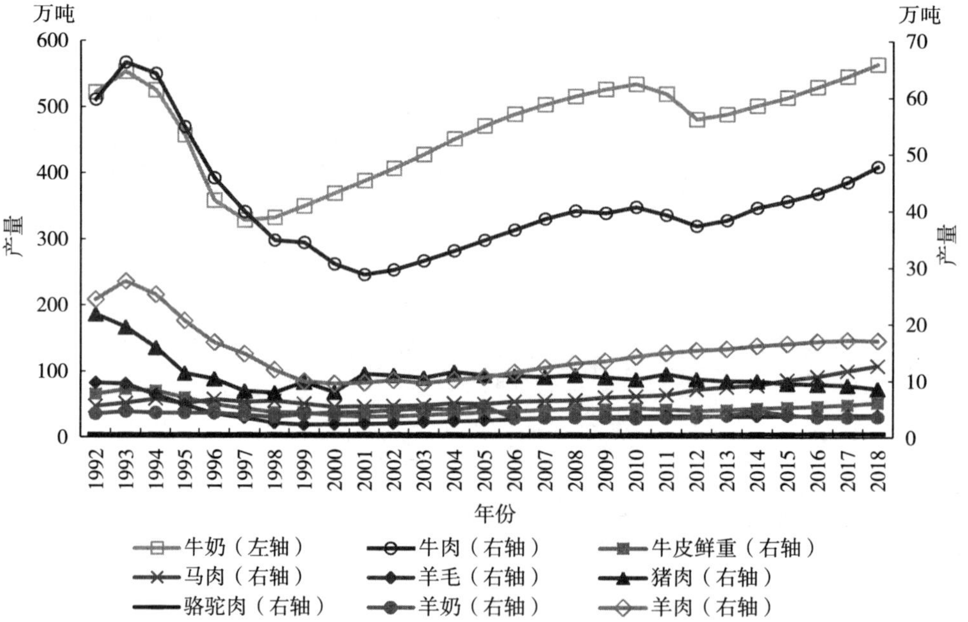

图 4 - 30　1992—2018 年哈萨克斯坦家畜产品产量变化情况
数据来源：联合国粮食及农业组织数据库。

4. 家畜产品产量变化情况

在羊类产品产量中，羊肉占比最高，2018 年羊肉产量为 17.06 万吨，相较于 1992 年下降了 29.78%。羊奶产量在 2005 年时达到了顶峰值，随后便有所下降，2018 年羊奶产量相较于 1992 年下降了 14.13%。羊毛产量减少最多，2018 年羊毛产量为 3.92 万吨，仅为 20 世纪 90 年代初期的 40.61%。由于经济技术以及集约化问题，想要恢复到 20 世纪 90 年代初期数量仍需要不断发展。

对于牛类产品产量而言，牛奶产量最高，2018 年牛奶产量为 564.23 万吨，较 1992 年的 521.94 万吨增长了 8.10%。相比牛奶，鲜牛皮和牛肉的产量略低于 20 世纪 90 年代初期产量，均下降了 19.93%。从 2000 年开始，经济开始有所回升，畜牧产品产量也有所上涨，且在 2013 年哈萨克斯坦还出台了一系列促进畜牧业发展的政策，促使近些年畜牧产品总量持续上升。

猪肉产量下降程度较大，主要与生猪养殖数量下降有关，整体产量呈“N”字结构变化，且随着猪肉供应的下降，哈萨克斯坦对于猪肉以及生猪的进口相应地增加。驼肉产量有稳步增加的趋势，由于骆驼养殖规模不大，驼肉产量增加较为平稳，2018年驼肉产量为6 674吨，相比1992年增加了33.48%（表4-30）。

表4-30　1992—2018年哈萨克斯坦家畜产品产量

单位：吨

年份	牛肉	牛皮（鲜重）	牛奶	马肉	羊肉	羊奶	羊毛	猪肉	骆驼肉
1992	596 200	76 494	5 219 400	55 500	242 900	42 000	96 451	217 300	5 000
1993	661 500	84 872	5 531 300	60 900	275 300	46 000	94 575	194 300	4 900
1994	641 600	82 318	5 252 200	68 300	251 800	43 685	75 277	158 200	4 900
1995	548 200	70 335	4 575 600	59 700	205 800	43 551	58 258	113 400	5 000
1996	457 500	58 698	3 583 600	67 600	167 400	43 501	42 177	103 400	5 000
1997	398 200	51 090	3 287 100	62 800	147 200	40 000	34 565	81 900	5 100
1998	347 900	44 636	3 324 600	64 700	119 100	36 329	25 233	78 900	5 100
1999	343 900	44 123	3 498 000	59 600	98 700	41 517	22 283	97 700	5 200
2000	306 300	39 299	3 692 700	54 100	95 100	44 491	22 924	80 226	5 200
2001	287 600	36 900	3 881 900	55 200	96 700	45 400	23 612	112 068	5 300
2002	296 000	37 977	4 068 200	55 800	101 139	48 800	24 818	109 765	5 300
2003	311 900	40 017	4 278 400	57 000	96 000	51 300	26 782	105 352	5 300
2004	329 700	42 301	4 518 200	60 800	101 600	49 600	28 499	115 753	5 300
2005	348 300	44 688	4 714 600	59 800	106 600	56 200	30 444	110 166	5 200
2006	366 500	47 023	4 891 900	63 900	115 055	34 100	32 389	109 340	5 210
2007	385 900	49 512	5 038 100	65 300	123 635	35 100	34 172	107 176	5 450
2008	400 100	51 334	5 162 700	66 300	130 995	35 300	35 249	110 499	5 460
2009	396 096	50 820	5 269 100	71 387	134 933	34 900	36 428	106 641	5 268
2010	406 817	52 195	5 347 600	73 133	142 944	33 700	37 635	102 971	5 450
2011	392 850	50 403	5 197 798	75 580	149 498	34 661	38 455	112 350	5 680
2012	373 524	47 924	4 815 670	85 133	153 791	35 914	38 437	103 319	5 711
2013	383 468	49 200	4 890 662	89 387	156 379	39 637	37 638	99 906	5 917
2014	405 474	52 023	5 020 353	92 353	161 937	47 585	37 779	99 817	6 317
2015	416 823	53 479	5 141 622	101 440	165 102	40 620	38 025	95 264	6 127
2016	430 600	55 247	5 300 014	107 773	169 178	35 469	38 518	93 867	6 451
2017	450 432	57 791	5 460 451	117 459	171 404	35 615	38 980	91 912	6 617
2018	477 407	61 252	5 642 283	126 520	170 553	36 064	39 166	86 127	6 674

数据来源：联合国粮食及农业组织数据库。

5. 家畜产品外贸总体情况

在对外贸易中，奶制品的进口量最大，由于国内市场的肉奶制品供给量严重不足，导致哈萨克斯坦大量进口肉奶制品。从贸易情况可以看出，虽然牛奶产量在逐年增加，但奶制品进口也在不断增加。同样地，肉类产品中，牛肉进口量近几年也有所上升。畜牧业的衰退，导致奶牛存栏量下降，对乳制品和肉制品的生产消费也带来了影响。

猪肉和马肉的进口量在近几年也有所上升。生猪存栏量持续下降，国内供给不足，导致进口数量也有所增长。虽从 2014 年开始猪肉进口数量又有所减少，但波动不大，整体高于 20 世纪 90 年代初期。马肉相比 20 世纪 90 年代初期进口数量有所增加，但从 2012 年开始也呈略微下降趋势。

在出口产品中，羊毛出口量占比最大，但相较于 20 世纪 90 年代初期几年，近年羊毛出口量仍较少。从 1993 年羊毛出口量开始急剧下降，直到 2003 年羊毛出口开始缓慢波动上升，出口数量逐渐增加但仍旧在 1 万吨以下（图 4－31）。

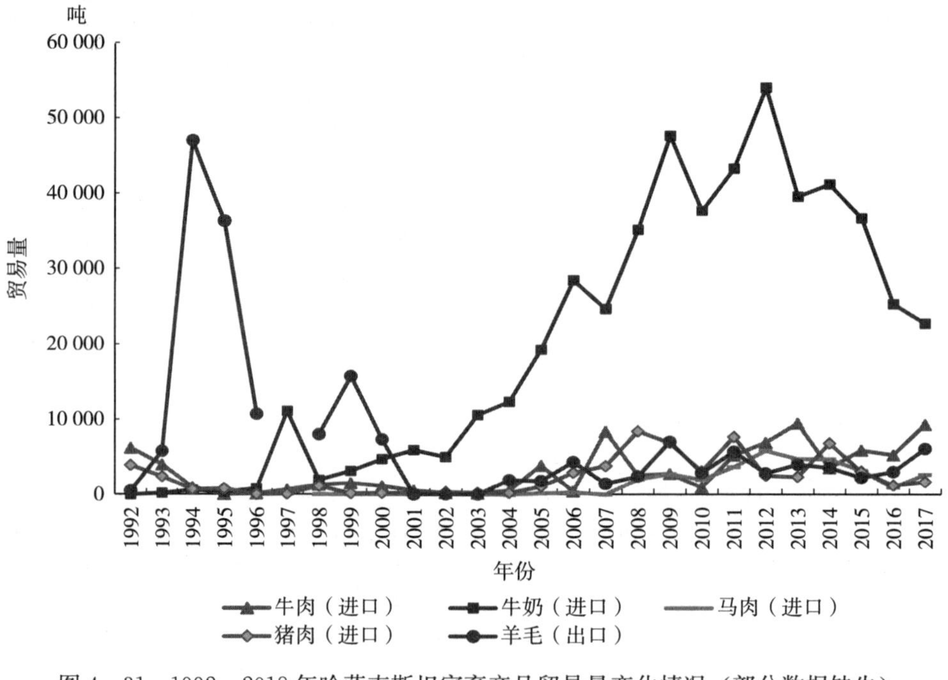

图 4－31　1992—2018 年哈萨克斯坦家畜产品贸易量变化情况（部分数据缺失）
数据来源：联合国粮食及农业组织数据库。

6. 家畜产品外贸变化情况

家畜产品外贸中，进口量最大的是牛奶，2017 年牛奶进口量为 2.27 万吨，为 1993 年的 113.65 倍。牛肉 2017 年的进口量为 9 311 吨，比 1992 年增加了 50.18%。由此看出，牛类产品供应量难以满足国民需求，所以进口牛类产品需求大大增加。

其他进口的家畜产品中，马匹进口数量 2017 年共计 5 852 匹，是 1995 年进口数的 585.2 倍。马肉进口量在 2012 年达 5 858 吨，随后马肉进口数量有所下降，截至 2017 年马肉进口量为 2 661 吨，为 1998 年的 221.75 倍。生猪进口在 2012 年达到最高，共进口 2 441 头，是 1995 年的 13.87 倍，随后生猪进口数量开始波动，但整体下滑。而猪肉进口数量呈先降后升再降的趋势，1992 年至 2004 年生猪肉进口呈波动下降趋势，2005 年开始有所上升，2008 年进口量高达 8 435 吨，随后几年有所波动，直至 2017 年进口量为 1 685 吨，相较于 20 世纪 90 年代初期有所减少。

出口情况而言，主要出口家畜产品为羊毛，1992 年羊毛出口量仅为 500 吨，在 1992 年至 1994 年期间，羊毛出口数量急剧增加，1994 年羊毛出口量高达 4.7 万吨，截至 2000 年，羊毛出口量均超过 7 000 吨；但 2000 年至 2003 年羊毛出口数量骤降，主要因为 1991 年之后细毛羊育种体系遭受重创，羊毛产量一度降到最低。从 2006 年开始加大绵羊品种改良力度，引进优质细毛羊，改善质量差的旧畜种，优化畜群结构（杨菊清，2009）。羊群畜种的改善有助于促进羊毛的产量从而一定程度上促进羊毛的出口，所以从 2006 年开始，羊毛出口量有所增加，每年出口量基本保持在 2 000 吨以上，2017 年羊毛出口量为 6 110 吨，是 1992 年的 12.22 倍（表 4-31）。

表 4-31 1992—2018 年哈萨克斯坦家畜产品贸易情况

年份	外贸情况（进口）						外贸情况（出口）
	牛肉（吨）	牛奶（吨）	马肉（吨）	马（匹）	猪肉（吨）	猪（头）	羊毛（吨）
1992	6 200	/	/	/	3 900	/	500
1993	4 000	200	/	/	2 400	/	5 800
1994	1 000	600	/	/	700	/	47 000
1995	37	335	/	10	787	176	36 288
1996	124	800	/	0	14	137	10 699
1997	649	11 085	/	43	65	/	/
1998	1 302	1 942	12	450	1 130	144	8 013
1999	1 504	3 141	1	0	140	102	15 698
2000	1 123	4 699	19	1 263	176	1 115	7 328
2001	511	5 909	0	654	189	377	0
2002	189	5 000	120	494	314	394	29
2003	133	10 559	1	1 860	209	308	0
2004	517	12 317	1	489	199	0	1 917
2005	3 876	19 253	154	320	1 068	137	1 814
2006	429	28 427	274	473	2 907	1 334	4 349
2007	8 381	24 646	0	577	3 806	1 133	1 459

（续）

年份	外贸情况（进口）						外贸情况（出口）
	牛肉/吨	牛奶（吨）	马肉（吨）	马（匹）	猪肉（吨）	猪（头）	羊毛（吨）
2008	2 584	35 138	2 016	510	8 435	72	2 427
2009	2 779	47 631	2 755	294	6 897	1 490	7 037
2010	950	37 686	1 985	1 496	3 105	900	2 906
2011	5 258	43 283	3 680	883	7 687	421	5 726
2012	6 926	54 002	5 858	898	2 519	2 441	2 859
2013	9 486	39 577	4 758	737	2 363	263	4 025
2014	3 557	41 190	4 729	796	6 830	940	3 574
2015	5 905	36 654	3 205	1 270	3 080	1 012	2 276
2016	5 279	25 290	947	1 494	1 224	291	3 049
2017	9 311	22 730	2 661	5 852	1 685	397	6 110

数据来源：联合国粮食及农业组织数据库。

（二）家禽养殖业

1. 主要家禽整体存栏量

家禽养殖业以养鸡为主，主要分布在阿克莫拉州、阿拉木图州和卡拉干达州等地区。整体来看，2018 年家禽数量较 1992 年有所下降。其中鸡养殖量较 1992 年减少较多，火鸡数量较 1992 年有所上升。1992 年，家禽总数为 5 993.2 万只，2018 年家禽存栏数为 4 447.1 万只，下降 25.80%（表 4 - 32）。

表 4 - 32　1992—2018 年哈萨克斯坦主要家禽存栏量

单位：万只

年份	存栏量			年份	存栏量		
	鸡	火鸡	合计		鸡	火鸡	合计
1992	5 930.0	63.2	5 993.2	2006	2 610.0	10.0	2 620.0
1993	5 230.0	43.3	5 273.3	2007	2 810.0	10.0	2 820.0
1994	4 945.0	38.8	4 983.8	2008	2 940.0	10.6	2 950.6
1995	3 245.0	26.6	3 271.6	2009	3 102.1	14.8	3 116.9
1996	2 065.4	15.6	2 081.0	2010	3 096.0	18.6	3 114.6
1997	1 529.6	8.2	1 537.8	2011	3 076.5	60.0	3 136.5
1998	1 590.0	8.2	1 598.2	2012	3 156.7	100.0	3 256.7
1999	1 685.0	13.5	1 698.5	2013	3 241.9	190.0	3 431.9
2000	1 788.0	14.2	1 802.2	2014	3 313.8	130.0	3 443.8
2001	1 955.0	15.6	1 970.6	2015	3 396.6	190.0	3 586.6
2002	2 096.0	16.9	2 112.9	2016	3 534.0	189.7	3 723.7
2003	2 360.0	19.1	2 379.1	2017	3 837.6	157.6	3 995.2
2004	2 477.0	5.0	2 482.0	2018	4 278.2	168.9	4 447.1
2005	2 553.0	8.0	2 561.0				

数据来源：联合国粮食及农业组织数据库。

2. 主要家禽产品产量及进口概况

由于鸡养殖数量下降，国内本土鸡肉以及鸡蛋等产品数量随之下降，加上禽类良种化进程较慢，进而影响禽类产品的市场供应（图 4－32）。近年来，虽然家禽类产品的生产趋势有所好转，主要的禽类产品产量也有所提高，但全国生产的禽类产品仍不能满足本国消费者的需要。因此为满足国内供给需求，近些年进口肉鸡以及鸡蛋数量有所增加。

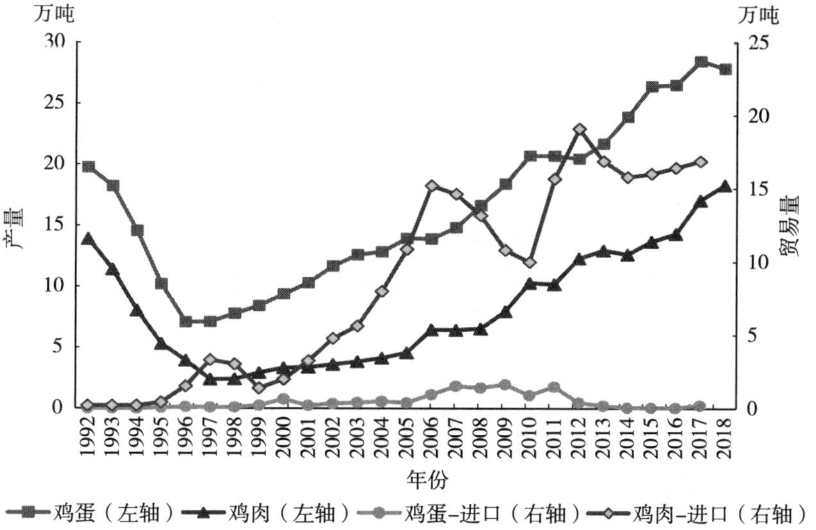

图 4－32 哈萨克斯坦主要家禽产量及贸易变化情况

数据来源：联合国粮食及农业组织数据库。

3. 主要家禽产品产量及进口变化情况

家禽类国内供给量以鸡肉和鸡蛋为主。2018 年鸡蛋及鸡肉国内供给量较 1992 年分别上涨 41.15％和 31.82％。2018 年家禽总存栏数较 1991 年有所下降，但国内供给量有所上升，这主要来自进口数量增多。据外贸统计情况，2017 年鸡蛋进口数达到 2 179 吨，约是 1995 年的 3.39 倍，鸡肉的进口数量约为 1992 年的 84 倍。随着家禽养殖数量的减少，为满足国民需求，家禽产品的进口在不断增加（表 4－33）。

（三）特色养殖业

养蜂业是哈萨克斯坦的特色产业。养蜂场主要集中在东哈萨克斯坦州，其养蜂业已有超过 200 多年历史，近几年，在政府的高度重视下，养蜂业逐渐走向振兴之路。

表 4-33　1992—2018 年哈萨克斯坦主要家禽类产品产量及贸易量

单位：吨

年份	国内供给量		进口量	
	鸡蛋	鸡肉	鸡蛋	鸡肉
1992	197 500	139 000	/	2 000
1993	182 100	114 100	/	2 000
1994	145 500	80 200	/	2 000
1995	101 950	53 000	643	4 196
1996	70 640	39 400	1 167	15 182
1997	70 830	23 900	894	33 112
1998	77 600	24 100	911	30 212
1999	84 000	29 300	2 197	13 817
2000	93 800	33 300	6 407	19 885
2001	103 000	33 800	2 143	32 481
2002	116 700	36 100	3 405	47 679
2003	126 000	38 400	4 146	56 171
2004	128 500	41 300	4 867	79 915
2005	139 400	45 700	3 948	108 656
2006	139 000	64 500	9 499	152 040
2007	148 300	64 300	15 317	146 312
2008	166 400	65 300	14 171	131 748
2009	184 039	79 478	16 505	108 120
2010	207 300	102 979	9 031	100 000
2011	207 200	101 975	14 922	156 756
2012	204 800	123 057	4 087	191 131
2013	217 200	129 725	1 927	168 869
2014	239 346	126 335	606	157 963
2015	264 345	136 924	620	160 291
2016	265 406	143 253	534	164 386
2017	284 843	170 729	2 179	168 861
2018	278 768	183 236	/	/

数据来源：联合国粮食及农业组织数据库。

东哈萨克斯坦州曾经有 5 000 多个蜜蜂群和最大的蜂产品生产综合体，综合体可利用蜂蜜、花粉、蜂胶、蜂毒和蜂王浆制造各类蜂产品，拥有大量蜂房越冬室，可供蜜蜂对微气候进行自动调节。20 世纪 90 年代中期，东哈萨克斯坦州建立了地区农业科研院，试验站成为了农科院的一个附属部门（中国驻哈萨克斯坦共和国大使馆经济商务参赞处，2012）。

从蜂蜜总产量变化情况来看，20 世纪 90 年代蜂蜜产量骤减，近几年蜂蜜总产量虽有所上升，但 2018 年蜂蜜产量仅为 1992 年的 27.84%，未来发展空间较大。从蜂蜜贸易来看，蜂蜜出口数量小于进口数量，原因是从 2008 年开始由于实验站管理问题，导致生产基地数量缩减，养蜂业产量呈现下降趋势。但从 2010 年开始养蜂业重新得到重视，蜂蜜出口数量较以前开始有所增加（图 4－33）。

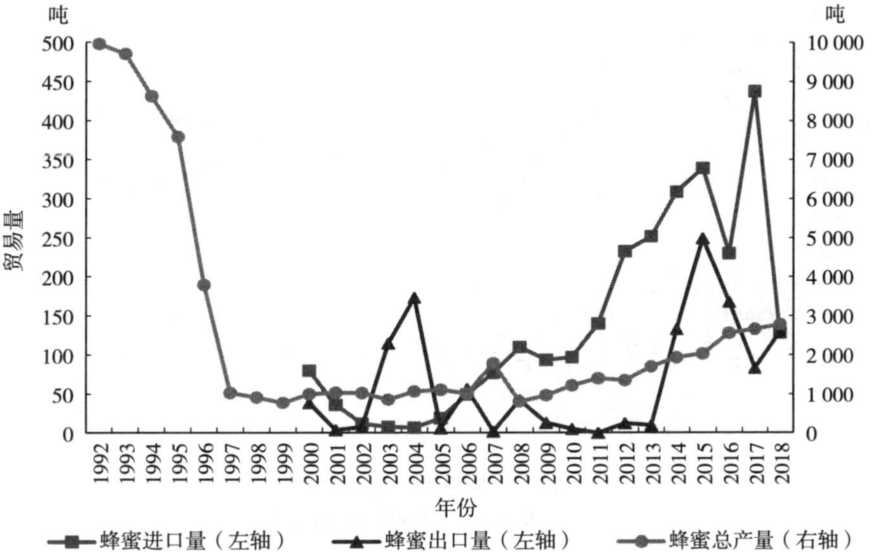

图 4－33 哈萨克斯坦蜂蜜贸易情况

数据来源：1. 联合国公共数据库。2. 联合国粮食及农业组织数据库。

二、吉尔吉斯斯坦

（一）家畜养殖业

1. 家畜整体存栏量

吉尔吉斯斯坦拥有大面积天然牧场，适合发展畜牧业，但是受到养殖方式、饲草种植技术和优良种畜等条件的制约，未形成规模化养殖。家畜养殖中，羊的存栏量占比最大，其次是牛、马、猪，最后是骆驼。从地域分布上看，牛的养殖主要分布在南部地区的奥什州、贾拉拉巴德州和巴特肯州和北部地区的楚河州和伊塞克湖州，其中奥什州是拥有最大牛存栏数的地区；羊的养殖主要分布在贾拉拉巴德州、奥什州和纳伦州，其中贾拉拉巴德州的存栏数最大，占全国总量的 21.2%；马的养殖主要集中在纳伦州，存栏数量占全国总量的 23.9%。从存栏量变化趋势上看，家畜养殖整体呈现“先降后增”的趋势。羊存栏量从 1998 年开始逐步回升，但截至 2018 年羊存栏量仍低于 1992

年，而牛、生猪以及马的养殖量均超过 1992 年，发展势头良好。骆驼养殖数量波动明显，但养殖数量一直较低，近些年维持在 250 头左右，相较于 1992 年减少近一半（图 4 - 34）。

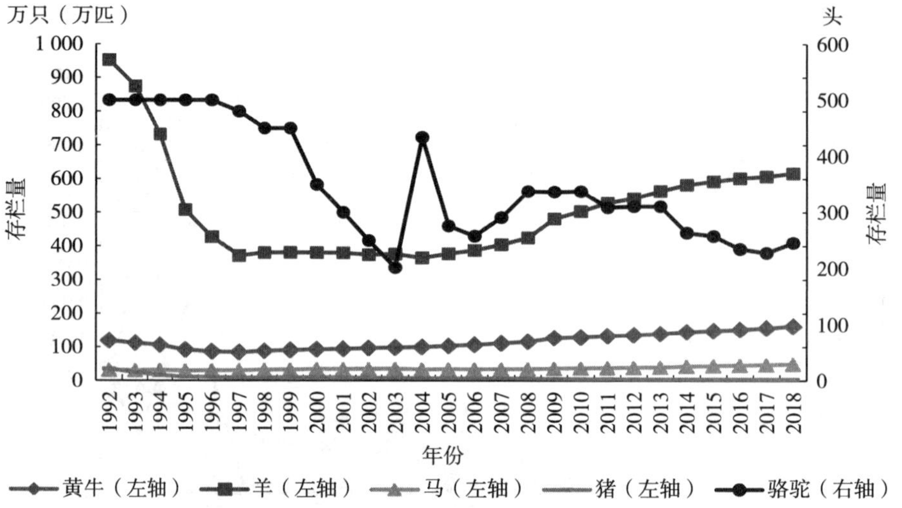

图 4 - 34　吉尔吉斯斯坦家畜养殖变化情况
数据来源：联合国粮食及农业组织数据库。

2. 主要家畜存栏量变化情况

羊养殖业发展规模最大，养殖数量最多，是畜牧的重要组成部分之一。整体来看，羊存栏量有所下降。1992 年，羊总养殖数量达 952.5 万头，而 2018 年时，羊总养殖量为 616.79 万头，下降 35.25%；1992 年至 2004 年，羊的存栏数量发生骤减，2004 年的存栏量仅为 1992 年的 38.36%；从 2005 年开始有所改善，羊存栏量持续稳定上升。

养牛业也是重要产业之一。牛主要养殖在南部地区，如奥什州的牛养殖量占全国的 23%，贾拉拉巴德州占 20%，巴特肯州占 9%。楚河州和伊塞克湖州是北部地区主要的牛养殖基地，分别占到了 18%和 14%（陈蔚，2019）。整体上来看，从 1992 年以来至 1997 年，肉牛出栏数量整体呈下降趋势，减少了 34.24 万头。从 1998 年开始，存栏数量稳步增长，2018 年达 162.73 万头。不难看出，1992 年以后养牛业恢复较慢，2009 年的产量才超过 1992 年水平。

生猪养殖业整体呈下降趋势。1992 年时，生猪存栏量达到 35.77 万头，2018 年生猪存栏量为 5.13 万头，下降了 85.67%。纵观总体出栏量数据，仅在个别年份出现了小幅度回升，但整体呈现负增长。

马匹及骆驼养殖业规模相对较小。其中，马匹存栏量从 1992 年初期至 1995 年呈波动下降趋势，从 1996 年以后，马匹存栏量基本持上升趋势，2018 年其存栏量为 49.87 万匹，较 1992 年增加 55.60%。可以看出，养马业整体发展势头较好。而骆驼养殖数量一直较小，数量变化不大，1992 年骆驼存栏量为 500 头，随后数量开始下降，2003 年骆驼存栏量仅剩 202 头，之后略有增加，但数量变化不大，近些年一直保持在 250 峰左右，约占 1991 年存栏量的一半（表 4 - 34）。

表 4 - 34　1992—2018 年吉尔吉斯斯坦家畜存栏量

单位：头（匹）

年份	黄牛	山羊	绵羊	羊合计	马	猪	骆驼
1992	1 190 000	300 000	9 225 000	9 525 000	320 500	357 700	500
1993	1 122 400	262 000	8 479 500	8 741 500	313 000	246 600	500
1994	1 062 300	219 000	7 103 300	7 322 300	322 000	169 400	500
1995	920 100	152 000	4 924 400	5 076 400	299 000	117 800	500
1996	869 000	200 000	4 074 800	4 274 800	308 100	113 900	500
1997	847 600	171 000	3 545 100	3 716 100	314 100	88 000	480
1998	884 800	380 000	3 424 900	3 804 900	325 400	92 600	450
1999	910 564	502 080	3 308 500	3 810 580	335 200	105 476	450
2000	932 273	542 713	3 263 830	3 806 543	349 800	104 800	350
2001	947 021	601 429	3 197 760	3 799 189	353 900	101 053	300
2002	969 549	639 759	3 104 460	3 744 219	354 400	86 619	250
2003	988 016	661 304	3 104 130	3 765 434	360 700	87 159	202
2004	1 004 363	769 548	2 883 920	3 653 468	340 505	82 770	434
2005	1 034 890	808 397	2 965 220	3 773 617	347 178	82 659	276
2006	1 074 764	816 930	3 059 072	3 876 002	345 174	77 786	258
2007	1 116 733	849 873	3 197 076	4 046 949	347 526	79 567	291
2008	1 168 026	872 716	3 379 097	4 251 813	355 533	74 918	338
2009	1 278 070	933 713	3 881 826	4 815 539	372 951	61 315	337
2010	1 298 825	942 484	4 095 231	5 037 715	378 448	59 791	338
2011	1 338 583	973 439	4 314 676	5 288 115	388 971	59 202	309
2012	1 367 466	933 777	4 490 104	5 423 881	398 796	55 380	311
2013	1 404 168	960 391	4 680 823	5 641 214	407 381	51 777	311
2014	1 458 377	910 246	4 918 778	5 829 024	432 972	50 782	264
2015	1 492 517	869 794	5 059 735	5 929 529	449 614	50 345	258
2016	1 527 763	856 904	5 165 650	6 022 554	467 249	51 082	235
2017	1 575 434	820 043	5 257 732	6 077 775	481 329	52 169	228
2018	1 627 296	806 949	5 361 000	6 167 949	498 684	51 265	246

数据来源：联合国粮食及农业组织数据库。

3. 家畜产品总体产量

家畜产品产量中，牛奶的产量是最高的，其次是牛肉。整体来看，牛肉以及牛奶产量总体呈上升趋势，鲜牛皮整体浮动不大，有稳定上升趋势，2018年牛肉及牛奶的产量均超过1992年产量。对于羊类产品而言，产量最高的是羊肉，其产量呈现先降后升的趋势，其次是羊奶，其产量较1992年有所上升，而羊毛整体呈下降趋势，2018年羊毛产量低于1992年。猪肉产量整体呈下降趋势，2018年猪肉供给量约占1992年的一半左右。最后，马肉产量相对增加较多，相比1992年增加1倍左右（图4-35）。

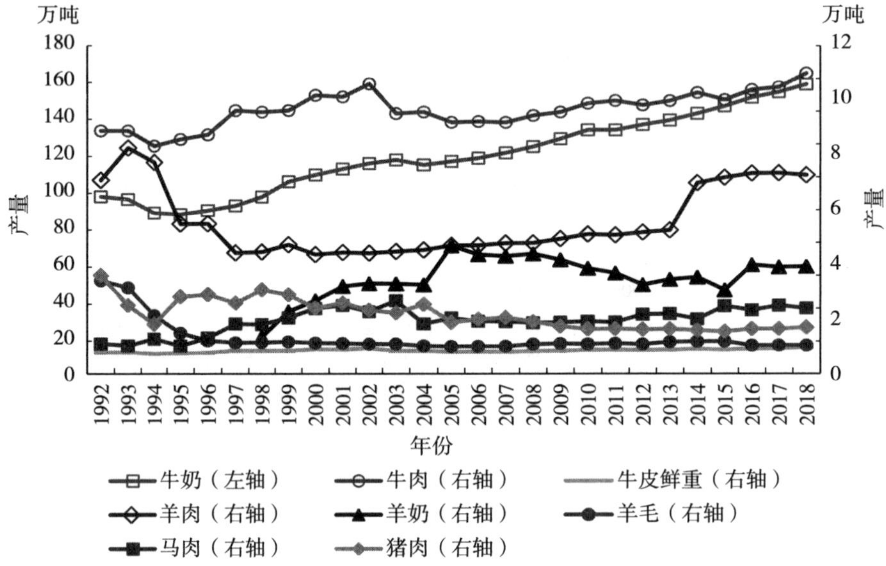

图4-35　吉尔吉斯斯坦家畜产品产量变化情况

数据来源：联合国粮食及农业组织数据库。

4. 家畜产品产量变化情况

羊产品产量发展较为缓慢。其中，羊肉和羊奶较1992年产量均有所增加，但羊奶呈现先增后减的趋势，2005年山羊奶产量达到最高，但之后产量出现下降，2018年羊奶产量为3.88万吨，相较于1998年增加189.58%。羊肉与1992年产量几乎持平，仅增加了2.65%，而羊毛产量则远不及1992年的生产量，2018年羊毛产量为1.04万吨，仅占1992年产量的1/3左右。可以看出，虽然羊养殖数量较多且规模较大，但羊类产品产量相对较低，有些产品还未赶上1992年产量，这与养殖方式以及技术水平等都有所关联。

自1992年以来，牛类产品的供应量均呈现先降后升的情况，其中牛奶产量最多，2018 年牛奶产量达 156.92 万吨，相较 1992 年增长 63.29%，牛肉和鲜牛皮产量均增加 23.73%。牛类产品产量在持续增长，养牛业发展势头较好。

马肉产量相较 1992 年增幅较大，猪肉产量相比 1992 年有所减少。1996 年以后马肉产量也一直持波动上升趋势，与马匹数量增长势态一致，整体上养马业发展势头较好。由于马匹养殖数量的不断增加，马肉供应量也随之增加，2018 年马肉供应量相比 1992 年增长 116.02%。与马肉供应量相反，猪肉供应相较于 1992 年减少 52.61%，其供应量与养殖数量趋势一致，生猪养殖的减少致使猪肉供应也相应减少（表 4 - 35）。

表 4 - 35　1992—2018 年吉尔吉斯斯坦家畜类产品产量

单位：吨

年份	牛肉	牛皮（鲜重）	牛奶	羊肉	羊奶	羊毛	马肉	猪肉
1992	87 800	7 856	961 000	70 000	/	33 700	11 000	35 600
1993	87 800	7 856	946 000	81 600	/	31 200	10 300	24 800
1994	82 300	7 364	871 600	76 400	/	21 200	12 700	18 000
1995	84 700	7 578	864 200	54 100	/	14 800	10 200	27 955
1996	86 377	7 728	885 300	54 200	/	12 088	13 077	28 726
1997	95 094	8 508	911 500	43 700	/	11 359	18 169	25 684
1998	94 561	8 461	959 284	44 010	13 400	11 472	17 914	30 431
1999	95 113	8 510	1 041 765	46 638	22 600	11 702	20 311	28 641
2000	100 622	9 003	1 078 700	43 105	26 538	11 250	23 700	23 822
2001	100 065	8 953	1 110 377	43 820	31 684	11 122	24 800	25 712
2002	104 768	9 374	1 140 278	43 578	32 673	10 856	22 500	23 049
2003	94 035	8 414	1 159 190	44 189	32 596	10 898	26 490	22 103
2004	94 595	8 464	1 132 500	44 742	32 226	10 188	18 138	25 163
2005	90 850	8 129	1 151 398	46 374	46 242	9 980	20 253	18 663
2006	91 157	8 156	1 169 062	46 400	43 069	10 033	19 117	19 811
2007	90 808	8 125	1 197 468	47 184	42 541	10 073	18 947	20 446
2008	93 345	8 352	1 231 206	47 257	43 333	10 843	18 516	18 971
2009	94 545	8 459	1 273 535	48 757	41 194	11 006	18 701	17 258
2010	97 712	8 743	1 321 752	50 432	38 131	10 857	19 011	16 258
2011	98 685	8 830	1 321 670	50 126	36 443	11 095	18 786	16 335
2012	97 074	8 686	1 350 150	51 100	32 213	10 803	21 550	16 142
2013	98 600	8 822	1 374 106	51 900	34 123	11 601	21 800	16 300
2014	101 574	9 088	1 410 624	68 975	34 917	11 806	19 903	15 797
2015	99 059	8 863	1 450 680	70 965	30 317	11 853	24 594	15 397
2016	102 689	9 188	1 497 931	72 469	39 406	10 391	23 092	16 369
2017	103 626	9 272	1 527 043	72 577	38 587	10 423	24 769	16 375
2018	108 631	9 720	1 569 187	71 856	38 804	10 390	23 762	16 871

数据来源：联合国粮食及农业组织数据库。

5. 家畜产品外贸总体情况

最大的家畜出口产品为牛奶，虽然出口数量一直在波动，但整体出口量相较 1992 年有所增加。近几年牛奶出口量有些许下降趋势，而牛毛出口量虽然较少但也在逐年增加（图 4－36）。从动态角度看，最具发展前景的是养牛业，养牛业的发展促进了产品产量以及出口等。在进口方面，与家畜产品产量情况对应，进口最多的是猪肉，且近几年进口数量有所增加。国内生猪养殖数量的下降导致猪肉供给难以满足国民需求，从而导致了猪肉进口的增加。

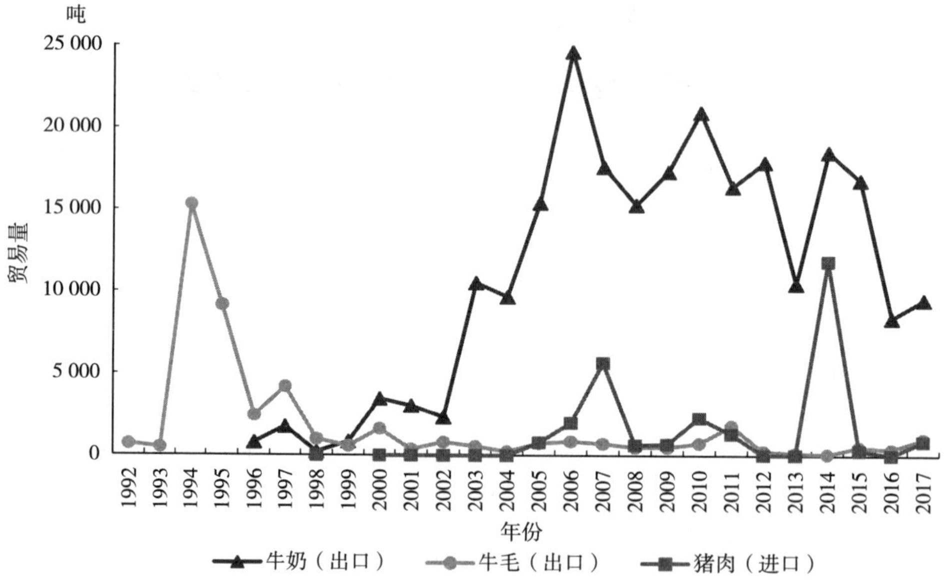

图 4－36　吉尔吉斯斯坦家畜产品贸易变化情况（部分数据缺失）

数据来源：联合国粮食及农业组织数据库。

6. 家畜产品外贸变化情况

家畜产品出口主要以牛类产品为主，牛奶出口量最多，2017 年牛奶出口 9 529 吨，是 1996 年的约 12 倍。纵观 20 多年牛奶出口量，2006 年牛奶出口量最多，达到 2.47 万吨，且在 2005—2015 年间出口量一直保持在 1 万吨以上。由于牛养殖业经历过牛口蹄疫以及个别国家对其牛奶进口限制，导致牛奶出口量有所下降。牛毛出口量近些年呈上升趋势，2017 年牛毛出口量为 1 033 吨，较 1992 年增加 47.57%。

进口方面，猪类产品包括生猪以及猪肉，生猪进口量相对较少，主要以进口猪肉为主，其进口数量在 2014 年时最多，达到 1.19 万吨。近两年进口数量有所波动，但相较 20 世纪 90 年代初期有所增加（表 4－36）。

表 4-36　1992—2018 年吉尔吉斯斯坦家畜类产品贸易量

单位：吨

年份	外贸情况（出口）		外贸情况（进口）
	牛奶	牛毛	猪肉
1992	/	700	/
1993	/	500	/
1994	/	15 300	/
1995	/	9 161	/
1996	801	2 439	/
1997	1 765	4 200	/
1998	226	1 002	4
1999	853	577	/
2000	3 474	1 635	5
2001	3 041	375	2
2002	2 341	811	0
2003	10 535	562	0
2004	9 686	254	1
2005	15 429	749	800
2006	24 658	871	2 004
2007	17 621	731	5 663
2008	15 307	511	652
2009	17 335	511	700
2010	20 976	754	2 311
2011	16 414	1 820	1 329
2012	17 916	278	50
2013	10 500	153	40
2014	18 538	101	11 879
2015	16 827	531	327
2016	8 409	392	44
2017	9 529	1 033	883

数据来源：联合国粮食及农业组织数据库。

（二）家禽养殖业

1. 主要家禽整体存栏量变化情况

楚河州和伊塞克湖州是吉尔吉斯斯坦单鸡产蛋量最高的地区。总体来看，家禽数量相较于 1992 年有明显下降趋势，2018 年产值未达到 1992 年产值（表 4-37）。

2. 主要家禽产品产量及进口概况

主要家禽产品产量整体呈“V”形变化，1995 年后鸡蛋产量整体开始缓慢上升，但目前仍未恢复到 1992 年产量水平。与家禽养殖数量变化趋势相似，鸡肉产量远低于1992年。由于鸡肉产量未达到20世纪90年代初期水平，无法满足国民需要，从而导致鸡肉进口量增加（图4-37）。

表4-37 1992—2018年吉尔吉斯斯坦主要家禽存栏量统计

单位：万只

年份	存栏量			年份	存栏量		
	鸡	火鸡	合计		鸡	火鸡	合计
1992	1 216.1	54.0	1 270.1	2006	391.1	15.0	406.1
1993	932.0	42.0	974.0	2007	408.8	17.4	426.2
1994	618.7	28.0	646.7	2008	419.4	21.3	440.7
1995	197.8	9.0	206.8	2009	423.8	14.1	437.9
1996	182.1	8.0	190.1	2010	442.2	15.6	457.8
1997	189.2	9.0	198.2	2011	449.0	16.6	465.6
1998	208.0	9.0	217.0	2012	366.5	17.5	384.0
1999	243.8	11.0	254.8	2013	379.3	18.8	398.1
2000	266.0	12.0	278.0	2014	382.8	17.4	400.2
2001	274.4	12.0	286.4	2015	404.4	18.3	422.7
2002	292.1	12.3	304.4	2016	425.2	18.3	443.5
2003	333.8	12.9	346.7	2017	441.5	18.3	459.8
2004	394.9	14.9	409.8	2018	456.7	18.3	475.0
2005	412.1	15.4	427.5				

数据来源：联合国粮食及农业组织数据库。

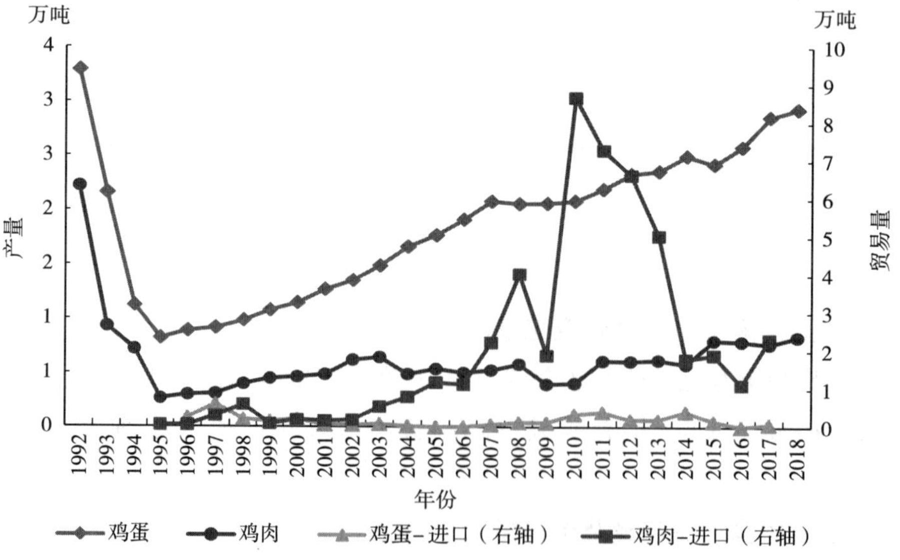

图4-37 吉尔吉斯斯坦主要家禽产量及贸易变化情况

数据来源：联合国粮食及农业组织数据库。

3. 主要家禽产品产量及进口变化情况

家禽类产品主要包括鸡蛋和鸡肉。整体来看，鸡蛋和鸡肉全国供给量均未达到1992年水平，2018年相较于1992年分别下降了10.86%和62.55%，鸡肉下降相对较多。因此在外贸中，鸡肉进口数量倍增，2017年进口量是1995年的46.28倍，2010年进口数量高达8.68万吨。鸡蛋进口数量相较20世纪90年代初期有所降低（表4－38）。

表4－38　1992—2018吉尔吉斯斯坦主要家禽类产品产量

单位：吨

年份	国内供给量		进口量	
	鸡蛋	鸡肉	鸡蛋	鸡肉
1992	32 900	22 200	/	/
1993	21 600	9 300	/	/
1994	11 200	7 200	/	/
1995	8 200	2 662	/	500
1996	8 880	3 010	2 523	500
1997	9 151	3 101	6 052	3 000
1998	9 820	3 997	2 053	5 986
1999	10 766	4 504	1 482	849
2000	11 440	4 643	2 077	1 970
2001	12 680	4 874	630	1 642
2002	13 523	6 202	598	1 895
2003	14 891	6 451	805	5 422
2004	16 644	4 907	276	7 993
2005	17 695	5 381	45	11 812
2006	19 130	5 035	123	11 278
2007	20 810	5 267	639	22 287
2008	20 600	5 820	1 238	40 325
2009	20 630	3 983	1 200	18 901
2010	20 840	4 064	3 447	86 804
2011	21 940	6 113	4 067	72 825
2012	23 320	6 089	2007	66 282
2013	23 600	6 200	2 032	50 400
2014	24 979	5 811	4 155	17 969
2015	24 225	7 997	1 588	18 995
2016	25 835	7 897	115	11 169
2017	28 598	7 639	760	23 142
2018	29 328	8 315	/	/

数据来源：联合国粮食及农业组织数据库。

（三）特色养殖业

养蜂业和桑蚕养殖业是吉尔吉斯斯坦的特色产业，特别是养蜂业，所产的吉斯缪德蜂蜜由于独特的口感而享誉世界。从 1992 年开始，养蜂业发展良好，以蜂箱为单位统计，其养殖量持续增加，而蜂蜜产量相较于 1992 年有所下降。主要是由于蜂农多使用传统养殖方法，导致蜂蜜质量不稳定，蜂蜜易损坏，产量波动较大。桑蚕业作为特色产业发展趋势略弱，蚕丝产量整体呈现下降趋势（图 4－38）。

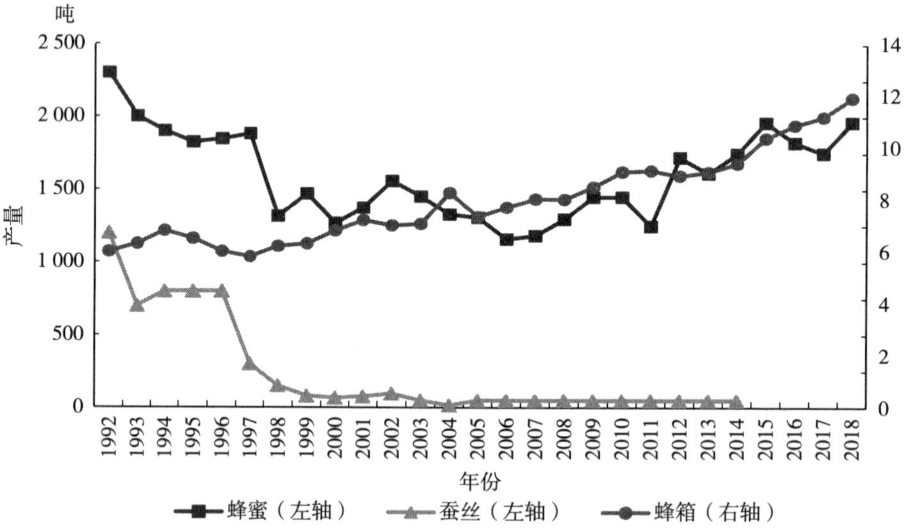

图 4－38　吉尔吉斯斯坦特色产业生产养殖情况

数据来源：联合国粮食及农业组织数据库。

1992 年，蜂蜜产量为 2 300 吨，2018 年为 1 958 吨，下降了 14.87％。对如今的养蜂业而言，突破原有生产方式与模式的限制，利用地域优势实现规模生产以获得更多高质量蜂蜜是新的发展方向。

三、塔吉克斯坦

（一）家畜养殖业

1. 家畜整体存栏量

塔吉克斯坦是中亚地区国土面积最小的国家，其养殖规模整体较小。牛、羊等饲养量是最大的，主要提供肉、奶等畜产品。1992 年以后牧场面积大幅度减少，饲料供给严重短缺，导致饲养量和相关产品产量都在逐年减少。此外还饲养有一定数量的家禽和马，猪饲养量最少。从地域分布上看，养牛业分布地区主要包括哈特隆州、索格特州和中央直辖市；养羊业分布地区主要包括哈特隆州和索格特州；养马业主要分布在哈特隆州和中央直辖市，其中哈特隆州马存栏数所占比例超过70%；戈尔诺-巴达赫尚自治州是全国牲畜存栏量最少的地区，但它是该国唯一生猪养殖地区。

除了生猪养殖数量远低于1992年，其余家畜养殖量均呈上升趋势。羊的养殖数量最多，规模最大，存栏量呈现先降后升的趋势。牛和羊的存栏量大体上持续增加（图4－39）。猪的养殖量在1992年出现骤降，而骆驼养殖量变化不大，养殖量一直较低。

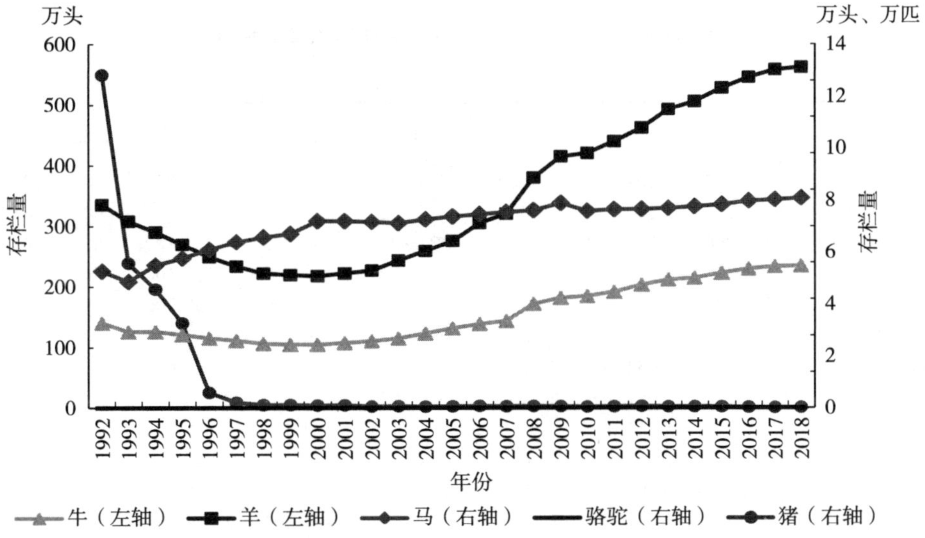

图4－39　塔吉克斯坦家畜养殖变化情况

数据来源：联合国粮食及农业组织数据库。

2. 主要家畜存栏量变化情况

养羊业是传统畜牧产业的重要组成部分。1992年以来由于饲料严重不足，存栏数以及提供的产品产量不大。从整体上看，养羊业呈现较好的发展趋势。20世纪90年代初期，羊的养殖数量为335.5万头，2018年羊的养殖数量达到了562.03万头，增加了67.52%。从1992年至2000年，羊的存栏量骤减，减少了117.7万头，但从2001年开始逐渐增长，并且在2008年养殖数量超过20世纪90年代初期。

肉牛存栏量在1992年后有较大幅度的下降。1992—2000年，肉牛存栏数量从140.46万头下降到104.99头，下降了25.25%，直至2007年才超过1992年的肉牛存栏量。从近几年恢复的情况来看，2018年肉牛产量比1992年增加了93.83万头左右，恢复情况较为乐观。

1992年以后养马业呈较好趋势发展，除了个别年份马匹存栏量出现小幅度下降，马匹养殖量整体一直呈增长趋势。2018年马匹存栏量为8.08万匹，相较于1992年的5.26万匹增长近53.60%。但由于国土面积以及养殖规模等所限，马匹养殖业竞争力不强，产品产量不大。

猪的数量下降幅度最大，从1992年的12.82万头下降至2018年的193头，下降了99.85%。由于畜牧环境等因素导致骆驼数量不多，骆驼数量从1992年以来变化不大，一直保持在50头左右（表4-39）。

表4-39 1992—2018年塔吉克斯坦家畜存栏量

单位：头、匹

年份	水牛	黄牛	合计	马	山羊	绵羊	羊合计	骆驼	猪
1992	13 864	1 390 700	1 404 564	52 600	870 800	2 484 200	3 355 000	50	128 200
1993	14 232	1 246 100	1 260 332	48 600	845 700	2 237 400	3 083 100	60	55 700
1994	12 800	1 250 200	1 263 000	54 900	825 200	2 080 500	2 905 700	60	45 700
1995	12 666	1 198 900	1 211 566	57 600	741 900	1 958 200	2 700 100	50	32 700
1996	7 270	1 147 400	1 154 670	61 000	677 800	1 815 700	2 493 500	60	5 900
1997	13 567	1 103 500	1 117 067	63 900	687 600	1 650 200	2 337 800	50	2 100
1998	14 566	1 050 200	1 064 766	65 800	667 600	1 554 000	2 221 600	50	1 200
1999	14 486	1 036 900	1 051 386	67 100	701 300	1 494 300	2 195 600	60	1 200
2000	13 189	1 036 700	1 049 889	72 000	705 800	1 472 200	2 178 000	50	1 000
2001	15 000	1 061 700	1 076 700	72 000	743 800	1 477 900	2 221 700	60	1 100
2002	16 272	1 090 700	1 106 972	71 700	779 400	1 489 900	2 269 300	50	600
2003	15 952	1 135 784	1 151 736	71 200	841 900	1 591 100	2 433 000	60	700
2004	14 367	1 218 979	1 233 346	72 606	919 800	1 672 000	2 591 800	50	491
2005	14 550	1 303 346	1 317 896	73 731	975 000	1 782 000	2 757 000	60	593
2006	14 600	1 371 882	1 386 482	74 604	1 160 200	1 893 625	3 053 825	60	728
2007	15 000	1 422 614	1 437 614	75 408	1 250 000	1 955 200	3 205 200	63	600
2008	15 000	1 702 500	1 717 500	76 093	1 424 370	2 374 060	3 798 430	70	672
2009	15 000	1 799 500	1 814 500	78 828	1 568 100	2 578 600	4 146 700	50	588
2010	15 000	1 829 997	1 844 997	75 796	1 582 811	2 617 373	4 200 184	45	418
2011	15 000	1 896 894	1 911 894	76 420	1 665 636	2 728 556	4 394 192	46	525
2012	15 000	2 015 353	2 030 353	76 523	1 724 306	2 894 289	4 618 595	46	694
2013	15 000	2 099 075	2 114 075	76 907	1 826 142	3 097 496	4 923 638	45	486
2014	15 000	2 128 179	2 143 179	77 560	1 829 652	3 226 920	5 056 572	45	491
2015	15 240	2 209 171	2 224 411	78 303	1 915 105	3 364 192	5 279 297	53	448
2016	15 383	2 278 072	2 293 455	79 700	1 966 209	3 489 997	5 456 206	54	271
2017	15 277	2 317 294	2 332 571	80 174	1 945 733	3 635 763	5 581 496	59	160
2018	15 351	2 327 531	2 342 882	80 791	1 953 539	3 666 729	5 620 268	63	193

数据来源：联合国粮食及农业组织数据库。

3. 家畜产品总体产量

整体上看，家畜产品产量均呈现先降后升趋势。牛奶产量是最高的，且近些年来一直持上升趋势，牛肉和鲜牛皮产量不及牛奶产量高，相比 20 世纪 90 年代初期略微下降。相比于牛类产品，羊类产品产量大体上呈上升趋势，羊奶、羊肉以及羊皮产量相比 20 世纪 90 年代初期也都有所增加，养羊业发展势头较好（图 4－40）。

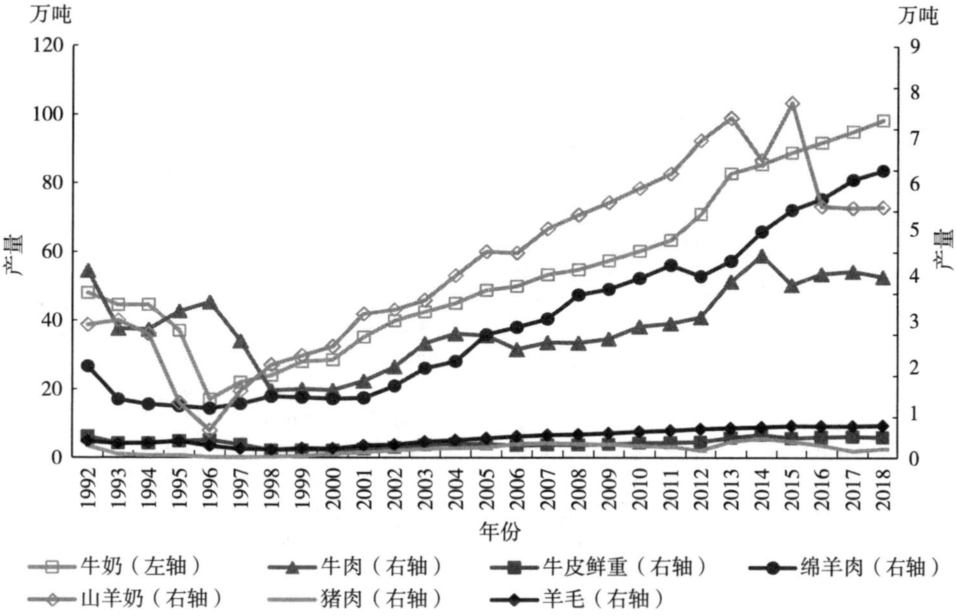

图 4－40　塔吉克斯坦家畜产品产量变化情况

数据来源：联合国粮食及农业组织数据库。

4. 家畜产品产量变化情况

从三种主要畜产品的产量来看，1992 年以后都有过较大幅度的下降。羊类产品产量供给近些年在持续增加。2018 年羊肉产量为 6.27 万吨，比 1992 年增长 213.69%，供给量增长较快；羊奶产量 5.47 万吨，比 1992 年增长 88.54%；羊毛供给量 7 125 吨，比 1992 年增加 92.57%。羊类产品产量增长较快，均增加近 1 倍以上，发展势头较好。

从牛类产品产量分析，牛肉产量从 1992 年的 4.09 万吨波动下降到 1998 年的 1.47 万吨，1999 年后开始波动增长，直至 2018 年也只有 3.96 万吨，未达到 20 世纪 90 年代初期的牛肉产量。牛奶从 1992 年的 48.05 万吨波动下降到 1996 年的 17 万吨，但从 1997 年开始，牛奶供应量开始大幅度增加，2018

年牛奶98.31万吨，是1992年牛奶产量的近2.05倍。从近几年恢复的情况来看，牛肉和牛皮已接近1992年的水平（表4-40）。

表4-40 1992—2018年塔吉克斯坦家畜类产品产量

单位：吨

年份	牛肉	牛皮（鲜重）	牛奶	绵羊肉	山羊奶	羊毛	猪肉
1992	40 900	4 736	480 500	20 000	29 000	3 700	2 700
1993	28 200	3 265	445 500	12 800	30 000	3 200	790
1994	28 000	3 242	445 900	11 700	27 000	3 309	520
1995	32 000	3 705	370 000	11 300	12 000	3 720	500
1996	34 000	3 937	170 000	10 800	6 000	2 623	100
1997	25 500	2 953	220 000	11 790	14 600	1 969	75
1998	14 700	1 702	240 000	13 400	20 300	1 775	200
1999	15 000	1 737	280 000	13 200	22 300	2 138	400
2000	14 800	1 714	285 500	12 900	24 300	2 059	800
2001	16 800	1 945	351 200	13 100	31 400	2 745	1 200
2002	19 900	2 304	398 700	15 700	32 300	2 914	1 600
2003	25 000	2 895	424 768	19 600	34 440	3 597	2 000
2004	27 100	3 138	450 355	21 100	39 800	3 942	2 100
2005	26 700	3 092	488 030	26 900	45 000	4 353	2 300
2006	23 700	2 744	500 000	28 500	44 700	4 754	3 100
2007	25 200	2 918	533 600	30 300	50 000	5 063	3 300
2008	25 100	2 906	548 000	35 600	53 000	5 178	3 100
2009	25 976	3 008	574 000	36 843	55 700	5 434	2 990
2010	28 642	3 316	602 000	39 240	58 800	5 771	2 670
2011	29 300	3 393	633 900	42 100	62 000	6 027	2 500
2012	30 683	3 553	709 000	39 650	69 300	6 361	1 600
2013	38 500	4 458	828 179	43 000	74 200	6 565	3 600
2014	44 200	5 118	854 737	49 400	65 000	6 776	4 300
2015	37 794	4 376	888 960	54 100	77 500	7 033	3 630
2016	40 165	4 651	917 990	56 483	54 876	7 000	2 800
2017	40 720	4 715	949 972	60 702	54 502	7 000	1 500
2018	39 560	4 581	983 053	62 738	54 677	7 125	1 980

数据来源：联合国粮食及农业组织数据库。

（二）家禽养殖业

1. 主要家禽整体存栏量变化情况

整体来看，家禽数量与1992年基本持平。家禽养殖业以蛋鸡为主，其主要分布在索格特州和中央直辖市，两者占比达77.83%。1992年鸡的存栏量达658.6万只，1992—1997年家禽数量大幅度下降，1997年家禽存栏量为1992年的3.01%；从1998年开始情况逐渐好转，鸡存栏量开始逐步回升，2018年存栏量为663.6万只，超过1992年存栏量（表4-41）。

表 4-41 1992—2018 年塔吉克斯坦主要家禽存栏量

单位：万只

年份	鸡	年份	鸡
1992	658.6	2006	245.1
1993	278.7	2007	258.0
1994	295.1	2008	328.0
1995	147.3	2009	368.3
1996	47.8	2010	393.8
1997	19.8	2011	440.3
1998	56.4	2012	485.1
1999	67.5	2013	502.1
2000	77.0	2014	524.8
2001	106.2	2015	514.3
2002	132.0	2016	505.1
2003	154.2	2017	521.7
2004	188.8	2018	663.6
2005	229.6	/	/

数据来源：联合国粮食及农业组织数据库。

2. 主要家禽产品产量及进口概况

近年来，鸡蛋供给量相较于1992年有所增长。蛋类产品从2000年的0.15万吨增长到2018年2.47万吨，增长幅度较大，但鸡肉相较于1992年有所下降。鸡肉国内供给不足，导致家禽类进口中鸡肉占比较大（图4-41）。

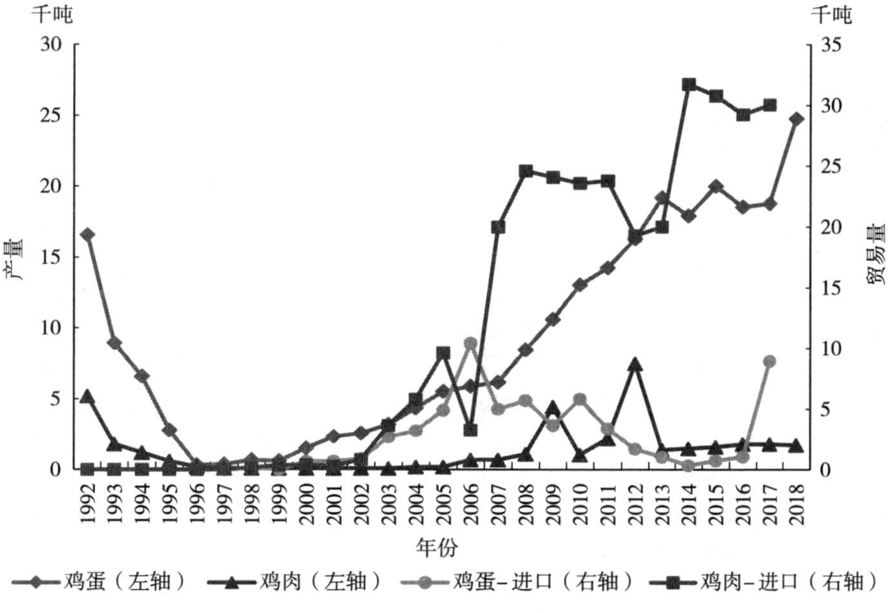

图 4-41 塔吉克斯坦主要家禽产量及贸易变化情况

数据来源：联合国粮食及农业组织数据库。

3. 主要家禽产品产量及进口变化情况

从家禽类产品产量及贸易情况分析，2018 年鸡蛋供给量相较于 1992 年增加了 49.46%，但是鸡肉供给数量相较于 1992 年减少了 66.67%。家禽养殖数量基本与 1992 年持平，但是国民需求在不断增加，因此家禽类产品供不应求，进口数量增加。由外贸情况可知，2017 年鸡蛋进口数量是 1998 年的 68.81 倍，鸡肉进口数量是 1997 年的 1 502.05 倍（表 4-42）。鸡肉进口数量增长十分迅速，这与国内鸡肉供给下降有着直接关系。

表 4-42　1992—2018 年塔吉克斯坦主要家禽类产品及贸易情况

单位：吨

年份	国内供给量		进口量	
	鸡蛋	鸡肉	鸡蛋	鸡肉
1992	16 570	5 200	/	/
1993	8 930	1 800	/	/
1994	6 585	1 200	/	/
1995	2 780	600	/	/
1996	336	200	/	/
1997	386	100	/	20
1998	689	100	130	170
1999	622	100	34	373
2000	1 522	100	681	415
2001	2 346	100	692	299
2002	2 577	100	885	850
2003	3 210	100	2 700	3 643
2004	4 350	200	3 200	5 805
2005	5 530	200	4 900	9 616
2006	5 890	700	10 401	3 254
2007	6 180	700	5 000	19 975
2008	8 460	1 100	5 702	24 585
2009	10 600	4 448	3 644	24 066
2010	13 050	1 054	5 823	23 568
2011	14 260	2 200	3 377	23 773
2012	16 300	7 501	1 695	19 286
2013	19 200	1 400	1 037	20 000
2014	17 920	1 500	350	31 731
2015	20 000	1 600	728	30 772
2016	18 543	1 800	1 056	29 236
2017	18 777	1 800	8 945	30 041
2018	24 766	1 733	/	/

数据来源：联合国粮食及农业组织数据库。

（三）特色养殖业

养蜂业发展势头良好，虽然1992年养蜂数量有所下降，但从1999年开始，蜂箱养殖数量呈稳定上升趋势。与蜂箱养殖数增幅一致，蜂蜜产量也在随之上升。2018年蜂箱养殖数达到22.33万箱，相比于1992年的6.15万箱增加了263.09%。蜂蜜产量从1992年的1 787吨，增加至2018年的4 182吨，上涨134.02%。桑蚕业发展较为稳定，根据蚕丝产量可知，近些年其养殖产量在200吨左右（图4-42）。

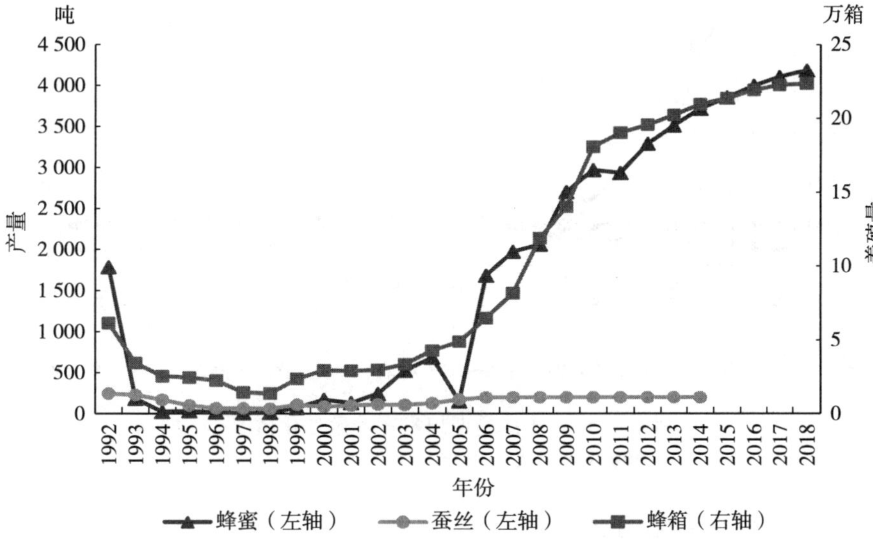

图4-42 塔吉克斯坦特色产业生产养殖情况

数据来源：联合国粮食及农业组织数据库。

四、土库曼斯坦

（一）家畜养殖业

1. 家畜整体存栏量

从地域分布上看，家畜养殖业主要分布在东部及北部地区，其中养牛业主要分布在达绍古兹州、列巴普州和马雷州，达绍古兹州牛存栏量占比达到41.27%；养羊业主要分布在马雷州和阿哈尔州，两个地区羊存栏量占比接近50%；养驼业则主要分布在巴尔坎州和阿哈尔州，两个地区养殖骆驼存栏量占比达到68.55%。整体上看，羊养殖数量最多，且整体存栏量呈上升趋势，相比于 1992 年，羊存栏量大大提高。其次是黄牛，其存栏量也呈上升趋势，相比于 1992 年有所增加。骆驼养殖数量也较多，近些年有上升趋势。马匹数量相对较为稳定，几乎与 1992 年保持不变。而生猪养殖数量发生了骤减，相较于 1992 年减少量巨大（图 4－43）。

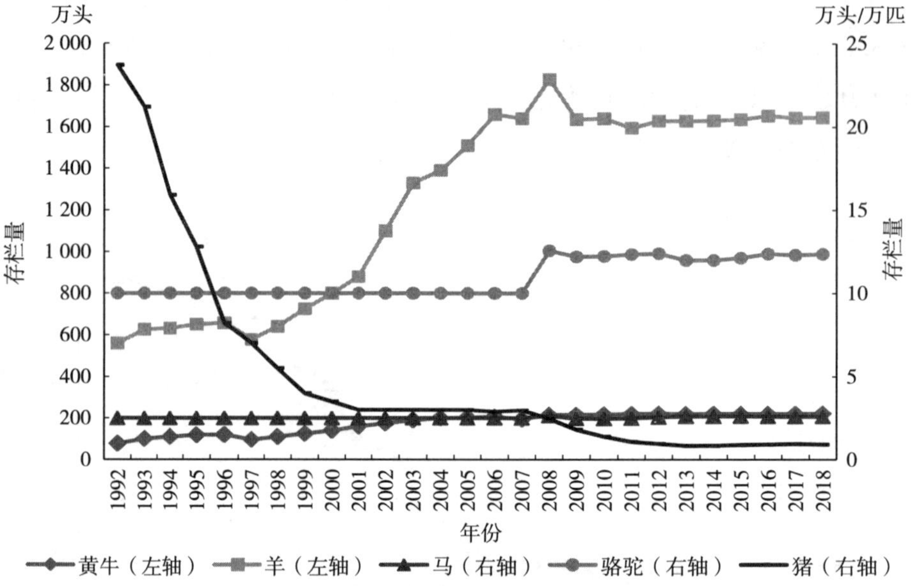

图 4－43　土库曼斯坦家畜养殖变化情况

数据来源：联合国粮食及农业组织数据库。

2. 家畜存栏量变化情况

畜牧业是农业的重要部门，以养羊业为主，所产的卡拉库尔绵羊在世界上知名度很高，其驰名国际的地毯就是由这种羊所产的优质细羊毛织造而成（陈蔚，2019）。养羊业整体发展势头较好，2018 年山羊以及绵羊养殖数量均超过 1992 年，增长形势乐观，2018 年总养殖量为 1 644.56 万头，较 1992 年的 560 万头增加了 193.67%。

从黄牛养殖数量来看，1992—1993 年，肉牛存栏量环比增长最多，从 77.7 万头增加至 100.4 万头。自 1992 年以来，除个别年份出现负增长以外，肉牛存栏量呈现稳定的上升趋势，且一直高于 1992 年的产量。2018 年，肉牛存栏量达到了 221.74 万头，较 1992 年增长了 185.39%，未来发展趋势较好。

马匹与骆驼养殖数量变动不大，生猪养殖数出现骤降。1992—2018 年，马匹养殖量几乎无明显变动，几年间存在小幅度波动。骆驼养殖量整体呈上升趋势，但上升数量不多，骆驼养殖数量相对增长缓慢（1992—2007 年数据为联合国粮食及农业组织数据库估测值）。生猪养殖数量下降较大，1992 年生猪存栏量为 23.7 万头，2018 年生猪存栏量仅剩 0.92 万头（表 4-43）。

表 4-43　1992—2018 年土库曼斯坦家畜存栏量

单位：头（匹）

年份	黄牛	马	山羊	绵羊	羊合计	骆驼	猪
1992	777 000	25 000	220 000	5 380 000	5 600 000	100 000	237 000
1993	1 004 000	25 000	265 000	6 000 000	6 265 000	100 000	212 000
1994	1 104 000	25 000	314 000	6 000 000	6 314 000	100 000	159 000
1995	1 181 000	25 000	403 000	6 100 000	6 503 000	100 000	128 000
1996	1 199 000	25 000	424 000	6 150 000	6 574 000	100 000	82 000
1997	959 000	25 000	375 000	5 400 000	5 775 000	100 000	70 000
1998	1 100 000	25 000	400 000	6 000 000	6 400 000	100 000	55 000
1999	1 250 000	25 000	450 000	6 800 000	7 250 000	100 000	40 000
2000	1 400 000	25 000	500 000	7 500 000	8 000 000	100 000	35 000
2001	1 600 000	25 000	570 000	8 230 000	8 800 000	100 000	30 000
2002	1 750 000	25 000	650 000	10 350 000	11 000 000	100 000	30 000
2003	1 900 000	25 000	900 000	12 400 000	13 300 000	100 000	30 000
2004	2 000 000	25 000	1 500 000	12 400 000	13 900 000	100 000	30 000
2005	2 024 500	25 000	2 000 000	13 089 000	15 089 000	100 000	30 000
2006	2 065 000	25 000	2 698 000	13 900 000	16 598 000	100 000	29 000
2007	1 948 000	25 000	2 642 000	13 758 000	16 400 000	100 000	29 800
2008	2 157 700	26 400	2 944 100	15 330 800	18 274 900	125 700	24 600
2009	2 153 900	24 700	2 848 300	13 512 900	16 361 200	122 100	18 100
2010	2 174 600	24 600	2 800 000	13 600 000	16 400 000	122 400	13 900
2011	2 196 300	24 900	2 294 049	13 650 000	15 944 049	123 500	10 800
2012	2 216 500	25 500	2 292 747	14 000 000	16 292 747	124 000	9 600
2013	2 196 000	26 000	2 290 000	14 000 000	16 290 000	120 000	8 449
2014	2 203 000	26 000	2 300 000	14 000 000	16 300 000	120 000	8 500
2015	2 205 000	26 069	2 337 707	14 018 958	16 356 665	121 373	9 000
2016	2 201 000	25 953	2 394 393	14 130 302	16 524 695	123 786	9 200
2017	2 203 000	25 839	2 368 138	14 060 498	16 428 636	123 067	9 500
2018	2 217 448	25 903	2 371 547	14 074 027	16 445 574	123 670	9 217

数据来源：联合国粮食及农业组织数据库。

3. 家畜产品总体产量

整体上看，除猪肉以外的家畜产品产量均呈现增加趋势。从牛类产品的产量来看，牛奶产量占据比例最大，且牛肉、牛皮以及牛奶产量均已超过 1992 年产量。随着养羊业的发展，羊类产品供给量也在不断增加，远超 1992 年的产量。羊类产品中，产量最高的是羊肉、其次是羊毛，最后是羊皮（图 4－44）。可以看出，随着养殖数量增加，家畜产品产量也在持续增加。

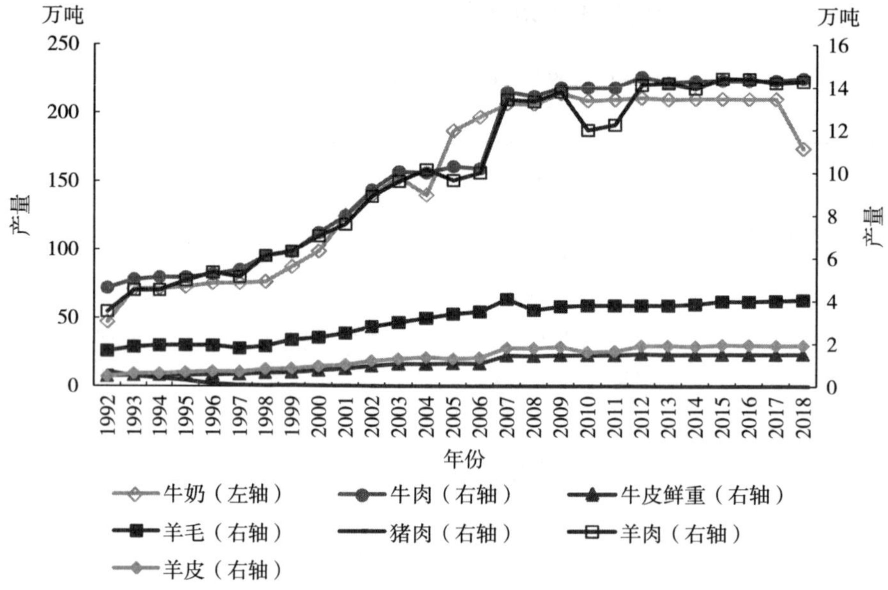

图 4－44　土库曼斯坦家畜产品产量变化情况

数据来源：联合国粮食及农业组织数据库。

4. 家畜产品产量变化情况

对于羊类产品而言，产量最多的为羊肉，2018 年羊肉供给量为 14.29 万吨，约为 1992 年羊肉供给量的 4 倍，羊毛供给量约为 1992 年的 2.5 倍，羊皮约为 4 倍。养羊业是畜牧业中发展较好的产业，发展势头较好。

对于牛类产品而言，2018 年牛肉和牛皮相比于 1992 年均增长了 213.53%，牛奶产量增长了 269.58%，均有了突破性增长。从数据可以看出，随着牛肉产量的不断增加，牛肉进口数量基本呈下降趋势，证明近年来牛肉生产量基本满足国民需求，牛养殖业发展势头良好（表 4－44）。

表 4－44　1992—2018 年土库曼斯坦家畜类产品产量

单位：吨

年份	牛肉	牛皮（鲜重）	牛奶	羊肉	羊皮	羊毛	猪肉
1992	46 000	4 842	471 000	35 000	4 725	16 600	7 000
1993	50 000	5 263	712 000	45 000	6 082	18 500	5 000
1994	51 000	5 368	715 000	45 000	6 066	19 200	4 000
1995	51 000	5 368	727 300	49 500	6 677	19 300	3 000
1996	52 400	5 516	754 800	53 300	7 200	19 200	1 400

（续）

年份	牛肉	牛皮（鲜重）	牛奶	羊肉	羊皮	羊毛	猪肉
1997	54 600	5 747	755 400	51 200	6 916	17 900	700
1998	61 100	6 432	765 300	61 100	8 241	18 900	510
1999	63 000	6 632	875 400	63 300	8 540	21 900	700
2000	72 000	7 579	989 000	70 500	9 525	23 000	500
2001	80 000	8 421	1 250 000	76 000	10 270	25 000	400
2002	92 000	9 684	1 398 000	89 000	12 030	28 000	300
2003	100 500	10 579	1 529 000	96 000	12 968	30 000	200
2004	100 000	10 526	1 400 000	101 500	13 714	32 000	200
2005	103 000	10 842	1 869 000	96 500	13 043	34 000	200
2006	102 000	10 737	1 970 000	100 000	13 520	35 000	200
2007	138 000	14 526	2 068 500	134 400	18 171	40 900	300
2008	136 000	14 316	2 065 000	133 500	18 052	35 800	300
2009	140 000	14 737	2 145 900	138 000	18 664	37 500	300
2010	140 004	14 737	2 093 000	120 008	16 248	38 000	300
2011	140 004	14 737	2 101 000	122 457	16 579	38 000	300
2012	144 990	15 262	2 113 000	141 250	19 101	38 000	276
2013	142 301	14 979	2 102 000	142 069	19 211	38 000	239
2014	143 067	15 060	2 105 000	139 611	18 886	38 564	241
2015	143 305	15 085	2 106 000	144 219	19 504	39 916	224
2016	143 199	15 074	2 104 000	144 014	19 479	39 832	258
2017	143 306	15 085	2 105 000	142 241	19 241	40 197	269
2018	144 223	15 181	1 740 730	142 887	19 327	40 561	256

数据来源：联合国粮食及农业组织数据库。

（二）家禽养殖业

1. 主要家禽整体存栏量变化情况

家禽养殖业整体上看呈现先减少后增加的趋势。2018 年家禽总存栏量合计共 1 742.9 万只，是 1992 年家禽总量的 2.23 倍。1992—1997 年家禽数量减少了约 947 万只。自 1997 年起，家禽数量开始上升并快速增加，家禽养殖规模也逐渐增大，发展势头较好（表 4－45）。

2. 家禽产品产量及贸易概况

鸡肉与鸡蛋的产量与家禽养殖数量变化趋势相似，呈现先小幅度减少后稳步增加的趋势，家禽产品产量整体呈上升趋势。鸡肉与鸡蛋的进口数量变化波动较大，但整体上数量较少（图 4－45）。

表 4-45　1992—2018 年土库曼斯坦主要家禽存栏量

单位：万只

年份	存栏量			年份	存栏量		
	鸡	火鸡	合计		鸡	火鸡	合计
1992	750.0	30.0	780.0	2006	1 200.0	20.0	1 220.0
1993	670.0	30.0	700.0	2007	1 400.0	20.0	1 420.0
1994	650.0	20.0	670.0	2008	1 559.6	60.0	1 619.6
1995	400.0	20.0	420.0	2009	1 507.3	50.0	1 557.3
1996	320.0	30.0	350.0	2010	1 588.8	50.0	1 638.8
1997	350.0	30.0	380.0	2011	1 639.6	50.0	1 689.6
1998	450.0	25.0	475.0	2012	1 687.5	50.0	1 737.5
1999	500.0	25.0	525.0	2013	1 600.0	50.0	1 650.0
2000	550.0	25.0	575.0	2014	1 600.0	50.0	1 650.0
2001	600.0	20.0	620.0	2015	1 586.3	49.8	1 636.1
2002	650.0	20.0	670.0	2016	1 663.2	51.4	1 714.6
2003	700.0	20.0	720.0	2017	1 673.2	53.8	1 727.0
2004	800.0	20.0	820.0	2018	1 687.7	55.2	1 742.9
2005	1 000.0	20.0	1 020.0	/	/	/	/

数据来源：联合国粮食及农业组织数据库。

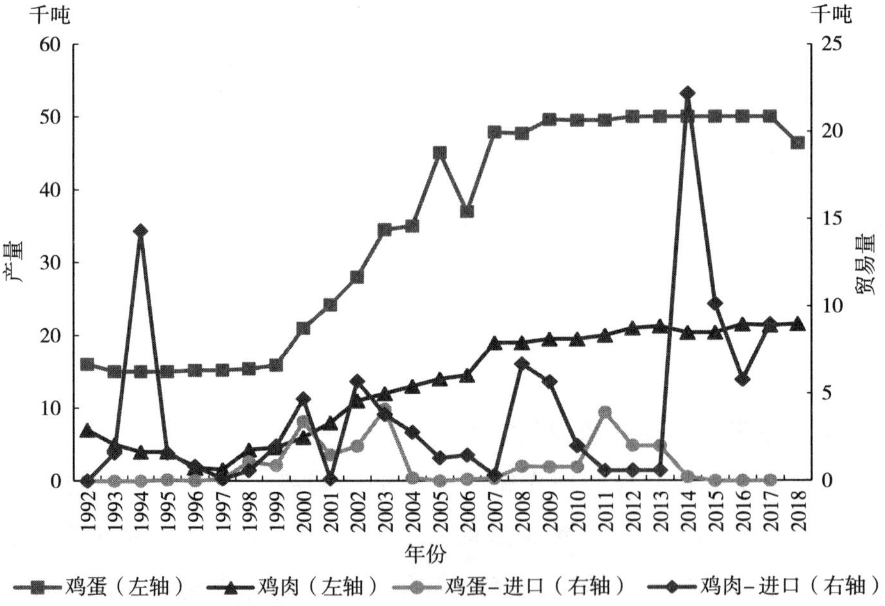

图 4-45　土库曼斯坦主要家禽产量及贸易变化情况

数据来源：联合国粮食及农业组织数据库。

3. 主要家禽产品产量及进口变化情况

家禽类产品整体呈上升趋势，2018 年鸡蛋产量相较于 1992 年增加 189.74%，鸡肉增加 208.10%，增长势头较好。在外贸方面，鸡蛋进口呈先升后降的趋势，2003 年进口数量有 4 100 吨，后开始有所下降，2017 年进口量仅为 13 吨，不到 1995 年的 1/5。但鸡肉进口量有所增加，鸡肉进口量最多为 2014 年，为 2.22 万吨，随后有所下降，至 2017 年鸡肉进口量为 1993 年的 5.64 倍（表 4－46）。

表 4－46　1992—2018 年土库曼斯坦主要家禽类产品产量

单位：吨

年份	国内供给量		进口量	
	鸡蛋	鸡肉	鸡蛋	鸡肉
1992	16 000	7 000	/	/
1993	15 000	5 000	/	1 591
1994	15 000	4 000	/	14 300
1995	15 000	4 000	70	1 592
1996	15 180	1 800	18	846
1997	15 200	1 600	120	130
1998	15 400	4 300	1 100	600
1999	15 900	4 600	900	2 000
2000	21 000	6 000	3 400	4 700
2001	24 200	8 000	1 500	120
2002	28 000	11 000	2 000	5 700
2003	34 500	12 000	4 100	3 800
2004	35 000	13 000	180	2 782
2005	45 100	14 000	8	1 317
2006	37 000	14 500	100	1 476
2007	47 900	19 000	153	325
2008	47 700	19 000	840	6 683
2009	49 600	19 500	800	5 650
2010	49 500	19 500	800	2 000
2011	49 500	20 000	3 921	588
2012	50 000	21 000	2 023	600
2013	50 000	21 250	2 000	600
2014	50 000	20 375	223	22 155
2015	50 000	20 390	/	10 135
2016	50 000	21 504	/	5 777
2017	50 000	21 364	13	8 968
2018	46 359	21 567	/	/

数据来源：联合国粮食及农业组织数据库。

（三）特色养殖业

桑蚕业是土库曼斯坦的重要产业。桑蚕加工和丝绸生产工业较发达，2019

年全国收获 2 030 吨蚕茧，其中列巴普州 960 吨、阿哈尔州 155 吨、巴尔干州 25 吨、达绍古兹州 485 吨、马雷州 405 吨（中国驻土库曼斯坦大使馆经济商务参赞处，2019）。其中列巴普州气候条件适宜发展桑蚕养殖，2019 年桑树种植园面积达 2 300 公顷，共培育 2.4 万箱蚕种。而近些年蚕丝产量较为稳定，年产量在 4 500 吨左右（图 4 - 46）。

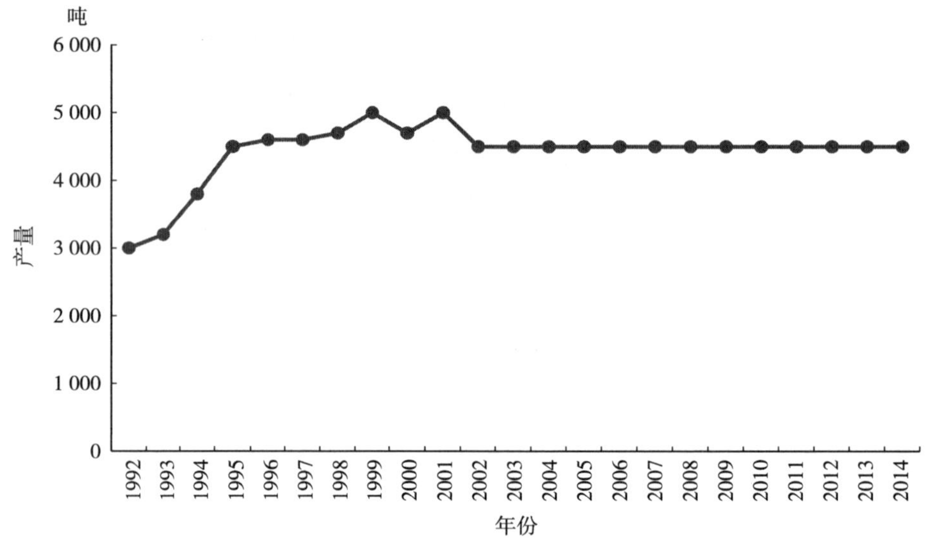

图 4 - 46　土库曼斯坦蚕丝产量情况

数据来源：联合国粮食及农业组织数据库。

五、乌兹别克斯坦

（一）家畜养殖业

1. 家畜整体存栏量

整体来看，牛、羊养殖规模比其他家畜养殖规模大。从地域分布上看，牛的养殖各州都有分布，但主要分布于卡什卡达里亚州、撒马尔罕州和布哈拉州，三个地区的存栏量占比为 33.94%；羊养殖主要分布于费尔干纳州和卡什卡达里亚州，两州存栏量所占比例超过 60%。1992 年以来，牛、羊以及马匹养殖量整体呈现先降后升的趋势，养殖数量相较于 1992 年均有明显的上涨。其中，羊养殖数量最多，其次是黄牛和马匹。骆驼养殖规模不大且变动数量较小，与 1992 年数量相近。而生猪养殖大幅度下降（图 4 - 47）。

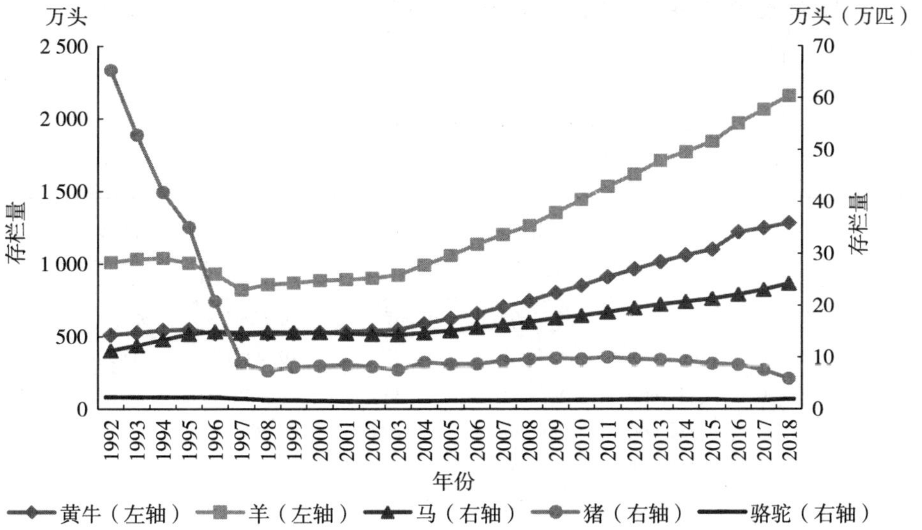

图 4-47　乌兹别克斯坦家畜养殖变化情况

数据来源：联合国粮食及农业组织数据库。

2. 主要家畜存栏量变化情况

养羊业发展形势较好，养殖规模较大。整体来看，羊存栏量较 1992 年有明显的上升。从 1992 年总存栏量 1 010.95 万头增至 2018 年 2 158.1 万头，增长率为 113.47%，增长数量翻倍。从 1995 年至 1997 年，羊的养殖数量出现了一定量的减少，但是从 1998 年往后，羊的养殖数量呈现了较为稳步的增长。直至 2018 年，养羊业仍有着较好的发展趋势。

从肉牛养殖量来看，1992—1997 年肉牛存栏量一直在小范围波动，有增有减，但整体变化幅度不大，从 1998 年开始，肉牛存栏量开始小幅度增加。2014 年其肉牛存栏量达到了 1992 年肉牛存栏量的两倍多，且不断增加，2018 年肉牛存栏量达到了 1281.4 万头。

马匹存栏量呈稳步上升趋势。1992—1996 年马匹存栏量有小幅度增长，增长了 33.33%；1997—2003 年有小幅度的下降但波动不大；2004 年开始又进入了稳步上升的状态，2017 年马匹养殖量达到了 1992 年的两倍多，发展较为迅速。

生猪养殖业整体呈下降趋势，1992 年生猪存栏量达到 65.36 万头，2018 年生猪存栏量仅为 5.89 万头，减少了 91.00%。骆驼存栏量整体呈下降趋势，1992 年骆驼养殖数量为 2.31 万头，2018 年骆驼存栏量为 1.94 万头，下降了 16.01%。1992 年至 2002 年期间，骆驼养殖数量下降较快，下降了 8 000 头。

2003—2018年骆驼养殖数量整体呈小幅度增长趋势，期间养殖数量呈小范围波动（表4-47）。

表4-47 1992—2018年乌兹别克斯坦家畜存栏量

单位：头（匹）

年份	黄牛	马	山羊	绵羊	羊合计	猪/头	骆驼
1992	5 112 600	112 500	917 500	9 192 000	10 109 500	653 600	23 100
1993	5 275 000	122 500	960 700	9 367 800	10 328 500	528 600	23 000
1994	5 430 600	133 800	967 400	9 423 500	10 390 900	418 600	22 900
1995	5 483 300	144 800	971 300	9 088 000	10 059 300	350 400	22 900
1996	5 203 500	150 000	906 500	8 415 800	9 322 300	207 900	22 600
1997	5 102 500	147 400	857 700	7 371 400	8 229 100	89 100	20 200
1998	5 196 400	148 800	973 700	7 613 000	8 586 700	73 900	17 700
1999	5 225 200	148 500	1 030 400	7 667 500	8 697 900	80 800	17 100
2000	5 281 800	148 400	1 103 100	7 760 500	8 863 600	83 000	16 200
2001	5 353 400	146 300	1 145 400	7 787 100	8 932 500	85 800	15 400
2002	5 416 100	144 700	1 191 100	7 831 500	9 022 600	81 600	15 100
2003	5 477 600	143 400	1 287 400	7 946 500	9 233 900	75 400	15 400
2004	5 878 800	147 500	1 421 200	8 507 400	9 928 600	89 900	15 800
2005	6 242 700	151 500	1 689 500	8 890 400	10 579 900	86 700	16 500
2006	6 571 500	158 100	1 797 200	9 554 700	11 351 900	86 900	16 600
2007	7 044 600	162 400	1 973 100	10 043 100	12 016 200	93 100	16 700
2008	7 457 900	168 300	2 079 100	10 556 500	12 635 600	96 200	17 300
2009	8 026 300	175 800	2 195 400	11 327 900	13 523 300	97 800	17 200
2010	8 510 800	180 600	2 350 700	12 081 900	14 432 600	96 500	17 600
2011	9 094 700	187 400	2 559 200	12 781 700	15 340 900	100 000	18 000
2012	9 642 700	195 200	2 783 100	13 405 900	16 189 000	96 800	18 500
2013	10 141 300	202 200	2 967 300	14 161 500	17 128 800	95 200	19 100
2014	10 607 300	207 644	3 161 300	14 556 300	17 717 600	92 700	18 400
2015	10 995 200	213 400	3 241 200	15 197 700	18 438 900	87 800	18 600
2016	12 181 000	221 410	3 741 000	15 957 000	19 698 000	85 518	17 369
2017	12 471 000	230 593	3 830 000	16 811 000	20 641 000	75 255	17 685
2018	12 814 000	242 470	3 806 000	17 775 000	21 581 000	58 856	19 426

数据来源：联合国粮食及农业组织数据库。

3. 家畜产品总体产量

乌兹别克斯坦最出名的羊是卡拉库尔羊，每年会生产和出口大量的羊羔皮，高质量的卡拉库尔羔皮产量居世界第二位。整体来看，除了山羊奶的产量较1992年有所下降以外，其他羊类产品产量均较1992年有所上升。随着肉牛养殖数量的增加，牛产品数量也在相应地增加，虽然有所波动，但波动范围不大，整体呈现增长趋势。与马匹养殖数量的变化一致，马肉产量呈相同变化趋势。虽然生猪存栏数下降较大，但是猪肉供给量较 1992 年仍有小幅度的上升，这可能与猪肉进口有关。骆驼养殖量呈下降趋势，但骆驼肉以及骆驼奶相对 1992 年有所增加（图 4－48）。

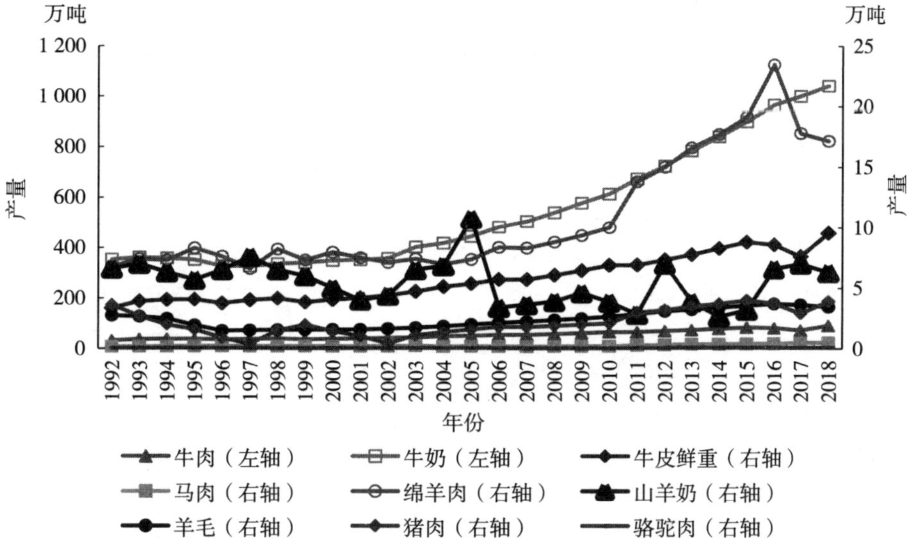

图 4－48　乌兹别克斯坦家畜产品产量变化情况

数据来源：联合国粮食及农业组织数据库。

4. 家畜产品产量变化情况

羊类产品较为丰富，包括羊肉、羊奶、羊皮和羊毛。2018 年绵羊肉和羊皮产量均为 1992 年的 2.54 倍，但近年来两者产量均有略微下降。羊奶产量并未达到 1992 年的产量，2018 年产量较 1992 年产量略微下降，为 1992 年的 95.45%，羊毛产量相较于 1992 年增加了 26.33%。整体而言，羊类产品产量增加较多，发展势头较好。

牛类产品中牛奶产量最高，且牛奶产量增加较多。2018 年牛奶产量为 1 041.56 万吨，约为 1992 年的 3 倍，2018 年的牛肉产量和鲜牛皮约为 1992 年的 2.85 倍。牛类产品产量增加较多，与牛存栏量走势基本一致，养牛业发展较为迅速。

猪肉产量相较于 1992 年略有增加，2018 年相较 1992 年增加 8.25%。驼肉相比 1992 年增加较多，增加了 62.87%。骆驼和生猪养殖数量均有所下降，但其肉类供给数量有所增加，与进口等因素有关（表 4－48）。

表 4-48　1992—2018 年乌兹别克斯坦家畜类产品产量

单位：吨

年份	牛肉	牛皮（鲜重）	牛奶	马肉	绵羊肉	山羊奶	绵羊皮	羊毛	猪肉	骆驼肉
1992	323 300	33 464	3 531 100	1 752	67 500	66 000	7 824	27 400	36 100	614
1993	378 000	39 126	3 613 500	1 884	74 000	70 000	8 577	26 600	27 000	630
1994	390 000	40 368	3 582 300	2 032	73 000	63 000	8 461	24 900	20 000	646
1995	392 000	40 575	3 518 500	2 171	83 000	57 000	9 620	19 500	16 000	665
1996	362 000	37 470	3 267 700	2 220	76 000	65 000	8 809	14 900	9 000	638
1997	387 000	40 058	3 269 500	2 152	66 000	76 000	7 650	15 247	4 000	572
1998	400 000	41 404	3 355 400	2 144	82 000	65 000	9 505	15 531	15 000	500
1999	370 500	38 350	3 401 600	2 110	73 000	60 000	8 461	15 702	19 800	466
2000	390 000	40 368	3 487 200	2 080	79 400	50 000	9 203	15 834	14 500	520
2001	404 000	41 818	3 518 200	1 988	75 000	40 000	8 693	15 912	10 500	560
2002	425 300	44 022	3 572 400	2 297	71 100	44 000	8 241	16 594	4 300	600
2003	455 900	47 190	4 024 566	2 600	74 100	65 180	8 589	17 395	11 200	644
2004	493 600	51 092	4 178 800	1 900	69 600	68 407	8 067	18 618	13 800	700
2005	518 100	53 628	4 447 188	2 153	73 600	107 481	8 531	20 081	16 000	749
2006	551 590	57 094	4 821 366	1 962	83 587	34 175	9 688	21 437	18 058	577
2007	551 000	57 033	5 040 600	1 800	83 000	36 400	9 620	22 386	18 000	500
2008	586 000	60 656	5 391 700	2 000	88 000	39 000	10 200	23 779	19 000	500
2009	622 700	64 455	5 771 300	2 100	93 400	46 200	10 826	24 980	20 000	500
2010	665 300	68 864	6 133 800	2 200	100 000	38 500	11 591	26 510	21 000	600
2011	667 500	69 092	6 737 279	3 000	138 000	28 500	15 995	28 687	30 000	800
2012	708 200	73 305	7 240 172	3 300	150 000	69 800	17 386	31 065	32 000	800
2013	750 000	77 632	7 845 375	4 000	166 000	39 000	19 241	32 400	35 000	1 000
2014	800 000	82 807	8 404 235	4 000	177 000	26 500	20 516	34 034	37 200	1 000
2015	850 000	87 982	8 994 767	4 200	191 200	32 000	22 162	35 675	40 000	1 100
2016	829 123	85 822	9 663 242	4 434	234 614	66 000	27 194	37 103	37 488	1 013
2017	735 139	76 093	10 005 484	5 039	177 802	70 000	20 609	36 360	29 090	992
2018	922 364	95 473	10 415 660	5 262	171 442	63 000	19 872	34 615	39 077	1 000

数据来源：联合国粮食及农业组织数据库。

（二）家禽养殖业

1. 主要家禽整体存栏量变化情况

在畜禽养殖业中，鸡的养殖数量是最多的，主要分布区域为塔什干州和撒马尔罕州。整体来看，家禽养殖量有所增加。1992 年，家禽养殖数量先是减少，直至1998年减少了约65.12%，从1999年开始，家禽养殖业发展迅速，发展势头较好。截至2018年鸡养殖量高达5 328.6万只，是1992年的1.57倍，火鸡养殖量较1992年有所下降，约占1992年养殖数的1/2（表4-49）。

表4-49　1992—2018年乌兹别克斯坦主要家禽存栏量

单位：万只

年份	存栏量			年份	存栏量		
	鸡	火鸡	合计		鸡	火鸡	合计
1992	3 400.0	120.0	3 520.0	2006	2 010.0	44.0	2 054.0
1993	2 500.0	118.1	2 618.1	2007	2 370.0	48.8	2 418.8
1994	2 180.0	68.5	2 248.5	2008	2 565.0	46.9	2 611.9
1995	1 900.0	62.0	1 962.0	2009	2 900.0	50.5	2 950.5
1996	1 300.0	37.0	1 337.0	2010	3 260.0	45.3	3 305.3
1997	1 220.0	46.9	1 266.9	2011	3 723.3	50.0	3 773.3
1998	1 200.0	27.9	1 227.9	2012	4 220.0	61.8	4 281.8
1999	1 360.0	33.5	1 393.5	2013	4 680.0	68.5	4 748.5
2000	1 410.0	42.1	1 452.1	2014	5 170.0	66.3	5 236.3
2001	1 410.0	41.0	1 451.0	2015	5 560.0	67.6	5 627.6
2002	1 440.0	42.9	1 482.9	2016	6 070.0	64.9	6 134.9
2003	1 500.0	35.5	1 535.5	2017	6 300.0	63.9	6 363.9
2004	1 720.0	47.6	1 767.6	2018	5 328.6	66.6	5 395.2
2005	1 850.0	33.4	1 883.4				

数据来源：联合国粮食及农业组织数据库。

2. 主要家禽产品产量及贸易概况

由于家禽养殖业的发展，禽类产品也有了很大的增长，特别是鸡蛋的产量，从1992年的10.3万吨增长至2018年的41.58万吨，增加了3倍。鸡肉产量相对变化不大，但2018年产量相较于1992年的38.80万吨增加了近66.83%。就进口情况看，2017年鸡蛋进口量较1992年减少了62.17%，鸡肉进口虽然波动较大，但是整体趋势与鸡肉产量相反（图4-49）。

3. 主要家禽产品产量及进口变化情况

家禽国内供给量相较于1992年增长较多，其中鸡蛋2018年供给量约为1992年的4倍，鸡肉供给量约为1.67倍。整体来看，家禽类国内供给量居中亚五国首位，发展势头较好。从外贸情况可以看出，主要以鸡肉进口为主，2017年鸡肉进口量约占1992年的1/3，鸡蛋进口数量波动较大，2017年进口量为495吨，约为1996年的13倍（表4-50）。

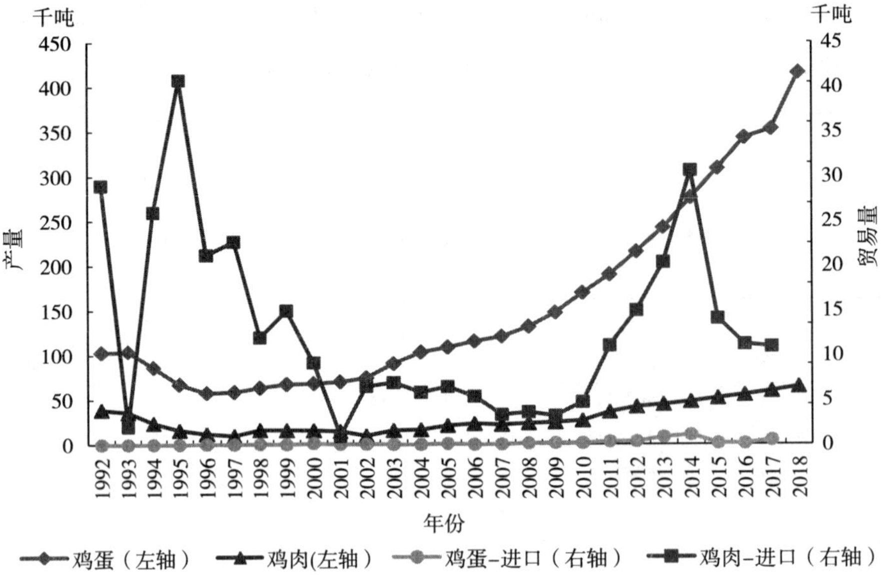

图 4－49　乌兹别克斯坦主要家禽产量及贸易变化情况

数据来源：联合国粮食及农业组织数据库。

表 4－50　1992—2018 年乌兹别克斯坦主要家禽类产品产量

单位：吨

年份	国内供给量		进口量	
	鸡蛋	鸡肉	鸡蛋	鸡肉
1992	103 000	38 800		29 000
1993	104 000	36 000		2 000
1994	86 100	24 000		26 000
1995	67 200	16 000		40 800
1996	57 700	12 000	38	21 200
1997	58 700	10 000	8	22 700
1998	63 600	16 500	60	12 000
1999	67 500	16 300	25	15 000
2000	68 300	16 000	148	9 167
2001	70 200	15 200	40	950
2002	74 500	10 100	60	6 499
2003	90 500	16 000	21	6 927
2004	103 500	16 700	10	5 837
2005	109 000	21 300	104	6 475
2006	115 600	23 400	11	5 383
2007	121 000	22 400	40	3 349
2008	132 000	24 000	150	3 638
2009	147 600	25 000	189	3 222
2010	169 600	27 000	171	4 758
2011	190 000	36 600	322	11 089
2012	215 400	42 200	335	15 013
2013	242 500	45 000	832	20 378

（续）

年份	国内供给量		进口量	
	鸡蛋	鸡肉	鸡蛋	鸡肉
2014	276 100	48 100	1 091	30 676
2015	308 800	52 000	156	14 118
2016	343 071	55 671	125	11 241
2017	352 800	59 887	495	10 971
2018	415 835	64 731	/	/

数据来源：联合国粮食及农业组织数据库。

（三）特色养殖业

桑蚕业与蜜蜂养殖业是乌兹别克斯坦的重要产业。全国 14 个地区中有 7 个州在经营桑蚕业，主要分布在费尔干纳州、安集延州、纳曼干州和撒马尔罕州，其中在费尔干纳盆地的马尔吉兰是该国内最大规模的丝绸工厂。乌兹别克斯坦是全球第三大丝绸生产国，其丝绸产品产量紧随中国、印度之后。21 世纪以来，蚕桑业稳步发展，以蚕茧产量为例，2016 年，蚕茧产量为 2.64 万吨，相较于 1992 年的 1.50 万吨，增长了 76%。但近两年蚕茧产量有所下降。与蚕茧相比，蚕丝产量略低，且有缓慢下降趋势。

蜜蜂养殖业发展势头较稳定，整体呈“U”形增长，2018 年蜂箱产量达 57.42 万箱，相应地，蜂蜜产量达到 1.26 万吨，发展势头较好（图 4－50）。

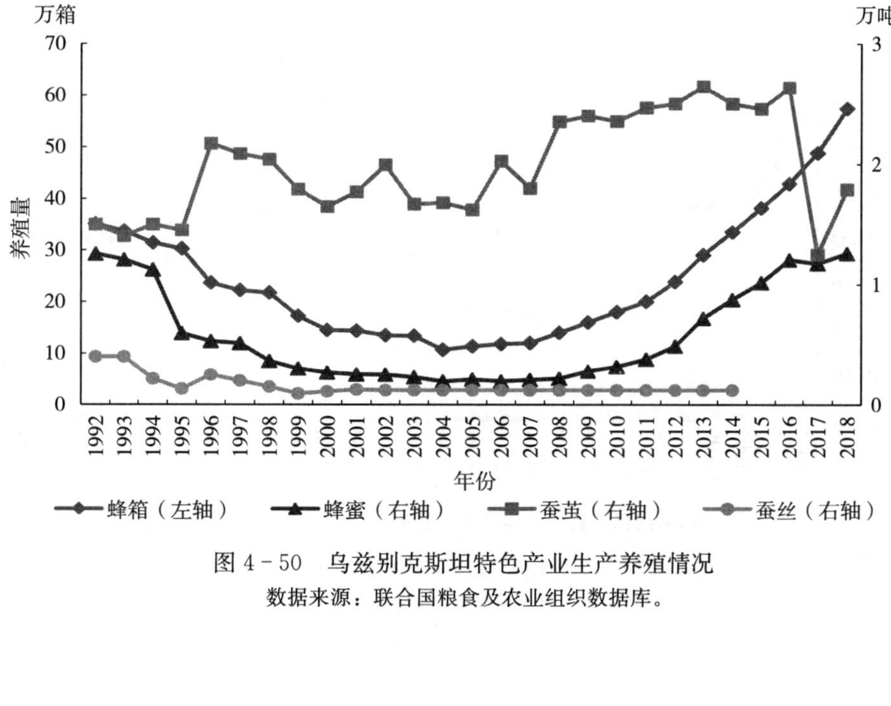

图 4－50 乌兹别克斯坦特色产业生产养殖情况
数据来源：联合国粮食及农业组织数据库。

第三节 渔 业

中亚五国地处欧亚大陆腹地，地理条件虽然比较封闭，但区域内渔业资源非常丰富，世界第一大湖和前第四大湖咸海以及阿姆河、锡尔河等大型河流分布在域内。就目前发展现状来看，哈萨克斯坦、塔吉克斯坦和土库曼斯坦三国渔业年产量尚未达到1992年水平，吉尔吉斯斯坦和乌兹别克斯坦的渔业发展势头相对较好。总体来看，中亚五国渔业发展空间较大，有较好的市场发展潜力。

一、哈萨克斯坦

哈萨克斯坦是世界上最大的内陆国家，里海、咸海和巴尔喀什湖等中亚几大主要湖泊主要分布在其境内，其渔业及水产养殖业主要分布在阿特劳州，以捕捞渔业为主。1992年之前，渔业生产规模保持在年8万吨以上，1992年之后渔业生产开始萎缩，2001年达到最低值2.3万吨，之后逐步开始复苏，但产量波动较大，2018年达到约3.36万吨（图4-51）。需要指出的是，水产养殖产量持续萎缩，从1992年的年产0.34万吨萎缩到2018年的0.16万吨，发展比较缓慢。作为全球最大的鲟鱼子酱出口国之一，其乌拉尔河-里海的鲟鱼深加工最具经济价值（郭辉，2019）。目前中国与哈萨克斯坦合作建立鲤鱼和

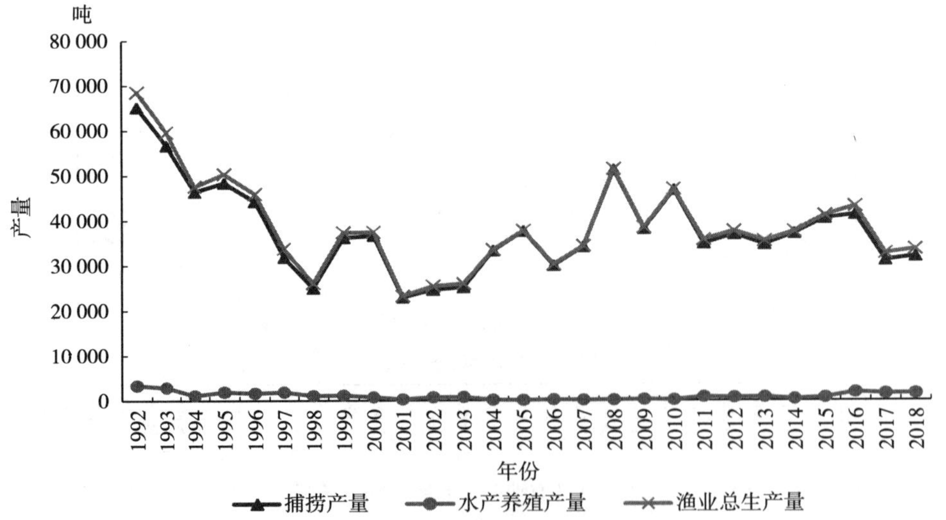

图4-51 哈萨克斯坦渔业生产情况

数据来源：联合国粮食及农业组织数据库。

鲟鱼孵化和养殖场，哈方提出提供长期土地租赁等优惠条件，以鼓励该国内外私人资本投资水产养殖业（户国，2017）。

从渔业生产情况可知，渔业生产规模未达到 1992 年水平，2018 年总产量为 3.36 万吨，相较于 1992 年的 6.85 万吨下降 50.95%，其中捕捞产量下降较多。但总体来看，渔业未来发展空间较大。

二、吉尔吉斯斯坦

吉尔吉斯斯坦拥有丰富的水域。除了伊塞克湖、索库里湖、查腾尔库里湖等大型湖泊外，还分布着大约 2 000 个小型湖泊。人工修建的水体、池塘、水库数量也非常可观。尽管拥有数量众多的水体，可其渔业发展却显得比较落后（裴德禄，2004）。

渔业生产以水产养殖为主，捕捞产量占比较低，2018 年捕渔业产量仅为 19 吨（联合国粮食及农业组织数据统计）。1992 年之后直到 2003 年，才开始在伊塞克湖实施除增殖目的外全面禁捕的相关政策来养护渔业资源，因此从 2003 年渔业产量才开始有所增加。水产养殖方面，2005 年年产量仅为 20 吨，作为一个国家的产业部门，几乎可以忽略不计。从渔业生产情况统计可知，近些年水产养殖量总产量逐年提高，2014 年为 577.93 吨，2015 年产量几乎翻倍达到 1 068.4 吨，超过 1992 年的发展水平。2018 年，渔业生产规模达到 2 577.7 吨，发展势头良好（图 4－52）。

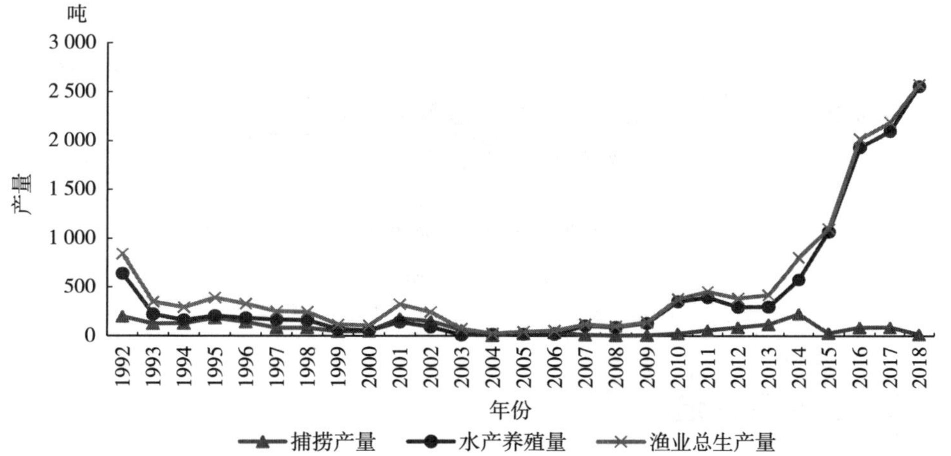

图 4－52　吉尔吉斯斯坦渔业生产情况

数据来源：联合国粮食及农业组织数据库。

三、塔吉克斯坦

塔吉克斯坦地处帕米尔高原东部，拥有丰富的水资源，水资源量占中亚整个地区总量的一半以上，水资源蕴藏总量位于世界前列，具有优越的发展水产养殖业的条件。

在渔业产量中，捕捞产量占比较大，渔业发展大致分为三个阶段：第一阶段为急速下降阶段（1992—1997 年），1991 年之后，塔吉克斯坦陷入政治动荡并发生内战，导致国内物价飞涨，水产养殖成本无法控制，濒于崩溃；第二阶段为平稳阶段（1997—2009 年），内战结束后，渔业生产逐渐平稳时，2007—2008 年度又发生严重冻灾，给渔业生产造成了极为严重的经济损失（户国，2017）；第三阶段为发展阶段（2009 年至今），从 2010 年开始塔吉克斯坦采取了一系列有助于渔业发展的措施，水产养殖才逐步恢复，但 2018 年养殖产量仅为 480 吨，同期捕捞渔业产量约为 1 100 吨，远未达到 1992 年之前的水平（图 4 - 53）。由于当地水质好，鱼种优良，鱼类品质高等特点，仍具有较大发展潜力。

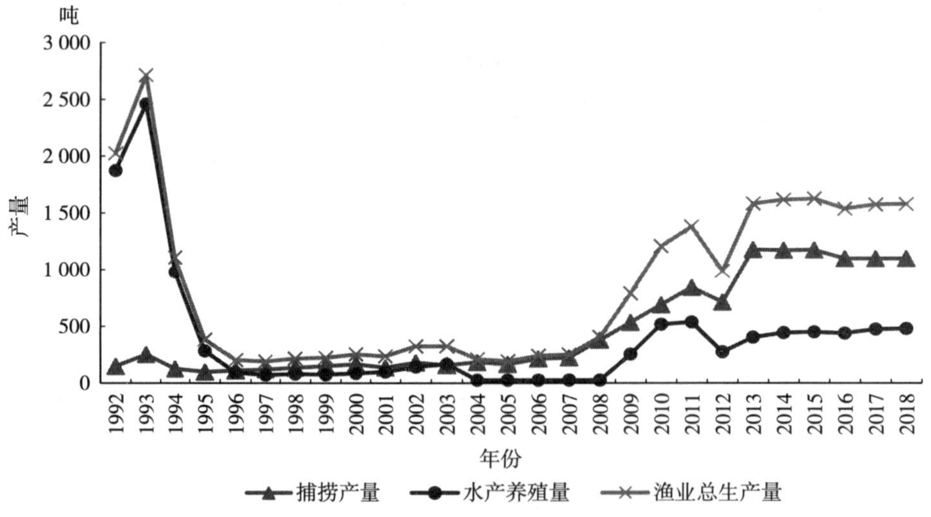

图 4 - 53 塔吉克斯坦渔业生产情况

数据来源：联合国粮食及农业组织数据库。

四、土库曼斯坦

渔业以捕捞渔业为主，水产养殖量较少。在捕捞渔业中，鲱鱼捕捞量占据着主要地位，但自1989年以来下降了70%以上。渔业生产萎缩的原因是渔业合作社关停，虽然之后又成立了私人的渔业公司，但是人员规模，设备设施、财政能力以及销售渠道都受到了极大限制。虽然禁止捕捞里海鲟鱼，但无力提供增殖放流和资源养护方面的经费和人员，也没有能力来完全控制盗捕偷猎问题，导致里海沿岸鲟鱼资源几近枯竭（户国，2017）。

捕捞渔业产量自2010年以来，一直维持在大约1.5万吨的水平，而作为世界最为干旱的国家之一，水产养殖年产量多年来徘徊在20～30吨，产量太少。近些年来，土库曼斯坦也在计划实施渔业投资项目（图4-54），2015年唯一一家从事人工养殖鲟鱼、鱼子酱生产和鱼类加工的综合体成立。目前，该企业可生产16种不同种类的鱼罐头和50多种鱼类加工产品，原料既有当地所产鱼类，也有进口的鲱鱼和鲭鱼（中国驻土库曼斯坦大使馆经济商务处）。还计划建设用于鱼类孵化的人工水库，实现对鱼类的工业养殖，从而进一步发展该国渔业。

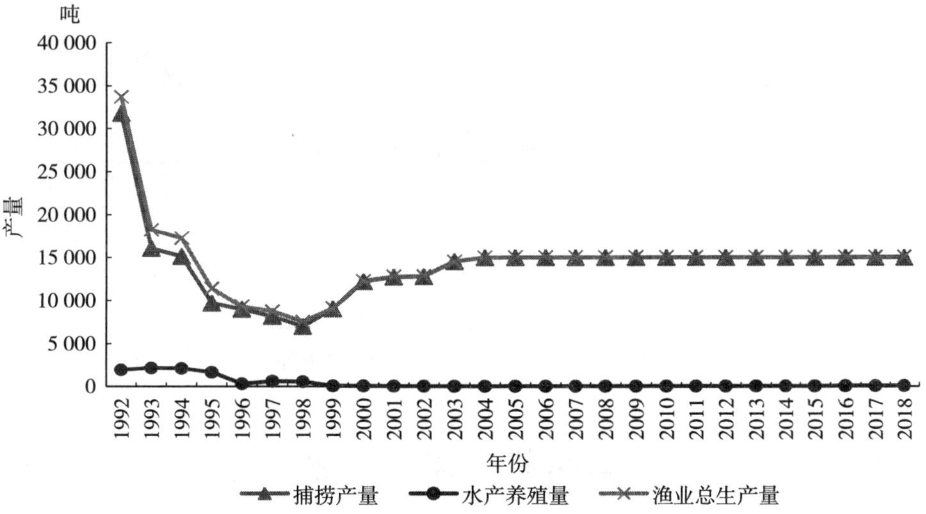

图4-54　土库曼斯坦渔业生产情况

数据来源：联合国粮食及农业组织数据库。

五、乌兹别克斯坦

作为中亚最大的水产养殖国，渔业是其重要的经济部门之一。1992年鱼粉、鱼油等饲料原料价格飞涨，渔药匮乏，渔场无法获得合格饲料和渔药以抑制鱼病疫情暴发，没有足够的资金维修和更新渔场设施设备，导致水产养殖产量持续萎缩（户国，2017）。

近年来，随着经济好转，渔业总产量有所回升。首先，水产养殖业逐步复苏，并从 2010 年开始迅速发展，2018 年产量达 5.74 万吨，达到 1992 年之前的约 3 倍多。其次，对于捕捞业，现阶段捕捞渔业主要集中在萨雷卡梅什湖，艾达尔—阿纳赛湖等地区，2018 年捕捞产量为 3.36 万吨（图 4 - 55）。总体来说，水产养殖和捕捞渔业两方面均有较高产量，是中亚五国中渔业产业发展最为均衡和成功的国家。然而，年人均鱼产量也仅不足 2 千克，还存在着极其巨大的发展潜力和潜在市场需求。

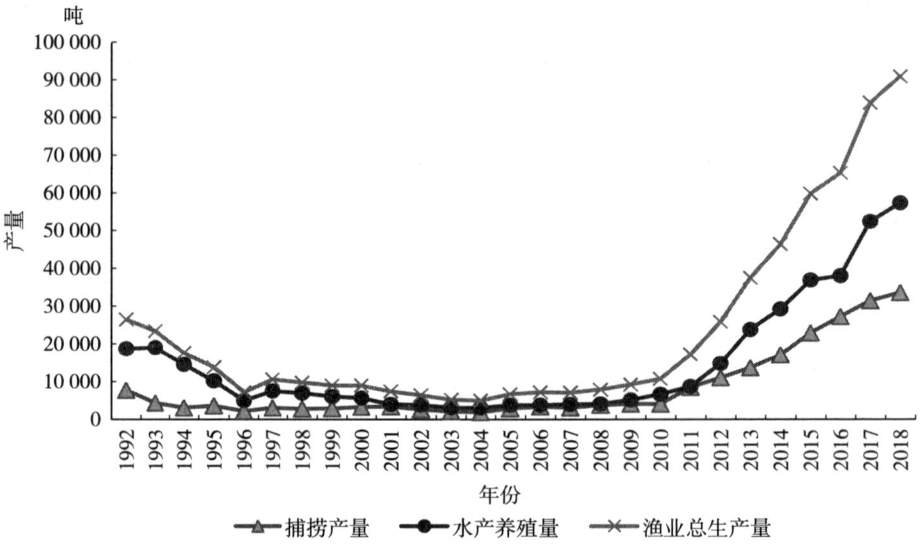

图 4 - 55　乌兹别克斯坦渔业生产情况

数据来源：联合国粮食及农业组织数据库。

第四节　林　　业

中亚五国位于干旱及半干旱地区，土地多数为草原和牧场，农地和林地所占比例小，森林退化严重，森林质量和生产力均呈现下降趋势。各国虽然森林面积占国土面积的比重很小，但属于全球生物多样性热点地区，是许多珍稀动植物的栖息地。从林产工业发展情况看，各国已禁止商业采伐天然林和半天然林，木材资源不能自给，特别是哈萨克斯坦和乌兹别克斯坦，每年需要进口大量原木，以满足国内市场需求。森林资源利用不平衡，尤其是非木材林产品和生态系统功能。木材加工企业原料来源不稳定，设备技术陈旧，大部分已停止运行，缺乏发展资金，利润低，竞争力弱。林业对国民经济贡献率低，林业主要起到保护作用，而非生产作用。尽管如此，森林资源仍是农村居民生计、福祉的主要来源（龙超，2015）。

一、哈萨克斯坦

尽管哈萨克斯坦地域辽阔，但由于其主要地形是平原和低地，所以森林资源稀少，故林业也相对较弱。林业主要分布在阿克莫拉州和北哈萨克斯坦州，2015 年森林面积为 330.9 万公顷，占土地面积的 1.2%，天然再生林占地面积 240.8 万公顷，种植林占地面积 90.1 万公顷。森林资源非常珍贵，主要分布在共和国东北部和东南部，境内的大型森林只有天山和阿尔泰山的森林（魏凤，2018）。

林业发展以开发其生态功能为主。受生态环境所限，林业以控制荒漠化、保护集水区和调节小气候等生态功能为主，经济功能为辅。根据林产品生产、消费和贸易情况可以看出，2013—2014 年，原木采伐量有所上涨，消费量有所下降，进口数量也紧跟下调，但从 2014 年起原木的采伐量、消费量以及进口量趋于稳定。木质燃料的数量变化趋势与原木相同（表 4 - 51）。对林产品而言，进口量一直在持续增长，2013 年进口量为 5.72 亿美元，2017 年林产品进口量为 5.98 亿美元，增长 4.55%。

表 4 - 51　2013—2017 年哈萨克斯坦林业产品情况

年份	原木			木制燃料			林产品	
	采伐量（万立方米）	消费量（万立方米）	进口量（万立方米）	采伐量（万立方米）	消费量（万立方米）	进口量（万立方米）	进口量（亿美元）	出口量（亿美元）
2013	32.1	51.0	18.9	21.5	27.2	5.7	5.72	0.14
2014	34.0	47.7	13.7	24.1	24.9	0.8	5.97	0.15
2015	34.0	47.7	13.7	24.1	24.9	0.8	5.97	0.15
2016	34.0	47.7	13.7	24.1	24.9	0.8	5.97	0.15
2017	34.0	47.7	13.7	24.1	24.9	0.8	5.98	0.15

数据来源：联合国粮食及农业组织林产品年鉴 2017。

二、吉尔吉斯斯坦

森林资源较为缺乏，2015 年森林面积为 63.7 万公顷，占土地面积的

3.3%，其他林地有 70.4 万公顷。1992 年之后森林面积初期变动不明显，后来逐渐进入下降期，2015 年的森林面积相较于 1990 年 83.6 万公顷的森林面积，下降了 23.80%。

从林产品生产与消费贸易情况来看，原木采伐量十分稳定，2013—2017 年每年采伐量为 4.6 万立方米，但原木消耗量整体呈上升趋势，2017 年消耗量为 5.7 万立方米，相较于 2013 年的 4.8 万立方米增加了 18.75%，因此原木进口量近年来也呈增长趋势，而木制燃料的采伐量与消费量一直保持不变。林产品方面，2013—2015 年林产品进口量在持续下降，但从 2016 年开始林产品进口量小幅度上涨（表 4－52）。

表 4－52　2013—2017 年吉尔吉斯斯坦林业产品情况

年份	原木			木制燃料			林产品	
	采伐量（万立方米）	消费量（万立方米）	进口量（万立方米）	采伐量（万立方米）	消费量（万立方米）	进口量（万立方米）	进口量（亿美元）	出口量（亿美元）
2013	4.6	4.8	0.2	3.7	3.7	/	1.68	/
2014	4.6	4.7	0.1	3.7	3.7	/	1.66	/
2015	4.6	5.1	0.5	3.7	3.7	/	0.90	/
2016	4.6	5.1	0.5	3.7	3.7	/	1.21	/
2017	4.6	5.7	1.1	3.7	3.7	/	1.22	/

数据来源：联合国粮食及农业组织林产品年鉴 2017。

三、塔吉克斯坦

2018 年森林面积为 41.2 万公顷，占土地面积的 3%，其他林地有 14.2 万公顷。自 1990 年起森林面积有小幅度的上升。超过 2/3 以上人口居住在农村地区，森林可向当地居民提供动物、毛皮、种子、坚果、浆果、蘑菇、草药、泥煤、蜂蜜、苗木和薪材等资源（龙超，2015）。

从生产与消费贸易情况来看，原木采伐、消费以及贸易量近些年相对稳定，采伐量一直保持在 9 万立方米，消耗量为 10.6 万立方米，进口量为 1.6 万立方米。木制燃料的采伐量与消耗量近年来也一直稳定。不同的是，林产品的进口量在 2013 年至 2014 年间出现了小幅度的上升，而 2015 年下降为 0.92 亿美元并在之后基本保持不变（表 4－53）。

表 4-53　2013—2017 年塔吉克斯坦林业产品情况

年份	原木			木制燃料			林产品	
	采伐量（万立方米）	消费量（万立方米）	进口量（万立方米）	采伐量（万立方米）	消费量（万立方米）	进口量（万立方米）	进口量（亿美元）	出口量（亿美元）
2013	9.0	10.6	1.6	9.0	9.0	/	1.43	/
2014	9.0	10.6	1.6	9.0	9.0	/	1.48	/
2015	9.0	10.6	1.6	9.0	9.0	/	0.92	/
2016	9.0	10.6	1.6	9.0	9.0	/	0.92	/
2017	9.0	10.6	1.6	9.0	9.0	/	0.92	/

数据来源：联合国粮食及农业组织林产品年鉴 2017。

四、土库曼斯坦

2018 年森林面积为 412.7 万公顷，占土地面积的 8.8%，森林产权均为公有制。从生产与消费贸易情况来看，原木消耗量为 1.3 万立方米，主要来源于进口。林产品贸易主要为进口，从 2013 年开始林产品进口量呈下降趋势，截至 2017 年 林产品进口量为 1.28 亿美元，相比 2013 年的 1.97 亿美元下降了 35.03%（表 4-54）。

表 4-54　2013—2017 年土库曼斯坦林业产品情况

年份	原木			林产品	
	采伐量（万立方米）	消费量（万立方米）	进口量（万立方米）	进口量（亿美元）	出口量（亿美元）
2013	/	1.3	1.3	1.97	/
2014	/	1.3	1.3	1.74	/
2015	/	1.3	1.3	1.46	/
2016	/	1.3	1.3	1.33	/
2017	/	1.3	1.3	1.28	/

数据来源：联合国粮食及农业组织林产品年鉴 2017。

五、乌兹别克斯坦

2018 年森林面积为 322.0 万公顷，占土地面积的 7.3%。2005 年森林面积为 329.5 万公顷，比 2018 年下降了 2.28%。从生产与消费贸易情况来看，2017 年原木采伐量较 2014 年有所下降，为 3.4 万立方米。与采伐量变化趋势相似，原木消耗量与进口量在 2013 年至 2016 年有所下降，在 2017 年时有小幅度回升。木制燃料的采伐与消费量近些年基本保持一致。林产品贸易方面，进口额从 2013 年至 2015 年呈下降趋势，2015 年往后进口额逐渐上升，2017 年达 5.47 亿美元，出口量先是出现小幅度下降，随后便一直有所上升（表 4－55）。2000 年林业收入达 999.4 万美元，2015 年下降至 632.2 万美元，降低 36.74%，林业支出 731.8 万美元，较 2000 年有所上升（全球森林资源评估报告，2015）。

表 4－55　2013—2017 年乌兹别克斯坦林业产品情况

年份	原木			木制燃料			林产品	
	采伐量（万立方米）	消费量（万立方米）	进口量（万立方米）	采伐量（万立方米）	消费量（万立方米）	进口量（万立方米）	进口量（亿美元）	出口量（亿美元）
2013	3.6	32.4	28.8	2.6	2.6	/	7.61	0.14
2014	3.6	32.4	28.8	2.6	2.6	/	7.61	0.13
2015	3.4	31.7	28.3	2.4	2.4	/	4.56	0.16
2016	3.4	24.8	21.4	2.4	2.4	/	4.86	0.19
2017	3.4	25.2	21.8	2.4	2.4	/	5.47	0.25

数据来源：联合国粮食及农业组织林产品年鉴 2017。

第五章 CHAPTER 5

中亚五国农产品国际贸易 ▸▸▸

本章将结合 UN Comtrade 数据库 1995—2019 年间中亚五国农产品国际贸易数据，对中亚五国农产品贸易规模、产品结构及市场结构进行分析，其中对农产品统计范围的界定采用的是《联合国国际贸易分类标准》（Standard International Trade Classification）的商品分类方法，且为保证统计范围内数据的完整性，本书采用第三次修订版（SITC Rev. 3）分类标准，选用一位和二位统计农产品类别，具体农产品分类见表 5-1。

表 5-1　国际贸易农产品具体分类

类别	具体产品
第 0 类（食品及活动物）	第 00 章（活动物）、第 01 章（肉及肉制品）、第 02 章（奶制品和蛋类）、第 03 章（鱼及鱼制品）、第 04 章（谷物及谷物制品）、第 05 章（蔬菜及水果）、第 06 章（糖、糖制品及蜂蜜）、第 07 章（咖啡、茶、可可粉及香料）、第 08 章（动物饲料）、第 09 章（混合食物制品）
第 1 类（饮料及烟叶）	第 11 章（饮料）、第 12 章（烟草及烟草制品）
第 2 类（除燃料外的非食用未加工材料）	第 21 章（生皮及皮革）、第 22 章（含油种子及油质水果）、第 23 章（天然橡胶）、第 24 章（软木及木材）、第 25 章（纸浆与废纸）、第 26 章（纺织纤维）、第 29 章（未加工动植物原料）
第 4 类（动植物油脂及蜡）	第 41 章（动物油脂）、第 42 章（固态植物油脂）、第 43 章（加工后的动植物油脂类）

数据来源：联合国商品贸易数据库（UN Comtrade）SITC Rev. 3 商品分类标准。

第一节 贸易规模

一、哈萨克斯坦

1995—2019 年农产品对外贸易总额总体呈现波动性上升趋势，贸易规模不断扩大。其中 2008 年之前农产品对外贸易总额基本呈稳步上升态势，2008 年较 1995 年增长了约 4.68 倍。2008 年后农产品对外贸易总额波动幅度较大，2009 年贸易总额降至 43.26 亿美元，原因可能是受到 2008 年全球金融危机的后续影响；2010—2013 年农产品对外贸易总额逐渐回升，达 76.59 亿美元；2014—2016 年全球贸易持续低迷，农产品对外贸易规模也有所缩小，2016 年缩减至 53.21 亿美元；近年来农产品对外贸易总额逐年增加，2019 年为 74.14 亿美元。

进口方面，1995—2019 年农产品进口规模变动幅度与总体贸易规模变动幅度基本一致。1995—2000 年进口总额有小幅度的波动，1997 年增至 6.14 亿美元后降至 2000 年的 0.99 亿美元；2000—2008 年农产品进口总额稳步上升，年均增长率约为 54.26%；2008 年后农产品进口总额呈“W”形变化，但总体有所增长，最大进口规模出现在 2013 年，为 47.76 亿美元，原因可能与 2012 年旱灾导致的农业产出减少有关；2019 年为 39.93 亿美元。

出口方面，1995—2019 年农产品出口规模同样在波动中扩大，但波动幅度更为频繁。1995—2005 年，粮食出口总额大致在 7 亿美元上下波动，2006—2008 年激增至 31.77 亿美元。2008 年后粮食出口总额波动幅度巨大，大致也呈现“W”形变化，2017—2019 年不断上升，达 34.21 亿美元，较 1995 年扩大了约 4 倍。从贸易差额来看，1995—2004 年农产品对外贸易整体呈贸易顺差，即该阶段农产品对外贸易处于相对有利地位；2005—2019 年则基本为贸易逆差，除 2008 年为贸易顺差，但贸易顺差仅为 0.03 亿美元，即该阶段农产品对外贸易处于相对不利地位（图 5－1）。

二、吉尔吉斯斯坦

1995—2019 年农产品对外贸易规模总体呈波动性扩大趋势。其中 1995—

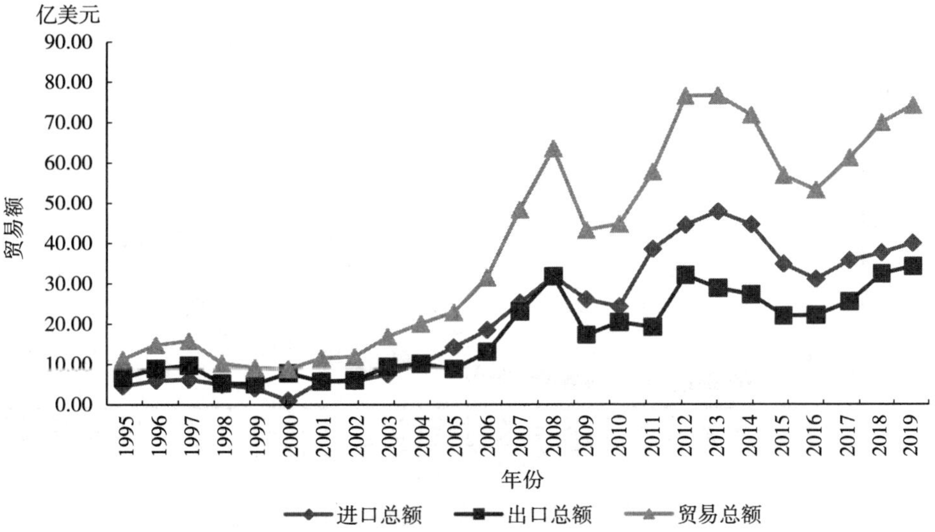

图 5-1　哈萨克斯坦 1995—2019 年农产品贸易规模
数据来源：联合国商品贸易数据库（UN Comtrade）。

2014 年农产品贸易总额基本呈现稳步增长态势，年均增长率为 10.18%，2014 年达 14.12 亿美元，仅 1996 和 2008 年前后有小幅度的波动。2015 年农产品贸易总额骤降至 7.71 亿美元，原因可能在于受到俄罗斯、哈萨克斯坦等主要贸易伙伴经济不景气以及国际市场黄金行情下探等因素影响。2015 年后则在波动中增长，2019 年农产品对外贸易总额为 11.41 亿美元。

进口方面，1995—2019 年农产品进口规模变动幅度与贸易总体规模变动幅度大致相同，1995—2013 年进口总额基本呈增长趋势，由 0.78 亿美元增至 9.35 亿美元，年均增长率为 14.80%；2014—2019 年进口总额波动幅度较大，2014—2016 年降至 5.31 亿美元，2016—2019 在波动中回升至 9.15 亿美元。

出口方面，1995—2019 年农产品出口总额的变化相对平缓，仅 2014 年前后变动剧烈，2013—2014 年由 2.70 亿美元激增至 4.86 亿美元，2015 年又回落至 1.67 亿美元，近年来农产品出口总额大致维持在 2 亿美元以上。从贸易差额来看，1995—2003 年农产品对外贸易均为贸易顺差，且贸易顺差差额均低于 1 亿美元，但贸易顺差呈现逐渐缩小趋势，即 1995—2003 年农产品对外贸易处于有利地位，但竞争优势逐渐缩小；2004—2019 年农产品对外贸易均为贸易逆差，且贸易逆差总体上不断扩大，2019 年贸易逆差差额高达 6.90 亿美元，即 2004—2019 年农产品对外贸易处于不利地位且程度不断恶化（图 5-2）。

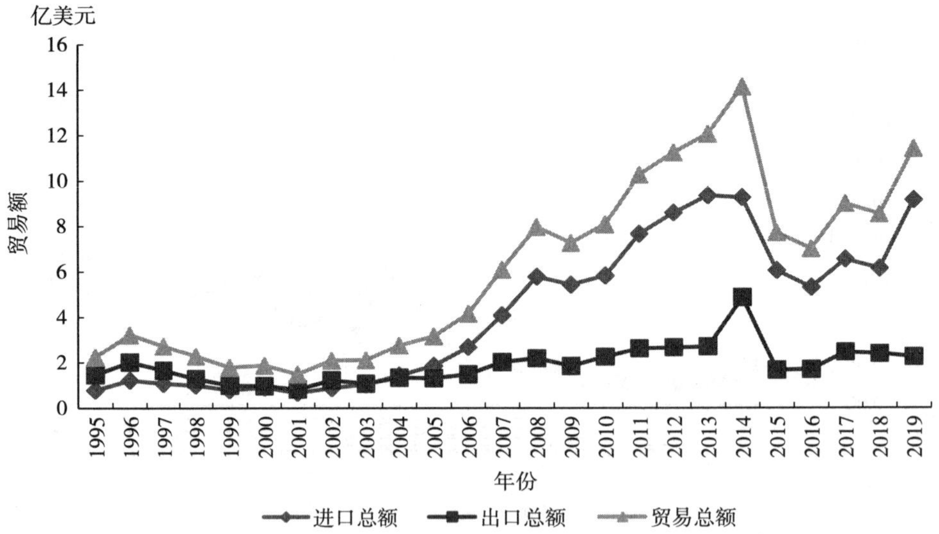

图 5-2　吉尔吉斯斯坦 1995—2019 年农产品贸易规模
数据来源：联合国商品贸易数据库（UN Comtrade）。

三、塔吉克斯坦

1995—2019 年农产品对外贸易规模总体呈现波动中扩大趋势。其中 1995—1999 的 5 年间对外贸易总额先增后减，最大值为 1996 年的 3.40 亿美元；1999—2008 年对外贸易总额逐年增加，由 1.86 亿美元增至 8.77 亿美元，扩大了约 3.72 倍；2008—2019 年农产品对外贸易总额在波动中减少，特别是 2014—2016 年降幅明显，年均降幅为 17.73%，2019 年贸易总额降为 7.36 亿美元，但较 20 世纪末的贸易规模水平已经有较大提升。

进口方面，1995—2019 年农产品进口规模也呈现出波动中扩大态势，其中 1995—2000 年农产品进口总额先增后减，由 0.84 亿美元增至 1.33 亿美元后降至 0.51 亿美元；2000—2014 年农产品进口总额增幅明显，由 0.51 亿美元增至 8.20 亿美元，年均增幅为 21.94%，仅 2009 年有小幅度波动，原因可能是受 2008 年全球金融危机的影响；2015 年农产品进口总额大幅度减少，较前年减少了 2.46 亿美元，原因也可能是受到俄罗斯、哈萨克斯坦等主要贸易伙伴经济不景气以及国际市场黄金行情下探等因素影响；2016—2019 年农产品进口总额在波动中缓慢增长，2019 年为 6.31 亿美元。

出口方面，1995—2019 年农产品出口规模波动剧烈，大致呈现先增后减趋势。20 世纪末，农产品出口总额在 1995—1996 年有短暂的增长后呈现逐年下降态势，1999 年降至 0.97 亿美元；2000—2008 年出口总额在波动中增长，由 1.41 亿美元增至 3.55 亿美元，扩大了约 1.52 倍，但 2001 年和 2005 年有所波动；2009 年出口总额降至 3.00 亿美元后 2010 年回升至 3.69 亿美元；2010 年—2019 年农产品出口总额在波动中减少，由 3.69 亿美元降至 1.05 亿美元，年均降幅为 13.03%，2010—2011 年降幅高达 35.23%。从贸易差额来看，1995—2004 年农产品对外贸易均为贸易顺差且差额均低于 1 亿美元，说明该阶段农产品对外贸易形势较好，在国际农产品贸易中处于有利地位；2005—2019 年农产品对外贸易均为贸易逆差且差额总体不断扩大，2014 年贸易逆差差额高达 6.62 亿美元（图 5－3）。

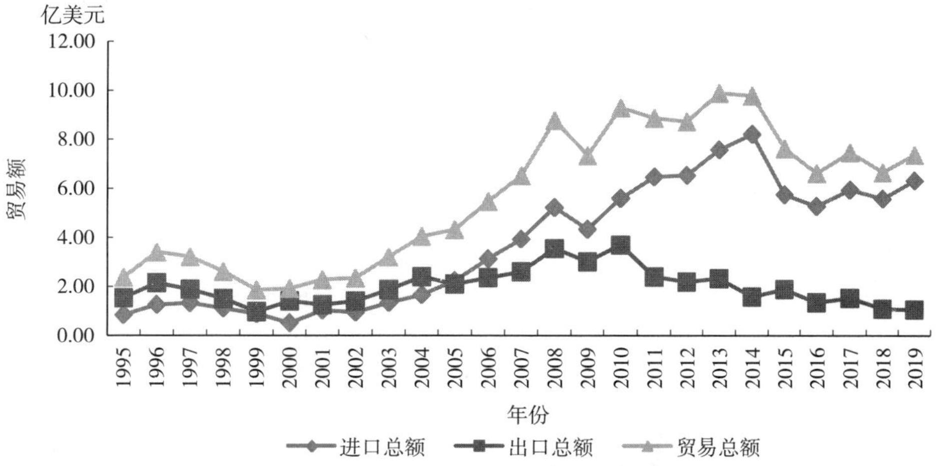

图 5－3　塔吉克斯坦 1995—2019 年农产品贸易规模

数据来源：联合国商品贸易数据库（UN Comtrade）。

四、土库曼斯坦

1995—2019 年农产品对外贸易规模大致呈现“减-增-减”态势，变化幅度较大。1995—2002 年农产品对外贸易总额在波动中减小，由 4.29 亿美元降至 1.77 亿美元，年均降幅为 11.88%；2002—2014 年农产品对外贸易总额在波动中增大，年均增幅为 17.99%，2014 年达 12.88 亿美元；2014—2019 年农产品对外贸易总额则逐年减少，2019 年仅为 4.16 亿美元，仅为 2014 年的 1/3 左右。

进口方面，1995—2019年农产品进口规模大致呈现先扩大后缩小态势。1995—2014年农产品进口总额在波动中增加，由0.73亿美元增至8.81亿美元，扩大约11倍多，增幅明显；2014—2019年农产品进口总额则在波动中减少，2019年减少至3.28亿美元，年均降幅为17.93%。

出口方面，1995—2019年农产品出口总额变化剧烈，大致呈现“减-增-减”态势。1995—2003年农产品出口总额在波动中减少，2003年仅为0.59亿美元，仅为1995年出口总额的约1/6；2003—2013年出口总额在波动中增加至4.42亿美元且波动幅度较大；2013—2019年出口总额基本呈现逐年下降态势，由4.42亿美元降至0.88亿美元，年均降幅为23.59%。从贸易差额来看，1995—2019年的25年间，仅有6年农产品对外贸易处于贸易顺差，分别是1995年、1999—2001年、2006—2007年，其余年份均处于贸易逆差状态，说明长期以来农产品对外贸易处于不利地位（图5-4）。

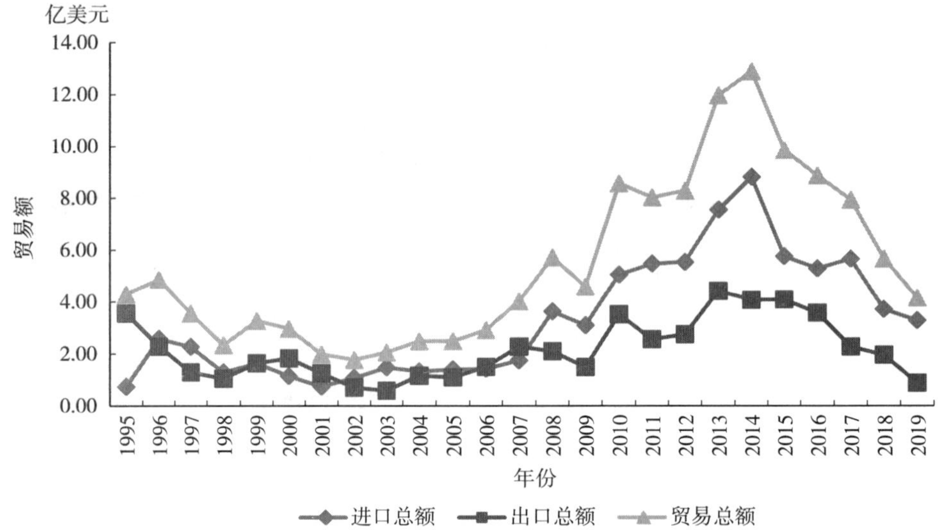

图5-4 土库曼斯坦1995—2019年农产品贸易规模

数据来源：联合国商品贸易数据库（UN Comtrade）。

五、乌兹别克斯坦

1995—2019年农产品对外贸易规模波动较大，总体呈现上升趋势。其中1996年较1995年大幅度增长12.88亿美元；1996—2002年农产品对外贸易总额逐年下降，至2002年仅为9.48亿美元，年均降幅为16.24%；2002—2013

年贸易总额在波动中增加，至 2013 年增至 35.24 亿美元，较 2002 年扩大了约 2.72 倍，仅 2009 年和 2012 年出现波动；2013—2016 年贸易总额逐年下降，2016 年降至 23.18 亿美元；2016—2018 年贸易总额有所上升但 2019 年又出现下降，2019 年农产品对外贸易总额为 26.71 亿美元，较 1995 年增长了 12.13 亿美元。

进口方面，1995—2019 年农产品进口规模大致呈现波动中扩大态势。2000 年之前农产品进口额先增后减，1996 年增至 8.60 亿美元后，2000 年降至 1.66 亿美元；2000 年之后农产品进口额大致呈现增长态势，但 2014—2018 年间出现“V”形变动，2019 年农产品进口额为 19.14 亿美元，较 2000 年扩大了约 10.53 倍。

出口方面，1995—2019 年农产品进口规模变动剧烈，总体变化趋势同贸易总额变化趋势大致相同。25 年间农产品出口额最大值为 18.95 亿美元，最小值仅为 7.26 亿美元；近年来农产品出口额大致呈现下降趋势。从贸易差额来看，1995—2012 年农产品对外贸易均为贸易顺差且差额较大，1996—1997 年和 2004—2007 年贸易顺差差额超过 10 亿美元，说明该阶段农产品对外贸易处于有利地位，2013—2019 年农产品对外贸易均为贸易逆差，且贸易逆差差额在波动中逐渐扩大，说明该阶段农产品对外贸易由竞争优势转为竞争劣势（图 5-5）。

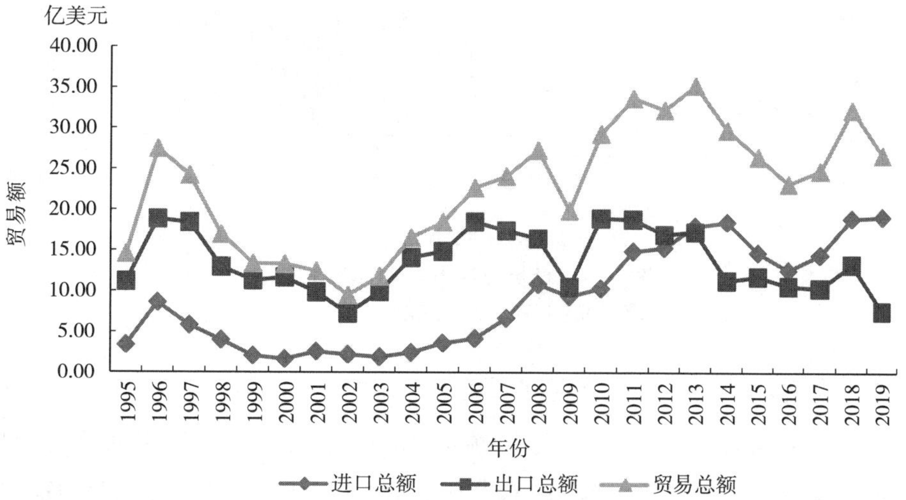

图 5-5　乌兹别克斯坦 1995—2019 年农产品贸易规模

数据来源：联合国商品贸易数据库（UN Comtrade）。

第二节　产品结构

一、哈萨克斯坦

（一）进口产品结构

1995—2019 年进口的农产品中，第 0 类“食品及活动物”进口额占比最大，平均约占总进口额的 70.80%，其次为第 1 类“饮料及烟草”，其进口额平均占总进口额的 15.17%，其后是第 2 类“除燃料外的非食用未加工材料”进口额平均占总进口额的 9.20%，第 4 类“动植物油脂及蜡”进口额平均占总进口额的 4.83%。只有 2000 年进口农产品中占比最大的为第 1 类农产品，其比重为 46.08%，其次为第 0 类农产品，比重为 39.70%，第 2 类和第 4 类农产品的占比分别是 13.83%和 0.38%（图 5－6）。

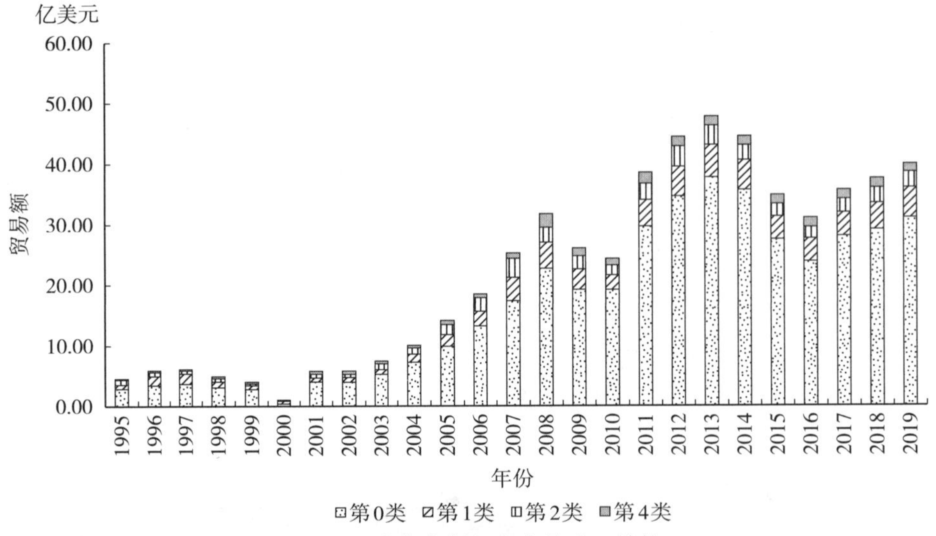

图 5－6　哈萨克斯坦农产品进口结构

数据来源：联合国商品贸易数据库（UN Comtrade）。

具体来看，1995—2019 年第 0 类农产品“食品及活动物”进口规模在波动中扩大，最大时为 2013 年，进口额达 37.72 亿美元，2019 年回落至 31.07 亿美元。各种类农产品中，第 06 章“糖、糖制品及蜂蜜”进口额平均占第 0 类农产品进口额比重最大，为 20.46%，但所占比重呈现逐年下降趋势；其次为第 05 章“蔬菜及水果”，其进口额平均占第 0 类农产品总进口额的 16.37%，总体上第05章农产品进口比重呈现上升趋势；占比排名第三的为第07章“咖啡、茶、可可粉及香料”，其进口额在第0类农产品总进口额中平均占比为14.22%，近年来其占比维持在13%左右；第02章“奶制品及蛋类”、第09章“混合食物制品”、第01章“肉及肉制品”以及第04章“谷物及谷物制品”平均占比分列第四、五、六、七位，所占比重分别为12.76%、11.17%、9.64%以及8.55%；第08章“动物饲料”和第00章“活动物”进口额平均占第0类农产品进口额的比重较少，分别为1.69%和0.91%。特别的，2000年第0类农产品进口量较少，其中第03章、第02章和第01章农产品占比较大，分别为32.58%、28.75%和23.64%（图5-7）。

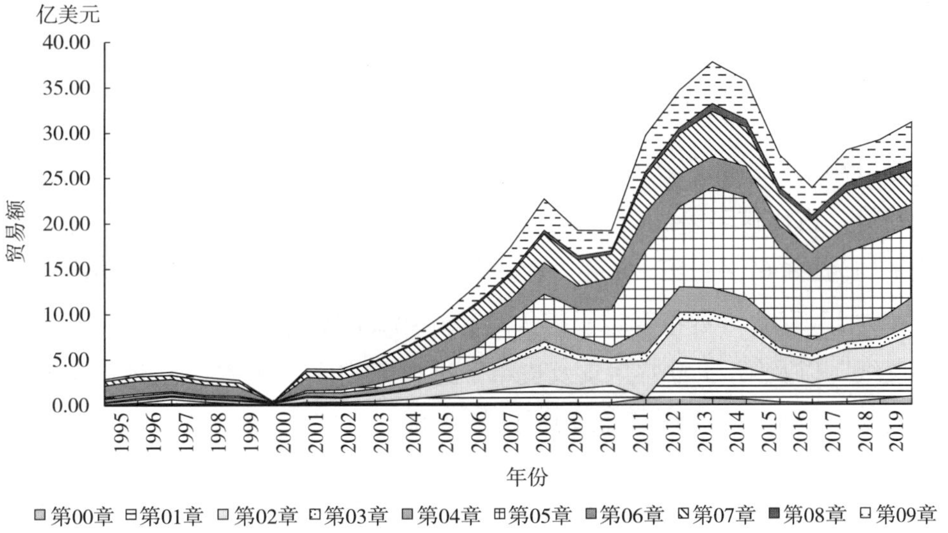

图5-7　哈萨克斯坦第0类农产品进口结构

数据来源：联合国商品贸易数据库（UN Comtrade）。

1995—2019年第1类农产品“饮料及烟草”进口规模总体有所扩大，2019年为4.94亿美元，较1995年扩大了约6.16倍。其中第11章“饮料”进口额占第1类农产品进口总额的平均比重为49.41%；第12章“烟草及烟草制品”进口额在第1类农产品中的平均占比为50.59%。只有2000年第12章农产品进口额占到了第1类农产品总进口额比重的96.41%（图5-8）。

1995—2019年第2类农产品“除燃料外的非食用未加工材料”进口规模总体有所扩大，但自2004年起波动剧烈，2019年，第二类农产品进口总额为2.58亿美元。第24章“软木及木材”进口额占第2类农产品进口总额比重最大，平均为42.16%，部分年份占比达50%以上；第29章“未加工动植物原

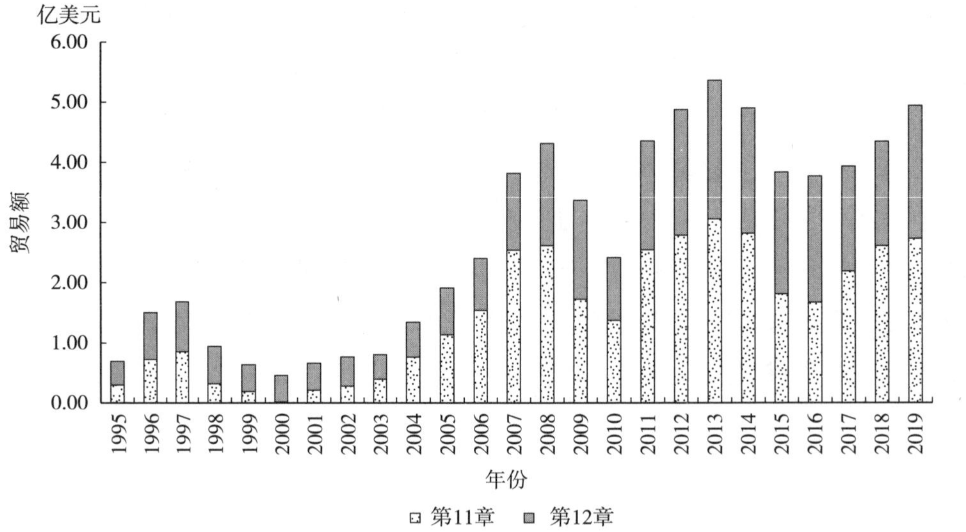

图 5-8　哈萨克斯坦第 1 类农产品进口结构

数据来源：联合国商品贸易数据库（UN Comtrade）。

料”进口额平均占比仅次于第 24 章农产品，为 20.30%，且近年来比重呈现扩大趋势；占比排名第三的为第 26 章“纺织纤维”，占第 2 类农产品进口额的比重平均为 18.67%；第 22 章“含油种子及油质水果”进口额平均占比排名第四，为 11.74%，近年来也呈扩大趋势；第 23 章“天然橡胶”、第 25 章“纸浆与废纸”以及第 21 章“生皮及皮革”进口额占第 2 类农产品进口总额平均比重较小，分别为 4.08%、2.40%以及 0.66%（图 5-9）。

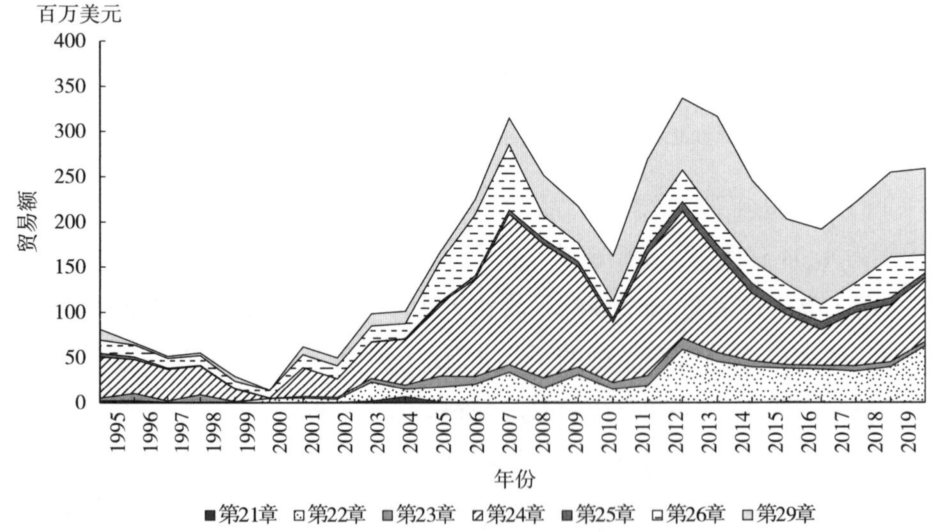

图 5-9　哈萨克斯坦第 2 类农产品进口结构

数据来源：联合国商品贸易数据库（UN Comtrade）。

1995—2019 年第 4 类农产品“动植物油脂及蜡”进口规模大致呈现先增后减趋势，1995—2008 年由 0.17 亿美元增至 2.25 亿美元，2008—2019 年降至 1.33 亿美元，但总体有所增长。其中平均占比最大的为第 42 章“固态植物油脂”，其进口额占第 4 类农产品进口总额的比重平均为 79.00%，部分年份达 90%以上；其次为第 43 章“加工后的动植物油脂类”，其进口额在第 4 类农产品进口额中占比平均为 17.33%；第 41 章“动物油脂”进口额占比最小，为 3.67%。只有 2000 年进口的第 4 类农产品中，第 43 章和第 41 章农产品占比较大，分别为 48.61% 和 41.75%，而第 42 章农产品进口额仅占 9.64%（图 5 - 10）。

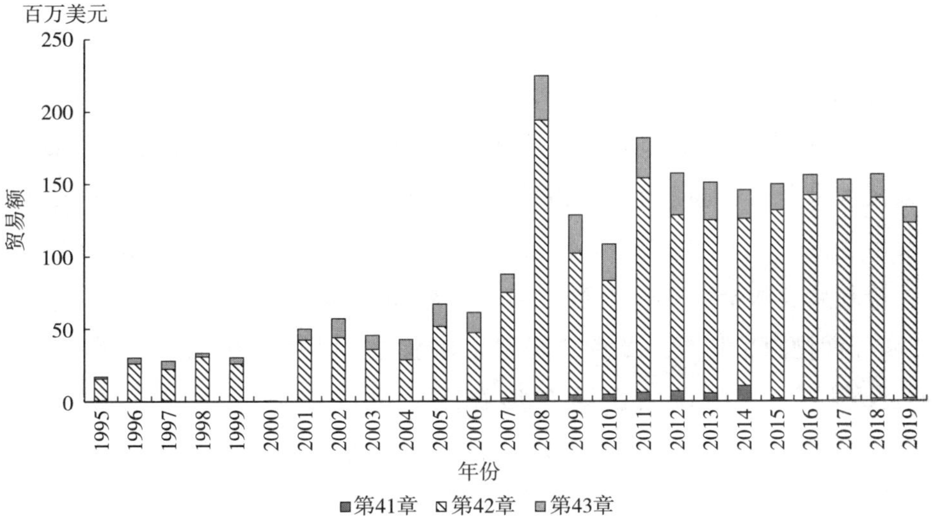

图 5 - 10 哈萨克斯坦第 4 类农产品进口结构

数据来源：联合国商品贸易数据库（UN Comtrade）。

（二）出口产品结构

1995—2019 年出口的农产品中，第 0 类“食品及活动物”出口额占比最大，平均约占总出口额的 78.51%，其次为第 2 类“除燃料外的非食用未加工材料”，其出口额平均占总出口额的 15.96%，其后是第 1 类“饮料及烟草”平均占总出口额的 4.15%，第 4 类“动植物油脂及蜡”出口额平均占总出口额比重最小，仅为 1.37%（图 5 - 11）。

具体来看，1995—2019 年第 0 类农产品“食品及活动物”出口规模大致呈现波动中扩大趋势，特别是 2005—2007 年出口额增长趋势明显，2007—2019 年波动较大，2019 年其第 0 类“食品及活动物”出口额为 25.32 亿美元。

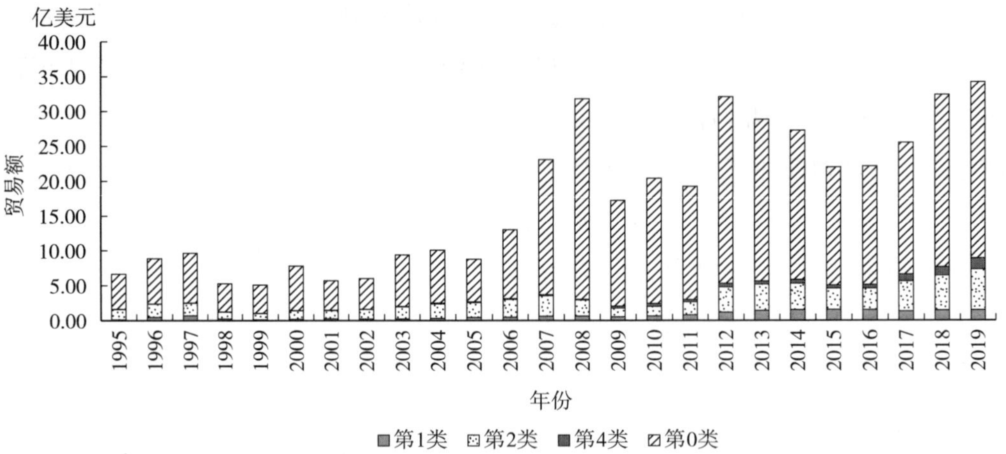

图 5-11 哈萨克斯坦农产品出口结构

数据来源：联合国商品贸易数据库（UN Comtrade）。

平均占比最大的为第 04 章“谷物及谷物制品”，平均占比为 80.47%，这是由于哈萨克斯坦为小麦出口大国，小麦及其制品出口量巨大；其次为第 05 章“蔬菜及水果”，其出口额平均占第 0 类农产品出口总额的 5.33%；第 03 章“鱼及鱼制品”出口额占比排名第三，平均为 3.84%；其后依次为第 06 章“糖、糖制品及蜂蜜”、第 01 章“肉及肉制品”、第 08 章“动物饲料”、第 09 章“混合食物制品”、第 02 章“奶制品和蛋类”以及第 07 章“咖啡、茶、可可粉及香料”，其出口额在第 0 类农产品出口额中所占平均比重依次为 2.27%、1.92%、1.83%、1.73%、1.20%以及 1.05%；第 00 章“活动物”出口额占比最小，平均仅为 0.36%（图 5-12）。

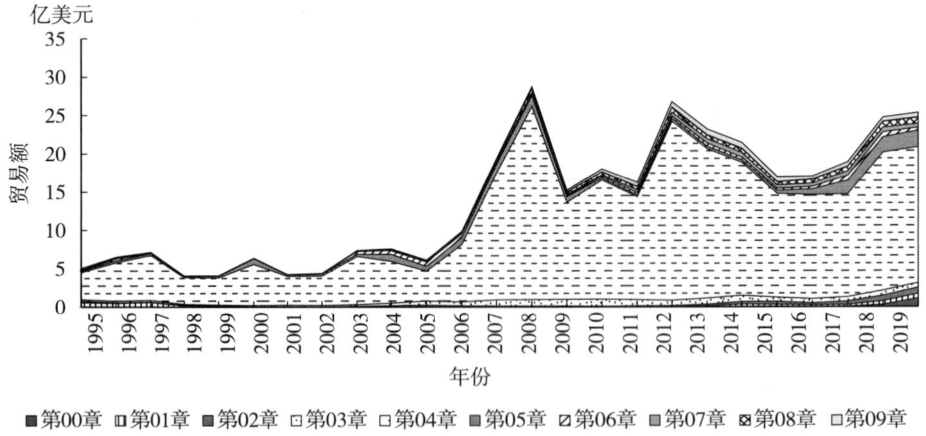

图 5-12 哈萨克斯坦第 0 类农产品出口结构

数据来源：联合国商品贸易数据库（UN Comtrade）。

1995—2019 年第 1 类“饮料及烟草”出口额在波动中上升，2019 年该类农产品出口总额达 1.49 亿美元，约为 1995 年出口总额的 12.88 倍。1995 年，第 11 章“饮料”出口额为 0.07 亿美元，占第 1 类农产品出口总额的 57.70%，第 12 章“烟草及烟草制品”出口总额为 0.05 亿美元，占第 1 类农产品出口总额的 42.30%；1996 年以后则均是第 11 章“饮料”出口额占相对较小比重，平均占比为 24.95%，而第 12 章“烟草及烟草制品”出口额占较大比重，平均占比为 75.05%；然而自 2000 年起，第 11 章农产品“饮料”出口额占第 1 类农产品出口总额的比重大致呈现逐年上升趋势，而第 12 章农产品“烟草及烟草制品”出口额所占比重则逐年减小。只有 1999—2001 年第 11 章农产品“饮料”进口额比重低于 10%，出口的第 1 类农产品中第 12 章农产品“烟草及烟草制品”出口额达 90%以上（图 5 - 13）。

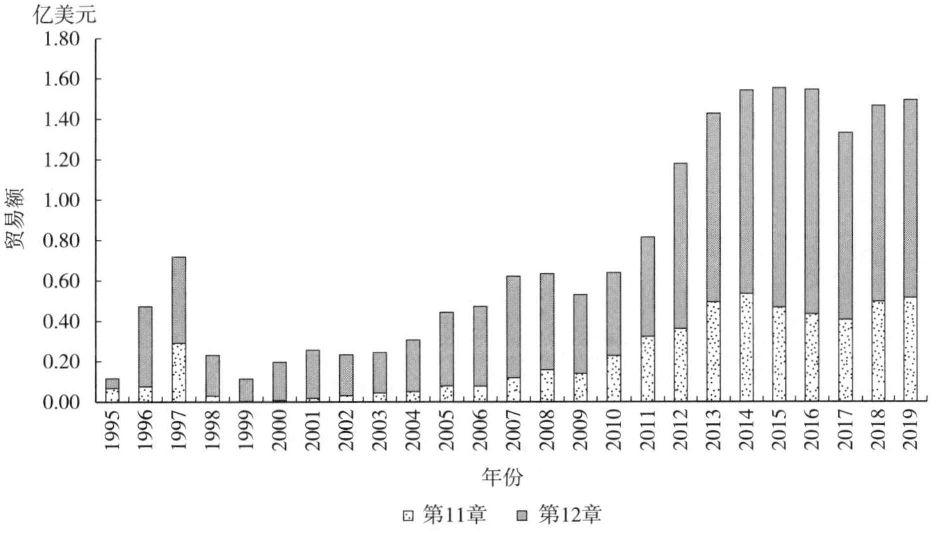

图 5 - 13　哈萨克斯坦第 1 类农产品出口结构

数据来源：联合国商品贸易数据库（UN Comtrade）。

1995—2019 年第 2 类农产品“除燃料外的非食用未加工材料”出口额大致呈现波动中增长趋势，特别是 2016—2019 年涨势明显，2019 年达 5.81 亿美元。1995—2010 年之前，第 2 类农产品中出口额占比最大的为第 26 章“纺织纤维”，其出口额占比平均为 75.44%，占比最大达 92.09%；2010 年之后占比最大的为第 22 章“含油种子及油质水果”，其出口额占第 2 类农产品出口额比重平均为 63.16%。25 年间，第 21 章“生皮及皮革”出口额占第 2 类农产品出口额比重平均为 9.48%，且呈现大幅度减少趋势，2019 年该类农产品出口额为14万美元，仅为1995年的0.39%；第22章“含油种子及油质水工”出口额平均占第2类农产品出口额比重平均为25.93%且呈现波动中增长态势，2019年该类农产品出口额达4.21亿美元，占第2类农产品出口总额的72.37%；第23章“天然橡胶”出口额在第2类农产品出口额中占比最小，平均仅为0.08%；第24章“软木及木材”出口额占比平均为2.03%，近年来大致呈现扩大趋势；第25章“纸浆与废纸”出口额占第2类农产品出口额比重平均为0.36%，其比重总体有所扩大；第26章“纺织纤维”出口额所占比重平均为57.84%，但近年来其比重大致呈现下降趋势，2019年该类农产品出口额为0.98亿美元，仅占第2类农产品出口总额的16.93%；第29章“未加工动植物原料”出口额所占比重平均为4.29%（图5-14）。

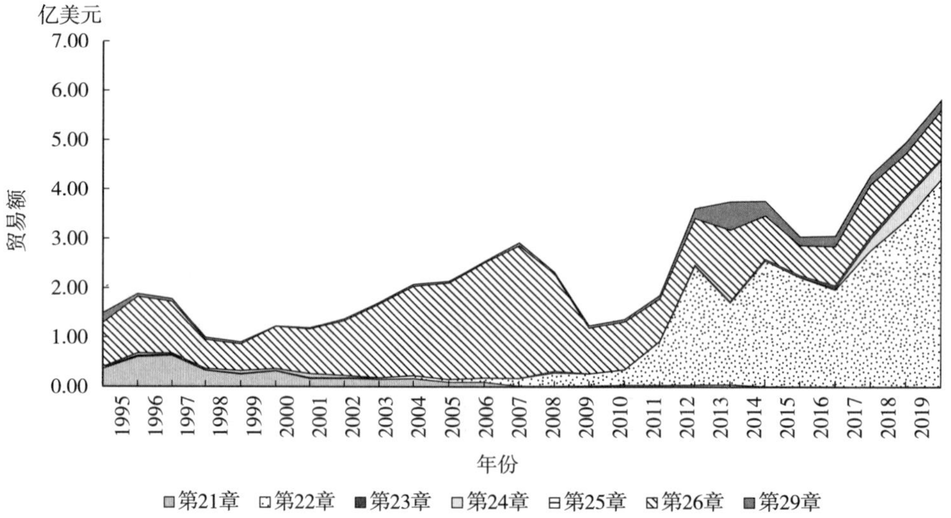

图5-14 哈萨克斯坦第2类农产品出口结构
数据来源：联合国商品贸易数据库（UN Comtrade）。

1995—2019年第4类农产品“动植物油脂及蜡”出口额总体呈上升趋势，特别是2016—2019年上升幅度较大，2019年达1.59亿美元。出口额占比最大的农产品为第42章“固态植物油脂”，其出口额占第4类农产品出口总额比重平均为93.75%；其次为第43章“加工后的动植物油脂类”，其出口额在第4类农产品中所占比重为5.06%；第41章“动物油脂”所占比重较小，平均仅为1.19%，2003—2007年该类农产品无出口（图5-15）。

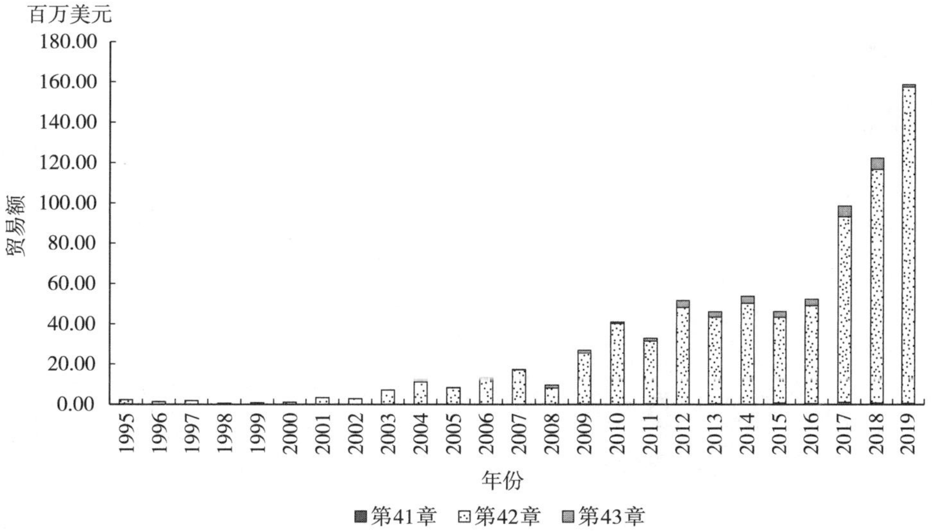

图 5-15 哈萨克斯坦第 4 类农产品出口结构
数据来源：联合国商品贸易数据库（UN Comtrade）。

二、吉尔吉斯斯坦

（一）进口产品结构

1995—2019 年吉尔吉斯斯坦进口的农产品中，进口额平均占比由大到小依次为第 0 类“食品及活动物”、第 1 类“饮料及烟草”、第 2 类“除燃料外的非食用未加工材料”以及第 4 类“动植物油脂及蜡”，其平均所占比重依次为 65.69%、17.57%、9.89%和 6.85%（图 5-16）。

具体来看，1995—2019 年第 0 类农产品“食品及活动物”进口额总体有所上升，特别是 2003—2013 年间涨势明显，2019 年第 0 类农产品进口额为 6.58 亿美元。其中第 04 章“谷物及谷物制品”进口额占比最大，平均为 33.80%，但呈现出波动下降趋势；其次为第 06 章“糖、糖制品及蜂蜜”，其进口额占第 0 类农产品进口总额比重平均为 16.81%，总体有所下降；第 07 章“咖啡、茶、可可粉及香料”进口额平均所占比重排名第三，为 14.75%；占比排名第四的为第 09 章“混合食物制品”，其所占比重平均为 9.09%；第 01 章“肉及肉制品”占比排名第五，其占第 0 类农产品进口额比重平均为 7.92%，2009—2015 年间该类农产品所占比重均在 10%以上；第 02 章“奶产品及蛋类”进口额平均占比为 3.88%位列第六，特别地，该类农产品 2017 年

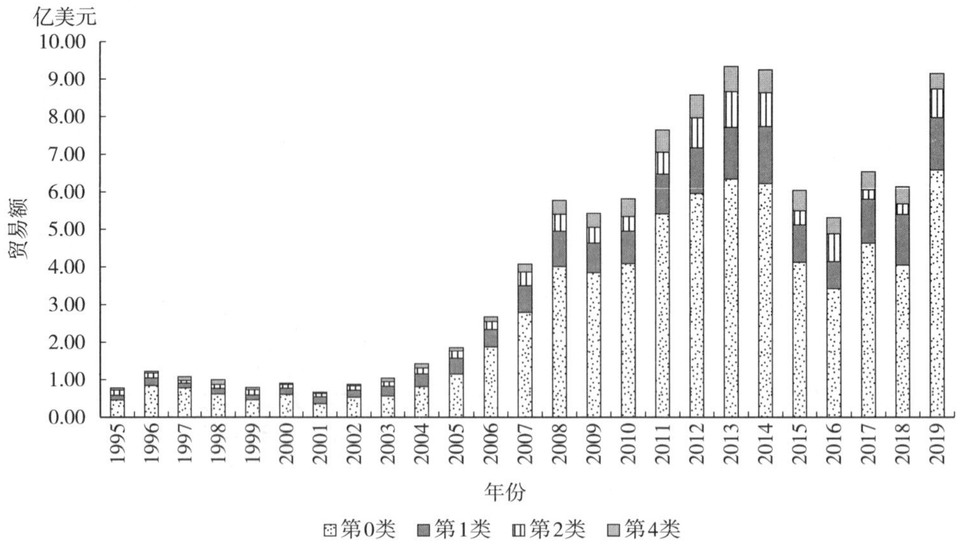

图 5-16　吉尔吉斯斯坦农产品进口结构
数据来源：联合国商品贸易数据库（UN Comtrade）。

进口额为 0.59 亿美元，占第 0 类农产品进口额的 12.84%；第 03 章“鱼及鱼制品”和第 08 章“动物饲料”占第 0 类农产品进口额比重相对较小，其平均占比分别为 2.31%和 1.10%；第 00 章“活动物”进口额占比极小，其占第 0 类农产品进口额比重平均仅为 0.19%，2006 年该类农产品进口为 0（图 5-17）。

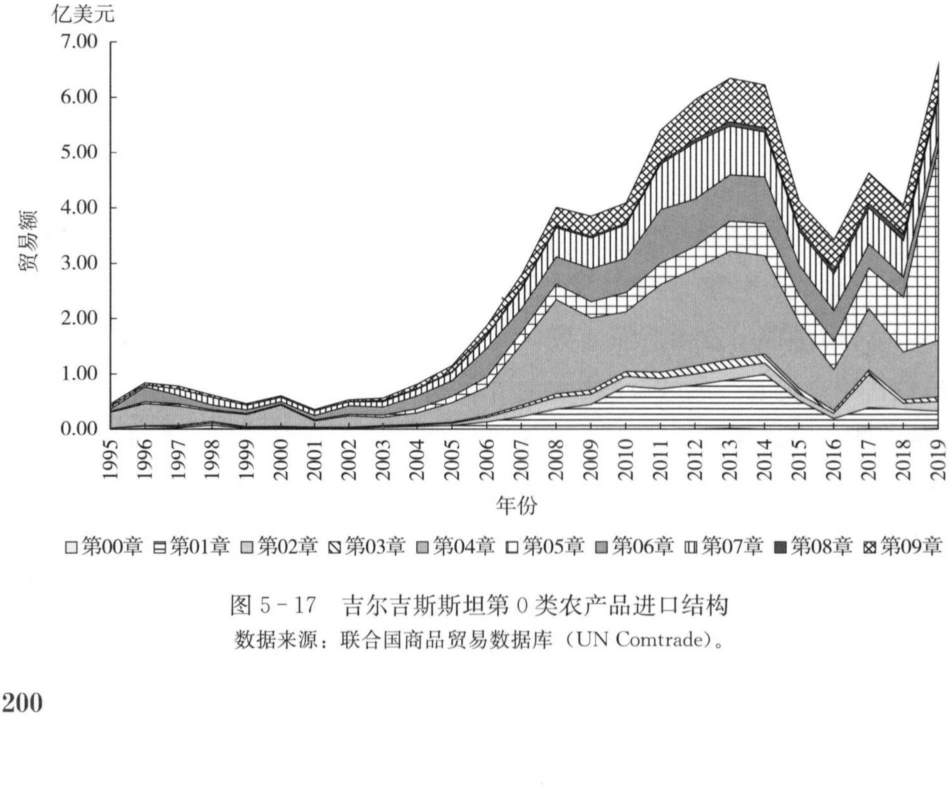

图 5-17　吉尔吉斯斯坦第 0 类农产品进口结构
数据来源：联合国商品贸易数据库（UN Comtrade）。

1995—2019 年第 1 类农产品“饮料及烟草”进口规模总体有所扩大，进口额最大时为 2014 年，达 1.52 亿美元，2019 年为 1.39 亿美元。其中第 11 章“饮料”进口额占第 1 类农产品进口额比重平均为 52.49%，但其所占比重总体呈现减少趋势；第 12 章“烟草及烟草制品”进口额占第 1 类农产品进口额比重平均为 47.51%（图 5-18）。

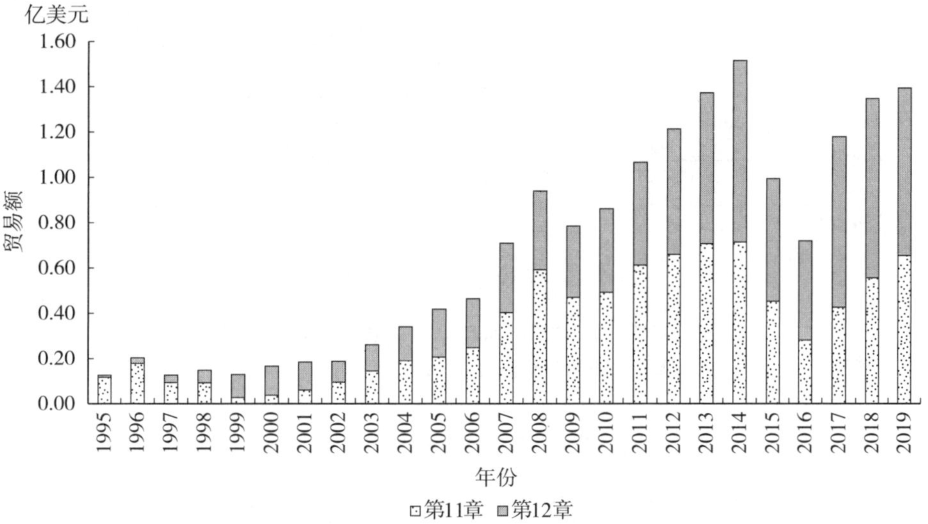

图 5-18　吉尔吉斯斯坦第 1 类农产品进口结构

数据来源：联合国商品贸易数据库（UN Comtrade）。

1995—2019 年第 2 类农产品“除燃料外的非食用未加工材料”进口额总体有所上升但波动较大，1995—2013 年在波动中上升，特别是 2010—2013 年涨势明显，达 0.95 亿美元；2013—2019 年大致呈“W”形变化，2019 年第 2 类农产品进口额为 0.76 亿美元。其中第 24 章“软木及木材”进口额占比最大，平均为 53.68%，部分年份占比达 80%以上；其次为第 26 章“纺织纤维”，其进口额平均占第 2 类农产品进口总额的 24.85%；第 29 章“未加工动植物原料”进口额平均所占比重排名第三，但该类农产品 2019 年进口额为 0.52 亿美元，占第 2 类农产品进口总额的 68.59%；第 22 章“含油种子及油质水果”进口额占第 2 类农产品进口额比重平均为 5.10%，排名第五，但该类农产品 1999 年进口额为 0.10 亿美元，占第 2 类农产品进口总额的 73.45%；第 21 章“生皮及皮革”、第 25 章“纸浆与废纸”进口额平均占比分列第四和第六位，分别为 6.45%和 1.11%；第 23 章“天然橡胶”年均进口额不到 0.10 亿美元，其所占比重平均仅为 0.50%（图 5-19）。

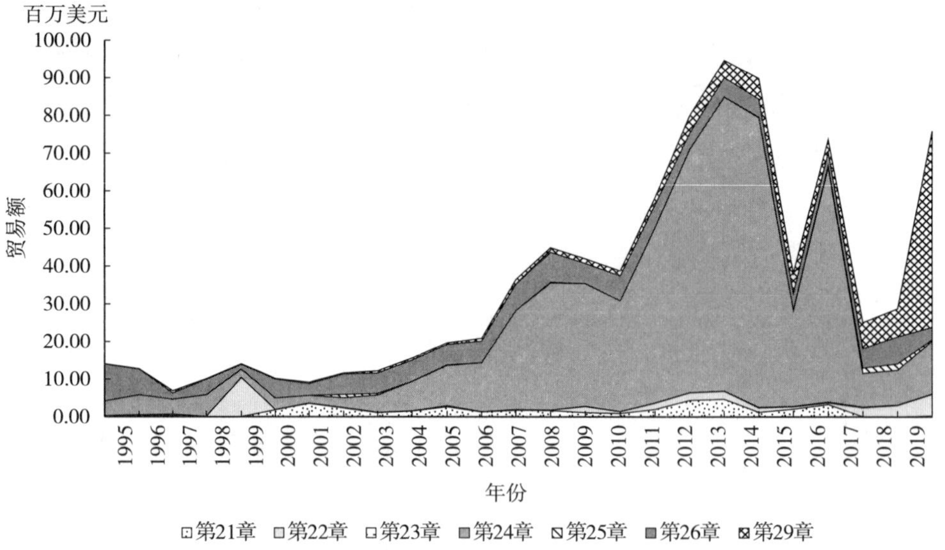

图 5-19 吉尔吉斯斯坦第 2 类农产品进口结构

数据来源：联合国商品贸易数据库（UN Comtrade）。

1995—2019 年第 4 类农产品“动植物油脂及蜡”进口额总体呈现先增后减趋势，1995—2013 年为波动增长阶段，由 0.05 亿美元增至 0.68 亿美元；2013—2019 年为波动减小阶段，2019 年降至 0.42 亿美元。其中第 42 章“固态植物油脂”进口额占比最大，平均占第 4 类农产品进口总额的 95.17%，除 2003 年为 64.94%外，该类农产品进口额所占比重均在 90%以上；其次为第 43 章“加工后的动植物油脂类”，其进口额占第 4 类农产品进口总额比重平均为 4.17%，但 2003 年该类农产品进口总额为 0.03 亿美元，占第 4 类农产品进口总额的 34.76%；第 41 章“动物油脂”进口额平均占比最小，仅为 0.66%，最高时为 2017 年，占比为 4.49%（图 5-20）。

（二）出口产品结构

1995—2019 年出口的产品中，第 0 类“食品及活动物”出口额占出口总额的比重最大，平均为 56.40%，2008—2019 年所占比重基本维持在 70%以上；其次为第 2 类“除燃料外的非食用未加工材料”，其出口额占出口总额比重平均为 27.02%；第 1 类农产品出口额平均所占比重排名第三，为 16.44%；第 4 类“动植物油脂及蜡”出口额所占比重较小，平均仅为 0.13%（图 5-21）。

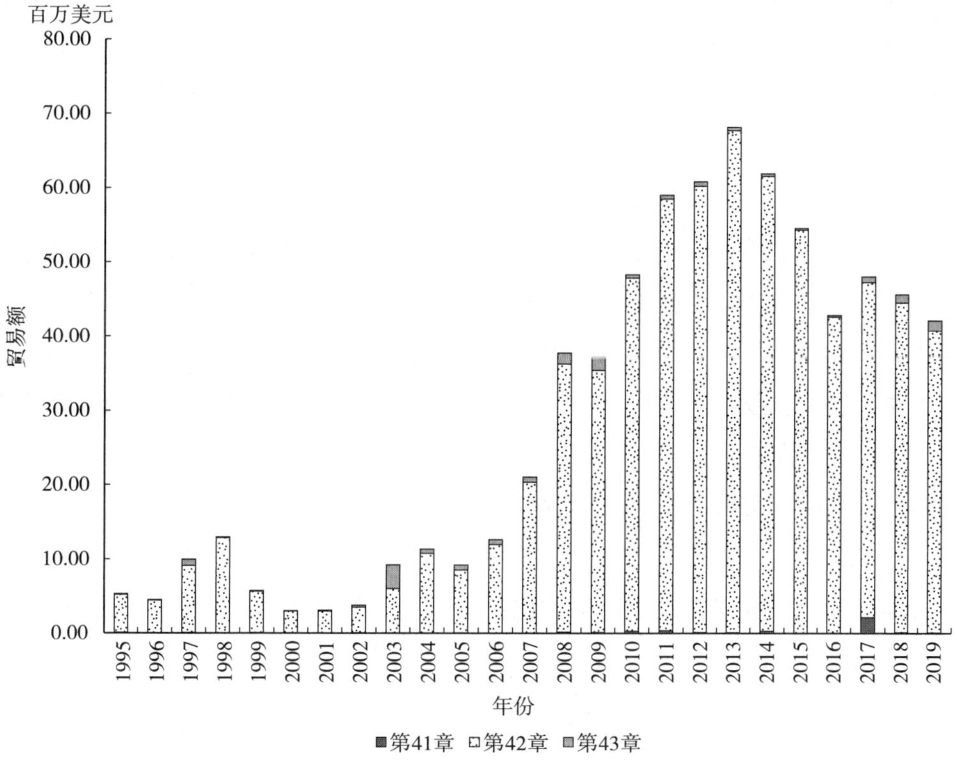

图 5-20　吉尔吉斯斯坦第 4 类农产品进口结构

数据来源：联合国商品贸易数据库（UN Comtrade）。

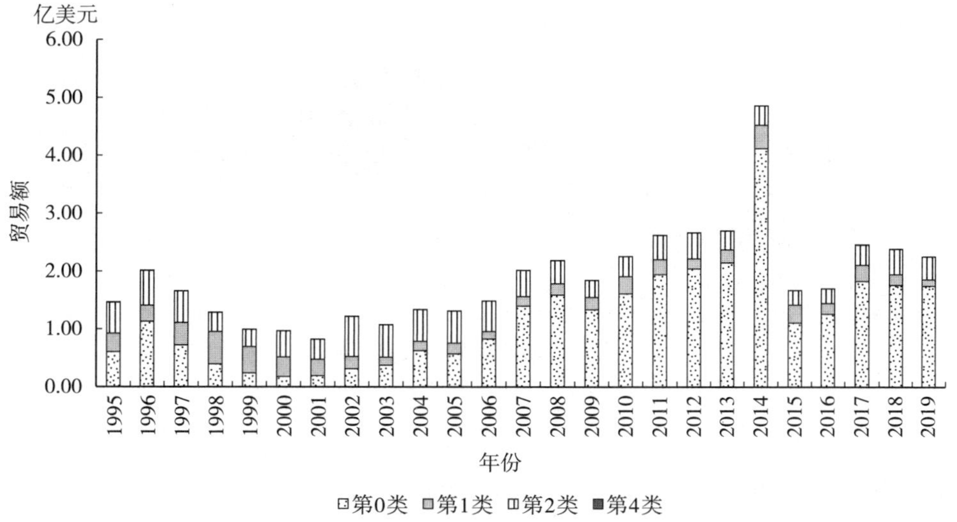

图 5-21　吉尔吉斯斯坦农产品出口结构

数据来源：联合国商品贸易数据库（UN Comtrade）。

具体来看，1995—2019 年第 0 类农产品“食品及活动物”出口规模起伏较大，特别是 2013—2015 年波动明显，2014 年由 2.15 亿美元激增至 4.12 亿美元，后回落至 1.11 亿美元，其原因主要是 2014 年第 01 章“肉及肉制品”出口额激增；2019 年第 0 类农产品出口总额为 1.74 亿美元。其中占第 0 类农产品出口额比重最大的是第 05 章“蔬菜及水果”，平均占比为 53.66%；其次为第 02 章“奶制品及蛋类”，平均占比为 16.06%，且近年来该类农产品出口额所占比重呈增长趋势；第 06 章“糖、糖制品及蜂蜜”进口额占第 0 类农产品进口额比重平均为 12.56%，排名第三，该类农产品 2005 年之前出口额所占比重较大，但 2005 年后开始大幅度减小；第 04 章“谷物及谷物制品”、第 09 章“混合食物制品”、第 01 章“肉及肉制品”、第 07 章“咖啡、茶、可可粉及香料”以及第 00 章“活动物”出口额平均所占比重分列第四、五、六、七、八位，平均比重依次为 5.50%、3.89%、3.07%、2.55%和 2.29%；第 03 章“鱼及鱼制品”和第 08 章“动物饲料”出口额占比极小，平均比重分别为 0.21%和 0.22%（图 5-22）。

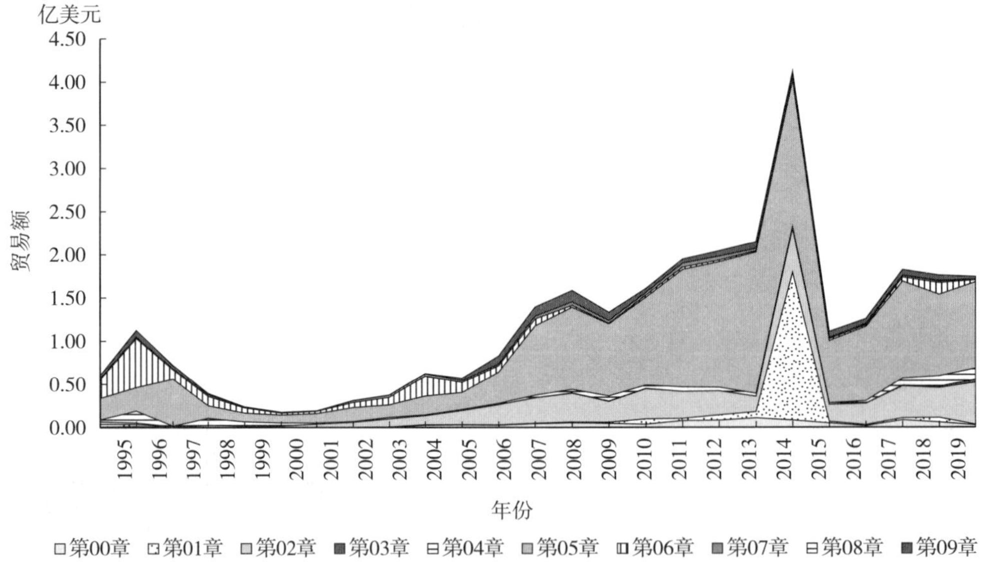

图 5-22 吉尔吉斯斯坦第 0 类农产品出口结构

数据来源：联合国商品贸易数据库（UN Comtrade）。

1995—2019 年第 1 类农产品“饮料及烟草”出口额大致呈现“M”形变动，近年来呈现波动性下降趋势，2019 年该类农产品出口额为 0.11 亿美元。第 1 类农产品出口总额中第 11 章“饮料”出口额所占其比重平均为 19.36%，2019 年该类农产品出口额激增，为 0.09 亿美元，占第 1 类农产品出口总额的 84.75%；第 12 章“烟草及烟草制品”出口额在第 1 类农产品出口额中所占比重平均为80.64%，除2019年外，该类农产品出口额占第1类农产品出口总额的比重均在60%以上，最高时达98.82%（图5-23）。

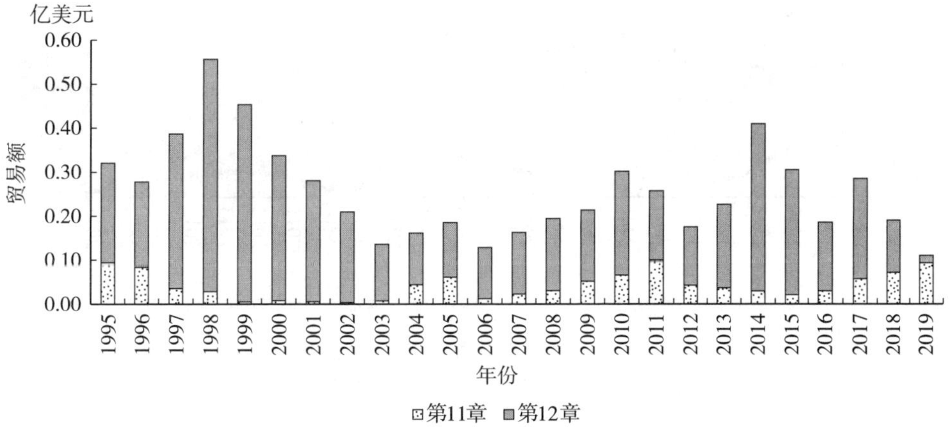

图5-23 吉尔吉斯斯坦第1类农产品出口结构
数据来源：联合国商品贸易数据库（UN Comtrade）。

1995—2019年第2类农产品“除燃料外的非食用未加工材料”出口额波动明显，2019年该类农产品出口额为0.40亿美元。第2类农产品出口总额中占比最大的为第26章“纺织纤维”，所占其比重平均为76.78%，2018年达90%以上，该类农产品中棉花的出口极具优势；占比排名第二的是第21章“生皮及皮革”，其出口额占比平均为15.39%，这与牛皮、羊皮等活动物产品有极强的出口优势有关；第29章“未加工动植物原料”出口额占第2类农产品出口总额比重平均为5.38%，排名第三，但2017年该类农产品出口额为0.07亿美元，占第2类农产品出口总额的19.36%；第22章“含油种子及油质水果”出口额所占比重排名第四，平均为1.53%；第24章“软木及木材”、第25章“纸浆与废纸”和第23章“天然橡胶”进口额均仅占第2类农产品出口额的较小比重，平均占比分别为0.73%、0.10%和0.08%，且第23章和第25章农产品部分年份出口为0（图5-24）。

1995—2019年第4类农产品“动植物油脂及蜡”出口额波动明显，2017—2019年呈现下降趋势，2019年为10.89万美元。其中平均占比最大的为第43章“加工后的动植物油脂类”，为52.28%，但部分年份该类农产品出口额少于第42章农产品；其次为第42章“固态植物油脂”，其出口额占第4类农产品出口总额比重平均为35.50%，该类农产品部分年份出口额占比较大，特别是2004年该类农产品出口额为4.73万美元，占第4类农产品出口总

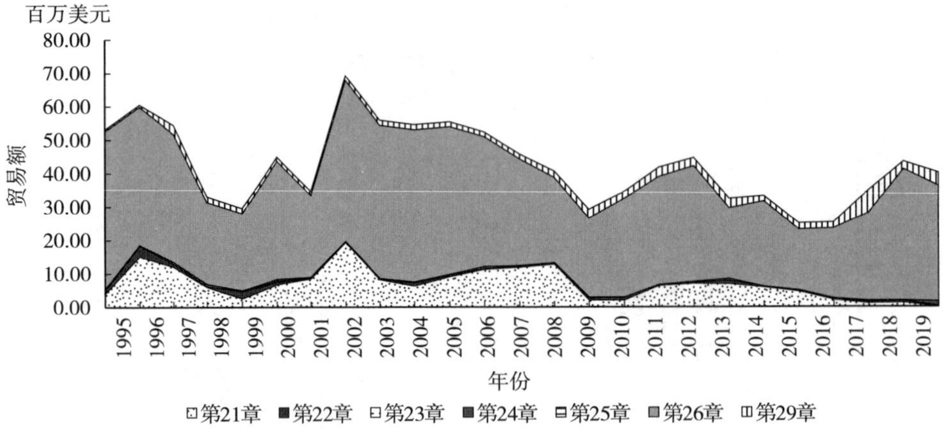

图 5-24　吉尔吉斯斯坦第 2 类农产品出口结构

数据来源：联合国商品贸易数据库（UN Comtrade）。

额的 91.48%；第 41 章“动物油脂”出口额占比较小，平均仅为 12.22%，部分年份该类农产品出口为 0（图 5-25）。

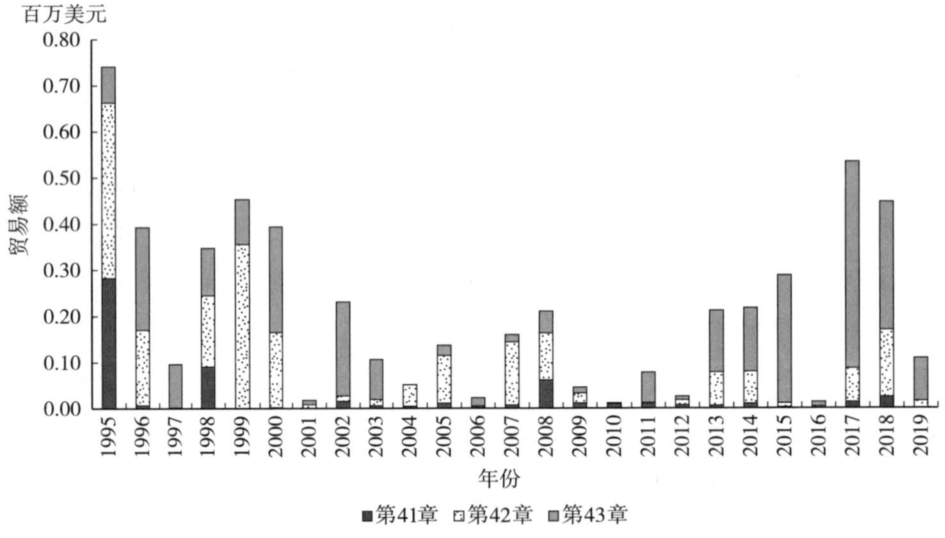

图 5-25　吉尔吉斯斯坦第 4 类农产品出口结构

数据来源：联合国商品贸易数据库（UN Comtrade）。

三、塔吉克斯坦

（一）进口产品结构

1995—2019 年进口农产品中，第 0 类农产品“食品及活动物”进口额所占比重最大，平均为 76.84%，最高时比重达 85.99%，最低时为 1996 年，但其所占比重仍在60%以上；其次为第2类农产品“除燃料外的非食用未加工材料”，该类农产品进口贸易额占农产品进口贸易总额平均为9.74%，所占比重呈现“几”字形波动，2004—2013年，该类农产品进口贸易额占比达10%以上；第1类农产品“饮料及烟草”和第4类农产品“动植物油脂及蜡”进口贸易额所占比重相对较小，平均进口额所占比重分别为6.76%和6.66%，不同的是第1类农产品“饮料及烟草”进口额占比有大幅度减小，1996年其进口额占比达30.91%，但2003年跌至1.87%，虽然2018年该类农产品进口额占比为10.26%，但从近几年看该类农产品进口额占比仍较小；第4类农产品“动植物油脂及蜡”进口贸易额占比大致呈“N”形变动，近年来该类农产品进口额占农产品进口总额的比重有所回升（图5-26）。

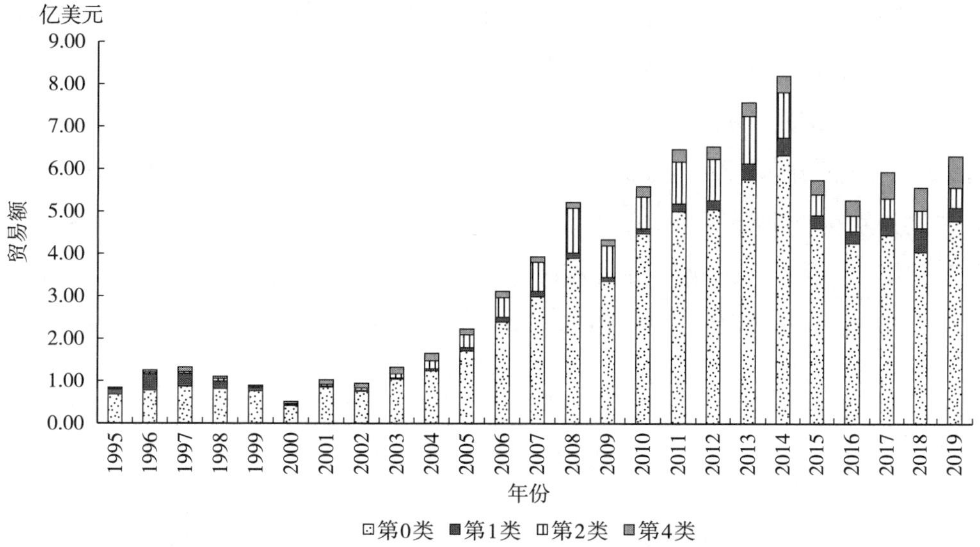

图5-26　塔吉克斯坦农产品进口结构

数据来源：联合国商品贸易数据库（UN Comtrade）。

具体来看，1995—2019年进口的第0类农产品“食品及活动物”进口额大致为先增后减，总体呈现上升趋势，2014年升至6.33亿美元后有所回落，2019年该类农产品进口总额为4.79亿美元。进口额占比最大的为第04章“谷物及谷物制品”，1995—2019年平均进口额为1.52亿美元，平均占第0类农产品进口总额的57.59%，但其进口额占比呈现波动性下降趋势，最高时为1995年，其进口额占比达92.23%，而2019年该类农产品占比降至54.69%，说明塔吉克斯坦对外粮食依赖度有所降低；进口额平均占比排名第二的为第06章“糖、糖制品及蜂蜜”，1995—2019年平均进口额为

0.34 亿美元，其占第 0 类农产品进口总额的比重平均为 14.24%，占比最大时为 2006 年，达 36.21%，但近年来其所占比重有所降低，2019 年为 8.13%；第 07 章“咖啡、茶、可可粉及香料”的进口额平均占比仅次于前两者，其占第 0 类农产品进口额比重平均为 8.07%，该类农产品进口额占比波动较大，总体呈现先增后减趋势，最大占比出现在 2003 年，为 13.14%，而 2019 年该类农产品进口额占比仅为 6.49%；第 09 章“混合食物制品”1995—2019 年平均进口额为 0.25 亿美元，其占第 0 类农产品进口总额的比重平均为 6.33%，排名第四，该类农产品进口额所占比重呈现波动性上升趋势且增长幅度较大，由 1995 年的 0.56% 增至 2019 年的 11.92%，其比重扩大了约 20 倍；进口额平均占比排名第五的是第 01 章“肉及肉制品”，该类农产品 1995—2019 年进口额平均为 0.21 亿美元，最高时为 2014 年，达 0.91 亿美元，但近年来进口额有所减少，2019 年为 0.16 亿美元，该类农产品占第 0 类农产品进口额比重平均为 5.28%，部分年份达 10%以上；第 02 章“奶制品及蛋类”和第 05 章“蔬菜及水果”进口额平均占比分别为 3.48%和 3.32%；第 08 章“动物饲料”、第 03 章“鱼及鱼制品”和第 00 章“活动物”进口额较小且进口额占比均低于 1%，这三类农产品 1995—2019 年平均进口额分别为 0.04 亿美元、0.01 亿美元和 0.01 亿美元，进口额平均占比分别为 0.98%、0.44%和 0.26%（图 5 - 27）。

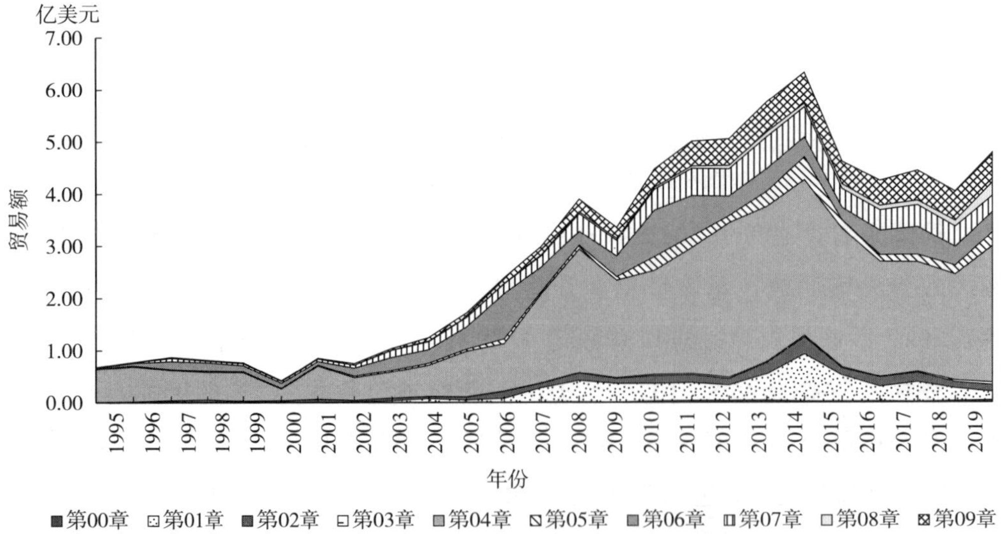

图 5 - 27　塔吉克斯坦第 0 类农产品进口结构
数据来源：联合国商品贸易数据库（UN Comtrade）。

1995—2019年第1类农产品“饮料及烟草”进口贸易额平均为0.2亿美元，大致呈现出“M”形变化，2019年其进口额为0.31亿美元。第11章“饮料”年均进口额为0.11亿美元，占第1类农产品进口额比重平均为60.81%，且大致呈现“W”形变动；第12章“烟草及烟草制品”1995—2019年进口额平均为0.08亿美元，该类农产品进口额占第1类农产品进口额比重平均为43.19%，其变动情况与第11章农产品相反，大致为“M”形变动（图5-28）。

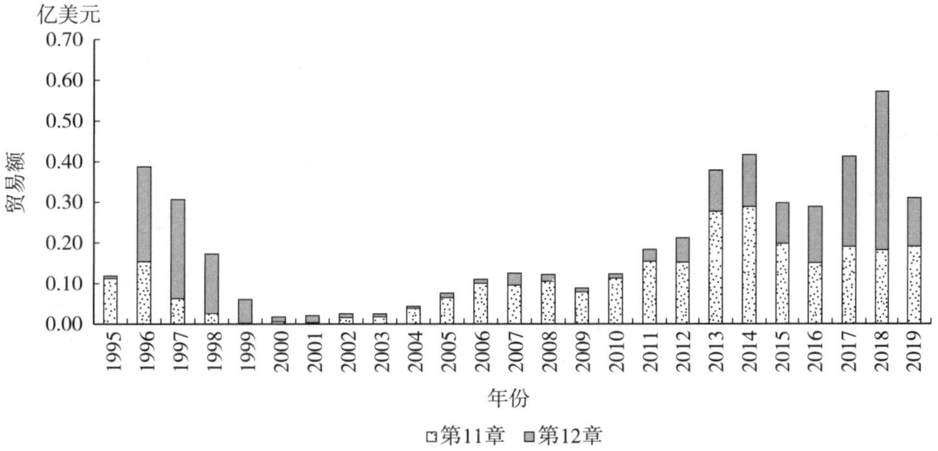

图5-28　塔吉克斯坦第1类农产品进口结构

数据来源：联合国商品贸易数据库（UN Comtrade）。

1995—2019年第2类农产品进口额大致呈“儿”字形变化，平均进口额为0.44亿美元，最大进口额出现在2013年，为1.11亿美元，1995年时最低为21.74亿美元，2019年，第2类农产品进口额为0.47亿美元。第24章“软木及木材”进口额占第2类农产品进口总额的比重最大，平均占比为82.46%，除1995年为9.26%外，其余年份占比均在65%以上，2003—2014年达90%以上；占比排名第二的为第26章“纺织纤维”，该类农产品进口额所占比重总体呈现先增后减趋势，平均占比为5.21%；第29章“未加工动植物原料”进口额占第2类农产品总进口额平均比重为4.21%，排名第三，近年来增长趋势明显，2019年该类农产品进口额占比为12.85%；第22章“含油种子及油质水果”和第21章“生皮及皮革”进口额平均所占比重分别为3.42%和3.22%，不同的是第22章农产品进口额近年来增长幅度明显，由1995年的3.59万美元增至2019年的669.38万美元，而第21章农产品除1995年进口额占到了第2类农产品进口总额的74.55%外，近年来所占比重均低于1%；第23章“天然橡胶”进口额近年来增长明显，2019年达74.23万美元，该类农产品进口额占第2类农产品进口总额的比重平均为1.12%；平均占比最小的为第25章“纸浆与废纸”，该类农产品所占比重平均仅为0.35%（图5-29）。

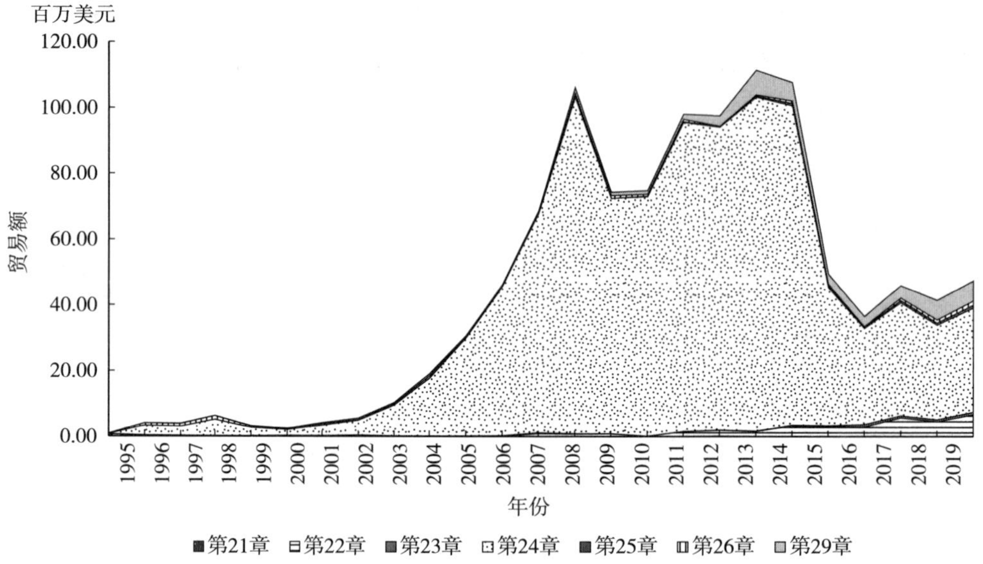

图5-29 塔吉克斯坦第2类农产品进口结构
数据来源：联合国商品贸易数据库（UN Comtrade）。

1995—2019年第4类农产品进口额平均为0.23亿美元，总体呈现波动性上升趋势，2019年该类农产品进口额为0.74亿美元。第42章“固态植物油脂”进口额平均值为0.22亿美元，平均占第4类农产品进口额的比重最大，达到88.34%，自2006年起该类农产品进口额占比均在90%以上；其次为第43章“加工后的动植物油脂类”，该类农产品平均进口额为0.01亿美元，其占第4类农产品进口额的比重平均为9.81%，总体上该类农产品所占比重下降趋势明显，从1995年的71.02%跌至2019年的0.58%；第41章“动物油脂”进口额相对较小，该类农产品进口额所占比重平均仅为1.85%（图5-30）。

（二）出口产品结构

1995—2019年出口农产品中，第2类“除燃料外的非食用未加工材料”出口额占比最大，平均为64.89%，1995年甚至占到农产品出口总额的95.83%，

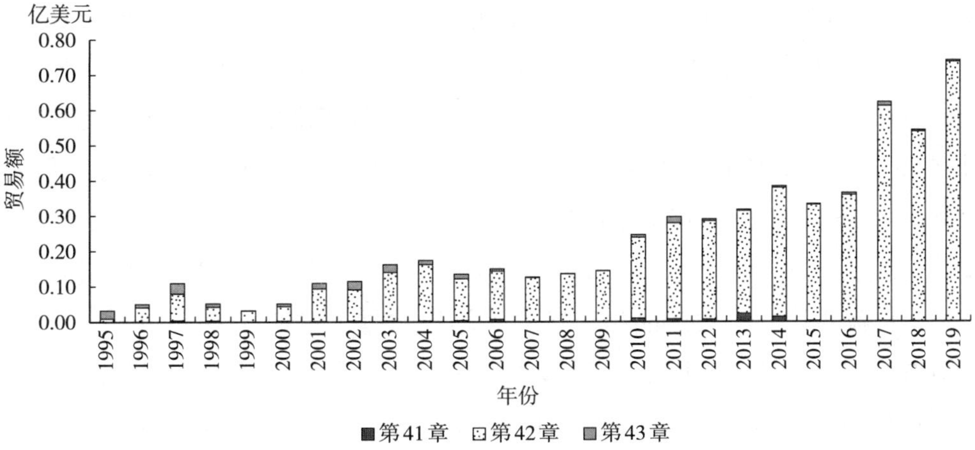

图 5-30 塔吉克斯坦第 4 类农产品进口结构

数据来源：联合国商品贸易数据库（UN Comtrade）。

但 2008—2010 年占比缩小明显；第 0 类“食品及活动物”出口额平均占比排名仅次于第 2 类农产品，为 33.32%，占比波动明显，1995—2019 年间该类农产品出口额平均值为 0.71 亿美元；第 1 类“饮料及烟叶”和第 4 类“动植物油脂及蜡”出口额平均占比较小，分别仅为 1.76%和 0.03%（图 5-31）。

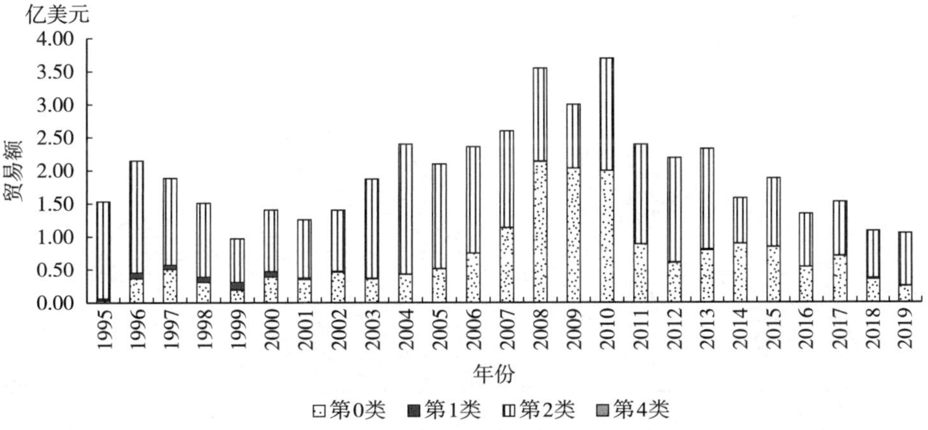

图 5-31 塔吉克斯坦农产品出口结构

数据来源：联合国商品贸易数据库（UN Comtrade）。

具体来看，1995—2019 年第 0 类农产品“食品及活动物”的出口总额平均为 0.71 亿美元，大致呈现“几”字形变动，最高时为 2008 年，约为 2.13 亿美元，但近年来该类农产品进口额在波动中下降，2019 年约为 0.24 亿美元。第 05 章“蔬菜及水果”出口额占第 0 类农产品出口总额的平均比重较大，为 81.88%，2019 年该类农产品出口额为 0.23 亿美元，占第 0 类农产品出口总额的94.98%；平均比重排名第二的为第03章“鱼及鱼制品”，该类农产品1995—2019年平均占比约为9.92%，1995年该类农产品出口额为0.02亿美元，占第0类农产品出口额的57.27%，但大多数年份出口额较小；平均占比排名第三的为第04章“谷物及谷物制品”，1995—2019年该类农产品平均出口额为0.06亿美元，平均比重为4.73%，只有2008年该类农产品出口额为0.77亿美元，占第0类农产品出口额的36.15%；第06章“糖、糖制品及蜂蜜”出口额占第0类农产品出口额的平均比重排名第四，为1.04%，近年来该类农产品出口额占比均小于1%；第00章“活动物”、第07章“咖啡、茶、可可粉及香料”、第08章“动物饲料”、第01章“肉及肉制品”、第09章“混合食物制品”以及第02章“奶制品和蛋类”的出口额占塔吉克斯坦第0类农产品出口总额的平均比重均低于1%，分别为0.63%、0.58%、0.55%、0.51%、0.11%和0.06%（图5-32）。

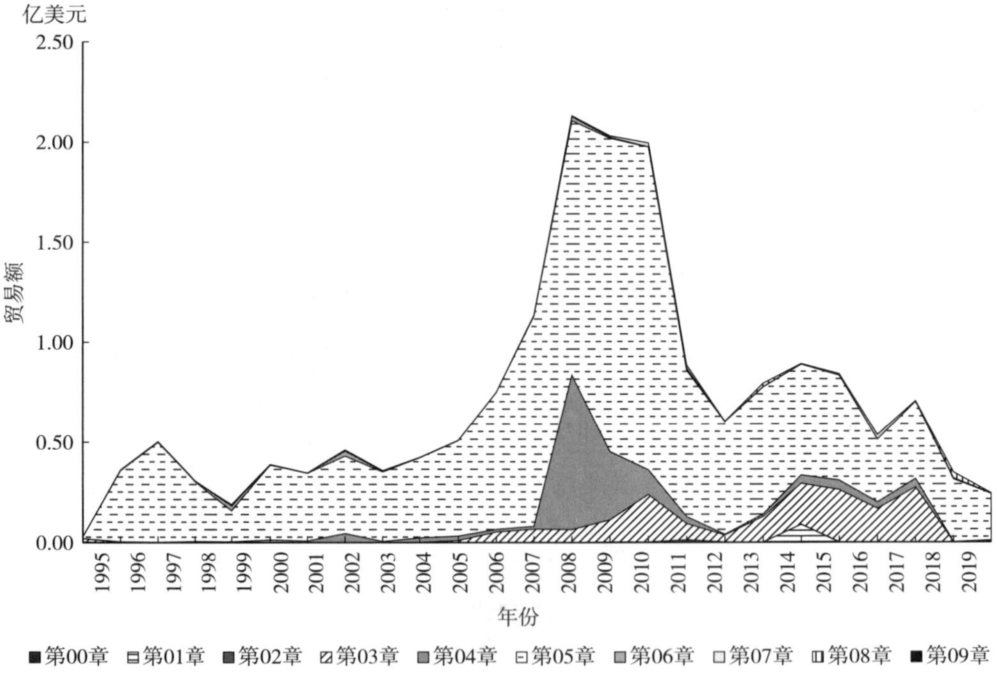

图5-32 塔吉克斯坦第0类农产品出口结构

数据来源：联合国商品贸易数据库（UN Comtrade）。

1995—2019年第1类农产品“饮料及烟叶”的出口额在进入21世纪前大致呈现“M”形变动，最高时为1999年，该类农产品出口额为0.12亿美元，进入21世纪后，该类农产品出口额大致在0.02亿美元以下波动，25年间该类农产品平均出口额为 0.03 亿美元。其中占有较大比重的是第 12 章“烟草及烟草制品”，该类农产品 1995—2019 年平均出口额为 0.02 亿美元，平均占第 1 类农产品出口总额的 79.17%；第 11 章“饮料”1995—2019 年平均出口额约为 25 万美元，平均约占第 1 类农产品出口总额的 20.83%。只有 2019 年塔吉克斯坦出口的第 1 类农产品中，第 11 章“饮料”出口额为 0.01 亿美元，占总出口额的 99.86%，而第 12 章“烟草及烟草制品”出口额仅为 0.15 万美元，仅占出口总额的 0.14%（图 5 - 33）。

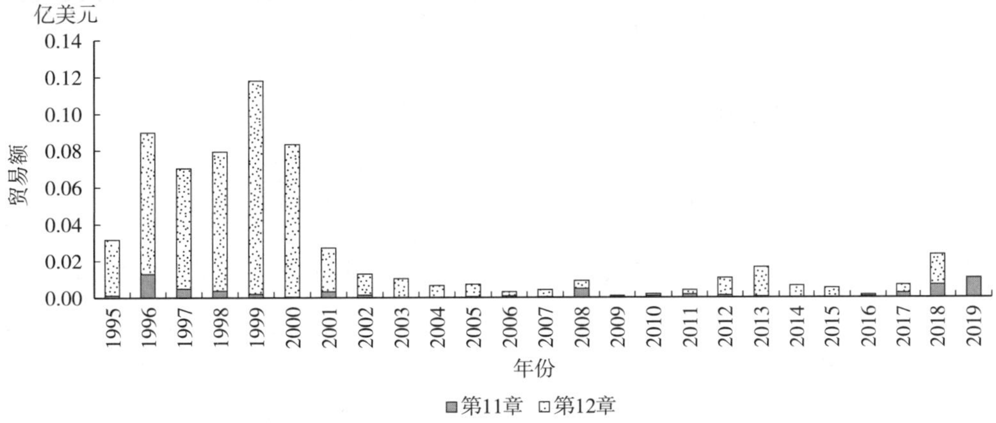

图 5 - 33　塔吉克斯坦第 1 类农产品出口结构

数据来源：联合国商品贸易数据库（UN Comtrade）。

1995—2019 年第 2 类农产品“除燃料外的非食用未加工”出口额平均为 1.22 亿美元，该类农产品 25 年间波动较大，2019 年该类农产品出口额为 0.80 亿美元。第 26 章“纺织纤维”出口额占第 2 类农产品出口额的比重平均为 96.21%，排名第一，除 2009 年占比为 84.84%外，其余年份出口额占比均在 90%以上；第 22 章“含油种子及油质水果”、第 29 章“未加工动植物原料”以及第 21 章“生皮及皮革”出口额平均占比均处于 1%～2%的区间，分别为 1.62%、1.04%和 1.02%。第 23 章“天然橡胶”、第 24 章“软木及木材”和第 25 章“纸浆与废纸”等农产品出口额占第 2 类农产品出口总额的平均比重均较低，分别仅为 0.07%、0.03%和 0.01%（图 5 - 34）。

1995—2019 年第 4 类农产品“动植物油脂及蜡”的出口总额平均值约为 0.06 亿美元，1995—1996 和 2007—2010 年间起伏较大，2019 年，第 4 类农产品出口总额为 0.11 亿美元。第 43 章“加工后的动植物油脂类”和第 42 章

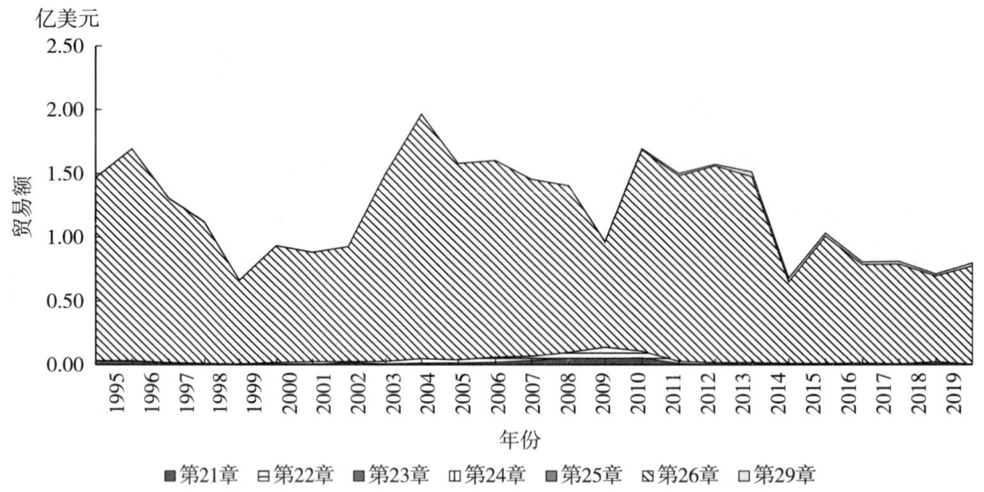

图 5-34 塔吉克斯坦第 2 类农产品出口结构

数据来源：联合国商品贸易数据库（UN Comtrade）。

“固态植物油脂”的出口额占第 4 类农产品出口额的平均比重较大，分别为 52.93%和 45.72%，两类农产品总体占比达 98.65%，但近年来出口额占比较大的是第 42 章农产品“固态植物油脂”；第 41 章“动物油脂”1995—2019 年间出口额基本为 0，仅 2002 年出口额为 2 810 美元，占第 4 类农产品出口总额的 32.30%（图 5-35）。

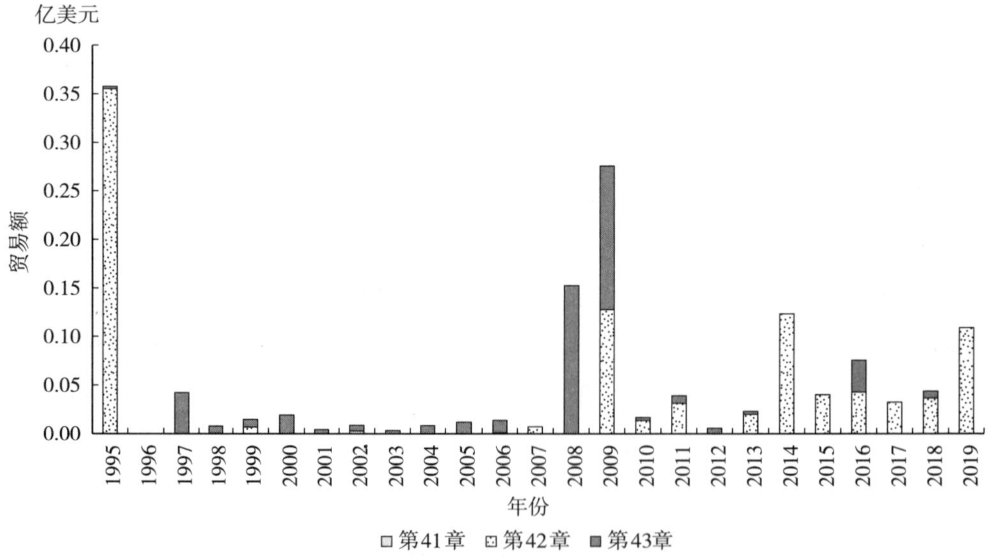

图 5-35 塔吉克斯坦第 4 类农产品出口结构

数据来源：联合国商品贸易数据库（UN Comtrade）。

四、土库曼斯坦

（一）进口产品结构

1995—2019 年农产品进口贸易额大致呈现先增后降趋势，1995—2014 年间在波动中增长，由 0.73 亿美元增至 8.81 亿美元，2014—2019 年则在波动中下降，降至 2019 年的 3.28 亿美元，25 年间农产品进口贸易额平均为 3.26 亿美元。其中进口最多的农产品为第 0 类农产品“食品及活动物”，该类农产品进口贸易额平均为 2.50 亿美元，占农产品进口总额比重平均为 75.78%；其次为第 1 类农产品“饮料及烟叶”，该类农产品进口额平均为 0.26 亿美元，平均占农产品出口总额的 10.67%；平均占比排名第三的为第 2 类农产品“除燃料外的非食用未加工材料”，该类农产品进口额平均为 0.37 亿美元，平均占农产品进口总额的比重为 9.07%；第 4 类农产品“动植物油脂及蜡”1995—2019 年平均进口额为 0.14 亿美元，平均占比仅为 4.48%（图 5-36）。

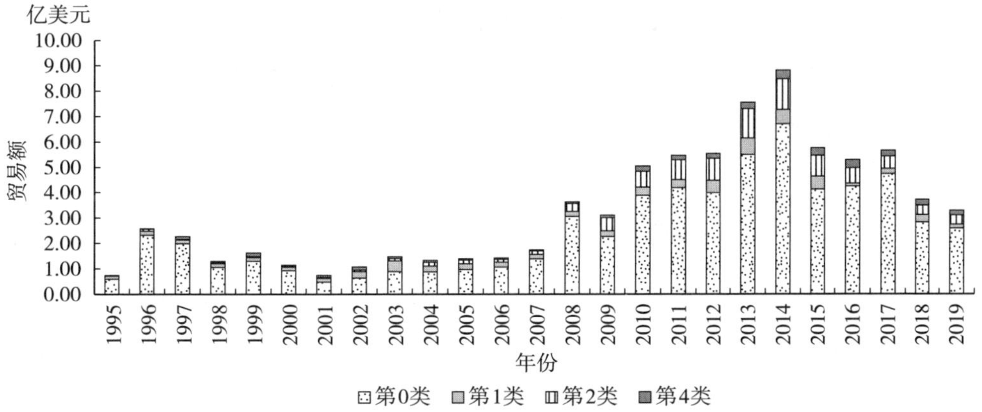

图 5-36　土库曼斯坦农产品进口结构

数据来源：联合国商品贸易数据库（UN Comtrade）。

具体来看，1995—2019 年第 0 类农产品“食品及活动物”进口额大致呈现先增后减态势，1995—2014 年间该类农产品进口额在波动中上升，2014 年达 6.70 亿美元，2014 年后进口额在波动中减少，2019 年为 2.58 亿美元，25 年间平均进口额为 2.50 亿美元。进口额平均占比最大的农产品为第 04 章“谷物及谷物制品”，平均占比为 26.54%，该类农产品 1995—2019 年平均进口额为 0.63 亿美元；第 06 章“糖、糖制品及蜂蜜”、第 07 章“咖啡、茶、可可粉及香料”、第 05 章“蔬菜及水果”以及第 09 章“混合食物制品”等农产品进口额占第 0 类农产品进口额平均比重均处于 10%～20%的区间内，分别为 16.80%、14.94%、12.63%和 10.01%；第 01 章“肉及肉制品”1995—2019 年平均进口额为 0.24 亿美元，进口额平均占比为 9.71%；第 02 章“奶制品和蛋类”的进口额平均占比则为 6.46%，近年来占比下降趋势明显；第 08 章“动物饲料”进口额占第 0 类农产品进口额比重平均为 1.32%；第 00 章“活动物”和第 03 章“鱼及鱼制品”进口较少，1995—2019 年平均进口额分别为 0.03 亿美元和 0.02 亿美元，占第 0 类农产品进口额的平均比重分别仅为 0.81%和 0.78%（图 5-37）。

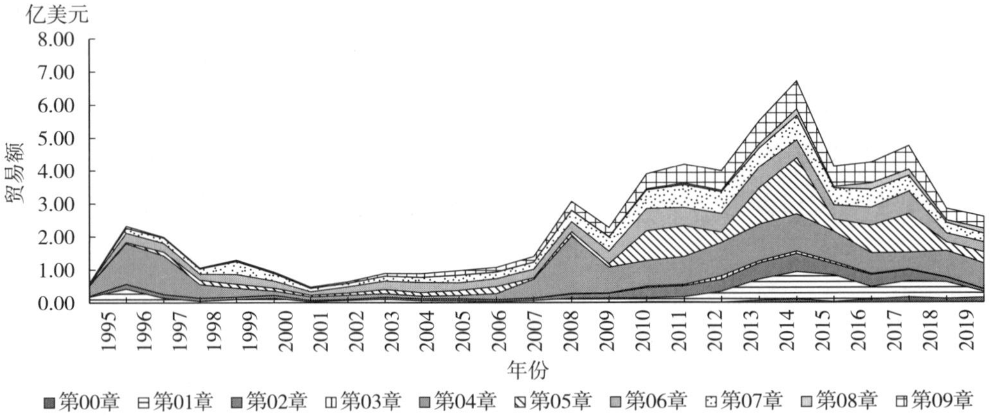

图 5-37 土库曼斯坦第 0 类农产品进口结构
数据来源：联合国商品贸易数据库（UN Comtrade）。

1995—2019 年第 1 类农产品“饮料及烟叶”进口总额平均为 0.26 亿美元，总体大致呈现“M”形变化，2019 年该类农产品进口总额为 0.15 亿美元。平均占比相对较大的为第 12 章“烟草及烟草制品”，该类农产品 1995—2019 年进口额平均为 0.14 亿美元，波动较大，平均占比为 56.67%；第 11 章“饮料”进口额平均占比相对较小，为 43.33%，该类农产品 1995—2019 年间进口额平均为 0.12 亿美元，总体上大致呈现先增后减趋势，2019 年该类农产品进口额为 0.07 亿美元（图 5-38）。

1995—2019 年第 2 类农产品“除燃料外的非食用未加工材料”进口额总体呈现先增后降趋势，1995—2014 年进口额在波动中上升，达 1.20 亿美元，2014—2019 年进口额呈下降趋势，2019 年为 0.37 亿美元。进口额平均占比较大的为第 24 章农产品“软木及木材”，平均占比为 53.05%，占第 2 类农产品

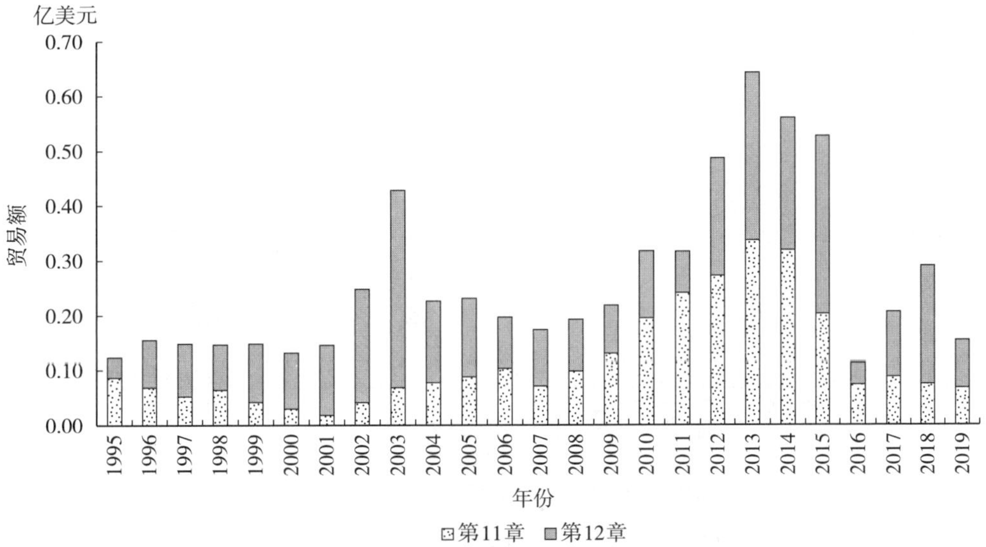

图 5－38　土库曼斯坦第 1 类农产品进口结构

数据来源：联合国商品贸易数据库（UN Comtrade）。

进口额的一半以上；进口额平均占比排名第二的为第 29 章“未加工动植物原料”，该类农产品 1995—2019 年平均进口额为 0.11 亿美元，平均占比为 35.13%；第 26 章“纺织纤维”25 年间平均进口额约为 0.01 亿美元，占第 2 类农产品进口额的比重平均为 4.12%，排名第三；第 22 章“含油种子及油质水果”和第 23 章“天然橡胶”进口额占第 2 类农产品进口额平均比重均在 2%～3%之间，分别为 2.95%和 2.29%，这两类农产品 1995—2019 年平均进口额分别为 131.82 和 96.79 万美元；第 21 章“生皮及皮革”1995—2019 年年均进口额约为 7.56 万美元，平均占第 2 类农产品进口额的 1.46%；第 25 章“纸浆与废纸”1995—2019 年进口额平均约为 33.57 万元，总体呈现波动中上升趋势，但该类农产品进口额占第 2 类农产品进口总额的比重平均却不到 1%，排名最末（图 5－39）。

1995—2019 年第 4 类农产品“动植物油脂及蜡”进口额总体在波动中上升，由 1995 年的 37.59 万美元增至 2019 年的 0.18 亿美元，扩大了近 47.4 倍，25 年间该类农产品平均进口额为 0.14 亿美元。其中第 42 章“固态植物油脂”进口额平均占比较大，达 75.11%，该类农产品 1995—2019 年进口额总体在波动中上升，平均进口额为 0.11 亿美元；其次为第 43 章“加工后的动植物油脂类”，该类农产品 1995—2019 年平均进口额为 0.02 亿美元，占第 4

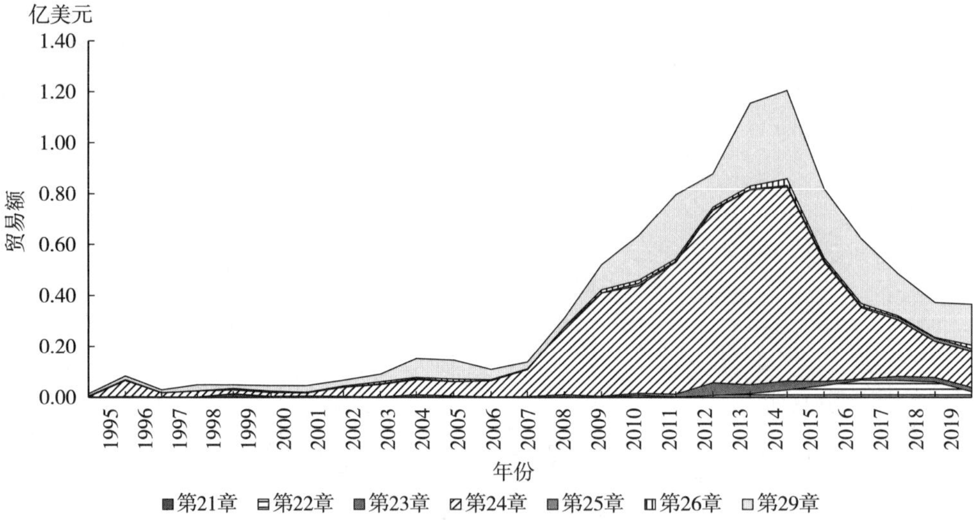

图 5-39　土库曼斯坦第 2 类农产品进口结构

数据来源：联合国商品贸易数据库（UN Comtrade）。

类农产品进口额比重平均为 18.78%；第 41 章“动物油脂”进口额平均占比较小，为 6.11%，该类农产品年均进口额约为 0.01 亿美元（图 5-40）。

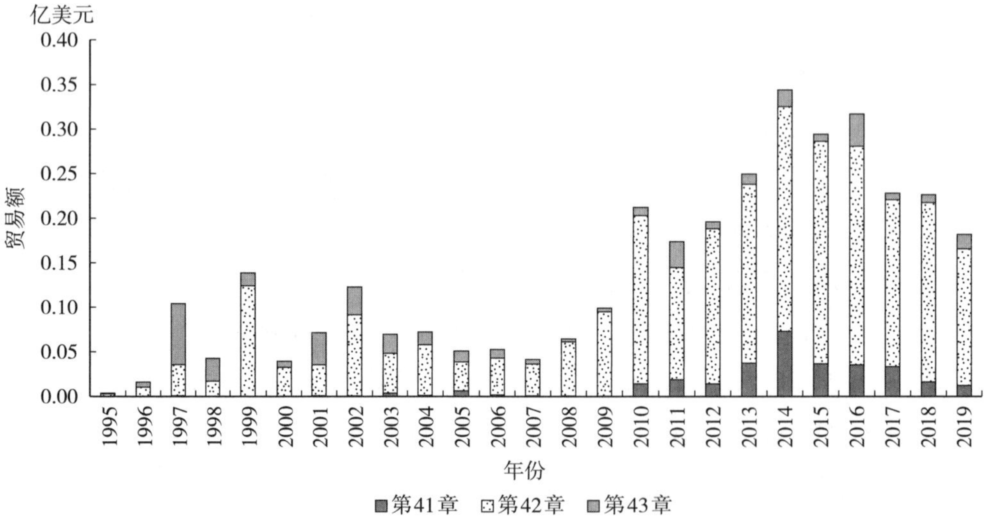

图 5-40　土库曼斯坦第 4 类农产品进口结构

数据来源：联合国商品贸易数据库（UN Comtrade）。

（二）出口产品结构

1995—2019 年出口的农产品中，出口额平均占比最大的是第 2 类农产品“除燃料外的非食用未加工材料”，该类农产品出口额占农产品出口总额的比重平均为 92.44%，但 2019 年占比有所下降，为 65.84%；其次为第 0 类农产品“食品及活动物”，该类农产品占农产品出口总额的比重平均为 6.19%；第 4 类农产品“动植物油脂及蜡”和第 1 类农产品“饮料及烟叶”出口额平均占比相对较小，分别仅为 0.88%和 0.49%（图 5-41）。

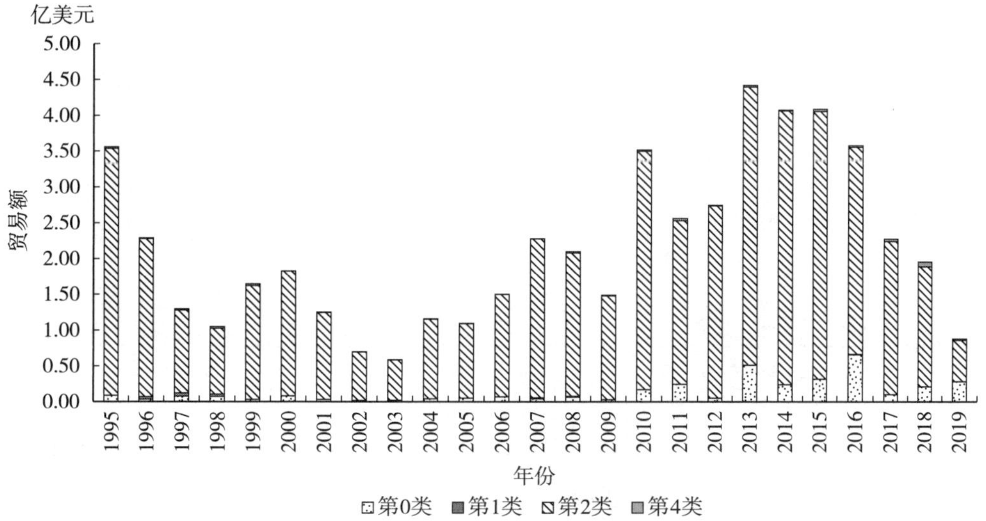

图 5-41　土库曼斯坦农产品出口结构
数据来源：联合国商品贸易数据库（UN Comtrade）。

具体来看，1995—2019 年第 0 类农产品“食品及活动物”的出口额在 2009 年之前在 1 千万美元以下波动，2010 年起波动剧烈，25 年间该类农产品平均出口额为 0.14 亿美元。其中第 05 章“蔬菜及水果”出口额平均占比为 58.58%，占第 0 类农产品出口额的一半以上，该类农产品年均出口额约为 0.05 亿美元，特别是近两年增长明显，2019 年达 0.27 亿美元；平均占比排名第二的为第 04 章“谷物及谷物制品”，该类农产品 1995—2019 年平均出口额为 0.05 亿美元，占第 0 类农产品出口额的比重平均为 14.11%，但 2013—2016 年间该类农产品出口额占第 0 类农产品出口额比重较大；第 08 章“动物饲料”出口额平均占比为 11.86%，排名第三，该类农产品 25 年间年均出口额为 0.02 亿美元；第 01 章“肉及肉制品”和第 07 章“咖啡、茶、可可粉及香料”出口额占第 0 类农产品出口额的平均比重均处于 4%～5%的区间内，分别为 4.43%和 4.24%；第 03 章“鱼及鱼制品”出口额占第 0 类农产品出口额的比重平均为 3.38%，排名第六，该类农产品年均出口额为 39.18 万美元；平均占比排名第七的为第 02 章“奶制品和蛋类”，该类农产品 1995—2019 年出口额平均为 57.98 万美元，平均占比为 1.85%；第 06 章“糖、糖制品及蜂蜜”、第 09 章“混合食物制品”以及第 00 章“活动物”出口额平均占比相对较低，1995—2019 年平均出口额分别为 9.56 万、5.22 万和 1.13 万美元，平均占第 0 类农产品出口额的比重分别仅为 0.82%、0.44%和 0.29%（图 5-42）。

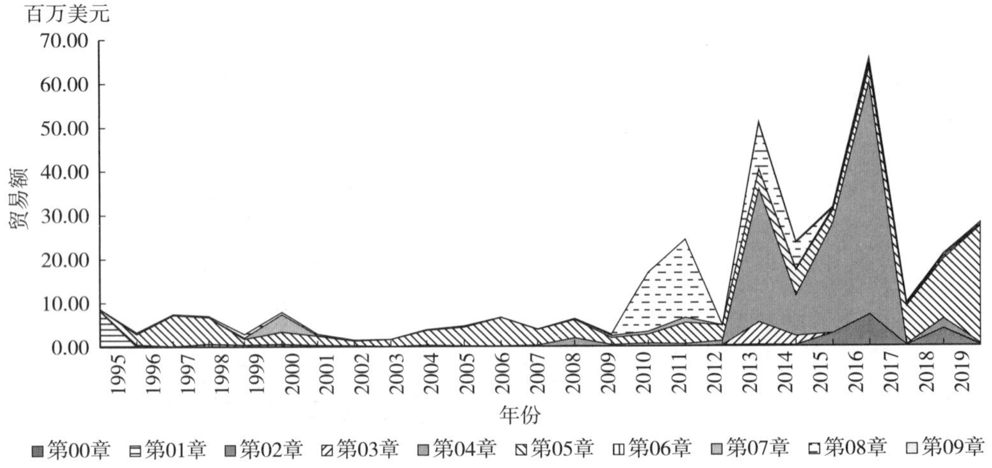

图 5-42　土库曼斯坦第 0 类农产品出口结构

数据来源：联合国商品贸易数据库（UN Comtrade）。

1995—2019 年第 1 类农产品“饮料及烟叶”出口额总体较小，年均出口仅为 72.26 万美元，该类农产品出口额在经历了 1995—1997 年的激增后下降明显，近年来一直维持较低水平，2019 年为 0.95 万美元。第 11 章“饮料”出口在第 1 类农产品中占绝大部分，平均出口额为 70.61 万美元，占第 1 类农产品出口额比重平均为 92.47%；第 12 章“烟草及烟草制品”出口较少，近年来出口额基本为 0，该类农产品出口额占第 1 类农产品出口额的比重平均仅为 7.53%（图 5-43）。

1995—2019 年第 2 类农产品“除燃料外的非食用未加工材料”出口额大致呈现“减-增-减”态势，近年来下降明显，2019 年仅为 0.58 亿美元，25 年间平均出口额为 1.99 亿美元。其中第 26 章“纺织纤维”出口占绝大部分，该类农产品 1995—2019 年平均出口额为 1.84 亿美元，占第 2 类农产品出口额的比重平均为 92.09%；其次为第 29 章“未加工动植物原料”，平均占比为 5.64%，该类农产品年均出口额为 0.11 亿美元，但该类农产品出口额 2018 年之前基本呈现增长趋势；第 21 章“生皮及皮革”1995—2019 年平均出口额为 0.04 亿美元，占第 2 类农产品出口额的平均比重为 2.13%，排名第三；第 22

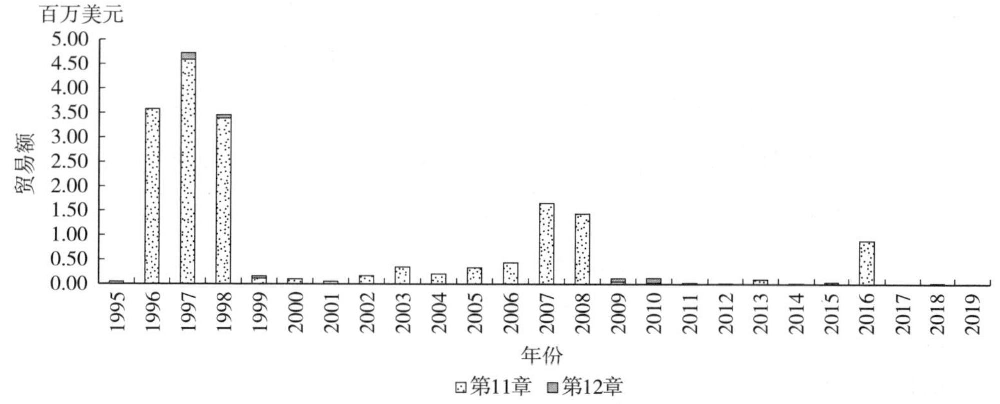

图 5-43　土库曼斯坦第 1 类农产品出口结构
数据来源：联合国商品贸易数据库（UN Comtrade）。

章“含油种子及油质水果”、第 25 章“纸浆与废纸”、第 23 章“天然橡胶”和第 24 章“软木及木材”的出口额均较低，年均出口额分别仅为 11.78 万、7.22 万、3.37 万和 1.77 万美元，占第 2 类农产品出口额平均比重分别仅为 0.07%、0.04%、0.01%和 0.01%（图 5-44）。

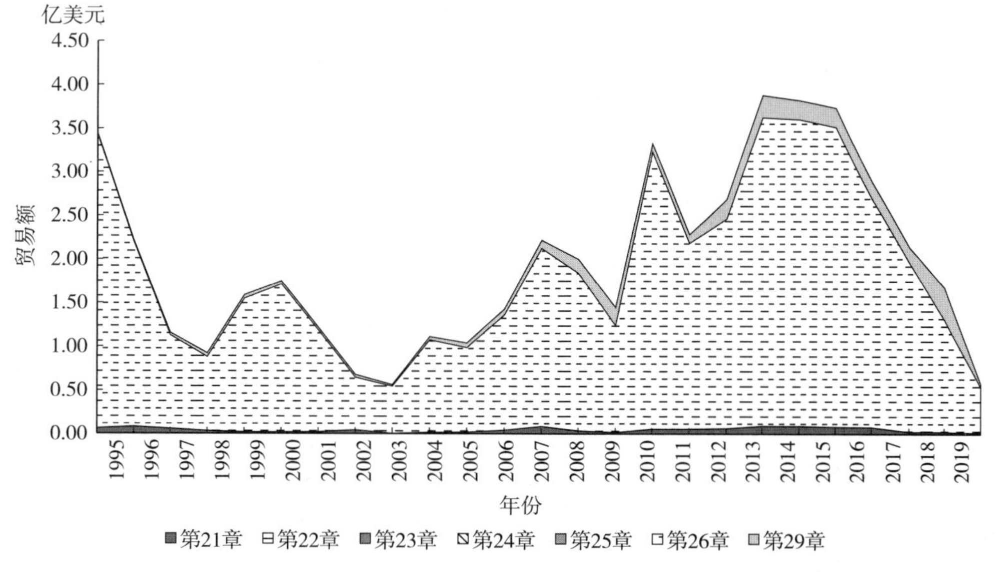

图 5-44　土库曼斯坦第 2 类农产品出口结构
数据来源：联合国商品贸易数据库（UN Comtrade）。

1995—2019 年第 4 类农产品“动植物油脂及蜡”出口额总体较低且波动趋势明显，特别是 2017—2019 年波动较大，2019 年该类农产品出口额约为 189 万美元。第 43 章“加工后的动植物油脂类”出口额在第 4 类农产品中平均占比较大，为56.82%，该类农产品1995—2019年平均出口额约为77.61万美元，且同样在2017—2019年间波动明显；其次为第42章“固态植物油脂”，该类农产品年均出口额为81.49万美元，但其占第4类农产品出口额的平均比重却低于第43章农产品，为39.41%；第41章“动物油脂”除1995年、1999年和2014年有出口外，其余年份均无出口，只有1999年该类农产品出口额约为217.66万美元，占当年第4类农产品出口总额的92.46%（图5-45）。

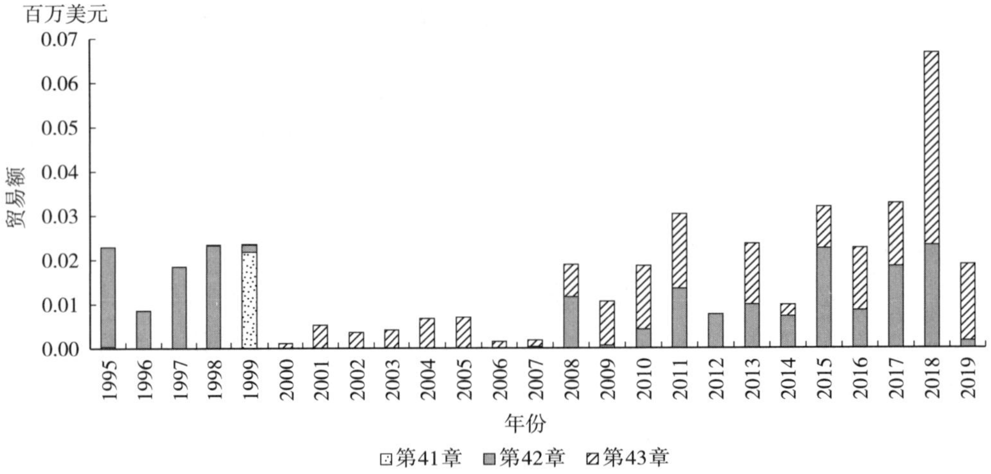

图5-45　土库曼斯坦第4类农产品出口结构

数据来源：联合国商品贸易数据库（UN Comtrade）。

五、乌兹别克斯坦

（一）进口产品结构

1995—2019年进口的农产品中，第0类农产品“食品及活动物”进口额平均占比最大，为65.71%，但该类农产品进口额占农产品进口总额的比重呈现波动性下降趋势，由1995年的86.34%降至2019年的62.22%；平均占比排名第二的是第2类农产品“除燃料外的非食用未加工材料”，该类农产品进口额占农产品进口总额的比重平均为22.01%，总体上呈现波动上升趋势；第4类农产品“动植物油脂及蜡”进口额占比总体在波动中上升，1995—2019年平均占比为8.78%；第1类农产品“饮料及烟叶”进口额占比相对较小，平均为3.50%，近年来该类农产品占农产品进口总额的比重基本在2%上下浮动（图5-46）。

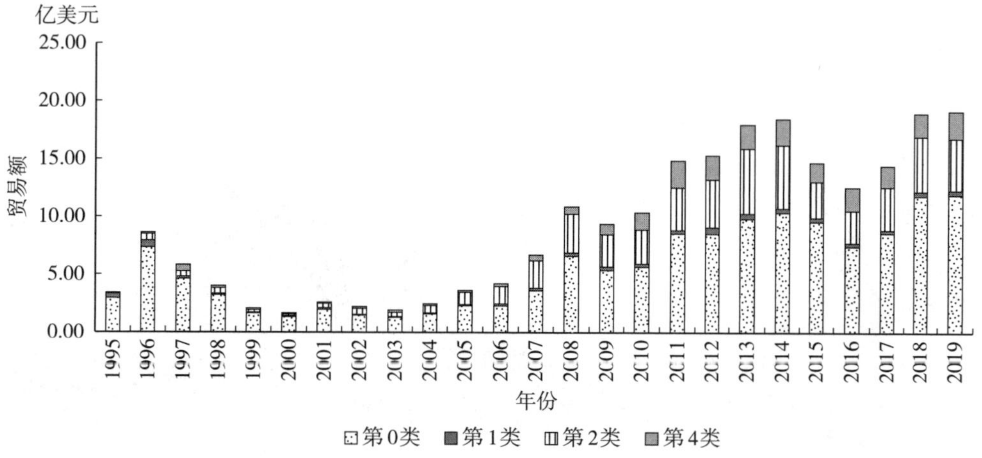

图 5-46　乌兹别克斯坦农产品进口结构
数据来源：联合国商品贸易数据库（UN Comtrade）。

具体来看，1995—2019 年第 0 类“食品及活动物”进口额总体在波动中增长，由 1995 年的 2.95 亿美元增至 2019 年的 11.91 亿美元，扩大了约 3 倍多。其中进口额平均占比最大的是第 04 章“谷物及谷物制品”，该类农产品 1995—2019 年平均进口额为 2.58 亿美元，占第 0 类农产品进口额比重平均为 42.61%；进口额平均占比排名第二的为第 06 章“糖、糖制品及蜂蜜”，其进口额占比大致呈现“增-减-增”趋势，平均占比为 16.62%，1995—2019 年年均进口额为 0.66 亿美元；第 07 章“咖啡、茶、可可粉及香料”进口额平均占比为 10.75%，排名第三，该类农产品年均进口额为 0.57 亿美元；第 09 章“混合食物制品”进口额在波动中上升，其年均进口额为 0.59 亿美元，占第 0 类农产品进口额的比重平均为 9.49%；第 01 章“肉及肉制品”、第 02 章“奶制品和蛋类”以及第 05 章“蔬菜及水果”进口额占第 0 类农产品进口额的平均比重分别为 5.72%、5.29%和 4.08%，分别排第五、第六和第七；第 08 章“动物饲料”和第 00 章“活动物”进口额占第 0 类农产品进口额的平均比重均处于 2%～3%的区间，分别为 2.44%和 2.40%；第 03 章“鱼及鱼制品”1995—2019 年进口较少，年均进口额为 0.03 亿美元，但其进口额在波动中上升，该类农产品平均占比仅为 0.62%（图 5-47）。

1995—2019 年第 1 类农产品“饮料及烟叶”的进口额起伏较大，进口额最大时为 0.58 亿美元，最低时仅为 0.05 亿美元，年均进口额为 0.26 亿美元，2019 年，该类农产品进口额为 0.41 亿美元。第 11 章“饮料”的进口额大致

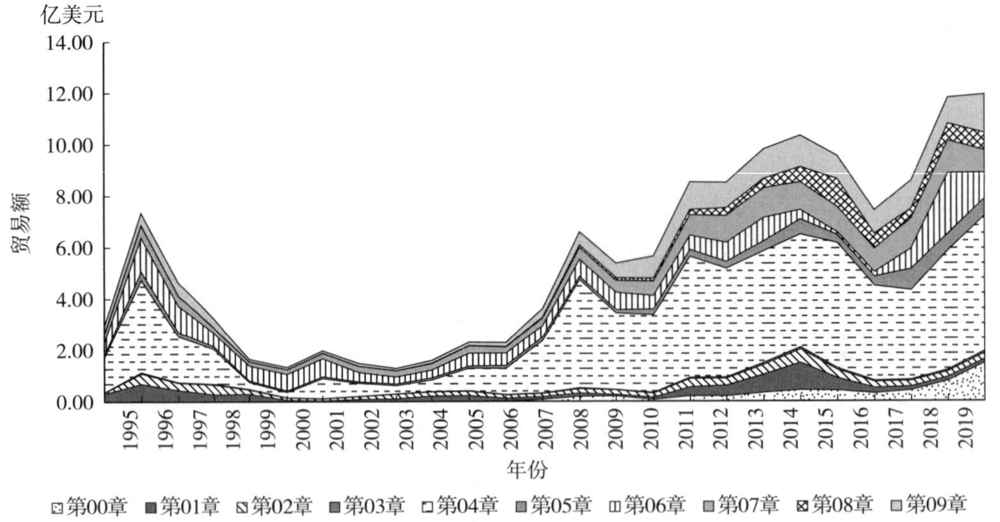

图 5-47 乌兹别克斯坦第 0 类农产品进口结构

数据来源：联合国商品贸易数据库（UN Comtrade）。

呈现先减后增的趋势，年均进口额为 0.12 亿美元，该类农产品进口额占第 1 类农产品进口额的比重大致呈现“W”形变动，平均占比为 40.05%；第 12 章“烟草及烟草制品”的进口额大致呈现先增后减趋势，年均进口额为 0.14 亿美元，该类农产品进口额占第 1 类农产品进口额的比重大致呈现“M”形变动，平均占比为 59.95%（图 5-48）。

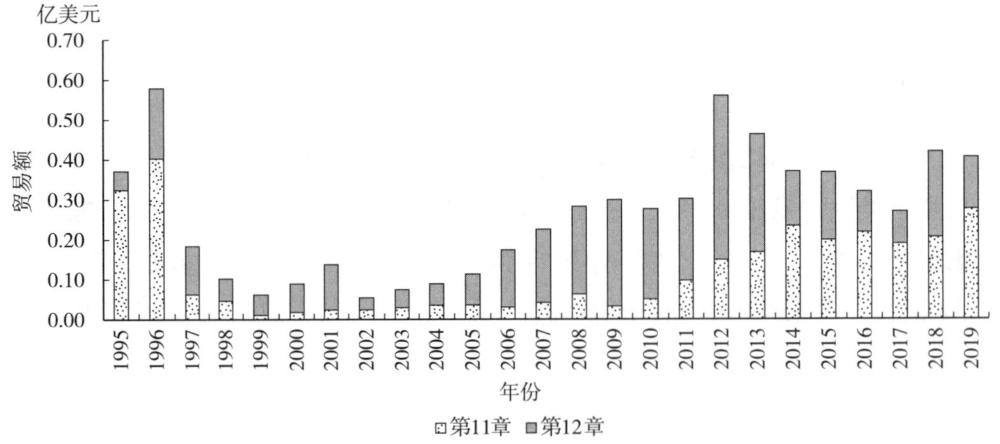

图 5-48 乌兹别克斯坦第 1 类农产品进口结构

数据来源：联合国商品贸易数据库（UN Comtrade）。

1995—2019 年第 2 类农产品“除燃料外的非食用未加工材料”进口额总体呈上升趋势，但 2014—2018 年波动较大，2019 年该类农产品进口总额为 4.48 亿美元，25 年间年均进口额为 2.23 亿美元。其中第 24 章“软木及木材”进口较多，该类农产品年均进口额为 1.68 亿美元，占第 2 类农产品进口额的比重平均为 66.86%；进口额平均占比排名第二的是第 22 章“含油种子及油质水果”，该类农产品年均进口额为 0.19 亿美元，占第 2 类农产品进口额比重平均为 11.10%；第 29 章“未加工动植物原料”进口额平均占比为 8.92%，排名第三，该类农产品年均进口额为 0.18 亿美元；第 26 章“纺织纤维”年均进口额为 0.08 亿美元，进口额平均占比为 7.81%，排名第四；第 23 章“天然橡胶”和第 25 章“纸浆与废纸”进口额占第 2 类农产品进口额的平均比重分别为 3.07%和 2.17%；第 21 章“生皮及皮革”进口相对较少，年均进口额仅为 5.29 万美元，占第 2 类农产品进口额的平均比重仅为 0.07%（图 5-49）。

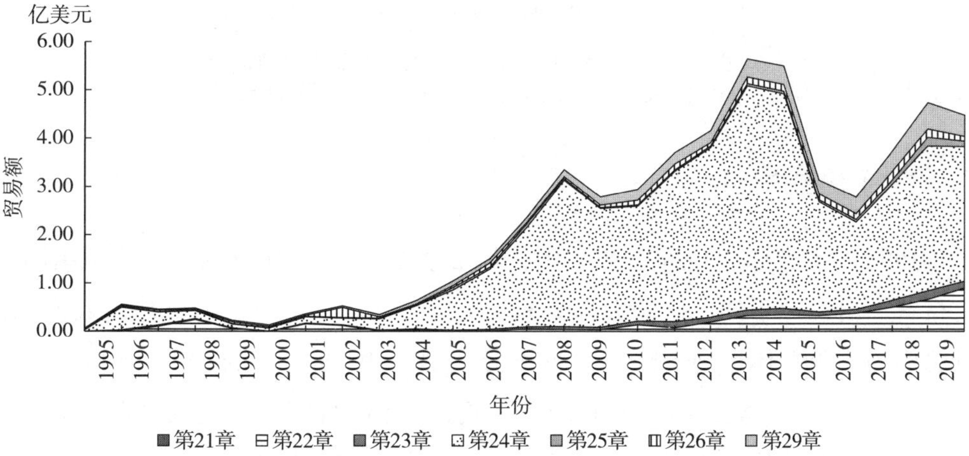

图 5-49 乌兹别克斯坦第 2 类农产品进口结构

数据来源：联合国商品贸易数据库（UN Comtrade）。

1995—2019 年第 4 类农产品“动植物油脂及蜡”进口额呈现扩大趋势，特别是 2004—2011 年增长明显，2019 年，该类农产品进口额为 2.35 亿美元。第 42 章“固态植物油脂”进口较多，年均进口额约为 0.80 亿美元，平均占第 4 类农产品进口额比重为 80.10%；其次为第 43 章“加工后的动植物油脂类”，该类农产品 1995—2019 年年均进口额为 0.14 亿美元，占第 4 类农产品进口额比重平均为 14.24%；第 41 章“动物油脂”进口相对较少，年均进口额为 0.03 亿美元，该类农产品平均占比为 5.65%（图 5-50）。

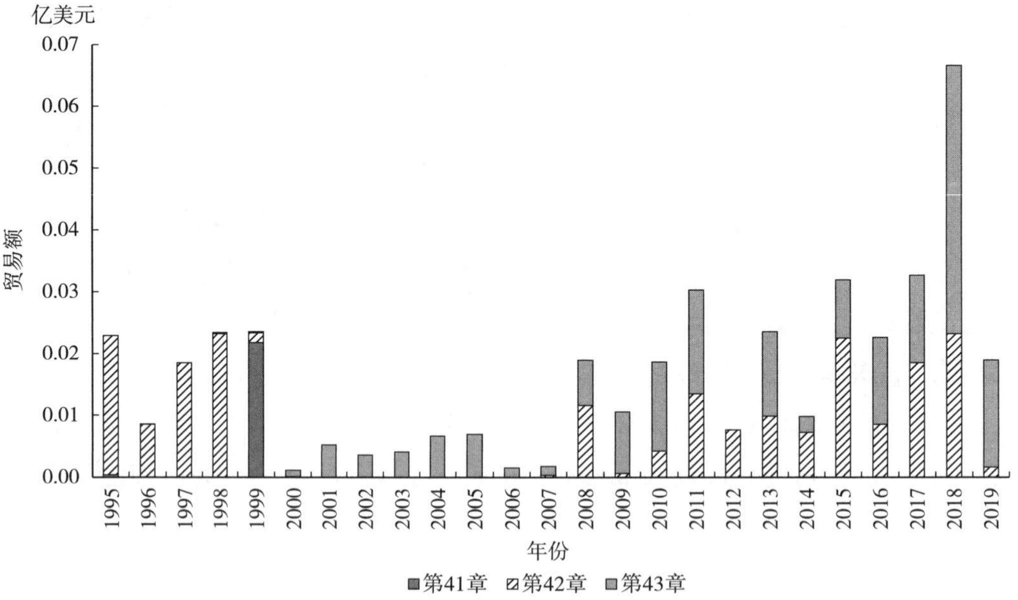

图 5-50　乌兹别克斯坦第 4 类农产品进口结构
数据来源：联合国商品贸易数据库（UN Comtrade）。

（二）出口产品结构

1995—2019 年出口的农产品中，第 2 类农产品“除燃料外的非食用未加工材料”出口额平均占比较大，为 66.27%，但该类农产品出口额占农产品出口总额的比重总体呈现下降趋势且下降明显，由 1995 年的 98.03%降至 2019 年的 12.52%；其次为第 0 类农产品“食品及活动物”，该类农产品出口额占比总体呈上升趋势且上升明显，由 1995 年的 1.81%增至 2019 年的 84.36%，25 年间平均占比为 31.83%；第 1 类农产品“饮料及烟叶”的出口额占农产品出口总额的比重在 0～4%的区间波动，平均占比为 1.74%；第 4 类农产品“动植物油脂及蜡”出口较少，其出口额占农产品出口总额的比重平均仅为 0.17%（图 5-51）。

具体来看，1995—2019 年第 0 类农产品“食品及活动物”出口额总体在波动中上升，由 1995 年的 0.20 亿美元增至 6.38 亿美元，扩大了约 31 倍，年平均出口额为 4.16 亿美元。其中第 05 章“蔬菜及水果”出口较多，年均出口额达 3.79 亿美元，占第 0 类农产品出口额的比重平均为 89.30%；其次为第 08 章“动物饲料”，该类农产品年均出口额为 0.04 亿美元，平均占比为 3.76%，但该类农产品 1995 年出口额占第 0 类农产品出口额的比重达

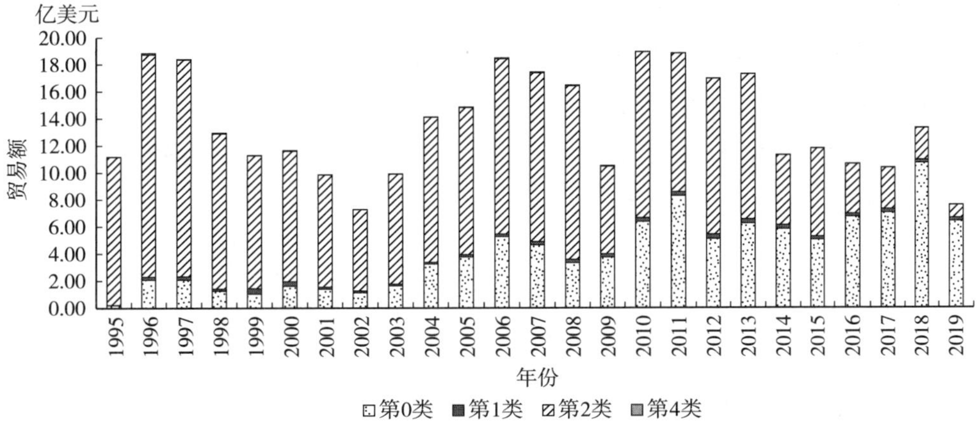

图 5-51　乌兹别克斯坦农产品出口结构

数据来源：联合国商品贸易数据库（UN Comtrade）。

37.24%；第 04 章“谷物及谷物制品”出口额平均占比排名第三，为 3.34%，该类农产品年均出口额为 0.19 亿美元；第 07 章“咖啡、茶、可可粉及香料”年均出口额为 0.06 亿美元，该类农产品出口额占第 0 类农产品出口总额的 1.43%；第 06 章“糖、糖制品及蜂蜜”、第 00 章“活动物”、第 09 章“混合食物制品”、第 02 章“奶制品和蛋类”、第 03 章“鱼及鱼制品”以及第 01 章“肉及肉制品”出口均较少，占第 0 类农产品出口额的平均比重分比为 0.70%、0.50%、0.39%、0.28%、0.23%以及 0.07%（图 5-52）。

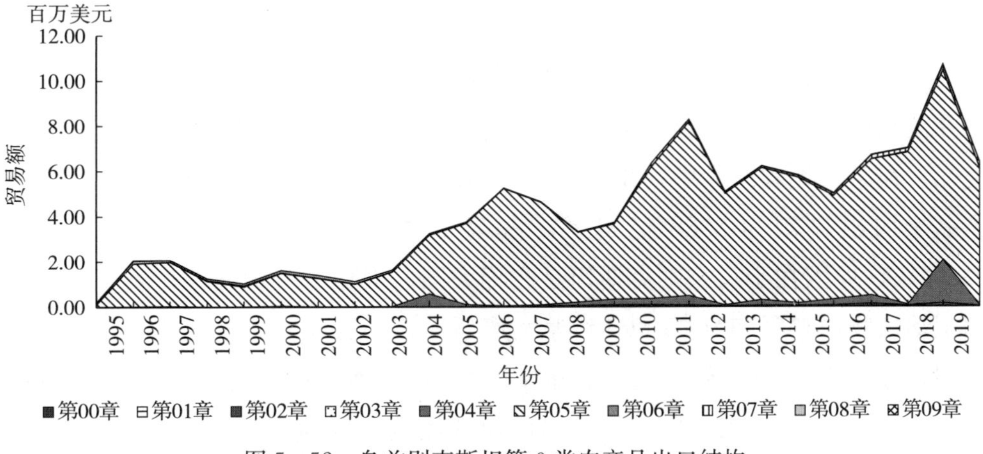

图 5-52　乌兹别克斯坦第 0 类农产品出口结构

数据来源：联合国商品贸易数据库（UN Comtrade）。

1995—2019 年第 1 类农产品“饮料及烟叶”出口额大致呈现“M”形变化，2019 年出口额为 0.23 亿美元。出口额占比相对较大的是第 12 章“烟草及烟草制品”，该类农产品进口额大致也呈“M”形变化，年均出口额为 0.14 亿美元，占第 0 类农产品进口额的比重平均为 62.88%；第 11 章“饮料”出口额占比相对较小，该类农产品出口额总体在波动中增长，由 1995 年的 31.81 万美元增至 2019 年的 0.12 亿美元，增长了约 37 倍，其出口额平均占比为 37.12%（图 5-53）。

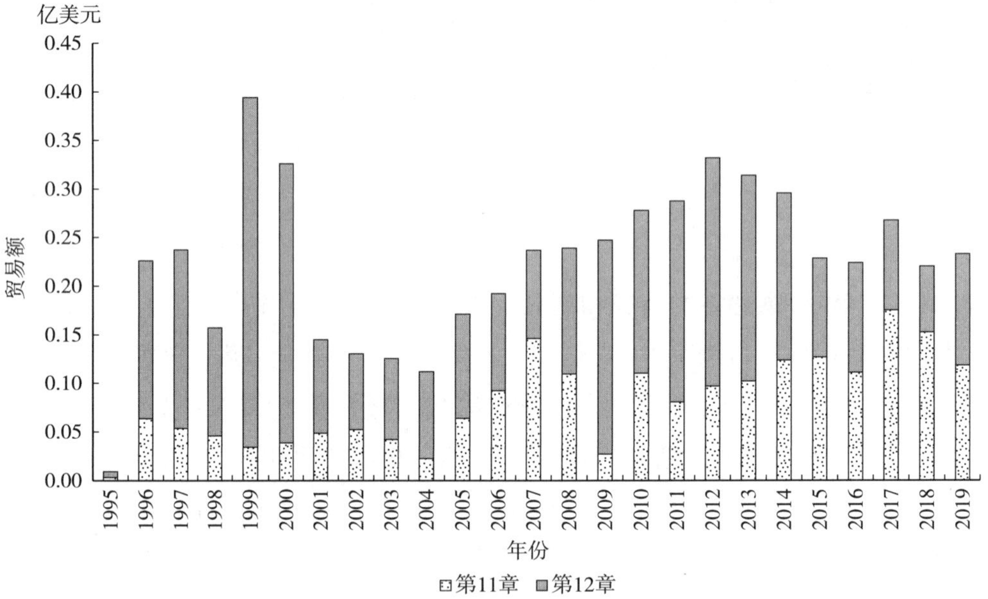

图 5-53 乌兹别克斯坦第 1 类农产品出口结构
数据来源：联合国商品贸易数据库（UN Comtrade）。

1995—2019 年第 2 类农产品“除燃料外的非食用未加工材料”出口额总体在波动中减少，年均出口额为 9.19 亿美元，但 2019 年出口额仅为 0.95 亿美元。在第 2 类农产品中，第 26 章“纺织纤维”的出口占绝大部分，该类农产品年均出口额为 8.88 亿美元，占第 2 类农产品出口额的比重平均为 93.64%，原因在于乌兹别克斯坦是产棉大国，棉花出口量较大；第 29 章“未加工动植物原料”和第 25 章“纸浆与废纸”出口额平均占比均在 2%～3%的区间，分别为 2.34%和 2.32%；第 22 章“含油种子及油质水果”年均出口额为 0.09 亿美元，占第 2 类农产品出口额的比重平均为 1.55%，排名第四；第 24 章“软木及木材”和第 21 章“生皮及皮革”出口相对较少，两类农产品年均出口额分别为 89.84 万美元和 50.17 万美元，其占第 2 类农产品出口额的平均比重分别为 0.09%和 0.05%；第 23 章“天然橡胶”出口极少，部分年份甚至出口为 0，该类农产品出口额平均占比不到 0.01%（图 5-54）。

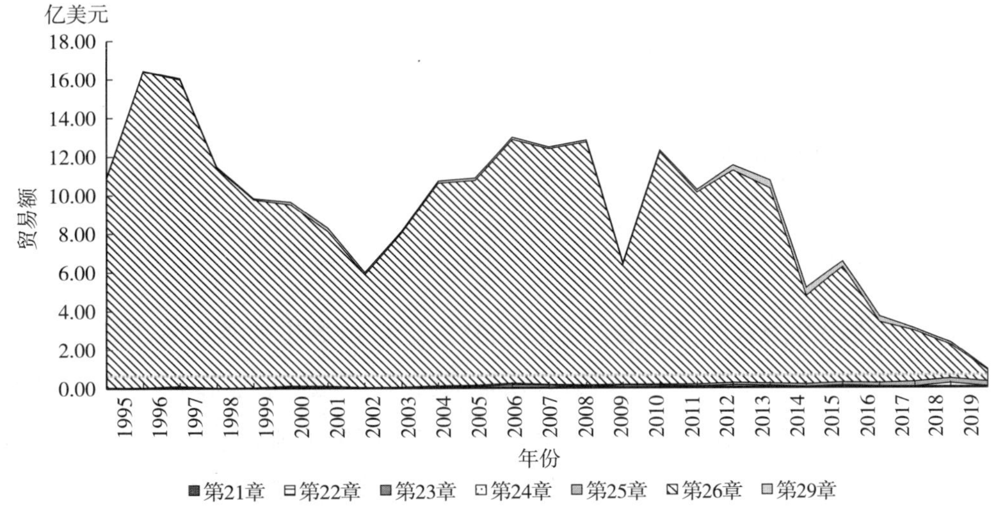

图 5-54　乌兹别克斯坦第 2 类农产品出口结构

数据来源：联合国商品贸易数据库（UN Comtrade）。

1995—2019 年第 4 类农产品“动植物油脂及蜡”的出口额波动较大，最高时为 1996 年，达 0.11 亿美元，最低时为 2004 年，出口额仅为 5.14 万美元，2019 年该类农产品出口额为 33.22 万美元。在第 4 类农产品中出口占比相对较大的是第 42 章“固态植物油脂”，近年来该类农产品出口额占第 4 类农产品的比重均在 80%以上，1995—2019 年平均占比为 52.04%；其次为第 43 章“加工后的动植物油脂类”，该类农产品年均出口额为 107.28 万美元，占第 4 类农产品出口额比重平均为 47.92%；第 41 章“动物油脂”出口较少，仅 2005 年出口了 3.89 万美元，占当年第 4 类农产品出口额的 1.01%（图 5-55）。

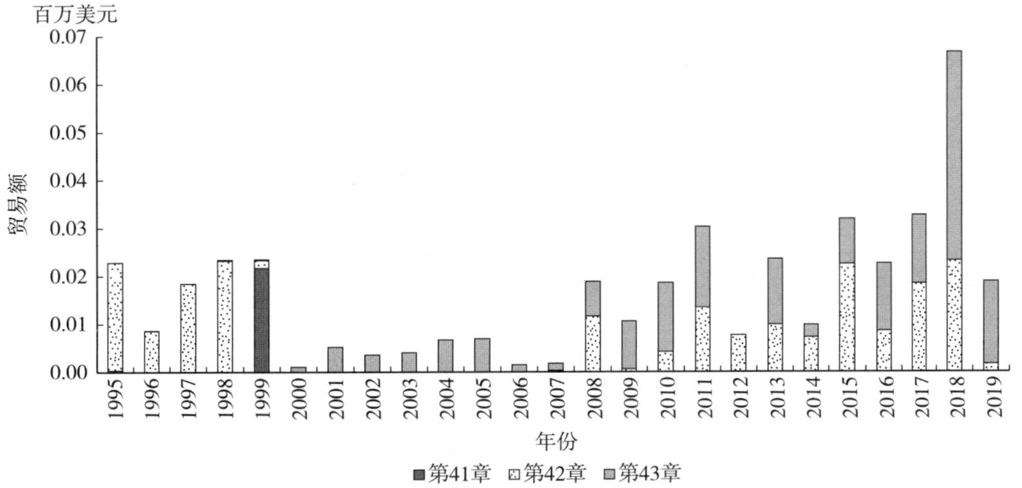

图 5-55　乌兹别克斯坦第 4 类农产品出口结构

数据来源：联合国商品贸易数据库（UN Comtrade）。

第三节 市场结构

一、哈萨克斯坦

(一) 进口市场结构

2019 年第 0 类农产品“食品及活动物”进口市场主要集中在亚洲、欧洲和美洲，进口市场排名前五的国家分别是俄罗斯、乌兹别克斯坦、中国、美国和白俄罗斯；第 1 类农产品“饮料及烟叶”进口市场主要集中在欧洲，进口市场排名前五的国家分别是俄罗斯、格鲁吉亚、意大利、英国和白俄罗斯；第 2 类农产品“除燃料外的非食用未加工材料”进口市场主要是欧洲、亚洲和拉丁美洲，进口市场排名前五的国家分别是俄罗斯、吉尔吉斯斯坦、塔吉克斯坦、乌兹别克斯坦和厄瓜多尔；第 4 类农产品“动植物油脂及蜡”的进口市场则主要是亚洲和欧洲，进口市场排名前五的国家分别是俄罗斯、马来西亚、印度尼西亚、新加坡和西班牙。总体上看，俄罗斯是哈萨克斯坦主要的农产品进口来源国（表 5-2）。

表 5-2 2019 年哈萨克斯坦农产品主要进口市场

第 0 类			第 1 类		
国家或地区	进口额（亿美元）	进口份额（%）	国家或地区	进口额（亿美元）	进口份额（%）
俄罗斯	14.04	45.18	俄罗斯	3.29	66.60
乌兹别克斯坦	2.81	9.04	格鲁吉亚	0.26	5.33
中国	1.81	5.82	意大利	0.12	2.53
美国	1.67	5.37	英国	0.12	2.47
白俄罗斯	1.66	5.34	白俄罗斯	0.11	2.30
第 2 类			第 4 类		
国家或地区	进口额（亿美元）	进口份额（%）	国家或地区	进口额（亿美元）	进口份额（%）
俄罗斯	5.70	57.22	俄罗斯	0.96	71.90
吉尔吉斯斯坦	1.07	10.78	马来西亚	0.18	13.20
塔吉克斯坦	0.88	8.86	印度尼西亚	0.07	4.93
乌兹别克斯坦	0.35	3.49	新加坡	0.06	4.36
厄瓜多尔	0.24	2.38	西班牙	0.01	1.08

数据来源：联合国商品贸易数据库（UN Comtrade）。

（二）出口市场结构

2019年第0类农产品“食品及活动物”出口市场主要集中在亚洲和欧洲，出口市场排名前五的国家分别是乌兹别克斯坦、俄罗斯、阿富汗、伊朗和塔吉克斯坦；第1类农产品“饮料及烟叶”出口市场主要集中在亚洲，出口市场排名前五的国家分别是吉尔吉斯斯坦、蒙古、俄罗斯、越南、塔吉克斯坦；第2类农产品“除燃料外的非食用未加工材料”出口市场集中在亚洲、欧洲和非洲，出口市场排名前五的国家分别是俄罗斯、中国、乌兹别克斯坦、比利时和摩洛哥；第4类农产品“动植物油脂及蜡”的出口市场集中在亚洲，出口市场排名前五的分别是中国、乌兹别克斯坦、塔吉克斯坦、吉尔吉斯斯坦和阿富汗。总体来看哈萨克斯坦的出口市场主要集中在独联体国家（表5-3）。

表5-3　2019年哈萨克斯坦农产品主要出口市场

第0类			第1类		
国家或地区	进口额（亿美元）	进口份额（%）	国家或地区	进口额（亿美元）	进口份额（%）
乌兹别克斯坦	6.44	25.00	吉尔吉斯斯坦	0.73	48.93
俄罗斯	3.77	15.00	蒙古	0.23	15.74
阿富汗	2.95	12.00	俄罗斯	0.21	13.80
伊朗	2.87	11.00	越南	0.08	5.09
塔吉克斯坦	2.54	10.00	塔吉克斯坦	0.08	5.07
第2类			第4类		
国家或地区	进口额（亿美元）	进口份额（%）	国家或地区	进口额（亿美元）	进口份额（%）
俄罗斯	19.74	45.75	中国	1.00	62.81
中国	12.93	29.97	乌兹别克斯坦	0.31	19.69
乌兹别克斯坦	3.33	7.73	塔吉克斯坦	0.13	8.10
比利时	0.95	2.21	吉尔吉斯斯坦	0.09	5.58
摩洛哥	0.70	1.63	阿富汗	0.03	1.81

数据来源：联合国商品贸易数据库（UN Comtrade）。

二、吉尔吉斯斯坦

（一）进口市场结构

2019年第0类农产品“食品及活动物”进口市场主要集中在亚洲和欧洲，进口市场排名前五的国家分别是乌兹别克斯坦、俄罗斯、哈萨克斯坦、土耳其和波兰；第1类农产品“饮料及烟叶”进口市场主要集中在欧洲和亚洲，进口市场排名前五的国家分别是哈萨克斯坦、俄罗斯、拉脱维亚、塞尔维亚和乌兹别克斯坦；第2类农产品“除燃料外的非食用未加工材料”进口市场主要是亚洲和欧洲，进口市场排名前五的国家分别是乌兹别克斯坦、哈萨克斯坦、俄罗斯、德国和荷兰；第4类农产品“动植物油脂及蜡”的进口市场则主要是亚洲和欧洲，进口市场排名前五的国家分别是俄罗斯、哈萨克斯坦、马来西亚、阿塞拜疆和印度尼西亚。总体上看，吉尔吉斯斯坦的主要进口来源是独联体国家（表5－4）。

表5－4　2019年吉尔吉斯斯坦农产品主要进口市场

第0类			第1类		
国家或地区	进口额（亿美元）	进口份额（%）	国家或地区	进口额（亿美元）	进口份额（%）
乌兹别克斯坦	3.27	49.71	哈萨克斯坦	0.73	52.33
俄罗斯	1.89	28.70	俄罗斯	0.33	23.84
哈萨克斯坦	1.02	15.51	拉脱维亚	0.06	4.14
土耳其	0.16	2.47	塞尔维亚	0.06	3.97
波兰	0.04	0.57	乌兹别克斯坦	0.05	3.39
第2类			第4类		
国家或地区	进口额（亿美元）	进口份额（%）	国家或地区	进口额（亿美元）	进口份额（%）
乌兹别克斯坦	0.54	56.85	俄罗斯	0.30	71.25
哈萨克斯坦	0.18	18.72	哈萨克斯坦	0.09	21.01
俄罗斯	0.16	16.99	马来西亚	0.01	2.99
德国	0.01	1.54	阿塞拜疆	0.01	1.69
荷兰	0.01	1.04	印度尼西亚	0.01	1.46

数据来源：联合国商品贸易数据库（UN Comtrade）。

（二）出口市场结构

2019年第0类农产品“食品及活动物”出口市场主要集中在欧洲，出口市场排名前五的国家分别是俄罗斯、土耳其、哈萨克斯坦、保加利亚和乌兹别克斯坦；第1类农产品“饮料及烟叶”出口市场主要集中在亚洲、北美洲和欧洲，出口市场排名前五的国家分别是哈萨克斯坦、美国、俄罗斯、意大利和希腊；第2类农产品“除燃料外的非食用未加工材料”出口市场集中在亚洲和欧洲，出口市场排名前五的国家分别是哈萨克斯坦、俄罗斯、立陶宛、土耳其和乌兹别克斯坦；第4类农产品“动植物油脂及蜡”的出口市场集中在独联体国家，出口国家分别为哈萨克斯坦、乌兹别克斯坦、阿塞拜疆和俄罗斯。总体来看吉尔吉斯斯坦的出口市场主要集中在独联体国家和欧洲（表 5-5）。

表 5-5 2019 年吉尔吉斯斯坦农产品主要出口市场

第 0 类			第 1 类		
国家或地区	进口额（亿美元）	进口份额（%）	国家或地区	进口额（亿美元）	进口份额（%）
俄罗斯	0.62	35.47	哈萨克斯坦	0.09	81.40
土耳其	0.38	21.78	美国	0.01	8.19
哈萨克斯坦	0.36	20.58	俄罗斯	0.01	4.62
保加利亚	0.06	3.56	意大利	0.00	2.31
乌兹别克斯坦	0.06	3.53	希腊	0.00	1.06
第 2 类			第 4 类		
国家或地区	进口额（亿美元）	进口份额（%）	国家或地区	进口额（亿美元）	进口份额（%）
哈萨克斯坦	1.07	31.81	哈萨克斯坦	9.27	85.07
俄罗斯	0.89	26.36	乌兹别克斯坦	1.62	14.85
立陶宛	0.76	22.61	阿塞拜疆	0.01	0.06
土耳其	0.32	9.41	俄罗斯	0.00	0.02
乌兹别克斯坦	0.15	4.54	—	—	—

数据来源：联合国商品贸易数据库（UN Comtrade）。

三、塔吉克斯坦

（一）进口市场结构

2019 年第 0 类农产品“食品及活动物”进口市场主要集中在亚洲，进口市场排名前五的国家分别是哈萨克斯坦、俄罗斯、乌兹别克斯坦、土耳其和巴基斯坦；第 1 类农产品“饮料及烟叶”进口市场主要集中在亚洲和欧洲，进口市场排名前五的国家分别是俄罗斯、哈萨克斯坦、乌兹别克斯坦、格鲁吉亚和法国；第 2 类农产品“除燃料外的非食用未加工材料”进口市场集中在亚洲和欧洲，进口市场排名前五的国家分别是俄罗斯、哈萨克斯坦、乌兹别克斯坦、荷兰和意大利；第 4 类农产品“动植物油脂及蜡”的进口市场则主要集中在亚洲，进口市场排名前五的国家分别是俄罗斯、哈萨克斯坦、乌兹别克斯坦、阿塞拜疆和马来西亚。总体上看，俄罗斯、哈萨克斯坦和乌兹别克斯坦是塔吉克斯坦主要的农产品进口来源国（表 5-6）。

表 5-6 2019 年塔吉克斯坦农产品主要进口市场

第 0 类			第 1 类		
国家或地区	进口额（亿美元）	进口份额（%）	国家或地区	进口额（亿美元）	进口份额（%）
哈萨克斯坦	2.54	53.03	俄罗斯	0.15	47.89
俄罗斯	1.47	30.76	哈萨克斯坦	0.08	24.40
乌兹别克斯坦	0.40	8.44	乌兹别克斯坦	0.03	10.78
土耳其	0.09	1.80	格鲁吉亚	0.02	5.62
巴基斯坦	0.07	1.50	法国	0.02	5.62
第 2 类			第 4 类		
国家或地区	进口额（亿美元）	进口份额（%）	国家或地区	进口额（亿美元）	进口份额（%）
俄罗斯	0.95	57.17	俄罗斯	0.46	62.74
哈萨克斯坦	0.61	36.88	哈萨克斯坦	0.13	17.37
乌兹别克斯坦	0.03	1.66	乌兹别克斯坦	0.12	16.15
荷兰	0.02	1.10	阿塞拜疆	0.02	3.10
意大利	0.01	0.67	马来西亚	0.00	0.41

数据来源：联合国商品贸易数据库（UN Comtrade）。

（二）出口市场结构

2019 年第 0 类农产品“食品及活动物”出口市场主要集中在亚洲和欧洲，出口市场排名前五的国家分别是哈萨克斯坦、土耳其、俄罗斯、德国和乌兹别克斯坦；第 1 类农产品“饮料及烟叶”出口市场主要集中在亚洲，出口市场排名前五的国家分别是哈萨克斯坦、捷克、阿塞拜疆、立陶宛和也门；第 2 类农产品“除燃料外的非食用未加工材料”出口市场集中在亚洲和欧洲，出口市场排名前五的国家分别是哈萨克斯坦、土耳其、乌兹别克斯坦、俄罗斯和英国；第 4 类农产品“动植物油脂及蜡”的出口市场是乌兹别克斯坦、美国、法国和哈萨克斯坦。总体来看塔吉克斯坦的农产品在独联体国家出口较多（表 5-7）。

表 5-7 2019 年塔吉克斯坦农产品主要出口市场

第 0 类			第 1 类		
国家或地区	进口额（亿美元）	进口份额（%）	国家或地区	进口额（亿美元）	进口份额（%）
哈萨克斯坦	0.12	49.29	哈萨克斯坦	101.01	96.12
土耳其	0.04	15.98	捷克	2.89	2.75
俄罗斯	0.04	14.72	阿塞拜疆	0.72	0.69
德国	0.02	7.83	立陶宛	0.30	0.28
乌兹别克斯坦	0.01	4.05	也门	0.15	0.14

（续）

第2类			第4类		
国家或地区	进口额（亿美元）	进口份额（%）	国家或地区	进口额（亿美元）	进口份额（%）
哈萨克斯坦	0.88	39.42	乌兹别克斯坦	4.20	38.59
土耳其	0.64	28.82	美国	2.63	24.19
乌兹别克斯坦	0.55	24.69	法国	2.46	22.62
俄罗斯	0.11	4.90	哈萨克斯坦	1.59	14.61
英国	0.02	0.70	—	—	—

数据来源：联合国商品贸易数据库（UN Comtrade）。

四、土库曼斯坦

（一）进口市场结构

2019年第0类农产品“食品及活动物”进口市场主要集中在亚洲和欧洲，进口市场排名前五的国家分别是哈萨克斯坦、土耳其、俄罗斯、阿塞拜疆和乌兹别克斯坦；第1类农产品“饮料及烟叶”进口市场主要集中在欧洲，进口市场排名前五的国家分别是德国、土耳其、俄罗斯、法国和格鲁吉亚；第2类农产品“除燃料外的非食用未加工材料”进口市场主要是欧洲和亚洲，进口市场排名前五的国家分别是俄罗斯、哈萨克斯坦、土耳其、乌兹别克斯坦和荷兰；第4类农产品“动植物油脂及蜡”的进口市场则主要是欧洲和亚洲，进口市场排名前五的国家分别是俄罗斯、土耳其、波兰、马来西亚和阿塞拜疆。总体上看，土库曼斯坦从欧洲进口的农产品较多（表5-8）。

表5-8　2019年土库曼斯坦农产品主要进口市场

第0类			第1类		
国家或地区	进口额（亿美元）	进口份额（%）	国家或地区	进口额（亿美元）	进口份额（%）
哈萨克斯坦	0.73	28.25	德国	0.05	29.67
土耳其	0.56	21.67	土耳其	0.04	26.65
俄罗斯	0.49	19.15	俄罗斯	0.02	15.82
阿塞拜疆	0.18	7.17	法国	0.01	8.96
乌兹别克斯坦	0.13	5.15	格鲁吉亚	0.01	8.21

（续）

第 2 类			第 4 类		
国家或地区	进口额（亿美元）	进口份额（%）	国家或地区	进口额（亿美元）	进口份额（%）
俄罗斯	0.21	34.49	俄罗斯	0.14	75.09
哈萨克斯坦	0.16	26.01	土耳其	0.01	7.09
土耳其	0.12	19.31	波兰	0.01	6.19
乌兹别克斯坦	0.06	9.78	马来西亚	0.01	5.14
荷兰	0.03	4.59	阿塞拜疆	0.01	4.64

数据来源：联合国商品贸易数据库（UN Comtrade）。

（二）出口市场结构

2019 年第 0 类农产品“食品及活动物”出口市场主要集中在亚洲和欧洲，出口市场排名前五的国家分别是俄罗斯、哈萨克斯坦、乌兹别克斯坦、土耳其和格鲁吉亚；第 1 类农产品“饮料及烟叶”出口市场主要集中在欧洲，出口市场分别为加拿大、土耳其和拉脱维亚；第 2 类农产品“除燃料外的非食用未加工材料”出口市场集中在欧洲和亚洲，出口市场排名前五的国家分别是土耳其、俄罗斯、法国、突尼斯和缅甸；第 4 类农产品“动植物油脂及蜡”的出口市场集中在亚洲，出口市场包括乌兹别克斯坦、土耳其和哈萨克斯坦。总体来看土库曼斯坦农产品出口市场集中在欧洲（表 5－9）。

表 5－9　2019 年土库曼斯坦农产品主要出口市场

第 0 类			第 1 类		
国家或地区	进口额（亿美元）	进口份额（%）	国家或地区	进口额（亿美元）	进口份额（%）
俄罗斯	0.16	58.55	加拿大	0.65	68.75
哈萨克斯坦	0.09	33.33	土耳其	0.28	29.64
乌兹别克斯坦	0.01	4.15	拉脱维亚	0.02	1.62
土耳其	0.00	1.06	—	—	—
格鲁吉亚	0.00	0.86	—	—	—
第 2 类			第 4 类		
国家或地区	进口额（亿美元）	进口份额（%）	国家或地区	进口额（亿美元）	进口份额（%）
土耳其	0.47	74.27	乌兹别克斯坦	188.46	99.71
俄罗斯	0.04	6.45	土耳其	0.54	0.28
法国	0.03	5.17	哈萨克斯坦	0.00	0.00
突尼斯	0.02	3.53	—	—	—
缅甸	0.02	2.59	—	—	—

数据来源：联合国商品贸易数据库（UN Comtrade）。

五、乌兹别克斯坦

（一）进口市场结构

2019 年第 0 类农产品“食品及活动物”进口市场主要集中在亚洲、欧洲和北美洲，进口市场排名前五的国家分别是哈萨克斯坦、俄罗斯、德国、土耳其和墨西哥；第 1 类农产品“饮料及烟叶”进口市场主要集中在欧洲，进口市场排名前五的国家分别是俄罗斯、法国、土耳其、格鲁吉亚和比利时；第 2 类农产品“除燃料外的非食用未加工材料”进口市场主要亚洲和欧洲，进口市场排名前五的国家分别是哈萨克斯坦、俄罗斯、阿塞拜疆、土耳其和荷兰；第 4 类农产品“动植物油脂及蜡”的进口市场则主要是亚洲和欧洲，进口市场排名前五的国家分别是俄罗斯、马来西亚、哈萨克斯坦、德国和印度尼西亚。总体上看，俄罗斯和哈萨克斯坦是乌兹别克斯坦主要的农产品进口来源国（表 5－10）。

表 5－10　2019 年乌兹别克斯坦农产品主要进口市场

第 0 类			第 1 类		
国家或地区	进口额（亿美元）	进口份额（%）	国家或地区	进口额（亿美元）	进口份额（%）
哈萨克斯坦	6.44	54.06	俄罗斯	0.11	26.47
俄罗斯	2.90	24.38	法国	0.06	14.44
德国	0.33	2.74	土耳其	0.05	11.35
土耳其	0.25	2.13	格鲁吉亚	0.03	8.09
墨西哥	0.25	2.08	比利时	0.03	7.89
第 2 类			第 4 类		
国家或地区	进口额（亿美元）	进口份额（%）	国家或地区	进口额（亿美元）	进口份额（%）
哈萨克斯坦	3.33	46.40	俄罗斯	1.51	64.21
俄罗斯	2.97	41.32	马来西亚	0.46	19.53
阿塞拜疆	0.17	2.40	哈萨克斯坦	0.31	13.29
土耳其	0.16	2.30	德国	0.04	1.52
荷兰	0.10	1.37	印度尼西亚	0.01	0.40

数据来源：联合国商品贸易数据库（UN Comtrade）。

（二）出口市场结构

2019 年乌兹别克斯坦第 0 类农产品“食品及活动物”出口市场主要集中在亚洲和欧洲，出口市场排名前五的国家分别是哈萨克斯坦、俄罗斯、土耳其、德国和阿塞拜疆；第 1 类农产品“饮料及烟叶”出口市场在亚洲、欧洲和北美洲均有分布，出口市场排名前五的国家分别是俄罗斯、哈萨克斯坦、格鲁吉亚、美国和希腊；第 2 类农产品“除燃料外的非食用未加工材料”出口市场集中在亚洲和欧洲，出口市场排名前五的国家分别是俄罗斯、哈萨克斯坦、土耳其、越南和印度尼西亚；第 4 类农产品“动植物油脂及蜡”的出口市场集中在欧洲，出口市场排名前五的分别是法国、英国、俄罗斯、哈萨克斯坦和瑞士。总体来看俄罗斯和哈萨克斯坦是乌兹别克斯坦主要的农产品出口国（表 5－11）。

表 5－11　2019 年乌兹别克斯坦农产品主要出口市场

第 0 类			第 1 类		
国家或地区	进口额（亿美元）	进口份额（%）	国家或地区	进口额（亿美元）	进口份额（%）
哈萨克斯坦	2.81	44.01	俄罗斯	0.12	51.20
俄罗斯	2.15	33.64	哈萨克斯坦	0.07	28.18
土耳其	0.59	9.29	格鲁吉亚	0.04	16.73
德国	0.16	2.50	美国	0.00	1.37
阿塞拜疆	0.08	1.21	希腊	0.00	1.16
第 2 类			第 4 类		
国家或地区	进口额（亿美元）	进口份额（%）	国家或地区	进口额（亿美元）	进口份额（%）
俄罗斯	0.52	34.63	法国	14.42	43.40
哈萨克斯坦	0.35	23.26	英国	13.76	41.43
土耳其	0.19	12.45	俄罗斯	2.58	7.77
越南	0.10	6.54	哈萨克斯坦	1.12	3.38
印度尼西亚	0.08	5.59	瑞士	0.88	2.64

数据来源：联合国商品贸易数据库（UN Comtrade）。

第六章 CHAPTER 6
中亚五国农业发展及其管理

中亚地区光热资源丰富，昼夜温差大，具有良好的土地资源、水资源、劳动力等传统农业生产要素，人均耕地面积和人均农业资源等也具有优势，农业发展潜力较大。各国基本都是传统农业大国，农业主要以种植业、畜牧业为主，主要生产谷物、棉花、大豆等土地密集型农产品，其他较重要的作物包括甜菜和蔬菜瓜果；都普遍重视粮食生产，强调粮食自给，近些年逐步成为全球重要的谷物、棉花和畜牧业生产基地和出口国（王晓鸿，2018）。农业较为发达，农业增加值在国内生产总值（GDP）中占比较大，部分农产品在世界农产品市场上占有重要地位。

目前，哈萨克斯坦能够大规模出口谷物，乌兹别克斯坦和土库曼斯坦粮食基本自给，吉尔吉斯斯坦粮食自给率约为90%，但塔吉克斯坦一直是缺粮的贫困国家，联合国将其列为被救援国家。中亚五国是世界重要的棉花产区之一，棉花产业为塔吉克斯坦的国内支柱产业，棉花是吉尔吉斯斯坦和土库曼斯坦的主要农产品和出口商品。中亚五国拥有大规模的草场和牧场，草地面积为2.5亿公顷，约占土地面积的66%，畜牧业以牛马羊养殖为主，主要的畜产品有鸡蛋、肉类、牛奶、羊毛和蚕丝等。其中，土库曼斯坦的羊毛及其地毯和蚕茧产量较高，在国际市场上占有重要地位（沈琼，2016）。

第一节 农业发展历程

中亚五国的农业发展历程大致经历了以下两个时期：20世纪90年代初期，在政府缩减农业投入以及周边市场需求低迷的双重影响之下，农业发展严重倒退，农业部门在经济中所占份额持续下滑。进入21世纪后，随着国民经济的恢复，政府开始拥有充足资金用于支持农业复兴，通过各项改革促进农业快速恢复，各国农业生产规模不断扩大，农业技术也有所提高，农民积极性进一步提高，促进农业全面协调发展。

一、哈萨克斯坦

20世纪90年代初期在投资链中断和周边地区市场需求萎缩的双重影响之下，哈萨克斯坦农业生产受到严重影响，1990—2001年农业增长率为－3.22%。1995—1999年政府对农业的补贴骤降。以农业中最为重要的粮食产业为例，粮食产量从1992年的3亿吨降至1998年的650万吨，主要是农业发展资金短缺、生产补贴减少和周边市场需求下降三方面共同作用的结果。为此，该国进行了一系列土地私有制改革。政府于1991年规定土地所有权归国家所有，允许土地使用权自由转让，1995年，政府颁布土地管理法，规定土地使用年限为99年，后又将土地使用年限缩减至49年。

21世纪以来，哈萨克斯坦国内生产总值以年均9%的增长率快速增长，随着经济状况的好转，政府拥有充足资金投入到农业生产，为农业复苏奠定了坚实基础。政府于2003年颁布国家农业食品计划（AFP），在该计划的推动下，农业逐渐走出低谷，各项数据均比20世纪90年代初期有大幅度提高，农业总产值增长了36.3%，各种牲畜数量以每年5%～7%的速度增长，各种牲畜产品以每年4%～5%的速度增长。总体来看，农业在进入21世纪之后快速复苏，发展势头良好（陈东杰，2017）。

二、吉尔吉斯斯坦

1991—1995年，吉尔吉斯斯坦国内生产总值由3.83亿美元下降至2亿美元，同期农业总产值由5.05亿美元降至3.42亿美元。1991年以后吉尔吉斯斯坦着手进行激进的经济改革，目的是通过对国有财产的非国有化和私有化，建设具有发达市场经济的民主国家，这场经济改革的主要方向之一是进行农业改革和土地改革。1994年8月2日政府公布了《关于批准和进行土地改革和农业改革条例》的第632号决议，促使所有土地向非国有化和私有化转变，土地所有权和土地资源管理权非集中化，通过改组集体农庄和国营农场，使成员和工作人员都有权获得属于自己的一份土地和一份财产。但是许多国营农场和集体农庄没有进行应有的经济论证就实施了私有化，导致许多农庄庄员和农场工人因失去工作而无事可干。随后，根据总统1995年1月3日发布的命令和政府1996年5月27日通过的第240号决议，依靠国家土地基金会流转来的土地建立了农业用地再分配基金会，截至2001年1月1日，农业用地再分配基金会所拥有的土地达到34.06万公顷。1998年10月21日，该国对宪法进行了修改，开始了第二阶段的改革，对宪法的修改强化了人们对土地私有权问题的观念变化，为落实上述宪法修改内容，1999年6月2日，政府通过了土地法典，确定了土地私有者的基本权利和义务，同时也巩固了土地私有者的地位（拉·乌·尤苏波夫，刘庚岑，2003）。

2000年农业总产值实现5.08亿美元，首次高于1991年5.05亿美元的水平，是三大产业中唯一高于1991年之前发展水平的产业。2001年，吉尔吉斯斯坦加入世界贸易组织（WTO），同年成为上海合作组织的正式成员之一，外国投资者由此成功地进入并拥有其消费市场，大幅刺激其经济增速，国民经济逐渐恢复，农业在私有化改革浪潮的推动下也得到快速恢复。2005年世界银行向其捐款，帮助发展农业生产、运输等基础设施，推进农业管理体系改革，解决产业中存在的问题。2007年英国政府提供686万英镑赠款，截至2010年，吉尔吉斯斯坦已经实施了6 000个小额农业项目，改造了1 500个农业基础设施，受益农民达到180万人。2007—2011年，主要农产品出口额占出口贸易总额的比重约为11.13%，农产品成为出口贸易的重要组成部分（苏武峥，2015）。

三、塔吉克斯坦

20世纪90年代塔吉克斯坦农业发展处于停滞状态，该国采取了一系列有助于农业发展的措施。按照1992年《土地改革法》规定，塔吉克斯坦向租赁经营企业、合作社、副业生产企业等生产单位的人员转让大部分山坡土地。1995年，总统签署了《关于把5万公顷土地划拨给公民发展私营副业经济的命令》，1997年农业总产值降到历史最低点，比1991年减少了50%，棉花总产量减少了57%，蔬菜总产量减少了45%。1997年再次签发类似命令，决定把2.5万公顷土地划拨给公民发展私营副业经济，在改革初期的困难年份，这些改革措施为解决当时的紧迫问题发挥了重要作用，主要解决了下列问题：吸纳许多失业农民参加有益的劳动、减轻了失业率增长的压力、保障了居民的基本食品供应（特别是粮食供应）。农民私营副业经济和农户发挥的作用越来越大，合作社和租赁生产单位的范围也在扩大。

进入 21 世纪，农业开始进入了快速恢复期，2010 年，农业总产值达到了 32.29 亿美元，较 1997 年增长了 15 倍，粮食和蔬菜总产量分别达到了历史最高的 125 万吨和 190 万吨，分别比 1997 年增加了 2 倍和 4 倍，总产量的不断提高得益于主要作物单产水平的提高。籽棉总产量稍降，达到 31 万吨。种植业是农业的支柱产业，占农业总产值的 70%，种棉业在农业中举足轻重，尤其以出产优质细纤维棉花闻名于世。农业快速恢复的原因是政府采取的一系列农业恢复措施，而在这些措施中，农业政策、农业贸易和种植业结构的调整对该国农业发展起到了至关重要的作用（牛海生，2013）。

四、土库曼斯坦

1991 年之后的几年中，土库曼斯坦存在信贷缺乏、投入不足和农业机械有限等问题，为了提高产量，政府根据信贷计划从美国进口了近 1 亿美元的农业机械。1994 年开始实施的“稳定 10 年规划”中要求实现小麦、肉类和牛奶自给，政府通过补贴和适当的改革提高了农民种植小麦的积极性，几乎所有种植小麦的土地都有水利设施。1995 年，政府开始对国有农场实施私有化，将农场企业重新组成农民协会，在法律上对集体农场、国有农场和私人农场一视同仁。1996 年 12 月政府颁布命令，允许种植小麦的个体农民获得 10～15 公顷土地的临时所有权。1998 年，达到生产目标的农民获准拥有永久性土地所有权，可以让后代继承土地但不得出售，农民还获准在其部分土地上种植不受国家指令控制的农作物。在上述改革措施的推动下，该国小麦产量从 1996 年的 45 万吨迅速增长至 1998 年的 100 万吨。

进入 21 世纪，在大力推动粮食生产的同时，政府还投资粮食处理基础设施的建设。2000 年 8 月，根据国有粮食产品协会与伊朗佳卡特公司签订的协议，由伊朗政府贷款、造价为 1 620 万美元、总储存量达 18 万吨的 6 个粮食储存仓库投入使用。2001 年，乳制品自给率增长至 85%，小麦自给率可达到 100%，肉类自给率仍然保持在约 70%的水平，大量原来种植棉花的土地改为种植小麦，还开垦出许多新的土地种植小麦（朱行，2001）。2007 年政府加大了对农业生产的扶持力度，除大量采购农业机械、加大水利设施建设外，还积极采取一系列利农、惠农政策，包括改善农村基础设施条件、提高粮食收购价等措施来提高农民生产积极性，制定了粮食生产发展纲要，调整了粮棉种植面积的比例，促进农业全面协调发展（郭静利，2016）。

五、乌兹别克斯坦

1991年之后，乌兹别克斯坦农业方面最主要的措施是土地改革，将计划经济的国有农场和集体农庄分配给农民，由农民自己耕种，这极大地调动了农民的积极性，使得农业生产冲破低迷困境，得到大幅提高。农业经济改革的核心是对农村土地产权进行改革，土地产权明晰是调动农民生产积极性的重要条件，能够有力地促进农业生产效率的提高。此外，总统还先后颁布一系列总统令，进一步提高国家对农业的重视程度。为解决粮食安全问题，调整了棉花和小麦的种植比重，减少了棉花种植，加大了小麦种植，使得乌兹别克斯坦21世纪后从小麦进口国变成了出口国（贺晶晶等，2017）。

进入21世纪，该国分阶段、稳步推进市场经济改革，实行“进口替代”和“出口导向”的经济发展战略，同时对国有企业进行私有化和非国有化，积极吸引外资，大力发展中小企业，逐步实现能源和粮食自给，基本保持了宏观经济和金融形势的稳定，经济增长速度一直保持在4%左右。通过实施农业现代化、多样化和技术更新，实现了农业生产的可持续增长，主要从以下方面推进农业现代化：提高农业技术水平，在缺水地区推广先进的灌溉方法，培育高产-抗病-抗旱的农作物新品种，改良牲畜基因特性，提高畜牧兽医工作质量，培育高产，抗病的牲畜新品种。除上述几个方面以外，还在发展农村生产力、改善农业基础设施以及农业金融贷款、税收和价格机制等方面逐步进行了一系列改革。在上述农业经济改革措施的推动下，农业经济自21世纪初以来取得了显著进展，逐渐呈现产业化、集约化、高效化趋势，农业总产出稳步增长，各类主要农作物和畜产品产量大幅度增长，农业生产效率显著提高，农业生产结构不断优化。2005年农业产值达到45.7亿美元，全年棉花收获377万吨，比2004年增产6.5%，创下历史最好纪录，粮食总产量达到651.8万吨，比2004年增长8.5%。1990—2010年期间，籽棉产量占农产品比重从47.7%降至11.1%，畜牧业产品占比从36.6%增至40.6%，谷物年产量从203.8万吨增至750.4万吨，马铃薯产量增长了4倍，瓜果产量增长了20%。为提高产品质量，政府为农产品加工引入先进设备和工艺，21世纪以来果蔬和乳肉类产品加工量增加了两倍，优化了农产品结构，同时带动了农产品产量的提升（肖金波，2018）。

第二节　农业发展现状

中亚五国农业以种植业和畜牧业为主。种植业方面，主要以粮食、油料和棉花这三类土地密集型产品为主，其他较重要的作物是甜菜及蔬菜瓜果。粮食作物主要包括小麦（冬小麦和春小麦）、玉米、稻谷、大麦（冬大麦和春大麦）、燕麦、黑麦等杂粮，其中小麦是最重要的粮食作物，约占粮食总产量的80%，1992年以来小麦比重呈现先增加后降低的变化趋势。各国都普遍重视粮食生产，强调粮食自给，小麦产量占全球产量的3.2%。其中哈萨克斯坦和乌兹别克斯坦粮食产量位居全球第十五位和第二十四位。2017年粮食*总产量共3 117万吨，占全球粮食总量的1.26%。

畜牧业以养羊、养牛、养马为主，养蚕和养禽也占一定的比例，近几年，畜牧业发展呈上升趋势，主要的畜产品有鸡蛋、肉类、牛奶、羊毛和蚕丝等，其中羊毛和蚕丝是土库曼斯坦、乌兹别克斯坦、哈萨克斯坦和吉尔吉斯斯坦的主要出口商品。

一、哈萨克斯坦

（一）农业发展基本状况

哈萨克斯坦农业基础良好，生态状况优良，地理位置优越，种植业和畜牧业是其优势主导产业。1992—2017年农业增加值总体呈先下降后上升的趋势；1992—1998年农业增加值呈下降趋势，由1992年的93.99亿美元下降至1998年的39.69亿美元，降幅约为57.78%；进入21世纪以来，农业增加值不断上升，2012年前后由于自然灾害导致其农业增加值再次下降，之后又不断上升。

* 根据联合国粮食及农业组织数据库定义，粮食包括大麦、玉米、稻谷、净谷物、燕麦、水稻、黑麦、荞麦和小麦。

总体呈先下降后波动中上升的趋势，1992 年增长率达到最大，为 28.70%，1993—1998 年农业增加值一直处于负增长，1999 年由负转正，增长率达到 21.38%，之后增长率一直处于波动状态，2017 年增长率为 2.75%。2017 年，农业增加值为 85.32 亿美元，占国内生产总值的 4.30%，其中种植业占农业产值的比重为 53.9%，畜牧业为 45.83%，农业和畜牧业相关服务活动占比为 0.27%（图 6-1）。

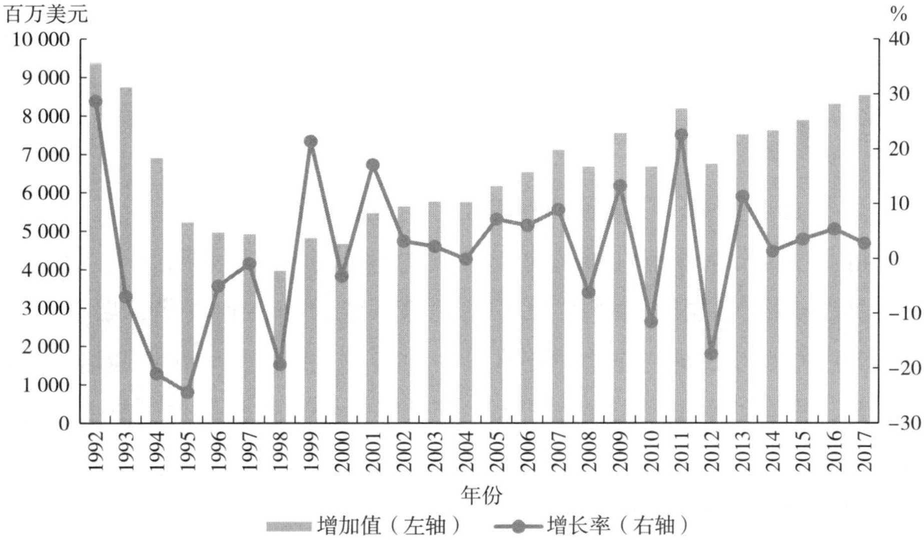

图 6-1　1992—2017 年哈萨克斯坦农业增加值与增长率变化

数据来源：联合国粮食及农业组织数据库。

种植业。主要农作物包括小麦、玉米、大麦、燕麦、黑麦，其中小麦占粮食作物产量的 90%左右。北部的科斯塔奈州、北哈萨克斯坦州和阿克莫拉州是粮食主产区，肥沃的土壤及夏秋季良好的自然条件保障了春播粮食的高产量，而南方部分地区多种植水稻、烟草、棉花、甜菜、马铃薯和葡萄等水果。种植业存在受气候影响粮食产量起伏较大、依赖自然条件的现象突出、粮食仓储能力不足、粮仓等基础设施及农业机械设备严重老化等问题，农业结构单一现象严重，导致其对小麦出口的依赖性很强。近年来为改变这一局面，尝试推进粮食作物多元化，增加其他粮食作物的种植（石岚，2018）。2018 年，谷类粮食总产量 1 959.65 万吨，其中小麦产量 1 394.69 万吨、油料作物产量 269.36 万吨、棉花产量 34.36 万吨。由于大部分地区冬季严寒，粮食生产以春播为主，占全部粮食的 90%～97%。

畜牧业。天然草地面积辽阔，且光热资源丰富，为发展畜牧业创造了有利的条件，其中从天然草地获得的饲草占各类饲草总量的80%，个别地区可达90%。畜牧业以饲养牛、羊、马、骆驼和猪等牲畜为主，畜产品包括肉、奶、蛋和毛，在整个农业中占有很大的比重，多采用传统的生产模式，由于受气候条件的限制，草场只有春夏和秋季部分时节可以使用，在寒冷时节无法野外放牧，只能采用饲料喂养。近年来，随着国内市场需求以及出口的需要，政府采取了一系列的措施来促进畜牧业生产与产业结构调整，并因地制宜制定和实施了各州的饲草料储备计划任务，为保障畜牧业生产中饲草料的供应制定了诸多措施，为畜牧业的稳产与增产提供了制度保障。

（二）农业发展特点

1. 种植业以谷物、豆类和油料等土地密集型农作物为主

种植业主要分为季节性种植业和多年生作物栽培种植业两大类。季节性种植业主要以谷物、豆类、油料、水稻、蔬菜、块根作物和块茎、烟草、棉花、其他季节性作物以及饲料作物、花卉等的种植为主；多年生作物栽培种植业主要以葡萄、柑橘类水果、梨果、核果、其他坚果和浆果以及少量苗圃类树木产品为主。

2. 农业技术和服务领域滞后于农业生产

21世纪以来，经济步入快车道发展阶段，政府对农业的投入和补贴有所增加，但农业服务领域发展滞后于农业生产，对农业科研的投入极少，农业科技人才工资低，致使农业科研创新少，缺乏持续有效的农业科技指导和农业生产性服务业的支持等。农业服务领域创造的产值基本维持0.029亿美元，占农业、畜牧业及服务业总产值的比重由2010年的0.07%下降至2018年的0.02%，农业服务领域严重滞后于农业生产。

3. 渔业发展有一定优势，但林业发展受限

哈萨克斯坦水产业并不发达，由于多数河流湖泊的水量不大，水产业主要以捕鱼为主。渔业的主要捕捞基地包括乌拉尔河-里海、锡尔河-咸海、伊犁河-巴尔喀什湖、额尔齐斯河-斋桑泊、阿拉湖群、沙尔达拉水库、卡夫洽盖水库及舒勒巴水库等，捕捞产量占渔业总产量的97%。自2010年以来，渔业产值呈增长态势，目前该国是全球最大鲟鱼籽酱出口国之一，其乌拉尔河-里海的鲟鱼深加工最具经济价值。总体来看，渔业相关企业生产能力不足50%，未来有较大发展空间。虽然国土辽阔，但森林面积仅占国土面积的1%，主要分布在东部和东南部地区，林业对第一产业的贡献较低，仅占第一产业的0.29%左右。

（三）农业产业化经营

在国家农业发展工作中，农产品加工是发展的首要任务，政府主要在四个方面同时加强工作：帮助提高农产品的产量、农产品加工产业化、运输以及储存专业化。实现粮食深加工是粮食经济发展的必然趋势，其产业链为：粮食生产＋粮食收储＋粮食加工转化＋食品和工业产品＋消费及出口，通过税收手段支持本国粮食加工业的发展。该国还推动粮食生产、运输、仓储和销售等多领域的市场化改革，积极支持发展各类合作组织及联合会，主要目的是将小生产者联合起来，依托农业合作社、农业发展联合会等农业合作组织，支持农业现代化、农业机械化和市场化的快速发展。从 2006 年开始，国家就对农业经济实施宏观调控政策，刺激农业合作社的发展。在 2010 年财政预算中，农村信用合作社信贷资金扩大到约 1 千万美元，通过金融手段支持农业发展，在该政策的指引下 130 家合作社获得了优惠贷款，但这些措施没有从本质上改变小农生产的现状。2010 年底，各州按农业部要求建立了 2～3 个集服务、供应、采购和销售为一体的农业合作社，这些合作社、农业发展联合会可以在一定时期后带动地方的商业及社会的有效发展。农业合作组织为加强政府与生产者的沟通和联系，以及在扩大生产、扩展市场等领域提供了支持，使政府建立了一个参与型的管理机制（张驰辑，2013）。

二、吉尔吉斯斯坦

（一）农业发展基本状况

吉尔吉斯斯坦耕地资源丰富，可耕种面积达 130 万公顷，天然牧场面积大。农牧业为主导产业，农业在国民经济中占有举足轻重的地位，种植业与畜牧业齐头并进，全国有 62%以上的人员从事农业生产和农业服务工作。该国拥有天山内陆山系的西半部和帕米尔-阿赖山系的一部分，山脉纵横，冰川广泛发育，水资源十分丰富，国土面积的 4.4%由水域覆盖，为农业发展提供了便利条件（李志芳，2015）。1991 年以来，农业增加值呈先下降后缓慢上升的趋势，增长率呈先下降后上升再下降的趋势。1992—1995 年，农业增加值不断下降，农业增加值呈负增长，由 1992 年的 5.64 亿美元下降到 1995 年的 4.58 亿美元；1996 年增长率达到 1991 年以来最高水平，为 15.19%；1996 年之后农业增加值缓慢上升，增长率处于波动中下降趋势，2017 年增长率为 2.21%。2017 年农业增加值为 9.85 亿美元，农业占总 GDP 的比例为 11.6%，工业占 18.6%，建筑业占 8.8%，服务业占 48.5%；2018 年农林牧业产值为 2 038.27 亿索姆（约合 29.61 亿美元），同比增长 2.7%（图 6-2）。

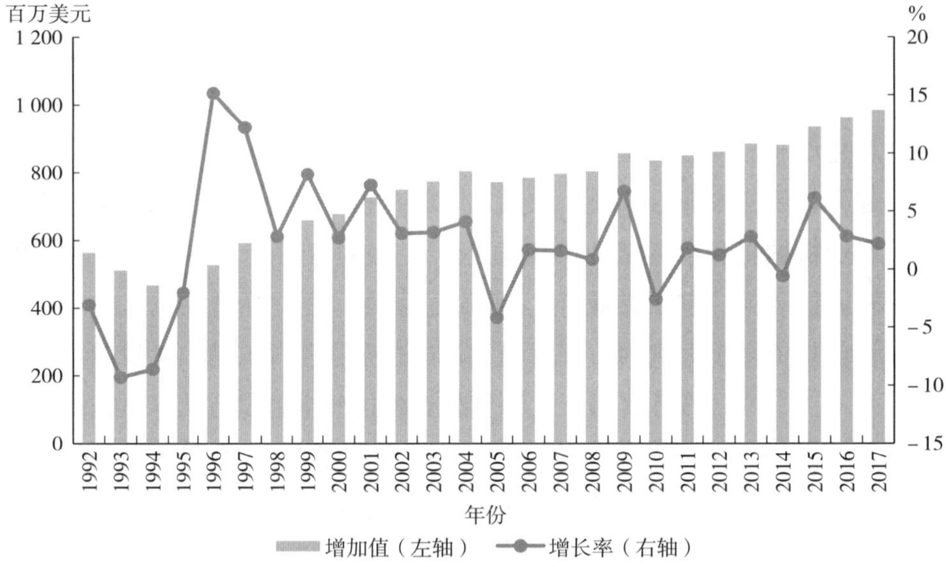

图 6-2　1992—2017 年吉尔吉斯斯坦农业增加值与增长率变化
数据来源：联合国粮食及农业组织数据库。

种植业。种植业主要以土地密集型产品为主，粮食作物和经济作物成为农业经济主体，主要的粮食作物是小麦、大麦、玉米、水稻、燕麦、黑麦以及高粱等，其中水稻主要集中在南部城市奥什，面积大约有 30 万公顷。经济作物主要有棉花、甜菜、红花、烟草、花生等。受居民饮食习惯的影响，果蔬品种较少，外观和品质也相对较差，主要是土豆、西红柿、黄瓜、洋葱，其他的蔬菜主要从中国和乌兹别克斯坦进口。虽然种植业发展势头较好，单产水平也在逐年上升，但是仍有很大增长空间，目前农业生产存在土壤肥力保持度低，农药、化肥投入少，先进实用的农业技术措施不能得到广泛的推广和应用等问题。

畜牧业。畜牧业历史悠久且较为发达，是中亚的畜牧大国，拥有 900 多万公顷的牧场和天然割草场，具有丰富的草地资源，全年光照条件充足，气候适宜，畜牧业具有得天独厚的资源优势。畜牧业包括养牛业、养羊业、养马业、养猪业、养禽业、养蜂业、养蚕业以及渔业等，其中，养牛业是畜牧业的主导，产值占畜牧业总产值的60%。

（二）农业发展特点

1. 种植业以土地密集型产品为主

种植业主要以土地密集型产品为主，粮食作物和经济作物成为农业经济主体。政府十分重视粮食生产，但是农业综合生产能力较弱，正面临着粮食安全的问题。近年来，政府积极出台惠民政策来激励种植业的发展，并初见成效，尤其是谷物的单产和总产都得到了大幅提高，但还有很大增长空间。

2. 畜牧养殖种类以草畜类为主

从养殖种类来看，草畜种类是畜牧业的重要组成部分，牛、毛羊、山羊、马的饲养占畜牧品种的绝大部分，而猪和鸡等占比较小，动物产品表现出极强的出口优势。牲畜和家禽的畜养量增加的同时，各类相关产品也呈现稳步增长的态势。

（三）农业产业化经营

农业基本实现集体化，包括大约450个大型农场，其中一半以上的产品是牲畜，一些在少数民族地区饲养，一些在该国周边小而平坦的低地地区集约化饲养。部分农场生产动物饲料，其余的生产烟草、棉花、水果、蔬菜和谷物，其中棉花用于出口，水果和蔬菜用于解决内需和出口。2015年6月，政府将蔬菜、水果、肉制品与奶制品等确定为优先推动出口的产品，重点支持上述行业的中小企业，为其在信息推广、出口程序、质量管理和融资等方面创造便利条件，同时取消出口商品销售税。

三、塔吉克斯坦

（一）农业发展基本状况

农业在国民经济中占有十分重要的地位，农业收入占国民收入的一半以上，农村集中了全国73%以上的人口和64.8%的劳动力资源。但农业用地比较紧缺，可耕地仅占土地面积的6%左右，在农业结构中，种植业占有重要地位。1991 年以来，农业增加值总体呈先下降后缓慢上升的趋势。1992—1996 年，农业增加值不断下降，由 1992 年的 6 亿美元下降到 1996 年的 3.74 亿美元；1997—1999 年间平稳增长；进入 21 世纪之后，农业增加值呈现缓慢上升的趋势，由 2000 年的 4.80 亿美元增加到 2017 年的 17.17 亿美元。1992—2017 年，农业增加值总体呈上升趋势。1992—1996 年农业增加值处于负增长；1997 年增长率由负转正，之后处于不断波动的态势；1997—2004 年增长率呈上升趋势；2004 年时达到最高，为 15.28%；2004 年后，增长率呈下降趋势。2017 年，农业增加值占国内生产总值的 19.2%，增长率为 10.46%（图 6-3）。

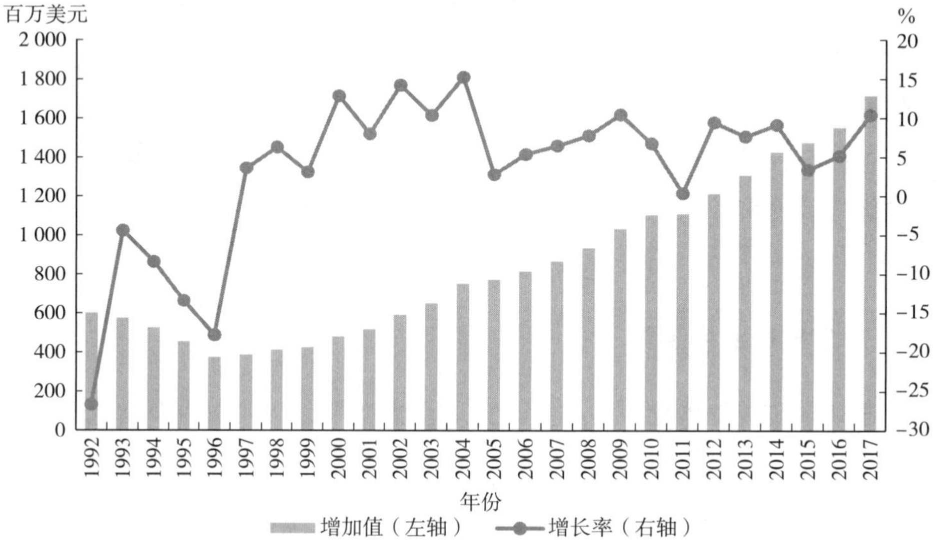

图 6-3　1992—2017 年塔吉克斯坦农业增加值与增长率变化
数据来源：联合国粮食及农业组织数据库。

种植业。种植业在农业中占有重要地位，但种植结构单一，大部分耕地用于种植棉花，粮食作物集中在北部河谷和山前地带种植。粮食作物主要有小麦、黑麦、水稻、大麦、燕麦和玉米，2018 年谷类粮食产量为 121.83 万吨，其中小麦产量 77.89 万吨。该国以种植优质细纤维棉花为主，棉花为最主要的经济作物，产值占农业总产值的 60%，在国民经济中举足轻重，此外，还种植土豆、蔬菜、葡萄、水果等。

畜牧业。良好的天然牧场和历史悠久的草原传统文化以及牧民吃苦耐劳的优秀品质，为畜牧业的发展提供了基本保证。畜牧业以养牛业和养羊业为主，养牛业和养羊业是畜牧业中的传统部门，主要提供肉、奶、皮等畜产品，此外，还有一定数量的养禽业和养马业。近年来，肉、奶、蛋产量大幅减少，家禽数量规模每年按8%～10%的速度增长，个人农场所有家畜的畜产品产量（除鸡蛋和家禽肉以外）一直在稳步增长，产量已经达到总产量的85%～90%。

（二）农业发展特点

1. 种植业以解决粮食自给为主要目标

保证本国粮食安全已成为塔吉克斯坦未来发展四大目标之一。1992年以来政府采取一系列措施以确保本国粮食安全：一是稳定种植面积；二是提高单产；三是推进农村经济制度改革。

2. 经济作物出口品种单一

经济作物出口品种以纺织纤维为主，棉花、羊毛、蚕丝是其主要且具有世界影响力的出口农产品，在中亚五国中优势突出。农产品出口结构中比重最大的是棉花类产品，占出口总额的80%～85%，棉花类出口产品中比重最大的是棉花原料，约占棉花类产品出口总额的75%～80%。以优质细纤维长绒海岛棉花为主的植棉业在国民经济中起着决定性作用，对农业产值、出口额和税收做出巨大贡献，占农村居民75%的收入来源（杨照，2013）。

3. 农业机械数量不足，农产品加工技术落后

自从2011年起，国营农场、集体农庄完全退出，私人农场数量与日俱增，现在已经占据绝对优势。私人农场适合使用小型拖拉机、磨面机、榨油机和水泵等农业机械，政府给予了强有力的支持，对进口农业机械减免关税，仅2015年前10个月，该国就进口了1 200台农业机械，其中包括344台拖拉机、21台联合收割机和16台割草机。但从总体来看，该国农业机械老化严重、数量不足等问题很大程度上限制了现代农业发展。气候和土壤条件适合水果和蔬菜生长，但水果和蔬菜不适合长时间储存和长距离运输，对其进行深加工是缓解这一矛盾的有效办法。然而，农产品深加工技术水平落后，当地农民晾晒杏子的基本办法就是在地上或玻璃上直接晾晒，新鲜的杏子和杏干很少出口，绝大多数都在当地销售，目前国内销售的果汁基本是从俄罗斯和欧洲进口（刘佛翔，2019）。

（三）农业产业化经营

在确保粮食基本安全的前提下，塔吉克斯坦大力发展特色农业，不断转变农业发展方式，合理调整产业结构，形成了“三大基础产业、一大特色产业、多种新兴产业”的产业结构体系。一是重点发展粮食种植业、畜禽养殖业、水产养殖业等三大基础产业，粮食种植业承担着摆脱贫困、保证粮食安全以及促进农业发展的重任，因此重点扩大小麦、玉米、木薯和高粱等粮食种植面积，适当扩大水稻种植面积以保证本国粮食的基本需求。该国拥有广阔的草场，充分利用草场资源发展肉鸡、蛋鸡、肉牛、奶牛和山羊的农场化、标准化养殖；充分利用水资源优势，创新经营模式，发展淡水养鱼业。在此基础上，以粮食作物、畜禽、水产品等初级产品为原料进行初加工和精深加工，提高农产品附加值和市场竞争力。二是大力发展植棉业，巩固这一传统优势产业，及时采取先进的农业技术设备，降低病虫害，提高生产率，建立利润高的中小型棉花加工厂，同时为了生产出优质、有竞争力的产品，加大国家对生产、加工、销售全过程的分级管理力度。

四、土库曼斯坦

（一）农业发展基本状况

农业生产结构是以种植业为主、畜牧业为辅、兼营养殖业三位一体，人们多在沙漠边缘的无数块小绿洲上从事农业，用河水灌溉，并在绿洲伸向沙漠的边缘地带从事畜牧业。1991 年以来，农业增加值呈现出不断波动的状态，与中亚地区其他国家不同，农业增加值在 1995 年“猛增”，增长率高达 69.65%，但随后 1996 年又“猛减”，增长率低至约－54.00%，1992—1996 年，农业增加值呈现出“倒 V”形；1996—1999 年农业增加值不断上升，由 1996 年的 11.61 亿美元增加至 1999 年的 25.32 亿美元，增长率在 1997 年由负变正，达到 41.13%；21 世纪以来农业增加值基本趋于平稳。2017 年农业增加值为 36.88 亿美元，农业产值同比增长 8.4%（图 6－4）。

种植业。气候适宜长时间的粮食种植，因此可以种植种类繁多的粮食作物，包括小麦、棉花、蔬菜和水果，还种植少量的玉米、大麦和水稻。尽管国土面积的 82%可种植粮食作物，但是许多地方还是荒芜的牧场，仅用于游牧业。2019 年，棉田种植面积为 55 万公顷，预计收获棉花 105 万吨。

畜牧业。畜牧业以养羊业为主，其卡拉库尔绵羊在独联体和世界享有盛名，驰名国外的地毯就是用这种羊所产的优质细羊毛织造的。

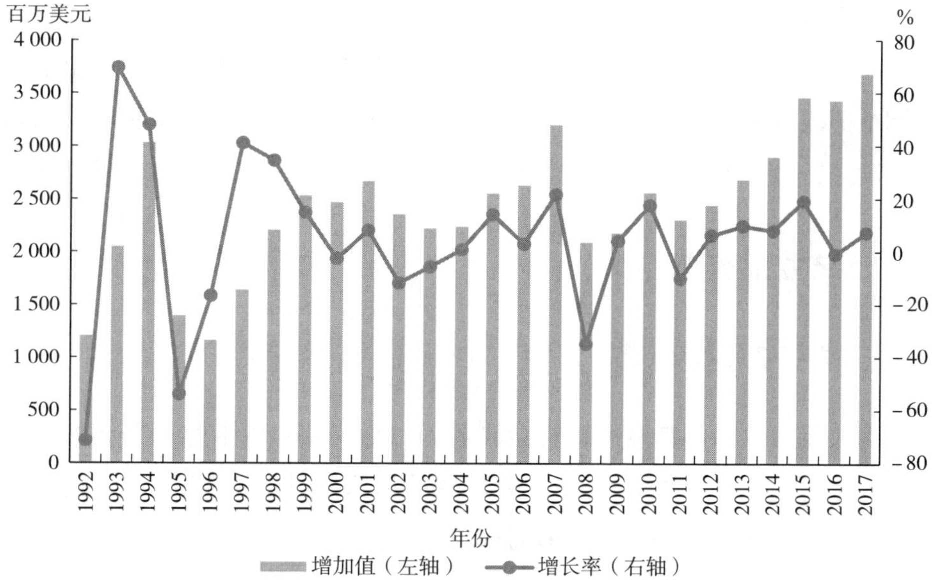

图 6-4 1992—2017 年土库曼斯坦农业增加值与增长率变化

数据来源：联合国粮食及农业组织数据库。

（二）农业发展特点

1. 内向型经济发展为主

土库曼斯坦虽然先后制定了一系列推进贸易发展的措施，但确保内需和稳定国内生产一直是农业发展的总体战略。2015 年 8 月总统要求减少农产品进口、节约外汇、加强对外汇支出和食品进口品种的监控，农业和金融业领导为有意愿建设温室来生产进口替代产品的经营者划拨临近城市的土地并提供优惠贷款。每个州区要保证蔬菜、水果的自给自足，不能从外地调运、更不能从国外进口，以降低运费，稳定食品价格。此外，该国对某些食品征收关税，限制进口。

2. 畜牧业相对比较发达

畜牧业以养羊业为主，卡拉库尔绵羊在世界上享有盛名。著名的阿哈尔捷金马，即中国史书记载的“汗血宝马”，奔跑速度快，非常耐渴，曾多次获得国际比赛奖牌，是该国国宝。其他养殖业主要有养蚕业、家禽饲养、水产养殖等，尤以养蚕业较为发达（郭静利，2016）。

（三）农业产业化经营

农业部门资本和劳动力较密集，农业企业集中在牲畜、农业和加工行业，农业产业化主要是由国家拥有和控制的，主要的农作物也由国家控制，包括棉花、小麦、少量的水稻和甜菜。几乎所有的公共投资都在支持自给自足的谷物生产和维护棉花制品的出口，成千上万公顷的果园、种植园艺作物和饲料作物的土地已经转向冬小麦的生产，少部分水果和蔬菜产品是由农民和私人生产的。

五、乌兹别克斯坦

（一）农业发展基本状况

作为传统农业国，农村人口占全国总人口近一半，农业是经济命脉和支柱产业，农业基础良好，是独联体主要的粮食、果蔬生产基地。该国拥有超过13.2万个农场，每个农场平均占地面积为50公顷，主要种植棉花和小麦，同时还有470万个小农经济，平均占地0.5公顷，专门从事果蔬种植和畜牧养殖。农业生产以种植业和养殖业为主，分别占农业产值的48.3%和48%，其他领域产值占比分别为：林业2.5%、渔业0.6%、狩猎业0.6%。1991年以来，农业增加值总体呈上升趋势。20世纪90年代初期，农业增加值变动较小，由1992年的34.48亿美元增加至1999年的37.84亿美元。进入21世纪，农业增加值逐年缓慢上升，增长率基本处于4%～6%，2004年增长率最高，为8.3%。到2017年，农业增加值为108.03亿美元，占国内生产总值的27.95%（图6-5）。

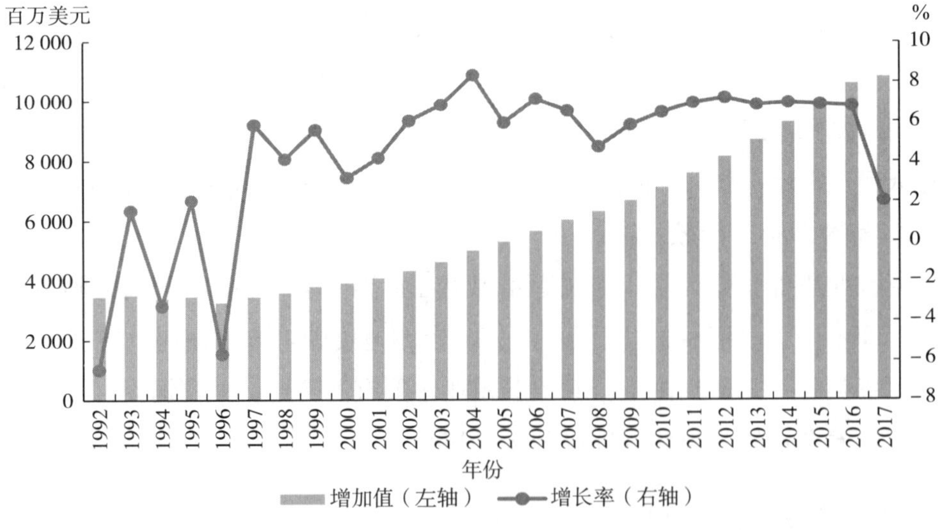

图6-5 1992—2017年乌兹别克斯坦农业增加值与增长率变化

数据来源：联合国粮食及农业组织数据库。

种植业。主要农作物包括粮食、蔬菜、土豆、葫芦、水果和浆果等。2018年生产1 093多万吨水果和蔬菜，其中包括562.15万吨蔬菜、531.12万吨水果，主要产区分布在撒马而罕、安集延、卡什卡达里亚、费尔干纳、布哈拉、苏尔汉河和纳曼干，这些地区产量占总产量的70%。该国是中亚地区领先的新鲜落叶果和核果生产国之一、世界五大杏子生产国之一、第二大杏干出口国、第六大樱桃生产国和第八大樱桃出口国。2018年谷类粮食产量615.68万吨，其中小麦约541.08万吨，籽棉产量229.30万吨，多数用于国内加工，其余出口。棉花生产世界闻名，平均棉花（籽棉）年产量为350万吨，棉花产值约占农业产值的40%左右，棉花绝大部分用于出口，为世界著名的棉花（籽棉）出口国。该国还是中亚重要的水果和蔬菜产地，2018年生产蔬菜562.15万吨，水果531.12万吨。

畜牧业。畜牧业以生产毛、肉为主，所产的羔羊皮驰名于世，主要畜产品有鸡蛋、蜂蜜、牛奶、肉类、羊、蚕茧、仿羊羔皮、家禽、绵羊和山羊、猪、牛、马和骆驼等。该国有40多个大型家禽工厂和农场，其中每个工厂或农场包含5万到100万只家禽。行业的领军企业分布在塔什干、撒马尔罕、安集延地区，共同供应50%的家禽产品，私人小农场和私人商业农场饲养了超过1 000万头（只）牲畜。2018年，牛存栏数约1 281.4万头，羊2 158.1万只，马24.25万匹，鸡6 300万只。

（二）农业发展特点

1. 农作物生产比例失调

农业生产中棉花产业所占比例偏大。虽然其他基本农业需求品产量有所增加，但并不能满足国内需求，仍需靠进口维持。

2. 水资源问题日益严重

乌兹别克斯坦20世纪40年代便开始兴建大规模的水渠工程，并大量扩大棉花产业生产，但是水渠的低质量造成了水资源的蒸发或泄漏，现有水渠中也只有12%是防漏水的，而且水资源的过低定价也造成了大量的水资源浪费，导致水资源短缺问题越来越突出（张卓，2013）。

（三）农业产业化经营

乌兹别克斯坦采取措施发展多种形式的农业产业化经营，鼓励和支持农民和农业生产经营组织发展生产、加工、销售一体化经营，引导和支持从事农产品生产、加工、流通服务的企业、科研单位和其他组织，通过与农民或者农民专业合作经济组织订立合同或者建立各类企业等形式，形成收益共享、风险共担的利益共同体，推进农业产业化经营，带动农业发展。

第三节　农业管理体系

一、哈萨克斯坦

（一）公共管理体系

哈萨克斯坦政府由17个部委组成，包括内务部、国防部、工业和基础设施发展部、农业部、卫生部、外交部、数字发展、创新和航空航天工业部、国民经济部、能源部、劳动和社会保障部、文化和体育部、教育和科技部、财政部、司法部、信息和社会发展部、贸易和一体化部、生态、地质和自然资源部，各部门具体职责见表6-1。

表6-1　哈萨克斯坦政府部门主要职责

部门	主要职责
内务部	国家执法及内政管理部门
国防部	负责掌管国防与军队事务
工业和基础设施发展部	负责国家工业、基础设施、交通通讯等领域事务
农业部	综合管理种植业、畜牧业、水产业、农垦、乡镇企业和饲料工业等产业的职能部门，又是农村经济宏观管理的协调部门
卫生部	管理公共健康保护、医疗和医药、卫生和疾病防控的中央执行部门
外交部	执行外交政策、主管外交事务的政府部门
数字发展、创新和航空航天工业部	负责国家创新活动、科技发展的部门
国民经济部	综合研究拟订经济和社会发展政策，进行总量平衡，指导总体经济体制改革、制定投资政策及监督国有资产
能源部	负责管理能源政策法规、发展规划、能源节约和科技装备、电力、煤炭、石油天然气、新能源和可再生能源等领域
劳动和社会保障部	负责制定社会劳动方面相关的法律政策，发展就业和居民生活质量
文化和体育部	主管文化和体育事务

（续）

部门	主要职责
教育和科技部	主管教育和科技事务
财政部	负责国家财政和财务
司法部	主管全国司法行政工作
信息和社会发展部	联合宗教团体，保障公民宗教信仰自由，负责青年政策工作
贸易和一体化部	负责对外贸易和国内贸易政策制定和管理，以及参与欧亚经济联盟、世界贸易组织等区域一体化组织和多边机制相关工作
生态、地质和自然资源部	负责制定实施国家生态环境保护政策，以及自然资源合理利用及保护等工作

数据来源：根据《对外投资合作国别（地区）指南：哈萨克斯坦（2019版）》资料整理。

哈萨克斯坦工会联合会是最大的工会组织，现有会员200万人，包括26个产业工会、14个地区性工会，其他较大的社会组织还有独立工会联盟、农民联盟、共和国农民经济联合会、共和国穆斯林妇女联盟、“阿扎特”民族运动、“统一”民族运动等。此外，还有2 500个非政府组织，活动领域广泛，也是重要的社会组织。

（二）农业职能部门

农业部是农业管理的中心机构，综合管理种植业、畜牧业、水产业、农垦、乡镇企业和饲料工业等产业，又是农村经济宏观管理的协调部门。在国家土地政策的背景下，它负责制定农业发展的国家计划，编制有关农业问题的立法和法规文件，促进农业私有化和新兴农业企业发展，协调农村的技术和能源设备促进土地改良，促进科技成果的引进生产，确定农业研究的优先次序，协助提供培训，对农产品质量实施国家控制等。

农业部有3个委员会、11个下属部门、44个办事处，其中委员会均是农业部主管的国家机构和部门，包括农工综合体国家检验委员会、哈萨克斯坦共和国农业部土地管理委员会和兽医监督管理委员会。农工综合体国家检查委员会主要职责是监管、实施和控制以及监督农工综合体的植物保护和检疫、谷物市场、牲畜育种、农作物生产以及法规等方面。农业部土地管理委员会的主要职责是在宪法赋予其的土地管理领域中发挥战略、监管、实施、控制和监督职能。

二、吉尔吉斯斯坦

（一）公共管理体系

吉尔吉斯斯坦政府包括 8 个部门、2 个局、3 个署以及 3 个委员会，具体为外交部、财政部、经济部、农业-食品工业和土壤改良部、交通通信部、国防部、内务部、青年与劳动和就业部、国家税务总局、司法部注册局、吉尔吉斯投资促进保护署、国家环保和林业署、国家海关总署、国家工业与电力和矿产利用委员会、国有资产管理委员会、工商会。

工会联合会是该国最大的工会组织，主要职能是保护职工劳动、保险、获得报酬等各项权益。非政府组织主要有公民选举权利保护委员会和反腐败组织等。

（二）农业职能部门

农业、食品工业和土壤改良部是农业政策管理和执行的主要机构，其负责在农业领域（包括土地改革、畜牧业、兽医、渔业、养蜂业、农作物生产、植物检疫、土壤）制定和实施国家政策，该部执行农业土地的可持续管理、管理农业企业、协助农业生产者协会、促进农业租赁、组织和支持农业保险、控制渔业管理等任务。

农业、食品工业和土壤改良部的具体职责包括：制定和实施农业、食品和加工、渔业、兽医和植物检疫安全、农药、农用化学品和兽药的安全使用等领域的国家政策；确保国内对农产品的需求，并增加农业生产领域的出口潜力；确定农业生产领域先进创新研发技术的优先领域，将科学技术成果纳入生产实践；按照既定程序与国家机构一起规划境内水资源分配，并规范州际水关系；在有效和合理利用国家农业土地和牧场基金的土地范围内执行国家政策；对乙醇和酒精及酒精产品的生产或营业额进行监管。

三、塔吉克斯坦

（一）公共管理体系

塔吉克斯坦主要政府机构包括经济发展和贸易部、财政部、能源水利部、工业与新技术部、劳动和居民社会保障部、农业部、交通部、国有资产管理和投资委员会、海关总署、卫生及社会保障部、地矿总局、外交部、建设总局、广播和电视委员会、工商会、消费协会、中小企业联合会、农场和企业家协会、标准化计量与认证商品检验署、统计署、粮食安全委员会、出口促进委员会等。

工会是独立的、自愿参加的组织，是连接社会各单位、机构、组织的纽带，所有参加工作的公民都可自愿参加，大约有40%～45%的职工是工会成员。工会的职能是代表所有会员的根本利益，保护集体和个人的合法权益，监督各单位的劳动条件，关注企业职工的利益。在司法部正式注册的非政府组织有458个，比较有影响的组织有塔吉克工商会、青年律师协会、独立法庭协会、知识妇女协会、索莫尼文化与知识基金会、支持公民首创基金会等，这些非政府组织主要开展行业内的干部培训，提高培训基地的物质、技术水平，使政府机构对该领域发展予以更多的关注，与国外的机构开展科研合作和举办国际研讨会、展览会。

（二）农业职能部门

农业部是制定和执行农业领域统一政策的具有国家权力的中央执行和管理机构，包括20个下属机构，分别为农业机械国家监督检查、繁殖-育种-人工授精和出售牲畜的国家机构、共和国规范与劳动研究站、国家品种测试和品种保护委员会、塔吉克斯坦国家汽车测试站、草场土壤改良托拉斯、国家植物保护和化肥机构、共和国免疫控制实验室、战胜蝗虫考察国家机构、沙赫里纳夫区国家Hissar绵羊繁殖机构、库罗森区国家塔吉克绵羊繁育研究所、塔吉克斯坦家禽或养禽业国有独资企业、塔吉克斯坦蔬菜作物品种国有独资企业、塔吉克斯坦蜂蜜国有独资企业、赖氨酸国有独资企业、协助国有独资企业、MDT Bactrian专业学院、MDT Mastchoh农业学院等。此外农业部还设置了64个区域办事处来配合农业部各项工作的顺利进行。

农业部主要履行以下职能：在农业领域（作物生产、畜牧业以及其他农业生产领域）制定和执行统一的国家政策；制定计划和生产前景，确保有效利用农业生产潜力；组织对农业生产和利润的监测，确定发展趋势；制定关于农业问题的立法和其他规范性法律法规、标准、条例、指示、必要规范的草案等；监测对标准、条例、指示、标准的遵守情况，对农业生产统计指标的分析；根据法律对农产品进出口、生产和使用实施控制：拟订有关农作物和牲畜生产中的种子生产、渔业和养蜂业、植物保护、农药和其他化学用品在农业病虫害防治中的使用标准，对机械化提出建议，确保农业生产和农业基础设施的发展；支持农业生产者，制定对策以提高各种产品的生产效率，实施农业工程；对农业状况的综合评估和预报，为国家权力机构、企业、机构和人民的地方行政机关提供相关信息；在国际条约和协定参与的范围内，协调和确保共和国承担的义务；促进吸引农业投资。

四、土库曼斯坦

(一) 公共管理体系

土库曼斯坦政府（又称内阁）由总统直接领导，含50余个部委（含国家局、国家康采恩、国家协会等），主要部门包括贸易和对外经济联络部、财政经济部、土库曼天然气康采恩和土库曼石油康采恩、农业和环保部、工业和交通通信部、电力部、纺织工业部、国家海关总局、国家商品原料交易所，各部门具体职责见表6-2。

表6-2 土库曼斯坦政府部门主要职责

部门	主要职责
贸易和对外经济联络部	制定并执行调节国内商业、对外贸易和经济合作政策，管理对外贸易，管理边境贸易，统一协调国家对外经贸工作
财政经济部	分析经济运行情况，参与制定各项宏观经济政策，管理外商投资，组织制定价格政策、社会保障政策、劳动和工资政策，管理国有资产等
土库曼天然气康采恩和石油康采恩	拥有全权管理和使用油气资源的权利
农业和环保部	主管农业、环境和土地资源保护等事务
工业和交通通信部	负责拟订国家建筑业、铁路行业、公路交通行业、国家通信业发展战略、方针政策和总体规划，并监督、管理各行业运行和发展情况
电力部	保障国民经济和居民用电需求，组织并落实国家电网和各地电站的设计、建设、运行和维护，负责全国电力生产、供应和对外出口，保障电缆、电工制品、机电产品和其他居民生活必需品的生产和供应，管理电力和机械工业领域的对外经济技术合作等
纺织工业部	负责研究拟定纺织和丝绸行业发展战略、方针政策和总体规划；监督、管理上述行业运行和发展情况，组织并落实纺织品和丝绸产品的生产、销售和出口，管理行业对外经济技术合作等

（续）

部门	主要职责
国家海关总局	研究拟定海关工作的方针、政策、法律、法规和发展规划并组织实施和监督检查，研究拟定关税征管条例及实施细则，组织实施进出口关税及其他税费的征收管理，组织实施进出境运输工具、货物、行邮物品和其他物品的监管，统一负责打击走私工作，组织查处走私案件，开展海关领域的国际合作与交流等
国家商品原料交易所	审查、注册外贸合同，协调进出口贸易，审核进出口商品价，对进出口交易合理性进行评估，对生产、需求、出口市场、价格和销售过程进行分析，监督、检查在交易所签订合同的执行情况等

数据来源：根据《对外投资合作国别（地区）指南：土库曼斯坦（2019 版）》资料整理。

全国性的工会组织——土库曼斯坦全国总工会，是独立的社会组织，也是最大的社会组织，由公民自愿创立，代表和保护工会会员的劳动和社会经济权益，其分支机构遍及各个部委及所属企业，但职能相对较弱。截至 2018 年 11 月 1 日，全国总工会已涵盖 14 个行业部门，遍及全国 5 个州，拥有 6 896 个基层工会组织和超过 113.6 万名会员。工会的基层组织已经签订了 4 549 个双边集体协议，这些协议旨在为工人创造安全、良好的工作环境，提高工人及其家庭的生活水平。此外，在某些雇用当地员工较多的中资企业内部，当地员工自发成立了工会，旨在处理劳资合作和纠纷方面发挥应有作用。

（二）农业职能部门

农业部是制定实施及管理农业政策的主要部门，主要职责是：研究拟定农业和农村经济发展战略、中长期发展规划，拟定农业开发规划并监督实施；研究拟定农业的产业政策，提出有关农产品及农业生产费料价格、关税调整、大宗农产品流通、农村信贷、税收及农业财政补贴的政策建议；组织起草种植业、畜牧业、渔业和乡镇企业等产业的法律、法规草案；组织国内生产及进口种子、农药和有关肥料等产品的登记和农机安全监理工作；承办政府间农业涉外事务，组织有关国际经济、技术交流与合作等。

五、乌兹别克斯坦

（一）公共管理体系

乌兹别克斯坦政府包括 23 个部、11 个委员会和 7 个署，主要经济部门包括投资与外贸部、财政部、经济与工业部、交通部、农业和水资源部、创新发展部、建设部、海关委员会、税务委员会、旅游发展委员会等，各部门具体职责见表6-3。

表6-3 乌兹别克斯坦政府部门主要职责

部门	主要职责
投资与外贸部	协调执行公共发展方案和投资方案，与国际经济和金融机构、双边和多边形式的外国政府金融机构有效合作，促进区域和国内企业吸引投资，协调国家机构和组织在对外贸易监管方面的活动，协调贸易关税和非关税监管措施并改进电子商务程序，支持商品、劳务和服务出口等
财政部	国家预算内的项目制定、执行国家预算、监督国家预算的执行、完善税收政策和税收体系，为保证国家经济的发展和人民生活水平的提高创造有利条件
经济与工业部	分析和预测宏观经济形势，拟定市场经济管理机制措施和对主要行业发展战略的建议并负责实施，为营商环境改善创造有利条件，减少影子经济比重，合理配置并有效利用各地区自然和经济资源，制定国家工业发展政策并监督执行情况

数据来源：根据《对外投资合作国别（地区）指南：乌兹别克斯坦（2019版）》资料整理。

工会的最高组织机构是工会联合会，下设行业工会和企业工会，其主要功能是保护工会会员的合法权益。目前该国有非政府组织8 200多个，活动领域包括经济、文化、卫生、人权、环境等方面。2005年成立了非政府组织协会，成员超过200家，此外有50多家外国非政府组织分支机构在该国设立了代表处，其中部分非政府组织的资金来源于国外，部分依靠非政府组织协会接受的赠予。尽管行业及企业工会组织比较健全，非政府组织数量众多，但对国家政治、经济、社会生活的影响极其有限。

（二）农业职能部门

农业和水资源部是管理农业和水资源的部门，农业和水资源部在1996年由农业部和水利部联合成立，下设水资源管理总局专门负责水资源管理，其他地区的一级水资源管理机构均隶属于农业和水资源部。

农业和水资源部的主要职能：实施旨在实现农业现代化和可持续发展的统一农业技术政策；改进现代农业技术，并将其引入农业生产领域；根据市场原则和机制，协调为农业生产者提供服务的部门举办的活动；深化农业领域的经济改革，协调租赁关系、家庭合同、大型农场的发展；制定有关改善农业管理和按品种分配农作物的建议；在选择种子、育种、兽医、植物检疫方面执行国家政策，并确保牲畜、家禽和渔业产品的安全；在流域灌溉系统管理原则的基础上实施地表水资源的国家管理；确保国家水管理系统的使用和现代化；采取措施改善以前灌溉土地的开垦和开发新土地；参与制定农业、水利和林业投资政策；确保严格遵守土地和水的使用的相关法律；在森林利用、保护、养护和发展领域执行国家政策；确保组织和企业的科学、技术和信息支持；农业、水和林业管理人员和专家的培训、再培训和高级培训；对农业植物进行化学和生物保护、预防植物病害以及控制农业害虫、杂草和蝗虫，执行统一的技术政策。

第七章 CHAPTER 7

中亚五国农业政策

随着社会经济逐渐稳定，1991 年以后，中亚各国以土地改革政策为基调，在确定了土地所有权的基础上逐渐加大了对农业领域的支持和保护力度，农业政策也开始经历了一系列变革并不断发展。总的来说，各国农业政策体系由国家专有部门统一研究修订并发布推行，涉及主体主要包括农民、农业企业、农产品加工者及其他涉农主体等，政策类型主要包括农业土地政策、农业支持政策、农产品生产及贸易政策等。

第一节　农业政策概述

中亚五国农业政策的制定主体和主要管理机构是各国农业部，其职责主要包括制定农业发展的国家计划；编制有关农业问题的法律和法规文件并建立一定的农业政策法律框架；研究拟订农业农村经济发展战略、农业开发规划以及监督农业开发规划的实施；推广农业数字化以及农业领域的成果等。此外，农业政策的形成在很大程度上也受到非国家单位的影响，农民、股份公司、生产合作社等个体和社会机构为了满足自身利益，会形成各种农业组织形式，通过议会和政府代表进行游说或在大众媒体和公众参与的会议等公众场合发表公开演说，进而影响农业政策的形成。

各国 1991 年之后农业政策体系经历了一系列变革，其农业政策体系可以划分为土地政策、农业对外贸易政策和农业支持政策等几大类。①土地改革政策方面，各国改革存在明显差异，吉尔吉斯斯坦和哈萨克斯坦的土地改革模式较为激进，对农业土地实行私有化改革，认为实行土地产权私有化，有利于土地买卖、自由流动、农场规模的调整与农业发展。乌兹别克斯坦、土库曼斯坦和塔吉克斯坦并未全面实行私有化，规定土地所有权属于国家，土地可租赁使用，但土库曼斯坦禁止土地转让使用。②农业对外贸易政策由于对外贸易的动态性而处于不断变化和调整之中，主要内容包括关税政策、进口配额制度等。③农业支持政策包括价格支持、农业金融、农业补贴、税收优惠、粮食安全、资源保护、农业土地、财政支出政策等，政策体系相对完备。

未来各国农业支持政策目标是提高农业竞争力，调整方向为提高农业支持力度、改善支持结构、完善农业保障机制和大力促进食品加工业发展。

第二节　哈萨克斯坦

哈萨克斯坦的农业政策主要包括农业税收政策、农业金融政策、农产品价格支持政策、农业补贴政策以及农业土地政策等，政策体系发展相对较为完善。

一、农业税收政策

哈萨克斯坦农业税收制度遵循属地原则，依据纳税人的所得是否来源于境内来确定其纳税义务，而不考虑其是否为哈萨克斯坦公民或居民。其农业用地税率根据土地品质分级纳税，对从事农业生产的法人和农产品加工企业的税收减征 70%，极大地减轻了农业生产领域税赋。此外，农业税收政策主要内容还包括农业领域的关税及投资优惠政策。

（一）关税政策

哈萨克斯坦关税政策主要包括关税管理、增值税、关税税率、特别经济区税收等四个方面。

1. 对外来投资者实行各项优惠政策

对外资的保护主要表现在：第一，对投资项目所需的机械和配套设备免除进口关税。第二，对外来投资者实行实物赠与，赠与包括土地、建筑、设施、机械设备等。这些形式的国家赠与必须通过和投资委员会签订合同的方式来确定。同时出台了《投资法》，规定内外资一视同仁，鼓励外商向农业，林业，捕鱼、养鱼业，食品等行业投资，从法律上保证了外国投资者的利益。

2. 调整进口增值税

根据《税收法》，征收进口增值税的税基是进口货物的清关价值和海关关税之和。2010年增值税税率降到了12%，对部分消费品包括各种酒及酒精、香烟、鱼子酱、汽油、柴油、汽车等产品的进口继续征收消费税。目前税务部门负责国内增值税的制定和征收，税率征收水平按照俄白哈关税同盟规则来执行，三国的增值税水平分别为：俄罗斯18%、白俄罗斯18%、哈萨克斯坦12%。

3. 上调关税税率

哈萨克斯坦上调了大量进口产品的关税税率，涨幅明显。《关税同盟海关法典》中上调了5 044种商品的进口税率，占进口商品总量的32%，平均关税水平由先前的6.2%提高至10.6%，涉及中国对哈萨克斯坦出口的大宗类商品如部分农副产品涨幅明显。但随着俄罗斯加入世贸组织，哈萨克斯坦的整体关税水平有所下降。

4. 实行"自由关税区制度"

哈萨克斯坦在经济区范围内实行"自由关税区"制度，2001—2008年间先后建立了6个特别经济区。2011年7月21日，总统签署了修订后的《特别经济区法》，重新确立和补充了两方面优惠政策：第一，对所有经济特区内的企业免所得税（20%）、免土地税（1.5%）、免短期土地租赁费（不超过10年）、免财产税（0.05%～1%），根据政府制定的经济特区内实行零增值税（12%）的商品、劳务和服务名单，返还企业在区内商品流通、提供劳务和服务中征收的增值税。第二，对经济特区内达到一定加工比例的出口型企业实行关税优惠，经济特区内企业可按简化程序直接向地方政府提出引入外国劳务申请，无须经过"首先在国内劳务市场招聘"环节。

（二）投资税收优惠政策

一般来说，投资主体分为外国投资者和本国投资者。投资税收优惠政策针对上述两种情况做出以下规定。

在哈萨克斯坦的外国投资者一律享受国民待遇。无论国内还是国外投资者都只享受一条税收特惠：允许投资者在3年内均等地或是一次性地从公司所得税中扣除投资者当初投入到房产、机械设备上的资金；从"产出"中拿够了相当于投资者"付出"的部分之后，一切都要按章纳税。同时外国和本国投资者在免受征用、接受国家机关检查、解决投资争端、使用收入、接受因国家机关和工作人员行为造成损失的补偿等方面享有平等权利和地位。

符合条件的外国投资者可额外享受一定的优惠和特惠，条件是：第一，投资者向哈萨克斯坦法人的固定资本进行直接投资。第二，投资者在实施投资的同时具有履行义务和执行职责相应的正式文件。满足上述条件的外国投资者，可额外享受以下特惠：①投资者进口生产设备免关税。②外国投资者在土地使用、房产、机械设备、测量仪器、交通工具等方面，实行一次性实体资助，国家实物赠与的价值不超过投资总规模的30%。

二、农业金融政策

（一）农业信贷

一般而言，农业领域贷款形式分为银行贷款、农村信用社和合作社贷款等。银行贷款主要通过抵押贷款来实现，例如土地担保抵押贷。为了约束土地担保贷款可能带来的风险，哈萨克斯坦制定了以下相关政策：第一，开设专门的按揭银行或保险公司，以减少贷款人的风险。第二，设立信息机构，积累并监测土地数据和借款人的财务状况。第三，设立司法机构解决房产纠纷。第四，必须向债权人提供归还投资资源的保证。第五，开发评估土地抵押价值的系统，利益相关者需要明确共享或共同所有权。

除了银行贷款，涉农企业及个人还可以通过农村信用社和合作社获得贷款。由国家预算提供7年固定利率的资金，年利率为0.5%，资金由二级贷款银行或各自组织分配。从2006年开始，哈萨克斯坦组织农村合作社（比如SPK）在采购、加工、存储和农产品中营销贷款，该贷款用于收购固定资产长达5～7年，并获得期限长达1年的营运资金（年利率为5%）。此外，国家为支持中小型农业生产企业，每年从国家预算中支出专项基金，并通过农村信用社和合作社发放贷款。2008年国家预算资金中支出700亿坚戈用作农村非农经营活动领域的信贷资金，贷款下放到农产品加工、轻工业和食品工业、农村零售网点和餐饮服务网点扩大等方面，需要偿还7年利息，年利率为10%。国家农业部还利用农业信贷公司（JSC），推出了一种年利率5%、期限为5～7年的合作社贷款。

在完善优惠贷款机制方面，政府采取贷款担保机制，为中小型农工企业提供贷款和生产资料。政府对信贷过程中提供担保的银行予以补贴，同时鼓励个人贷款，根据贷款提供补助。依据《农业经营——2020》，哈萨克斯坦将加大农业支持力度，其中包括农业金融恢复和完善优惠贷款机制，进而支持缺少高流动性抵押保障的中小型农工企业获得贷款。

（二）外汇管理

外汇管理主要从实行外汇业务通报制度、资金可自由兑换、对银行外汇流动监管等方面展开。

实行外汇业务通报制度。哈萨克斯坦允许经常项目和资本项目有条件的自由兑换，并从 2007 年 7 月 1 日起，外汇管理制度取消外汇业务许可制度，执行欧洲国家标准。企业在交纳了各项应缴税费后，可以自由汇出利润，除银行收取的必要汇费外，无须交纳其他费用。个人和法人均可通过银行向境外汇出其合法的外汇收入，在银行开设账户、办理存款、汇款等业务必须有税务登记号。

经常项目和资本项目均实行有条件的可自由兑换。具体来说，经常项目下的交易应在 180 天完成，如到期不能完成，还可延期。资本项目下，只要双方有协议，在办理一定手续后，资本也可自由进出。

银行外汇流动的监管制度。2010 年 3 月 9 日开始实施的《反洗钱法》规定，凡超过 1 万美元的金融业务都将被监管，包括个人在外币兑换点兑换外币的业务。另外，还要求各银行完善客户资料，加强外汇汇出的申报，一个账户 7 个工作日内汇出外汇超过 700 万坚戈，银行必须向金融监管委员会报告。《外汇监管问题若干法令修订法》中也规定，关税同盟成员国自然人出入哈萨克斯坦，携带总额超过 1 万美元的外汇及本国货币现钞（贵金属硬币除外）包括旅行支票无须向海关申报，而其他国家自然人在此情况下则必须进行全额申报，还须说明来源及用途。同时，任何国家自然人出入哈萨克斯坦，携带总额等值或不超过 1 万美元的外汇及（或）本币现钞（贵金属硬币除外）包括旅行支票无须向海关申报。此前该限额为 3 000 美元。

三、农产品价格支持政策

哈萨克斯坦农产品价格支持政策主要包括农产品价格管制制度以及双期货粮食收购政策等。

（一）农产品价格管制制度

相对于世界价格而言，哈萨克斯坦的物价较高。例如，牛肉价格是世界价格水平的121％，高出俄罗斯39％，也同样高于其他欧洲国家。在高价格下，农民处于不利地位。农产品价格管制制度旨在保护消费者和生产者的利益，它是一个自由波动的价格，上限保护消费者的利益，下限保护生产者的利益。

为稳定农产品市场，哈萨克斯坦实行农产品采购和价格干预制度。采购和价格干预的顺序和数量由政府决定，实施采购业务和价格干预的专业组织名单及其报酬由政府批准，但不允许在收获期间实行对农作物生产的价格干预。

为了平衡关税同盟国之间的农产品价格，政府在国内农产品价格低于最低保证水平的地区购买剩余产品，并在对应产品短缺的市场上放货。由于食品市场的国家监管体系并不能够很好地刺激粮食产量的增长，国内进口食品市场的饱和降低了对本国技术落后和竞争力缺乏的食品行业发展的关注，因此农产品最低价格确定由政府统一管理，2011 年政府通过限制社会重要产品的贸易补贴规模，批准了 31 种食品的最低价格。同时，调整了国内农产品流通方向，并规定部分农产品的最低价格。

（二）双期货粮食收购政策

哈萨克斯坦双期货粮食收购政策旨在通过国家粮食收购稳定粮食价格，避免粮食市场的动荡。具体来讲，在第二级银行的保证下，国家每年以固定价格分两个批次对国内粮食进行收购，春夏季融资（期货购买），秋季（实际）直接购买，之后政府确定收购的粮食价格，对于不合理的增长或下降趋势予以及时控制和调整，消除垄断价格的出现，削弱价格扭曲，进而最终保护农产品生产者和消费者。

四、农业补贴政策

农业补贴是国家农业支持与保护政策体系中最主要、最常用的政策工具，是政府对农业生产、流通和贸易进行的转移支付，通过各领域多种补贴政策对国内农业生产及农产品进行综合支持。哈萨克斯坦农业补贴主要集中在畜牧业补贴及对农业企业的补贴等。

（一）畜牧业补贴

为促进畜牧业发展，国家对《畜牧业发展规划》进行修订，主要涉及补贴标准、降低检疫费用、简化抵押条件、实施进口替代等。

根据修订后的《畜牧业发展规划》，绵羊种羊繁育补贴标准从 2 500 坚戈/头提高到 4 000 坚戈/头，肉羊繁育补贴标准从 1 500 坚戈/头提高到 2 500 坚戈/头。购买国产种羊补贴标准从 8 000 坚戈/头提高到 15 000 坚戈/头，购买进口种羊补贴标准不超过 15 万坚戈/头。为给畜牧业农场主创造有利条件，农业部修改购买牲畜抵押贷款政策，缩短贷款申请审核时间。根据新的规定，农场主可以申请全额贷款购买牲畜，固定抵押担保占比为 15%，其余 85%以所购牲畜作为担保。

畜牧业支持政策项下，欧盟进口母牛的检疫费用从 23 500 坚戈/头降到 4 271 坚戈/头，公牛检疫费用从 28 500 坚戈/头降到 8 741 坚戈/头。考虑到欧盟境内疫情稳定，农业部将欧盟进口牲畜施马伦贝尔格病毒检测次数减至 1 次，大大减轻农场主进口牲畜负担。同时，农业部统一牲畜检疫费用标准，对从加拿大、美国、澳大利亚、拉美国家，以及从欧亚经济联盟国家进口的牲畜分别设定了不同的费用标准。

此外，根据哈萨克斯坦农工综合体发展国家规划，2020 年计划引进 9.5 万头肉牛和奶牛。2020 年上半年，已为 2.2 万头牲畜进口提供资金支持，完成进口 1 万头。目前国内种畜比例已升至 12%。参与牲畜繁育计划的农场数量有所增长，总数超过 2 万家，是 2014 年的 3 倍多。繁殖种牛 110 多万头，占种牛存栏量 33%。为加快实现乳畜业领域进口替代，正在实施建立和扩大乳品农场网络项目。

（二）农业企业补贴

对农业企业实施综合性财政补贴，财政补贴是针对农业建筑和安装工作以及机械设备的投资费用的部分补偿，补偿费用从 20%到 80%不等。自这项国家支持措施开始实施以来，总共对 2 729 个农业综合企业提供了补贴，补贴总额为 191 亿坚戈，吸引的投资总额为 678 亿坚戈。降低对农业综合企业实体提供的贷款或租赁协议的利率，用来补充营运资金，购买固定资产等本国货币利率降低 7%，外币利率降低 5%；在畜牧业中购买农业机械和设备，本国的贷款利率每年降低10%，外币的贷款利率降低7%。为了减轻农业综合企业实体的信贷负担和破产风险，自2013年以来，哈萨克斯坦已采取措施从财务上恢复农业综合企业实体的债务，财务回收条款规定将贷款期限延长至9年，将利率降低至14%，其中7%来自国家预算，以及金融机构取消的罚款。

五、农业土地政策

1. 限制农用土地的使用权和面积

政策规定，从事农业经营的本国公民、非国有法人及其从事商品性农业生产的连带责任人可拥有私有土地，并对从事农业经营所能使用的农用土地上限做出了要求。

2. 规范非本国国民土地使用方式

目前针对外国人、无国籍人士以及外国法人，出台了相关的土地使用规定。外国人、无国籍人士以及外国法人从事商品性的农业生产，可在有偿临时使用土地（租赁）权基础上使用土地。

3. 完善农业土地灌溉体系

农业部门根据各地不同的农业土地用水需求，合理分配土地灌溉用水量，恢复并完善局部地区的水利基础设施，定期修缮河口灌溉系统，并利用现代水资源节水技术，提高水资源的利用率。

第三节 吉尔吉斯斯坦

吉尔吉斯斯坦的农业政策主要包括农业补贴政策、农业税收政策、农业科技政策以及农业土地政策。

一、农业补贴政策

吉尔吉斯斯坦农业补贴政策主要包括对种子种植领域的补贴以及对农业生产者的补贴。种子种植补贴方式主要通过在种子生产中引入国家补贴机制，向种子农场划拨预算资金，从而确保地方政府、种子农场和农业生产者之间的可持续发展。

关于种子种植的补贴政策主要围绕直接提供资金补贴和种子作物补贴两个部分。一是提供直接资金补贴，主要包括农民购买化肥和除草剂的资金补贴；对粮食作物的优质种子生产者给予资金补贴，使其市场价值高于普通种子价值的40%；对已获得优良种子认证养殖的农场给予资金补贴；向生产重点农作物种子的农场提供资金补贴。二是提供种子作物补贴，主要包括为农作物提供高质量的合格种子材料，使生产的种子质量符合当地标准，并扩大补贴作物的种类；帮助农场将其种子出售给农业生产者；保存优良的动植物产品基因库。

对农业生产者的补贴主要包括四个方面。第一，免除使用农机时消耗燃油和润滑油的关税税费以满足农业生产者对田间作业的需求。第二，确定农业生产者所需燃料及润滑剂数量，制定相应的燃料分配程序，并从国家储备中运送燃料和润滑油，以满足田间工作中农业生产者的需求。第三，优先补贴遭受自然灾害影响的以及位于边境、高山村庄地区的农业生产者。第四，每年向吉尔吉斯共和国的议会代表提供有关农村商品生产者的信息，在实地工作期间向他们提供国家支持。

二、农业税收政策

吉尔吉斯斯坦于2001年加入世界贸易组织（WTO）和上海合作组织，目前是中亚五国经济最为开放的国家。农产品关税政策如下：

第一，对包括中国在内的WTO所有成员以及与吉尔吉斯斯坦达成有关双边协议的国家或地区给予贸易待遇；对于未达成待遇国家生产的商品或未明确原产地的商品加倍征收进口关税；对零关税的商品增收10%的进口关税（表7-1）。

第二，对“欧亚经济共同体”其他成员实行特殊的关税优惠，即对原产地为该组织成员国的进口商品免征海关关税，增值税实行目的地征收制度。

第三，实施进口许可管理和关税配额管理制度。实行进口许可证管理的主要农产品包括烟草、酒精及酒精制品。实行进口数量限制（配额）的农产品主要是用于生产酒精制品的乙醇酒精。农业、水利和加工工业部负责配额数量的制定、分配和监督，申请使用配额的企业必须具备经营酒精制品业务的许可证。

第四，针对出口农产品（蔬菜、水果等）到哈萨克斯坦及其他国家的企业，免除增值税、销售税、所得税和财产税。根据税法，对企业免税的条件如下：

企业的经营主体必须为农副产品销售类；企业应坐落于工业生产、行政、仓储或其他用于农副产品商品分类、校准、存储、标签、包装、运输的建筑内。

表 7-1　吉尔吉斯斯坦产品关税水平

单位：%

产品	平均税率	零关税数目	最高税率
非农产品	6.5	18.2	83
农产品	9.2	9.4	147
畜产品	13.7	14.8	80
乳制品	14.9	0	18
水果、蔬菜及花卉	8.2	5.6	20
咖啡和茶	6.2	20.8	15
粮食及其制品	9.6	4.2	33
油籽和油脂	6.7	18.1	15
糖及糖果	11	0	30
饮料和烟草	18	4.4	147
棉花	0	100	0
其他农产品	4.8	8.2	13

数据来源：《世界关税概览 2017》。

三、农业科技政策

1. 扩大和引进生物技术

为了发展农业技术，对每个区域的作物生产和牲畜育种进行品种更新，以扩大和引进农业生物技术的应用。这不仅有助于农场动物和植物的恢复，更有利于牧场中动植物繁殖新的、生产力更高的品种以适应现有的自然条件。

2. 提高农业技术服务质量，创新农业生产技术

通过扩大和恢复灌溉网络技术进行土地恢复和改善土地肥力、通过发展兽医学和动植物保护技术和支持私人兽医发展等措施逐步提高兽医和植物检疫的水平、通过提高大型农业组织的服务质量加强农业机械的可用性、通过组织常设课程建立可持续的现代农业技术培训系统。

四、农业土地政策

1. 完善土地利用管理体系

为了提高国家土地和水资源利用效率，政府规定：①要加强地方当局和公

共组织在保护和恢复土地肥力中的作用，改善国家对土地和水资源的核算和监测。合理利用农业土地资源和水资源来保护土地肥力，对土地肥力进行大规模评估，建立可持续的监测系统并建立农业土地数据库。②要建立法律规范，行政和经济措施体系，以制止不合理的土地利用，抑制土地退化。③提高土地和水资源保护标准，并加大对违法行为的罚款，同时改善监测力度，鼓励逐步向环境友好型技术过渡。④加强地方当局的作用和责任，利用公共组织的潜力来维护和恢复土地的肥力。⑤支持灌溉系统建设，集中对现代化的灌溉系统进行大力支持和有针对性的融资，每年调试1万公顷灌溉农业用地。

2. 推进农业土地改革

宪法规定土地属国家所有，可给予公民或法人使用，土地使用权一次性无偿划归土地经营者，期限为49年，在此期间可以交换、出租及出售并可作为财产继承或抵押。居住和工作在农村的所有本国公民均有权分得土地。

3. 降低土地所有权变更成本

政府规定：①将全面取消对信贷机构抵押土地的限制，解除部分对土地出售的限制。②不论土地所有权形式如何，对其持有者提出农业土地利用和保持其肥力的要求。③只有在政府控制下，由持牌交易平台组织的竞争性招标才能进行农业用地的买卖。

第四节　塔吉克斯坦

塔吉克斯坦的农业政策主要包括农业补贴政策、农业土地政策和粮食安全政策。

一、农业补贴政策

（一）农工业综合体补贴

国家对工农业的综合补贴主要包括：第一，从国家预算中分配补贴（财政支持）。第二，吸引外国投资用于发展农工业综合体的分支机构。第三，政府每年在起草《塔吉克斯坦关于下一年财政年度国家预算的法律》时，都要确定对一些农工业项目财政支持的金额和程序。按照政府制定的程序，筹集到的资金应在以下相关活动领域进行分配：①普通及高级的种子生产；②增加农业土地的肥力；③改善灌溉耕地的开垦状况；④开发新土地并参与废弃土地的农业生产；⑤增加棉花、土豆、蔬菜、瓜、谷物、豆类和烟草的产量，并且加大对农作物疾病的防御治疗能力；⑥建立果园和葡萄园，建造用于种植水果作物的温室；⑦兽医业的发展和采取反流行病措施；⑧养蜂业的发展；⑨开发和引进科学技术成果，进一步创建和加强国家农作物、动物、鸟类和鱼类的基因库以及为该研究所的科研机构购买现代设备和工具。

（二）对畜牧业的补贴

关于畜牧业补贴的政策主要包括：①利用育种成果和生物技术方法来加强对本国鱼类、鸟类和蜜蜂等动物品种的保护；②为纯种繁育提供科技与资金支持；③保护鱼类遗传资源；④提供稳定的饲料供应并建立生产混合饲料的企业；⑤为了提高种畜的质量及生产力，在一定技术水平上进行选育工作。

与畜牧业相关的补贴旨在增加家禽、蜜蜂、鱼类的品种数量以及提高新型饲料的产量。同时，在组织和进行选育工作的框架内，确保畜牧业的发展，改善畜牧、家禽、鱼类和蜜蜂的生长技术和饲喂标准，提高当地居民的牧场生产力。实施畜牧业补贴对保护动物品种的遗传资源以及增加数量具有重要意义。此外，虽然私营部门的牲畜数量正在增加，但一些品种也有消失的风险，如哈萨克白头牛、阿伯丁安格斯牛和达沃斯稀羊毛等。

二、农业土地政策

土地政策主要集中在土地的分配和流转机制、实行农业企业重组、引入土地使用证和土地利用规划机制四个方面。

土地分配和流转机制。1993 年 10 月，政府批准了德坎农场组织的详细规定，制定了向其分配土地的程序，该类农场可以从国家储备用地或当地农业企业分配得到土地。小农户的土地面积在两个阶段大幅增加。第一阶段是在 1995 年 10 月，有 5 万公顷的农业企业耕地流转给小农户，小农户的耕地面积占总耕地面积比例从 8%增加到 15%。第二阶段是在 1997 年 12 月，两个总统令促成了 2.5 万公顷耕地分配给小农户，当地人称之为“总统土地”，小农户的耕地面积占比再次增加，达到 18%。

实行农业企业重组。1995 年，政府颁布《重组集体农场、国营农场等农业企业》决议，要求没有盈利能力的大型农场重组为租赁股份企业、农业合作社和德坎农场，有盈利能力的国营农场重组为集体农场。这一决议为集体农场和国营农场的重组设定了具体目标，并逐渐消除传统农业企业。1996 年的总统令《农业企业重组》确定了农业企业中职工拥有土地股份的权利。法令给予了职工在管理许可的情况下从农业企业撤出土地股份的“无条件权利”，重申了 1992 年《德坎农场法》的要求，即所有农场成员都有获得土地股份的“权利文件”且退休人员有权享有非土地资产的实物份额。

引入土地使用证。1998 年，塔吉克斯坦开始引入土地使用证，用于确定土地使用权利，凡是小农户和德坎农场的农民都能获得这个证件。但是，该国并没有为企业中的个人土地股份使用权提供证件。总统令《确保土地使用权》在 1998 年 6 月颁布，宣布不同区域分别在 1998 年 9 月、1998 年 12 月和 1999 年 3 月前必须重组的企业数量；还表明将公布土地使用证颁布和登记的顺序，以促进土地确权的落实。1999 年 2 月，政府分别颁布了两项决议，制定了土地使用权登记的简单手续和土地股份确定和登记程序。

土地利用规划机制。2001 年 4 月颁布《土地利用规划法》，通过引入地块测绘程序，为土地使用权登记奠定基础。然而，这一法律也以土地利用规划为理由，保留了一些国家干预农业生产活动的权利。2008 年 1 月通过了新版本的法律，仍然允许政府通过“农场内”土地利用规划工具干预种植和生产决策，限制农民的使用权。

三、粮食安全政策

塔吉克斯坦粮食安全政策主要集中在农作物安全、牲畜安全和粮食进出口管理等三个方面。其目标主要包括改善国内粮食安全措施以及有针对性地改善粮食质量和人民的健康。

农作物安全方面。保护播种土地、果园免受害虫侵害和植物病害对于保障农作物生产安全起着决定性的作用。通过提高作物生产保护技术、为土地提供灌溉用水、选择适当的种子可以提高小麦、马铃薯等优良农作物品种的生产率和产量。在防治害虫和危险疾病（枯萎病、黄锈病、棕锈病）时，采取持续措施保护植物。在可能传播有害生物的情况下，为了及时提供化学药品并实施必要的措施，计划建立化学药品储备库和有害生物检疫区，这有助于及时保护农作物免受有害生物的侵害。为了及时清除杂草，检测病虫害和检疫疾病，同时为了对存储或加工农作物的食品和种子的田野、树木、果园、森林、公园、仓库和企业进行持续监测，对企业家、企业员工以及相关组织进行解释性工作，该措施在提高作物产量和保护作物方面发挥关键作用。

牲畜安全方面。在执行牲畜保护的过程中，根据世界动物卫生组织标准和《卫生规则和条例》的要求，建立了国家粮食安全诊断中心以及消费者市场中的粮食安全诊断中心，并且政府采取措施，以获取现代设备和培训高素质人员，确保牲畜健康。按照兽药领域的国际规则和条例，必须保证牲畜健康并且减少疾病危害。政府为此开展了有效的工作以确保牲畜的健康，包括：预防牛类疾病的发生和蔓延、保护人们免受牲畜疾病的侵害、保护领土免受传染病的侵袭并保证国家兽医人员的充足。但是，各地区粮食安全中心在开展兽医工作时仍然存在资金不足的问题，为了解决这些问题，政府规定：将成立针对危害动物和人类健康的专门基金会，在对抗牲畜流行病时对没收和销毁的动物及其产品进行相应的损失赔偿。自 2014 年以来，国家预算每年拨出 250 万索莫尼的资金，约占该国购买必要疫苗总需求的 13%～14%。

粮食进出口管理。根据《塔吉克斯坦至 2030 年国家发展战略》和《塔吉克斯坦 2016—2020 年促进出口和进口替代国家方案》对食品的进出口进行管理，做出了以下规定：①减少对进口食品的依赖。②通过刺激制造商和出口商来确保发展出口食品的生产和进口替代。③提高国内食品生产商在国内外消费者市场上的竞争力。为了提高该国消费市场上食品进出口管制的效率，计划在边境口岸建立流动食品安全实验室、食品进出口电子数据库以及恢复食品安全管制点的基础设施，并提高食品安全专家的专业资质。

第五节　土库曼斯坦

土库曼斯坦的农业政策主要包括农业补贴政策、农产品贸易政策和农业科技政策。

一、农业补贴政策

（一）农业生产生活补贴

在农业生产补贴方面，土库曼斯坦采取了三方面的措施：①为农业生产提供优惠贷款项目，以 Dayhan 为代表的银行在整个农业生产季节都为农民提供低息贷款。②对小麦、棉花、水稻和甜菜 4 种战略性作物生产实行较大的国家扶持政策，生产上述 4 种作物的农民可以在购买基本生产资料（例如机械、种子、化肥、和灌溉水等）时享有 50%的折扣，此外，生产者可以在生产季节期间申请将燃油款延迟付给国家。③作物收获后，政府提供免费车辆把作物从田间运输到存储地点。

在农业生活补贴方面，该国采取了两方面措施：①广泛的补贴和社会福利制度。例如，通过对农民免征所有税收，维持农村人口总净收入和城市人口的水平一致。②从国家预算中拨款用于补贴农村公共服务，包括饮用水、煤气、电、交通道路等。

（二）农业投资补贴

土库曼斯坦在农业方面的投资补贴主要来自中央预算，且主要集中在粮食生产、农业基础设施建造维护两方面。除了提供中央预算外，国家还为农业投资项目分配特殊预算贷款和国家外汇储备贷款。

在粮食生产方面，国家以市场价格收购农民种植的小麦和棉花，以特价或免费的方式提供农业投入品，免除农产品供应链中不同参与者的税收，整个农业食品部门被免除税收达税收总额的 15%。

在农业基础设施的建造和维护方面，①政府大力投资建设粮食存储基地。例如，由国有的土库曼粮食产品协会与伊朗的佳卡特签订协议，伊朗政府贷款，造价为 1 620 万美元、总储存量达 18 万吨的 6 个粮食存储仓库于 2000 年投入使用。政府拨款在全国建设 48 个现代化养牛基地以进一步提高畜牧业现代化管理水平，定期大批量采购各种类型的农业机械以及用于植物保护的化肥和工具。②改造升级现有灌溉设施。政府制定了改善卡拉库姆运河水资源并且提高其供水能力的活动方案，初步估计费用超过 4.03 亿美元。

二、农产品贸易政策

土库曼斯坦 2020 年刚成为世界贸易组织观察员国，因此对多数商品进出口实施严格的控制，农产品贸易政策主要以进出口许可证、进出口关税为主。

在进出口许可证方面，政府使用许可证来控制一些农产品的生产和贸易。

该国畜牧业股份公司协会负责颁发卡拉库尔羊的国内外销售许可证以及育种动物的贸易许可证，农业部负责颁发种子进口许可证，食品工业协会负责颁发食品、饲料的生产和销售许可证和水产品、含酒精饮料、烈酒和烟草制品的贸易许可证。该国对进出口商品实施严格的限制，主要体现在：①未经国家商品和原料贸易公司的批准，任何一笔国内或对外农产品交易的价值不得超过 5 700 美元。国家商品和原料贸易公司是控制粮食产品的主要机构。②所有的合同必须由国家商品和原料贸易公司进行登记，买卖双方都得支付占交易值 0.2%的交易费。此外，该公司检查价格的方式是将合同价格与类似产品的价格进行比较，若国家商品和原料贸易公司认为交易价格不合理，就有权否定任何国内或对外农产品进出口的合同。

在进出口关税方面，政府对包括烟草、新鲜蔬菜和甜瓜在内的 12 种农产品免征出口关税。相反，为了保障本国粮食安全，小麦、小麦粉、大米等主要粮食则受到各种出口关税的限制。而在进口方面，包括谷物、面粉、肉、鸡蛋和黄油在内的农产品不受任何进口关税或定量进口的限制。与此同时，对蜂蜜、葡萄、棉花籽油、肉制品和其他食品征收进口关税。

三、农业科技政策

土库曼斯坦近年来坚持走科技兴国之路，强调将科技创新转化为生产力、大力发展规模化的现代农牧业。农业科技政策主要集中在三个方面：畜牧业转型、农业科技人才培养以及农业信息支持系统的建立与发展。

畜牧业转型方面，政府推进“个体放牧式畜牧业”向“规模化现代畜牧业”的转型，以研发高产品种，提高畜牧业的产量水平。同时，推动建设多功能的灌溉系统解决牧场土地缺水问题，利用现有的土壤培养技术解决牧草稀疏的问题。

农业科技人才培养方面，政府更多地关注和加大对该领域人才的培养，农业领域方面的科学支持由从事科学研究工作的科研机构和高等教育机构来提供。授权机构根据生产的要求来促进农业科学的发展并将其成果引入生产领域。

农业信息支持系统的建立与发展方面，国家对农业发展提供的信息支持主要是由国家授权机构在农业领域内建立并发展的。国家信息支持系统包括以下信息：①关于部门目标计划。②植物生长和畜牧业分支机构的现状和发展前景。③农业机械设备的数量和状况。④关于农地的开垦状况。⑤关于牧场的合理利用、开发和保护。⑥水资源供应情况以及农业企业和组织的从业人数等。

第六节　乌兹别克斯坦

乌兹别克斯坦农业政策主要包括农业金融政策、农业税收政策、农业土地政策以及农产品贸易政策。

一、农业金融政策

（一）农业融资政策

乌兹别克斯坦农业融资主体主要为外国企业以及国际组织。

在吸引外国企业融资方面，首先，完善本国的农业投资法规，相继颁布了《外资法》《外国投资权益保障和维护措施》以及多项总统令、政策法规等，法案明确规定外国投资者获得的收益可以用于再投资活动或根据投资者的意愿确定，外资在投资活动结束后返回给投资者以及保证投资没有政治或其他风险，以上政策从法律层面上充分保证了外国投资者财产权利不受侵犯（李宝琴，2013）。其次，通过降低准入门槛、税收优惠等政策吸引外资。目前该国对外国投资的农业企业有以下优惠政策：①在进口自身生产所需材料时，自完成国家注册之日起，2 年内免除进口关税。②外国投资者在合资企业中最低持股比例从以前的 30%降到 15%，合资企业的最低注册资金从此前的 6 亿索姆（1 美元约合 7 800 索姆）降到 4 亿索姆。③对在政府划定的农业人口聚集区投资的外资企业给予特殊优惠政策，包括免缴所得税（利润税）、财产税、公共事业和社会基础设施发展税、小企业统一税费、养路费等。

在吸引国际组织融资方面，主要依靠政府与国际组织签署相关合作协议。政府为国际组织营造宽松的经商环境，国际组织则提供相应低息贷款或者无偿捐助用于农业发展。如国际农业发展基金在该国将实施 4 个项目，总计 1.395 亿美元。首个项目于 2019 年实施，金额 2 830 万美元，主要支持本国果蔬领域发展。当前签署的项目二期融资协议“农业多样化和现代化”，融资金额 4 700 万美元，其中 4 620 万美元为长期优惠贷款，80 万美元为无偿援助。上述资金将通过国家农工业企业和农民扶持基金向妇女实业家协会、渔业协会以及畜牧业、家禽、渔业科研所提供资金支持，用于在安集延州、纳曼干州和费尔干纳州农业领域推行国际质量与安全标准以及建设大棚和苗圃、推广节水灌溉技术、提高机械化率、提高费尔干纳盆地农产品加工水平和仓储水平。

（二）农业小额信贷政策

农业小额信贷是由商业银行根据还款、付款、安全性、紧迫性和有针对性等具体情况进行发放的，旨在为农民和其他法人实体的小企业解决生产过程中资金短缺、贷款困难等问题。农业小额信贷政策仅提供给本国的居民，且只为以下出于目的的借款人提供：①购买小型农业生产设备、原材料、半成品。②购买农业生产资料，包括用于购买种子、牲畜、饲料等。③经营农业小型生产组织。但是，并不是所有的农业生产都能享受到小额信贷政策，该政策不能为出于以下目的的借款人发行：①有未偿还以前贷款或任何其他债务的。②从事烟草种植和酒精饮料的生产的。③开展贸易和中介活动的。④不用于农业生产项目的。

根据 2003 年 8 月 30 日的乌兹别克斯坦总统令，农业小额信贷（以下称借款人）的主体为家庭农场和农业企业，利率是由借款人与银行在贷款协议的基础上达成的共同协议确定的，但不得超过中央银行正式确定的再融资利率。在贷款时限方面，商业银行以合同形式向借款人发行小额信贷，最长为 3 年。贷款在客户的额外活期存款账户所在地发放，不允许向其他银行的客户发放贷款，仅允许在不超过 1.5 年的时间内向农民提供现金；在贷款金额方面，若贷款为外币，则外币汇率相当于贷款当日中央银行的汇率，金额最高为 1 万美元。此外，政府在银行设立特别基金，用于发行优惠贷款。优惠贷款特别基金的小额信贷利率设定为发行当日的中央银行再融资利率的 50%以上。

二、农业税收政策

乌兹别克斯坦政府自 1991 年之后简化了农业企业的税收方法，税收政策对本国企业和外资企业是不一样的。

对本国农业企业，税收采取以下优惠政策：①农业企业缴纳单一土地税。②农业企业免征道路基金、养老基金、医疗基金和教育基金。③新成立的农业企业免征单一土地税两年。④实施灌溉系统的农业企业免征单一土地税 5 年，单一土地税的税率平均为15%，具体取决于位置、气候以及获得水、基础设施和劳动力的机会。自2006年起该国实行的企业法人利润税率为12%，但从2007年起改为10%，现行增值税税率为20%，海关进口税税率为5%到30%，财产税税率为3.5%。

对投资农业的外国企业，税收实行以下优惠政策：①从事农产品（葡萄酒、果酒及其烈性饮料除外）的外资企业，自注册之日起两年内免缴利润税。②外资占50%以上的生产型合资企业，投产后两年内免缴利润税，两年后，法定资本在100万美元或以上的合资企业，缴纳利润税税率为16%。③外资项目若被列入国家投资计划，则享受前7年免缴利润税、7年后减半利润税的优惠政策。④对在偏远农村建立民用消费品生产和深加工的外资企业，根据外资规模确定利润税、财产税、社会基础设施、环保税及道路基金费的优惠程度。⑤若外资企业生产的产品用于出口，则两年内免收利润税，增值税可缓交，两年免税期过后，根据出口创汇额占销售总额的比例减免两税（利润税和财产税），出口创汇额占销售总额的15%～30%，“两税”均减免30%，出口外汇额占销售总额的30%以上，“两税”均减免50%。⑥对注册资金中外资超过50万美元的合资企业，则免征财产税。⑦作为投资引入的技术设备免缴增值税（20%）和进口关税，其他生产所需原料等免缴进口关税。⑧直接投资超过5 000万美元的外国企业法人从本国进口自身所需产品，则免缴进口关税。

三、农业土地政策

乌兹别克斯坦对向公民授予土地方面做出了以下规定：①家庭农场是在家庭成员个人劳动的基础上从事农业产品的生产，农场土地是家庭成员终身继承的财产。②对于在农业和森林企业、机构和组织工作的成员以及教师、医生和其他专业人员，只要工作5年以上，不放弃工作则可在其工作地点内给予一块土地用于经营家庭农场，由该公民所在工作单位授予并由该地区政党批准后可获得土地，授予土地的规模面积由土地资源的优劣以及可获得性来确定。

此外，该国尤其重视对耕地以及灌溉农业用地的保护。①耕地方面，农业耕地的地籍*评估超过平均估值20%的耕地被视为具有特殊生产价值的土地，

---

* 地籍：土地所有者拥有的土地数量和土地价值的正式记录，用于计算所欠税额。

政府对于这一部分的耕地资源加以保护。一般情况下禁止将其划为非耕地，但是在特殊情况下，根据内阁的决定，可以允许具有特殊生产价值的耕地用于建造企业，建筑物和构筑物。②灌溉农业用地方面，政府要求农业企业和水利企业必须按照水利法规定的限值向拥有灌溉土地的所有者和使用者提供灌溉用水。灌溉土地受特别保护，但在特殊情况下考虑到土地开垦状况、经济状况以及土地的供水状况可以将灌溉土地转为非灌溉土地。

四、农产品贸易政策

乌兹别克斯坦的农产品贸易政策主要包括出口许可制度、出口补贴政策。

出口许可制度。乌兹别克斯坦对外贸易体制相对开放，对进出口商品没有数量、配额及许可证限制。但是对于特殊商品尤其是关系到国家稳定的商品，政府实行出口许可制度甚至禁止出口。2015 年 8 月政府发布修订后的《批准禁止出口清单》，禁止出口的农产品包括：小麦、黑麦、大麦、燕麦、大米、玉米、荞麦等粮食以及牲畜、家禽、肉、食用肉副食产品、糖等。2019 年，政府宣布从 2020 年起禁止本国棉花出口，棉花将全部用于本国生产，表明从传统产棉大国转型升级为纺织强国的坚定决心。

出口补贴制度。乌兹别克斯坦尚未加入世界贸易组织，出口补贴制度仍然广泛存在于其农产品出口。该补贴主要有两种形式：一是直接补贴。2013 年该国成立私营企业出口基金会，在对出口企业免征规定的税种外，直接对企业拨款力促其产品出口。此外该基金还为企业提供出口合同起草、注册和保险服务，并协助 100 余家企业进行销售市场调查；二是间接补贴。间接补贴主要表现为减免产品出口时的运费。该笔补贴由国家预算承担，投资和外贸部下属的出口促进局被任命为支付补贴的授权机构。政策规定运费报销比例为 50%，但在向邻国出口产品时将不会享受铁路运费补贴。

第八章 CHAPTER 8

中亚五国农业教育、科技与重大计划

农业教育是农业生产中的技术投入方式，是农业科学技术发展的基础，反过来又受到科学技术水平的制约。中亚五国农业教育尚未形成完善有效的教育体系，现有的农业教育多集中于各国设立的农业技术高校及相关职业院校，以培养农业院所的学生为主，但基层农民的技术教育与培训体制十分欠缺，一些农业机械设备和农业科技成果转化率和推广范围十分有限。在农业科研体系方面，中亚各国基本形成了以农业科研高校、职业院校以及科研院所为主的研究机制，在统一管理下开展不同农业领域的科技研发工作，近些年来逐渐取得了多种研究成果并应用推广。中亚各国的农业科研实行了领域细分，分别在育种、栽培、畜牧、兽医等多领域建立科技研发机构以促进所属领域的农业技术发展，例如乌兹别克斯坦的棉花产业就拥有棉花育种和种子生产、棉花栽培研究等多所研究所。但农业科技创新能力有限，农业技术创新和成果转化工作存在一定障碍。为此，中亚各国纷纷推出了农业领域的重大研究计划，涉及粮食产品安全、水利设施、农工综合体发展等方面，以加强国内农业科学和生产领域的相互合作，提高农业生产科技支持，并最终促进各国农业生产技术和农业经济发展。

第一节　农业教育体系

当前中亚各国教育体系已逐渐发展成熟，形成了包括初等教育、中等教育、高等教育以及职业教育在内的人才培养体系。同时，中亚各国还建立了包括农业人才培养和农民教育与培训在内的农业教育体系，为各国农业生产发展提供了智力及技术支持。各国还通过教育立法推行了多项提高教育质量、促进教育发展的政策法规，积极调整教育体系使其更好地符合时代发展需要。

一、哈萨克斯坦

（一）教育体系

在教育大纲连续性和继承性原则下，哈萨克斯坦教育体系主要包括学前教育和教学、中等教育、高等职业教育和大学后职业教育四级结构。各级体系下又划分了符合该国国情的学制和结构（阿依提拉·阿布都热依木，2012）。

1. 学前教育和教学

学前教育是中等教育的准备阶段。按照法律规定，1～6岁的儿童可以在家里或学前教育机构（幼儿园、托儿所）接受学前准备教育，公立教育机构的学前教育是免费的。

2. 中等教育

中等教育是义务教育，基本上由国家资助，按阶段分成三个阶段：初等教育（1～4年级）、基础教育（5～9年级）和高中教育（10～11年级）。普通中等教育是教育体系中最重要的教育过程，按照中等普通教育的国家标准实施教学。哈萨克斯坦从2008年开始实行12年制学校教育，实行12年制教育后，国家将主要精力投入到普通教育学校高年级的专业教学上。

中等职业教育在初等职业技术学院进行，这是一种相当于大专水平的职业教育机构，学生在9年普通基础教育完成的基础上通过竞争进入此类学校，学校将学生接受中等教育和培养具有中等职业教育程度的专家这两个目的有机地结合起来。职业技术教育一般在职业学校和职业实科中学进行，学制为2至3年或4年。完成2年的学习并通过中期考核的学生可获得某一具体专业相应等级的文凭；完成3年的学习并通过中期考核的学生可获得某一具体专业较高等级的文凭；完成全部教学过程并通过最终考核的学生获得中等级别的专家文凭。公立学校占多数，私立学校的比例比较小。计划内培养的职业技术教育干部的学习费用按照各地区的实际需求，由国家和地方预算支付。

中等后职业教育是中等职业教育按照人文学科专业，培养服务和管理行业初级专家的教育形式。持有普通中等或职业技术教育文凭的哈萨克斯坦公民可在此接受教育。中等后职业教育一般在中等院校实施。

3. 高等教育

高等学校一般由下列形式构成：综合大学、专科学院、专科大学及与它们并行的高等艺术院校等。国家法律规定了两种高等教育的结构：一种是4年制的高等基础教育，在接受4年制高等基础教育之后再学习1年可授予学士学位，再学习2年可授予硕士学位。一种是高等专业教育教学年限不少于4年，具有高等职业教育的公民在收费基础上可以利用较短的时间接受第二职业教育。

高等职业教育阶段包括专科、本科、研究生在内的完整学历链。学生在初中后分流，考取职业技术学校或普通高中。职业学校学制3年，毕业后可以选择就业或考入职业技术本科大学。每年约1/3的初中毕业生选择进入职业技术学校，高中毕业生约有60%的学生考取大学，接受普通高等教育或进入职业技术大学。其余高中毕业生则按照政府要求必须接受职业教育培训才能进入劳动力市场。

高等教育包括高等基础教育（学士）、高等专门教育（专家）、高等师资—科研教育（硕士），主要培养具备较高知识、技能的专家并授予学士学位，学习期限不能低于4年。高等专门教育是5年制专家文凭教育，只培养某些领域具有较强专业性的专门人才，毕业后获得“工程师”“农艺师”“教师”“医师”等文凭。公民在完成普通中等、职业技术或中等后职业教育教学大纲课程后，均可在竞争的基础上获得免费的高等教育。该国高校制定了从现行教学计划类型和等级转到采用“博洛尼亚进程”的三级计划：学士学位、硕士学位和博士学位，学制分别是4年、2年和4～5年。采用“波罗尼亚进程”是哈萨克斯坦高等教育迈向国际化的重要一步。

4. 大学后职业教育

在哈萨克斯坦，已经具有高等专业教育技能的公民和具有硕士学位的公民可以接受大学后教育（李爽，2010），作为高等教育的延续阶段，大学后教育的主要目的是培养科学及科学师范干部。科学和科学师范干部的培养在高等学校和科研机构的研究生、博士生、大学生教学点、高等军事院校研究生机构进行，或者采取具有高级职称的副博士机构委托代培。研究生教学年限面授形式不超过3年，函授形式4年，对于已有硕士学位的人相应年限为2年和3年。博士学位的人不超过3年，委托代培的博士一般2年。硕士生有两种培养方式：按照学术师范方向培养，学制不低于2年；按照专业方向培养，学制不低于1年。通过国家最终鉴定并完成硕士学位论文答辩者，获得硕士学位。博士生教育培养持有硕士学位的哲学博士和其他专业博士，学制不能低于3年。

（二）教育立法

“发展教育、立法先行”是苏联发展国民教育几十年来形成的一个显著特点，哈萨克斯坦1991年之后也延续了这一传统。自1991年以来通过一系列教育立法逐步改进和完善国内教育体系，先后修订了多次《教育法》，且发布了针对高等教育、职业技术教育、国际教育合作等方面的政策法律，以推进教育体系科学化、国际化（表8-1）。

表8-1 哈萨克斯坦相关教育立法

年份	法律名称	主要内容
—	《哈萨克斯坦义务教育法》	规定国家义务教育内容
1993	《高等教育法》	高等职业教育是一个包括专科、本科、研究生在内的完整体系
1999	《教育法》（2007、2013年先后修订）	涉及统一学制、加强师生国际流动、改革课程等方面。2013年修订后正式加入“博洛尼亚进程”
2011	《创建国家职业技术教育人员培训委员会规范》	规定职业教育委员会的具体职责和组织架构
2012	《哈萨克斯坦—总统国情》	职业教育和高等教育的专业设置和课程安排要面向国家当前和未来的产业需求；政府应建立并发展应用科研机构和学科
2010	《2011—2020年国家教育发展纲要》	保证在世界主导国家行列中的地位；促进文化、科学、教育的高水平发展；发展卓有成效的国际间合作，为哈萨克斯坦成为经济强国培育高素质的人才

（三）农业教育体系

农业教育体系由高等及专科教育（大学、科研院所）、中等专业教育（职业学校、技术院校、中学等）以及乡镇培训教育机构等组成，这些专业学校和科研机构向该国农业部门培养和输送各类专业人员，推动了该国农业发展。农业教育以中等水平专业教育为主，高等教育占比不高，受教育人员从农业领域流失情况明显，专业型人才存在较大缺口。哈萨克斯坦农业教育难以与时俱进，专业水平不高，农业生产实践能力有限，且基层农业教育十分缺乏。

农业教育体系中，中等专业教育在农业人员的大量培养与供应中发挥了重要作用。由于自然条件影响和现有农业专业化需要，截至2015年10月1日，哈萨克斯坦共有807所学院的21个专业在农业技术和职业培训（TVE）的框架下对农工综合体相关人员进行农业教育培训。除曼格斯套地区外，全国提供中等专业教育的农业院所有 62 所，其中 20%处于农村地区。这些农业院所基本为职业学校，主要职责在于对农民进行技能培训，包括农用拖拉机驾驶员、农用机械和拖拉机的调节人员、维修技术人员、机器挤奶操作员、果农、兽医、家禽养殖者、牲畜综合体经营者等，培训时间一般为 10 个月到 36 个月。但农业教育体系中以实践为导向的培训课程水平不符合现代培训要求，实践工时比例只有 20%～25%，农业技术和职业教育机构与先进的农场和企业之间的结合十分微弱。同时该国乡镇教育机构的物质和技术基础薄弱，并无能力对基层的农业劳动力进行专业培训。

（四）教育体系经费来源与管理机制

1991 年之前哈萨克斯坦高校领导与管理方式与计划经济基本吻合，1991 年之后从计划经济向市场经济的转变也引起了高校领导与管理方式的相应变化，教育体系中的经费来源也从原本的政府支付转变为国家财政支持和高校自筹两种渠道，而在市场经济条件下，高校必须自己为实现教学目标而承担更多的资金筹措任务。

在教育管理体制方面，《国家教育发展纲要（2011—2020 年）》提出要改进高等教育管理，引入公司治理原则，建立公私合作教育模式，形成国家公共教育管理体制（表 8-2）。在高等教育管理体制改革中，一个重要的做法是在教育机构设立董事会。该国高等院校的董事会由高等院校、产业部门、商业协会和工会等各方代表组成，负责高校的战略规划、人事任命、财务工作、形象发展、机构内部关系协调等工作，以实现社会参与高等教育的管理（宋晶，2017）。

表 8-2　哈萨克斯坦国家教育管理部门及职责

教育管理机构	主要职责
哈萨克斯坦教育与科学部	主要行使教育规划管理权力：形成共同的政策和战略
哈萨克斯坦科学教育部附属监督委员会	负责全国所有高校的监督以及认证（包括许可证的发放和吊销等）
教育质量评估中心	对整个教育体系实施质量监测
国家认证中心	负责院校评审
质量管理和咨询认证中心	促进并协助高校的管理
国家教育标准和检测中心	负责教育标准和要求的拟订及其落实情况

在国立高校的管理上，国家科学教育部规定，每1所国立大学经批准都可以自主设置一些专业和科目，明确规定了教学时数，并组织国家统一考试，教学大纲也必须符合国家标准，同时接受国家教育质量监督系统的监督。而随着非国立高等教育的发展，国家对非国立高校的管理以及非国立高校内部的管理制度也在不断地摸索更新。非国立高校可以自己任命校长，校长有着广泛的管理权力，可以酌情分配资金，管理土地和房屋等硬件设施；教学设备、教材以及教学用具等比国立大学的更新速度要快。由于非国立高校资金运作灵活，所以教师的工资普遍高于国立学校。非国立高校可以自主设置专业，在教学计划和招生制度上相比国立高校有更多的自治权。但是国家标准和质量监督方面，对国立与非国立高校同等适用（李爽，2010）。

二、吉尔吉斯斯坦

（一）教育体系

吉尔吉斯斯坦教育负责部门是该国教育及科学部，教育体系主要由学前教育、初级教育、中等教育以及高等教育构成，其中高等教育学制明确，发展状况相对较好。国家为所有7至15岁儿童提供义务教育，为期9年，包括4年小学及5年初中，教育系统中包含但没有国家资助的教育有两年高中、专科学校、技术型高中或工业学院（吉尔吉斯斯坦教育，2019）。

1. 学前教育和初等教育（小学）

学前教育不属于义务教育的范畴，通常教育对象为3到6岁或7岁的适龄儿童，且学前教育有学位限制，导致了该国入学率难以提高。初等教育通常从6或7岁开始，属于义务教育，带有强制性。同时初等教育在阅读、数学和科学等方面教育效果较差，教学质量并不佳。

2. 中等教育（中学）

中等教育同样属于义务教育范畴，有强制性。修读基础中等教育后，学生可自由选择综合教育或职业教育。综合教育为为期两年制的课程，完成后可获得毕业证书，并在这张毕业证书的基础上报读大学。职业教育有三种：包括为进入大学做准备的职业及一般教育3年制课程、职业及一般教育两年制课程或纯职业教育的10个月课程。职业教育由专科学校、技术型高中或工业学院提供。

3. 高等教育

高等教育包括大学、学院、高等专科教育机构及研究所，一般学士培养时间为 4 年，学士＋硕士为 4＋2 年，专门人才为 5 年，博士一般是 6～7 年（张颖等，2008）。

高等教育学士分为本科 4 年与本科 5 年两种，为期 4 年的学士学位课程，获得学士学位可继续修读为期两年的硕士学位；获得为期 5 年的专家学位或为期 6 年的医学和建筑研究学位，修读硕士及专家学位后可继续修读博士课程。高等教育大纲规定，有证书的专门人才应接受不少于 5 年的培养培训，一些特殊专业（如医学、建筑学）的培训更是长达 6 年。硕士培养周期一般不超过 2 年，普通专业本硕连读学制为 5 年；博士培养周期为 2～3 年。部分学院在某些科学领域提供与大学相同的学位。学院通常是大学或专科院校的专科分支机构。而专科高等教育院校的规模通常较小。吉尔吉斯斯坦高等教育学制结构层次分明且相对灵活，允许学士、专门人才获得毕业证书后，通过各自不少于 1 年半相关专业速成培养方案的学习，可以分别获得专门人才证书、硕士学位证书。

（二）教育立法

吉尔吉斯斯坦从 2000 年就开始对教育法律进行修订，促进教育过程中主体间关系的民主化，以提供优质教育保障。为了与世界教育发展紧密相连，使教育服务出口成为可能，推动高等教育体系进入国际教育市场，该国在教育领域制定了一系列相关政策（表 8－3）。

表 8－3　吉尔吉斯斯坦教育相关政策法规

制定时间	名称	主要内容
1992	《吉尔吉斯斯坦教育法》（2003 年修订）	确定了国家政策在教育领域的主要原则和实现教育进程的任务；教育机构活动的方针及受教育权等内容
2000	《吉尔吉斯斯坦国家教育要义》	加强国家与社会在教育领域的联系与合作，教育体系长期发展的优先方向是巩固和发展教育民主化
2002	《吉尔吉斯斯坦 2010 年前教育发展概要》	教育领域重点是终身教育的创新、启动和发展，建立专门的成人教育结构
2003	《2003—2005 年吉尔吉斯斯坦高等职业教育体系的发展战略》	高等职业教育的发展以国家利益为导向，保持全球教育体系中的竞争力，加盟“博洛尼亚进程”等
2004	《吉尔吉斯共和国高等职业教育组织条例》	/

（续）

制定时间	名称	主要内容
2006	《2007—2010 年吉尔吉斯斯坦教育发展战略》	明确了教育体系的中期发展方向并提出教育发展过程中存在的问题及其解决机制
2011	《关于高校过渡至两级培养模式的政府令》	从 2012 年 9 月 1 日起高等职业教育要实行学士和硕士培养模式
2012	《2012—2020 年吉尔吉斯斯坦教育发展战略》	教育要和国家的经济发展相结合；逐步过渡到双学位模式；加强教师的技能培训

（三）农业教育体系

吉尔吉斯斯坦农业教育体系较为单一，初级阶段的农业教育与培训实施状况不佳，高等教育相对较好，主要依靠农业科学院所来培育农业科研人才。但该国专门针对农业教育教学的农业高校院所十分缺乏，唯一的农业教学机构是斯克里亚宾农业大学。斯克里亚宾农业大学建于 1933 年，成立以来已培养了 4 万多名各农业领域的专家和工作者。学校下设 7 个系，分别是动物工程学系、兽医学系、农学系、水利土壤改良系、土地规划系、农业工程学系、技术系、经济与农业贸易学系，另外还包括 2 个农业技术学校和 1 所中学，因此它有能力以连续的教学机制培养出具有高等专业水平的农业领域人才。除斯克里亚宾农业大学外，该国积极学习和引进其他国家先进农业技术，建立了跨国农业技术培训机制，在农业科技、品种保护及种业发展等各个方面加强农业相关专家的交流学习和培训，以提高该国农业科技水平（中亚信息，2007）。

（四）教育体系经费来源与管理机制

教育体系的经费来源主要来自国家预算，近些年来一些学校逐渐开始财政自理，教育体系的经费筹措与分配结构不合理一直阻碍着教育体制改革。用于教育领域的经费通常由国家预算拨给，而国家预算又将共和国预算（政府预算）与地方预算（城市预算）合并，与社会基金预算一起组成预算拨款体系。其中，共和国预算支出占据国家总预算的 75%。该国 20 世纪 90 年代初期用于教育体系的国家预算较为有限，从 2005 年开始，用于教育体系的国家预算拨款开始逐年增长，但仍旧无法支撑国内教育发展。经过 2008 年的经济危机及 2010 年的政治事件，分配给教育部门的国家资金持续下降，更加难以支撑教育体系改革与发展。2012 年起，一些高校开始实行财政自理政策，学校经费由大部分的学费收入和较小比例的预算拨款构成，例如国家法律学院、奥什国立法律学院、社会发展与经营学院、吉尔吉斯斯坦经济大学、吉尔吉斯斯坦国际大学等学校经费基本如此。

随着吉尔吉斯斯坦教育机制改革的推进，教育领域管理权力逐步下放到地方管理部门。吉尔吉斯斯坦各地方教育水平和教育条件差异较大，教育质量不一，使得各地区各层级的教育管理机构间缺乏必需的信息沟通，地方教育拨款水平参差不齐，各地区教育管理隶属权不在同一部门，管理较为混乱。依据国家教育法的规定，教育机构要对教育质量负责，而教育部和文化部作为国家教育管理部门要承担相应的监管职责。但只有 30 所高校隶属于教育部和文化部管理，其余教育科研机构的管理隶属权在其他部门。例如，经济管理研究院直属总统管辖，民政部研究院由国家内务部管理，国立医学研究院隶属卫生部管辖，外事研究学院直属于国家外交部，比什凯克高等军事学校向国防部汇报，奥什师范学院由当地政府行政部门管理等。此外，在国际教育合作框架内，该国在国内教育标准之外又实行了特色教育方案，以总统令确认的方式创立并实施双重隶属制度的外国合办院校，例如吉尔吉斯俄罗斯（斯拉夫）大学、吉尔吉斯乌兹别克大学、吉尔吉斯美国大学、吉尔吉斯俄罗斯教育研究院以及其他独联体国家高校的 9 所分校（阿依提拉·阿布都热依木，2016）。

三、塔吉克斯坦

（一）教育体系

塔吉克斯坦早在 1991 年之前已经逐步形成了包括学前教育、初等教育、中等教育和高等教育在内的现代教育体系，沿用至今。自 1993 年起该国开始实行九年制义务教育，建立了自己的教育监督和评估体系，包括办学制度和教学质量评估。教育系统改变了过去教育一律免费的制度，出现了私人办学的现象，公立学校和私立学校并存，不断完善教育的现代化（曹亚明，2015）。

1. 学前教育

学前教育是整个教育系统中的重要组成部分，主要包括幼儿园、托儿所。儿童一般自 3 岁开始接受幼儿园阶段的教育，对学龄前儿童进行多方面培训，父母可以为儿童选择学习的语言，包括塔吉克语、俄语、乌兹别克语和吉尔吉斯语等。

2. 初、中等教育

该国初、中等教育分为三阶段：普通初等教育即小学教育，包括 1～4 年级；初中和高中构成了中等教育，中学学制为初中 5 年制，高中两年制。其中初中教育安排在 5～9 年级，高中教育安排在 10～11 年级。学生一般在 6～7 岁上 1 年级，在 10～11 岁开始进入 5 年级，9 年级毕业可以选择就读于中等职业技术学校，也可以选择进入 10 年级，11 年级（17～18 岁）正常毕业之后便可进入高等教育阶段。初中学生毕业认证（GIA）合格的条件是代数和俄语两门课考试取得合格以上的成绩。获得初中基础教育文凭的学生才可以升学就读高中或者一些中职学校。当前 94%的适龄儿童可接受初、中等教育。

3. 高等教育

在塔吉克斯坦的教育体系中，高等教育是发展最为稳定的，这为今后进一步培养更多的高级职业技术人才打下了坚实的基础。全国有 30 所高等院校，在校生 7.77 万人，主要高等院校有：国立民族大学、塔吉克斯坦工业大学、塔吉克斯坦医科大学、塔吉克斯坦农业大学、俄罗斯-塔吉克斯坦斯拉夫大学、塔吉克斯坦师范大学、苦盏大学、霍罗格大学等。高等职业教育方面，2008 年该国专门制定了教育制度改革战略，提出了一系列高等职业教育机构的改革举措，如对教学计划和教学大纲进行改革，明显提高教育工作者的工资，明显提高学生奖学金等，极大地促进了高等教育的发展（祝鹏，2013）。

（二）教育立法

1993 年塔吉克斯坦通过《教育法》，并于 2004 年进行了修订。《教育法》是教育体系基础法律，确定了教育发展的法律、相关组织及社会经济基础，建立了教育体系结构及教育体系调整、管理的原则，并规定教育机构活动权限和发展方向是该国教育领域及其他标准法令的法律基础。《论教育法》是教育领域的法律依据，规定了教育领域的监管细则，内容包括：提升教育管理体制的效率，提高教育系统人员的素质，改善教育系统的物质基础，改进教育系统中的经济机制，使学生得到良好的教育环境。此外还有以下法律法规：《塔吉克语言法》《高等教育和职业教育法》《国家 2005—2010 年发展教育法》等，国家还通过了许多维护教育领域秩序的法律，国家教育公约也得到了通过。另外，为大力发展国民教育事业，2008 年塔吉克斯坦专门制定了 2015 年前教育制度改革战略。该项教育制度改革的主要内容是，各级各类学校教学计划和教学大纲的现代化改革，教育管理制度的改革，发展吸引私营机构参与实施社会教育改革，研究制定教育服务和评价的标准体系，改革教育机构的考核和评价体系，完善教育机构的经费拨款使用机制等（曹亚明，2015）。

（三）农业教育体系

农业教育与培训体系的物质设施和资金基础比较薄弱，农业领域学生难以受到足够的技能培训。为此，国家在美国国际开发署的援助下致力于发展农业教育与培训创新项目（Innovation for Agricultural Training and Education），以支持各级*农业教育与培训能力提升，并基于此建立了包含农业高等教育机构、技术/专科学院以及农业研究机构在内的农业教育与培训体系。

塔吉克斯坦有7所高等教育机构提供至少1种农业本科专业教学。此外，还有两所职业学院提供农业专业的技术学位。国家农业科学院（TAAS）是一个以农业为重点的国家研究机构，同时也承担一个硕士和博士的培训项目。总的来说，该国大约有1万名学生目前正在技术学院和大学的农业领域学习。但高等教育机构中只有5%的学生在学习农业相关专业，农业受教育人员不足（表8-4）。

表8-4　塔吉克斯坦农业教育与培训机构

机构	学生总数	农业专业学生数量	农业特色
高等教育机构			
塔吉克斯坦农业大学	7 659	7 659	所有专业均为农业领域专业
塔吉克斯坦科技大学（杜尚别）	2 200	450	食品加工
昆古普塔州立大学[①]	13 000	—	生态学（教育学/教师培训） 生物学（教学法/教师培训）
塔吉克斯坦科技大学（库利亚布）	1 610	543	农业技术、农艺学
丹格拉州立大学	2 153	498	农艺学、食品储藏加工技术、农学、农业经济与管理、农业技术、畜产品的存储和加工、天然纤维技术、合成纤维技术
塔吉克斯坦科技大学（伊斯法拉）	500	174	食品工业

* 包括小学、中学、青年项目、职业教育和培训学校、大学。

（续）

机构	学生总数	农业专业学生数量	农业特色
塔吉克工业大学理工学院（苦盏）	3 200	200	农业技术、农艺学
技术学院/专科学院			
博赫塔尔农业学院	423	423	农艺学、德坎农场运营技术员、农业机械技术员、兽医技术员、会计
马斯特乔农业学院	494②	494	农艺学、机械学、会计、兽医
农业研究机构			
塔吉克农业科学院	—	—	所有专业均为农业领域专业

①昆古普塔州立大学是地区性教师培训大学，主要农业专业为生态学和生物学。

②这些学生中有超过一半学习的是函授课程。

数据来源：Kristal Jones et al. InnovATE Study: Agricultural Education and Training System in Tajikistan. March 6，2015。

国家农业教育与培训体系中并没有为农业生产或农业从业人员提供任何培训的内容，同时，一些地区农业院校无法吸收资金，办学水平难以提高，学校农业专业办学限制明显，学生无法选择学校可提供的专业，进而无法进行紧缺专业的学习；再加上农业学院老师教授课程僵化，农业生产实践不足，农业教育与培训对农业发展的促进作用有限（Kristal Jones 等，2015）。

（四）教育体系经费来源与管理机制

塔吉克斯坦教育体系经费来源主要由政府预算、国际援助及各级机构投融资组成，近些年来教育领域资金投入大大增加，并在教师薪金、资本投资、教科书及其他领域取得了明显进步；各级地方学区能够进行教育机构的融资及管理，教育领域也有相当比例的私营部门通过设施投入、奖学金等方式对教育领域进行投资。但目前该国教育体系财务系统不规范，尚未形成合理稳定的教育系统资金来源结构，仍然存在大量的、持续性的教育部门投资需求，教育体系内的资金状况仍然面临一些困难。

国家法律明确规定了教育部和教育领域其他机构和组织的任务和权力，但教育管理的规范和法律基础并不能顺利运作。教育管理的主导地位属于政府，教育系统在教育部（国家共和党管理机构）的监督下，中等教育机构受地方政府机构的监督，一级、二级和高级专业（职业）机构由各部委及其机构管理，非政府和私营部门的参与很少。教育领域管理机构指导教育系统的职能并未得到明确界定，几乎所有的运作职能都集中在中央或地区一级政府，进而导致了各级职能的重叠，限制了各教育机构的职权（《塔吉克斯坦共和国教育发展国家战略（2006—2015）》，2005）。

四、土库曼斯坦

（一）教育体系

土库曼斯坦教育的发展经历了很长时间的变革和改进。现行《宪法》第38条规定，每个公民都有权接受教育，实行义务教育制度，教育体制分学前教育、小学教育、中学教育和高等教育以及研究生教育。

1. 基础教育

为提高国家教育水平，并与世界接轨，国家逐步将基础教育由9年制改为12年制。1999—2004年间入学的学生接受10年制义务教育，2005—2012年间入学的学生接受11年制义务教育，2013年及之后入学的学生则接受12年制义务教育。

2. 中等教育

中等教育分普通中等教育、初级专业教育、中级专业教育以及中等职业学校；全国有中学1 931所，中等专科学校18所。为保证中等教育师资及质量，国家每年派出大量教师赴别国进修与交流。2013年7月，《关于提高普通学校教师工资待遇》的总统令规定自2013年9月1日起，全国全体普通中学教师的工资上涨10%（李睿等，2017）。

3. 高等教育

高级专业教育分一级式和两级式，一级式学制5～6年，毕业后获得专家证书；二级式学制6年，学满4年获学士证书，再学2年后获硕士证书。高等院校主要包括马赫图姆库里国立大学、政治学院、农业学院、语言学院、军事学院、信息通讯学院、财经大学和旅游学院等，集中在首都阿什哈巴德；另外还有设在其他州的高校，如土库曼巴什的城市教育大学、达绍古兹的农业经济学院等（崔正领，2019）。除土库曼-土耳其国际大学和国际人文科学与发展大学外，各大高等院校均实行免费教育制度。国家规定学生大学5年学业完成后，必须在国家单位实习两年方可取得毕业证，由国家统一分配工作，大部分毕业生进入国家机构任职，并享有优越的社会福利待遇（肖贵纯，2012）。目前，土库曼斯坦已拥有与欧洲发达国家接轨的高等教育模式，其高等教育毕业证以及学分都能得到“博洛尼亚进程”成员国的承认。

研究生教育属国家教育层级的最高一级，主要目的在于培养高级科研人才。从2008年3月，土库曼斯坦开始恢复研究生教育，培养高层次科技人才。国内现共有35个科研院所，即21个科研所、13所高校附属的研究机构和1个土库曼斯坦科学院历史哲学系，研究生专业涉及22个学科，有近百名专家师资以保证研究生教育质量。

在国家教育部的监管下，国内各高校具有自主招生权。高校自主招生体现在高校自行组织、自主命题、自主选拔，采取公平定额招生方式，保证高等院校的生源。高校本科生招生考试时间是每年的8月，研究生招生考试时间是每年的2月。同时规定，本国高校毕业生必须在国内国有单位工作满两年，两年期间只发给毕业证复印件；毕业两年后，补发毕业证书正本。

（二）教育立法

1991年以后土库曼斯坦尽管困难重重，但国家仍然大力发展教育，1993年10月1日颁布了第一部《教育法》，该法分成7个部分，共37章。规定国家教育体制分为：学前教育、普通中等教育、初级专业教育、中级专业教育、高级专业教育、研究生教育。该法的第15章对高等教育进行了如下规定：保障土库曼斯坦公民能按自己的意愿和兴趣选择专业，提高专业技能。大学生毕业后国家按其专业授予相应的专家资格。2013年颁布了新《教育法》，新法分成11部分，共50章。在内容方面，新《教育法》较1993年版的《教育法》更加详细、完善。新《教育法》进一步明确了土库曼斯坦教育的公益性、统一性和义务性，强调了免费教育体制与强制执行义务教育，规定让适龄儿童、少年接受义务教育是学校、家长和社会的义务；完善了义务教育的经费保障机制，对义务教育的管理机制有了明确的规定；极大地完善了国民教育体制，使全体公民的教育权利得到了法律保障。除《教育法》的颁布和修订外，为了推进国家科研改革，总统2007年6月签署了《关于土库曼斯坦科学院工作的决定》和《关于完善土库曼斯坦科学体系的决定》等（李睿等，2017）。

（三）农业教育体系

土库曼斯坦接受教育的人口比例较低，国民受教育情况并不乐观，其中每

1 万人口中接受高等教育的学生只有 60 名左右，这种态势下农业教育与农民培训体系不太完善。国内主要进行农业教育的高校机构是位于阿什哈巴德的土库曼农业大学，除此之外，位于达绍古兹（Dashoguz）的农业研究所在发展本国农业科学技术的同时也承担着一定的农业高等教育任务。但总的来说，农业教育情况发展有限，远远无法满足国内农业教育需求，基层农民技能培训更为缺乏。

（四）教育体系经费来源与管理机制

1991 年之后土库曼斯坦教育系统的经费来源主要依靠国家预算来承担，但国家预算中的教育经费有限，所占比例较低。2005 年 12 月 2 日，总统在内阁部长会议上提出，国家预算中不再包括教育经费支出，各级教育体系所需经费将由地方政府自行承担。这一政策的实施使得地方财政压力加重，各级教育机构所分配到的教育活动经费有限，不得不依靠学生收费来缓解经费压力，从而使很多学校流失了一定比例的生源和一大批经验丰富的教育工作者。

土库曼斯坦教育最高管理部门是国家教育部，此外地方政府也担负着教育体系管理职能。2007 年以后，土库曼斯坦总结教育改革经验与弊端，制定了适合本国国民教育的改革政策，使教育管理机制逐步恢复正轨，统筹有序地开始协调国家教育工作，教育事业进入平稳发展时期（李睿等，2017）。

五、乌兹别克斯坦

（一）教育体系

1991 年以后乌兹别克斯坦教育体系经历了从 11 年制到 9 年制再到 12 年制的改革，2017 年重新回归 11 年义务教育制度，确定了“4＋5＋2”模式，即 4 年初等教育和 5 年中等教育，再加 2 年高中教育或职业教育的培养模式；高等教育、学前教育制度也发生重大变革（李郁瑜，2020）。

1. 完全基础教育

完全基础教育由初等教育（1～4 年级）、普通中等教育（5～9 年级）和高级中等专业/职业教育三个阶段构成。儿童在接受完 9 年基础教育之后，心智和年龄还不足以做出未来职业选择，也不适合直接投入劳动力市场，因此还需要接受 3 年高级中等专业或者职业教育。

2. 中等专业/职业教育

中等职业教育是继续教育体系的一个重要环节，属于全日制教育，通常由学术学院和职业院校两种教育机构组织，提供免费的3年制中等职业教育。中等职业教育中心向高等教育和中等职业教育部报告，负责协调工作并提供方法支持。在学术学院，学生可以选择学习的领域（人文、科技、土地）以提高自己的知识水平，并学习在高等教育机构进一步接受教育所需的技能。职业院校要保证学生的专业才能、能力和技巧的深度发展，毕业生也可以向高等教育机构申请继续接受高等教育。职业院校提供了进入高等教育机构所需的学术知识，组织了与就业相关的职业培训，为青少年和成年人提供学习掌握生活技能的机会。2017年7月，为繁荣就业市场，集中资源提高中等教育质量，中等专业/职业教育培养年限由3年缩减至两年。多数职业高中毕业生都选择了直接就业。伴随高等教育机构改革，之前的职业技术学校体系被放弃，在全国范围内建立起职业学院和技能培训网络，某些体育馆、学院以及附属于高等教育机构的场所也开始提供不同形式的中等教育（李枭鹰等，2018）。

3. 高等教育

高等教育分两个层次：学士教育和硕士教育。本科学士教育是基础高等教育，根据人才培养方向教授基础知识和应用知识，学制不少于4年；在完成学业后，国家对毕业生的在校课程学习情况出具鉴定结果，然后按照培养方向授予学士学位，并颁发国家文凭。硕士教育建立在本科教育完成的基础上，是根据具体专业及培养方向讲授基础知识和应用知识的高层次教育，学制不少于2年，合格毕业生最终获得硕士学位证书，只有取得学士学位并通过考试才能进入硕士阶段的学习。根据国家鉴定结果，为完成硕士课程的毕业生颁发具体专业（培养方向）硕士学位，并颁发国家文凭，意味着硕士毕业生可以在相关领域工作。但教育领域高等教育对硕士的专业选择有限制，只有该专业的本科毕业生才能获得该专业的硕士教育资格。研究生教育分为两个阶段，即副博士研究生和博士研究生。副博士研究生和博士研究生必须有相关论文成果，在研究生期间也可以有机会获得与实际工作相结合的独立研究机会。此外，高等教育体系中还包括为高等教育的发展开展必要研究工作的科研教育机构（伊力米热·伊力亚斯，2013）。

4. 成人非学历教育

在世界全民教育浪潮推动下，成人非学历教育受到大众欢迎。乌兹别克斯坦于2004年通过《国家全民教育纲要》，公共教育部和高等中等专业教育部等政府部门开始设立面向成人的非学历培训部门，许多私营企业、非政府组织、专业学院等相继开设各种类型短期职业培训课程，部分高等教育机构也开展了面向成人的辅导项目。2012年，塔什干市已有150所商业法律注册实体提供非正式专业培训，这些面向成人的非学历教育主要为满足劳动人口的职业培训需求。在联合国教科文组织支持下，该国引入“社区学习中心”（Community Learning Centers）这一新模式，并成功推动农村和边远地区成人终身教育进程（李郁瑜，2020）。

（二）教育立法

从国家1992年的宪法规定到后期《教育法》的制定与修订，乌兹别克斯坦教育领域的相关法律政策也体现着该国在教育体制方面的不断变革；这些教育政策与规定为国家教育事业的发展提供了最基本的法律支持（表8-5）。

表8-5　乌兹别克斯坦教育领域相关法律

制定时间	法律名称	主要内容
1992	《乌兹别克斯坦宪法》	公民享有教育权。国家保障公民的教育权，并提供义务教育
1992	《乌兹别克斯坦教育法》	保护儿童的受教育权、员工以培训为目的的离职权、教育机构的财务自主权并允许开办私立学校，实施9年义务教育
1997	《乌兹别克斯坦教育法》（修订）	教育在乌兹别克斯坦共和国的社会发展中享有最高的优先权；对初中等教育实施义务教育；在教育标准的框架内制定教育规则、培训项目多元化以及教育接受社会和政府的监督
1997	《国家人才培养计划法案》	免费教育从9年义务教育增加到了包括中等教育在内的12年教育；对各教育机构进行重整，逐渐注重实行远程教育；强调多形式、多渠道、多层次的人才培养模式
	《全民教育行动计划》	分析了乌兹别克斯坦当时经济、政治、社会发展现状，以及教育部门发展过程中存在的问题和对教育改革的展望
2002	《2002—2010年发展通信工程技术，提供便捷的网络资源》	为全国高等院校培养培训通信技术专家，提升他们的计算机技能
2011	《“实现高等教育现代化”战略性规划》	使高等院校的教学过程和教学资源全面现代化；优化学科设置；重新规划教育领域和专业；使工程学科目从23%增长到36%；提高教育质量；为提升高校科研能力建设现代化的自然科学研究实验室；引进先进的教学法和教学形式

（三）教育体系经费来源与管理机制

乌兹别克斯坦教育体系经费来源有两种：国家财政预算和非政府预算。国家对教育部门的财政预算分为三个层次：中央财政预算、区域预算和地方预算。地方高等院校和教师培训机构由中央财政拨款。随着自费学生的持续增多，高等院校的非政府预算经费已经占总经费的一半以上。教育经费分配按照一定程序进行，高等教育机构将预算（预算建立在上一年度对不同高等院校分配的基础上）提交至高等和中等职业教育部。财政部将总预算分配到高等和中等职业教育部，高等和中等职业教育部再将预算经费分配给各教育机构。

政府教育支出在GDP中占有相当高的比重，一般都保持在GDP的10%，在中亚各国中是最高的，且不低于欧洲的支出水平。其中，为了保障"国家人才培养计划"的实施，有超过70%的经费用于基础教育和中等职业教育。非政府预算部分包括私人和海外投资、高等院校通过其他渠道所得收入。随着教育机构自我筹资能力的提升和筹资方式的多样化，1999年该国教育部门开始鼓励并吸引私人投资和国外投资。各高等院校通过某些渠道获得收入的经费来源主要形式有：自费生所交费用、出租院校闲置资源（比如将闲置房屋出租）和各高等院校举办的短期培训。各高等院校根据自身情况，将来自非财政预算的经费大部分用于基础设施建设。各等教育机构中，来源于自费生学费收入的经费并没有降低国家的财政预算，在高等和中等职业教育部批准后可以全部为各教育机构使用。

管理机制方面，国家教育体系由政府确立，并由政府统一管理。政府负责教育政策的制定和实施、教育政策发展的一致性、公立高等教育的管理以及教育规划建设、教育机构的质量保证和认证、批准《国家教育标准》等。教育机构的直接管理由公共教育部（MPE）、高等和中等特殊教育部（MHSSE）两个部门进行。公共教育部负责学前教育、基础教育、特殊教育、课外机构和教师培训；该部设有省、区和市的公共教育部门，应对当地的各教育机构履行方法指导的职能。高等和中等职业教育部负责高等教育和职业培训，对政府负责，由中等职业教育中心、高等和中等职业教育发展部组成，并有权制定二级法规用以保障教育质量。虽然高等教育由高等和中等职业教育部管理，但是其他政府部门、组织机构也负责管理一些高等院校，例如外交部、高等和中等职业教育部、卫生部、文体部、邮政通信部、司法部、乌兹别克斯坦铁路国家控股公司、农业水利资源部、公共教育部等。此外，质量监管机构主要负责高等院校公费职业培训的监督，而不论经费来自何种机构或者是何种高校类型。另外，质量监管机构根据政府的相关程序监管教育系统全体工作人员和国家考试中心的运行。通过相关认证的结果，质量监管机构可以撤销国家委托的任何高等院校的办学权利（马静，2012）。

第二节　农业科研体系

中亚五国大都在1991年之前便已建立了重点领域的科研机构，形成了一定的科研体系。20世纪90年代初期科研机构基本都维持着原来的体系结构，之后随着各国经济、社会等逐渐步入正轨，科研体系及结构也随之逐步转型，渐成体系。与此同时，农业科研体系也在随之发展。其中，哈萨克斯坦农业科研体系较为完善，塔吉克斯坦、土库曼斯坦、乌兹别克斯坦三国农业科研情况也相对较好，而吉尔吉斯斯坦农业科研情况存在一些困难，难以形成稳定统一的科研结构和体系。

一、哈萨克斯坦

（一）科研体系

哈萨克斯坦1991年之后科研机构经历了一系列变革，至2007年已经建立起较为完善的新型科技管理体系，科技管理部门和执行机构密切配合，促进了科技事业及创新型经济社会持续稳定发展（李庆伟，2014）。

1. 最高科学技术委员会

最高科学技术委员会成立于1999年12月，是政府科学领域的主管机构，主要任务是：制定科技及创新战略任务，确定国家优先科技发展领域。委员会每3年向总统汇报1次国家科技发展情况。

2. 教育科学部科学委员会

教育科学部（以下简称“教科部”）科学委员会成立于2006年7月，是国家最高科学技术委员会的执行机构，也是全国科研工作统一的行政管理部门，直接领导和指导全国科研单位工作。科学委员会的主要任务是实施国家科技政策、国家科技专项计划及国际科学计划，组织实施国家科技鉴定，协调5个国家公用科学实验室和 15 个高校工程实验室工作，编制科学和科技活动法律法规。

3. 国家学科科学委员会

国家学科科学委员会是国内科技优先发展领域的统一管理机构，分为能源科学委员会、原材料和产品深加工科学委员会、信息和通信科学委员会、生命科学委员会、人才智力资源科学委员会。

4. 国家科技鉴定中心

国家科技鉴定中心成立于 2011 年 7 月，直属于科学委员会，主要任务是确保国家科学、科技项目和计划鉴定的统一管理，确保科技鉴定工作的独立、公开和公正。国家科技鉴定中心建立了外国专家数据库，其外国鉴定专家候选人分别来自国外知名高校、科研单位、国家科学院及学术团体。

5. 国家科学基金会

国家科学基金会成立于 2006 年 11 月，系全资国有股份制企业，直属于国家教科部科学委员会，主要任务是发展国家优先科学领域、风险性科研及试验设计工作，为试验设计开发工作及风险性科研项目进行投资，对科研项目进行市场分析研究，并提供相关法律和金融经济学分析。

6. 国家技术发展股份公司

国家技术发展股份公司前身为成立于 1999 年的国家创新基金会，直属于国家工业和新技术部，下设 4 个行业设计局及 3 个国际技术转移中心。基本职责是为创新提供信息分析支持，发展商业化体系，发展创新基础设施，投资创新项目，推广创新活动，为企业提供创新资助、项目融资、风险投资和技术孵化等服务。

（二）农业科研体系

在中亚地区，哈萨克斯坦农业科研情况相对较好，科研体系相对较为完善，各级农业专业学校和科研机构在农业生产及品种培育等方面已有一定的研究力量和试验基地，各级科研单位及机构农业科研工作由国家预算拨款来补贴与支持。2013 年，该国在农业科研体系内进行了机构重组，并根据科研机构的地位以 3～10 年为周期进行科研基础设施现代化改造，进一步提升了农业科研体系水平（曾静婷等，2020）。

农业科学技术发展主要依靠国家教科部农业研究中心的推动和支持。教科部农业研究中心及其所管辖的科学研究机构的主要工作任务包括：制定农工综合体的发展方案，发展农业经济和加工业；制定农工综合体政府科技项目及农业经济法律、法规；培养高水平的农业专业技术人才、提高科研人员和其他农业专业人才的业务能力；进行科技成果、先进农业机械及农作物新品种的推广，并提供技术指导以及发展畜牧技术，培育农用动物良种等（哈萨克斯坦教育科学部国家农业研究中心）。

国家教科部农业研究中心有 4 个分支机构、6 个部门、29 个研究院所、18 个农业、林业和兽医试验站，38 个试验企业、1 座国家农业科学图书馆（表 8 - 6）。该中心的研究领域包括农业经济与信息学、植物栽培学、农作学、农业化学、水与森林管理学、农业生态学、畜牧学、兽医学、农业生产机械和电气化、农产品深加工及保存等（岳萍，2007）。

表 8 - 6　哈萨克斯坦教科部农业研究中心及科研机构

研究中心/机构名称	所属领域	所属区域
B. P. 维利亚姆斯农耕研究所	谷物种植类	阿拉木图州
马铃薯与蔬菜作物研究所	谷物种植类	阿拉木图州
A. N. 巴拉耶夫谷类作物研究所	谷物种植类	阿克莫拉州
哈萨克斯坦粮食与粮食加工研究所	谷物种植类	努尔苏丹市
哈萨克斯坦绵羊养殖研究所	养殖学	阿拉木图州
哈萨克斯坦畜牧研究所	畜牧学	阿拉木图州
哈萨克斯坦兽医学研究所	兽医学	阿拉木图市
北哈萨克斯坦州畜牧与兽医学研究所	畜牧学、兽医学	北哈州克孜勒扎尔区
卡拉库尔绵羊养殖研究所	养殖学	奇姆肯特市
哈萨克斯坦家禽养殖研究所	养殖学	阿拉木图州
哈萨克斯坦饲料生产与牧场研究所	畜牧学	阿拉木图市
农工综合体经济与组织研究所	农业经济学	阿拉木图市
咸海沿岸农业与农业生态学研究所	农业生态学	克孜勒奥尔达市
哈萨克斯坦植物保护研究所	农作学	阿拉木图州
林业与农林土壤改良研究所	农作学	北哈州休钦斯克市
果树栽培与葡萄种植研究所	植物栽培学	阿拉木图市
哈萨克斯坦水利研究所	农学类	塔拉兹市
哈萨克斯坦渔业研究所	农学类	阿拉木图市
农业机械使用与维修研究所	农机类	阿克莫拉州
农业机械化与电气化研究所	农机类	阿拉木图市
切利诺农业机械化与电气化研究所	农机类	科斯塔奈市
哈萨克斯坦肉、奶加工业研究所	农产品加工	塞米巴拉金斯克市
哈萨克斯坦食品工业研究所	农产品加工	阿拉木图市

除教科部外，下属各州也分别成立了农业研究所，主要有科斯塔奈农业研究所、东哈萨克斯坦州农业研究所、图尔克斯坦州农业研究所、巴甫洛达尔农业研究所、阿特劳农业研究所，还成立了草地栽培及管理研究所、土壤学研究所、水利科学研究所等，配备了较为先进的试验设施和研究人员。该国还通过建立农业创新集团青年学者基金，鼓励、吸引青年科技人才进入农业科研系统，保证国家对农业科研人才的需求。

农业科研体系还包括棉花生产研究所和良种培育中心，其中棉花生产研究所是该国唯一的棉花科研单位，位于马赫塔阿拉棉区，前身是1927年成立的马赫塔阿拉棉花灌溉及土壤试验站，1997年改成国家科学院棉花实验站，2008年改成棉花生产研究所。棉花生产研究所下设4个实验室及7个研究室，共有32位研究人员，其中包括1位院士、3位博士、5位副博士。该研究所主要从事棉花育种、栽培、病虫害防治等科研工作，另外还从事小麦、甜西瓜、蔬菜育种栽培等研究。近10年，该所在棉花新品种培育、种植技术、土壤改良、灌溉技术、施肥技术、病虫害及杂草防治方面取得了较大的进展（努斯热提·吾斯曼等，2015）。卡通良种培育中心由18名培育作物新种的专家、78名良种繁育专家和165个推广良种的经济实体组成，集良种实验、良种及播种质量鉴定以及良种推广为一体，在优良品种培育、试验和繁育方面发挥着重大作用。

二、吉尔吉斯斯坦

（一）科研体系

吉尔吉斯斯坦整体科研体系多依托于国家设立的科研院所，早在1991年之前该国科学研究已经有了较为完善的机构体系，1991年之后科研体系并没有大的变革，而是在原来的基础上不断转型、变革并完善发展。

1991年之前科研项目主要依靠吉尔吉斯苏维埃社会主义加盟共和国科学院来完成，下设8个研究所：地质研究所、植物研究所、化学研究所、水利与能源研究所、动物与寄生物学研究所、医学研究所、历史研究所和语言文学研究所，1991年之后国家科学院也随之转型。1993年，加盟共和国科学院被改组为吉尔吉斯斯坦国家科学院，并创办了国家科学院南方分院。当前，国家科学院下设27个分支科研机构，包括国家科学院自动化研究所、国家科学院机械研究所、国家科学院生物土壤研究所等。主要任务是研究并应用知识密集型信息技术、研究如何合理使用水资源和能源资源、研究如何勘探、开采及加工矿产资源、研究生物化学技术等（中亚信息，2007）。

（二）农业科研体系

吉尔吉斯斯坦1991年以后国家政治经济不稳定，农业科研经费不足，国家科学院也难以发挥应有作用，至2006年，全国尚没有一个较为有力的统一机构来管理和规划科研活动及政策，农业科研相关工作主要依靠农业、水利与加工工业部等部门进行，农业科研难成应有体系，整体水平不高。

国家科学院建于1954年，设在该国首都比什凯克市，是国家基础科学的主导部门。国家科学院由4个学部组成，共设有26个各领域的科研单位，其中化工、生物医学和农业科学部下设化学与化工所、土壤生物所、生化与生理所、高山生理与反应实验所、森林与坚果栽培和植物园等6个科研机构，为农业科技发展与技术创新方面做研究工作。该国还先后成立了农业学院、试验育种站等旨在发展农业先进技术的机构，但整体进展不大。此外，由于灌溉农业在农业领域十分重要，该国制定了《吉尔吉斯SSR行政区域自然复垦土地分区和最佳作物灌溉制度》这一基本规范性文件，通过KRII农业专家进行农业灌溉技术创新工作，为先进灌溉技术领域的进一步发展奠定了基础（Ministry of agriculture and melioration of the Kyrgyz Republic，2015）。同时，政府制定了《科学与国家科技政策基础法》，目的是提高科技自主技术创新能力，为科技领域提供必要的法律、经济和社会条件。但由于涉及农业科学研究和技术推广的内容较少，加上农业科研人员依旧缺乏，项目经费严重短缺，在培肥地力和改善土壤、良种自留繁殖和储藏、防治病虫害等方面仍急需大量的农业科技人才及技术（丁峰等，2012），农业科研体系的建设任重道远。

三、塔吉克斯坦

（一）科研体系

塔吉克斯坦系统化的科学研究工作开展较早，早在1991年之前已经开始了植物群和动物群、水电、矿产及燃料资源状况等方面的科学考察工作，于1933年成立了苏联科学院塔吉克斯坦科研基地，并在1991年之后转型成为国家科学院。近些年来，国家科学院得到了一定的发展，科研实力逐步增强，对国家科学及经济社会的影响与日俱增。

目前，国家科学院下设17个科研院所和帕米尔分院。帕米尔分院有2个研究所，苦盏科学中心和其他一些从事自然科学、技术学、医学和社会学研究的单位。国家科学院所属的科研机构划归3个分院：物理、数学、化学及地质学分院，下设数学研究所、C. Y. 乌马洛夫物理技术研究所、天体物理学研究所、B. M. 尼基金化学研究所、地质学研究所抗震建筑与地震学研究所等。生物学及医学分院下设植物学研究所、E. H. 巴甫洛夫斯基动物学与寄生物学研究所、植物生理学与遗传学研究所等。社会科学分院下设A. 鲁达卡语言文学研究所、东方学与书面遗产研究所、哲学与法学研究所、经济学研究所、人文科学研究所等。此外，塔吉克斯坦科学院还设有人口研究中心、科研工作协调委员会、科技人员培训处等。该研究院许多科研成果被实际应用到了国民经济的众多领域，如农业、建筑、冶金、化工、卫生保健等部门（岳萍译自塔吉克斯坦资讯网）。

（二）农业科研体系

塔吉克斯坦着力于提高农业科研水平，逐步建立了以农业科研院所、农技推广中心为主的农业科研体系，且科研体系主要建立于杜尚别市、列宁区等农业主产区，农业科研体系相对较为完整。

国家农业科学院位于首都杜尚别市，是最高的农业科研机构之一，由种质资源及基因育种研究所、作物研究所、园艺作物研究所、土壤肥料研究所、作物种质研究中心、畜牧研究所、农业经济及帕米尔高原试验站等9个单位组成，共有员工超过1 000人，为国家培养了很多农业专家。国家农业科学院保存有5 000～6 000种作物品种资源，在国内每个州均设有分所，在南北方各设有一个土壤盐碱治理试验站，共有3处试验用地合计3 500公顷，分别是位于亚旺区的试验地，主要开展棉花及粮食作物科技研究，位于吉萨尔区的试验地，主要开展棉花、小麦、大麦、苜蓿、玉米等的研究等，还有一处试验地主要开展蔬菜果树栽培研究（师维军，2011）。

作物研究所是该国最主要的棉花科研单位，全所（包括下属试验站）共有400多名工作人员，其中2名院士、3名通信院士、4名博士、39名副博士、68名助研。拥有2 500公顷的试验基地和良种繁育基地，主要从事棉花育种、栽培技术以及粮食和其他经济作物等方面的试验研究，也开展小麦、玉米、豆类等粮食作物和其他经济作物的试验。国家农业科学院种质资源与基因育种研究所成立于2006年，有独立实验室条件和多名农业专家，办公设备及少量检测仪器均为国际援助。下设7个国际流动研究站，与俄、日等国科学家共同开展科研工作。农业科学院土壤耕作所是其最具实力的研究所，位于吉萨尔区，有科研人员及职工400多人，5名科学院院士，研究生以上学历60人，土壤耕作所下设两个试验站，在吉萨尔区萨罗拉村拥有试验用地超过2 000公顷，但检验、检测仪器设备配备能力有限。国家农科院哈特隆州农作物试验站（前身是瓦赫什棉花研究所）成立于1930年，主要从事长绒棉品种和本国品种的选育研究，是最重要的长绒棉专业育种单位，有着丰富的长绒棉育种材料和经验。但近年来由于长绒棉种植面积的逐年减少，该研究所大幅度削减了长绒棉研究，侧重陆地棉育种研究，同时也进行小麦等其他作物的试验研究，已经演变为综合性农业研究所。

除了国家农科院之外，国家农业大学也承担着相关农业科研工作。塔吉克斯坦农业大学现有学生8 500多人，设有9个系31个专业。教学试验用地共计1 600多公顷，主要为开展有针对性的科研试验项目而设，其中亚旺区300公顷，适宜种植棉花小麦苜蓿等；城郊吉萨尔区300公顷，适宜种植棉花、小麦、大麦、玉米和蔬菜等；较为缺水的瓦何达州1 000多公顷种植果树等。此外，该国还在库尔千秋别、苦盏等粮食主产区扩建粮食作物研究所，在霍罗格南部建立高原畜牧业试验基地，研究和推广粮食种植技术、良种繁育技术及产后处理技术等。

四、土库曼斯坦

（一）科研体系

土库曼斯坦国内科研机构多建于1991年之前，在沙漠治理方面已有一定的成果。国内科研体系最高主导机构为国家科技委员会，作为国家级单位，科技委员会统一管理和引导下设的多个科研机构，主要任务是确定国家科研工作方向、激励创新与促进技术应用推广等。科技研发主要依托机构则是国家科学院，国家科学院创建于1951年，是土库曼斯坦最大的科学研究中心，1991年科学院下设物理技术和化学科学部、生物科学部和社会科学部3个学部，15

个研究所；拥有院士 17 人；通信院士 27 人；有 1 112 名科技研究人员，其中博士 80 人，副博士 581 人；藏书 199.92 万册，同世界 40 个国家的 278 个科研机构建立联系。土库曼斯坦科研工作的优先方向为与石油天然气综合体发展有关的研究，如地震、建筑、能源、医学、制药学、自然科学及人文科学、经济、通信（特别是发展现代化通信技术）及自动化生产等领域的研究。

（二）农业科研体系

农业科研体系主要由农业科研院以及农业高校和中等专业学校组成。农业科研院下设农业部棉花科研院、农业大学、农作物科研院、国家粮食农业联合体及粮食作物科研院，专门从事农科研究，在土壤耕作和农作物耕作技术方面，灭除莠草、害虫和抗植物病害，抗土壤侵蚀方面以及实施护田造林、排灌、育种学、植物保护、土壤改良学等方面取得较多成就，包括高产抗凋萎棉花、牲畜人工授精技术、卡拉库尔绵羊培育等。同时，该国成立了农业和水资源部、国家自然环境保护和土地资源委员会对农业科研机构进行管理，并在各州区建立农业生产联合体。此外还有专门培养农业科技人才的农业高校、学院和各类农业专业学校。由于境内土地面积 80%是沙漠，农业科技研究很大一部分是对沙漠防治的科技研究。国家科学院下属的沙漠研究所，早在 1991 年之前就是独一无二的专门研究沙漠利用、治沙、沙土种植、沙土灌溉等方面农科技术的科研院所，对土库曼斯坦的沙土种植与灌溉农业发挥着重大作用（土言，1999）。

五、乌兹别克斯坦

（一）科研体系

乌兹别克斯坦一直把科技领域的创新视为国家强盛的重要资源，保证对科研和技术创新成果进行法律保护，已制定并开始实施基础研究、应用研究和开发技术的创新项目相结合的机制。全国有科研机构 180 多个，主要科研机构是国家科学院，科学院下设数学研究所、核物理研究所、电子研究所、天文研究所、地质研究所、生物化学研究所、棉花研究所、葡萄科研所、蚕桑科研所等 40 多个研究院所，是该国科技研发的主导力量。其中，地质与地球物理研究所的科研力量雄厚，汇集了一批优秀的地质科学家，在普查勘探深部金矿的方法、高能物理、半导体物理、材料科学和太阳能科学研究等方面也取得了不少研究成果。此外，国家农业科学院在棉花种植与加工、水果种植、保鲜和快速脱水技术等科研方面也有独到之处（对外投资合作国别（地区）指南—乌兹别克斯坦，2018）。

（二）农业科研体系

乌兹别克斯坦主要农业科研机构是国家农业科学生产中心，由国家农业与水资源部直接负责管理，在全国不同区域下设 20 个研究所专门从事不同作物的研究工作。由于棉花种植业是农业支柱产业，因此极为重视棉花科研和育种工作，农业科研体系中棉花科研院所及机构占据很大比重，但农业其他领域科研能力较为有限。

在种植业科学研究体系中，棉花科研占绝对主导地位，不仅有专门从事棉花科研和育种的研究所，而且涉足种植业的科研院所、大专院校均有棉花育种研究和育种部门。全国棉花育种机构有 10 多个，主要包括国家棉花育种和种子生产研究所、棉花栽培研究所、国家科学院的植物遗传和实验生物所、国家植物研究所、乌兹别克斯坦国立大学、塔什干农学院、安吉延农业研究所和撒马尔罕农业研究所等。其中，棉花育种和种子生产研究所是从事棉花科研的重要机构，90%的棉花推广品种由该所培育；该研究所在全国主要棉花种植州均成立了试验站，在当地开展棉花新品种及其配套技术研究与大面积示范推广工作，并与塔什干国立农业大学棉花专家共同致力于当地棉花新品种、新技术研发。同时在布哈拉和苏尔汉达里都还设有棉花育种的分支机构，自成立以来，研究所已经育出 65 个棉花品种，包括优质长绒棉品种 15 个。此外，1991 年以后该国将国内品种检测中心改建为品种测试委员会。全国有 51 个品种区试点，其中，34 个为棉花试点，13 个为包括蔬菜在内的谷物试点，培育成的新品种，要进行 3 年的产量和品质评价。

乌兹别克斯坦还建有国家植物保护研究所，主要从事国内植物保护工作。研究所利用生物控制害虫取得了很大成效，并增建了多所生物防治站（又叫生物实验室或生物工厂），1970 年仅有 4 个，到 2008 年，境内生物防治站已达 864 个（杜雄明等，2008）。此外，到 2008 年，国内建有 10 余个害虫预警监测站，同时研制了害虫天敌自动化繁育系统，集中生产生物害虫天敌并提供给农场主。

第三节　农业技术创新

一、哈萨克斯坦

哈萨克斯坦自1991年以来持续进行国家科技创新体制改革，在科技水平、科研教育、科创体系、技术园区等方面取得了很大的进步，并逐步建立了国家技术创新体系。国家技术创新体系主要从科技潜力、商业创新活动、创新基础设施和金融基础设施4个方面构建，包括国家投资基金会、市场调研和分析中心、国家工程和技术转移中心、科技园区和商业孵化器等基本要素，国家直接或间接参与实施创新政策（李庆伟，2014）。

农业技术创新体系方面，农业领域科技研发是通过国家农业科学与教育中心以及其他科学组织和高等教育体系内的研究机构来进行的，相比其他领域的科技创新发展状况，农业科技创新情况远不如自然科学及工程技术创新发展情况。2017年农业领域科技经费占比为9.48%，而自然科学及工程技术创新科技经费占比将近80%，农业科技人员数量占比只有11.29%。但该国农业技术创新体系较为集中，通过农业科技创新集团建立了稳定、统一、高效、具有国际竞争力的国家农业科研创新开发体系。

2002年6月，政府颁布决议将70余家教科部管辖的国有企业划归农业部，合并组成农业创新股份公司，以商业经营的形式促进国内农业领域的科技研发、技术创新及应用推广。2007年3月国家对包括国家农业科学院在内的所有农业科研机构进行改组并与农业创新股份公司合并，至此农业技术创新统一于农业创新股份公司，由国家农业公司管辖，成为农业科研领域的主体机构和行业创新体系建设的执行者，并在此基础上建立独立的由科学家组成的国家农业科学委员会，在决定具体科研计划和项目的过程中起关键作用，减少行政干预，以充分发挥农业技术创新活力（李庆伟，2014）。2013年该国对农业创新集团进行机构重组，重组后每个科研机构要制定阶段性的科研基础设施现代化方案，根据科研机构的地位以3～10年为周期进行科研基础设施现代化改造（中华人民共和国科学技术部，2012）。

科技园区的建立和形成也是哈萨克斯坦农业科技创新体系中不可或缺的重要部分。为发展农业科技创新基础设施建设，该国通过国内外合作建立了多个农业科技园区，主要有阿拉木图州图尔根尼的中国-哈萨克斯坦农业创新园、努尔苏丹阿历克尚德夫卡的蔬菜种植技术推广基地、阿克莫拉州肖尔丹迪农产品加工园区等，以开展科技培训、主要农产品及相关农业技术创新及推广工作。

二、吉尔吉斯斯坦

吉尔吉斯斯坦现有科技创新体系主要以科技研发相关部门及科研院所为支撑，农业科技创新体系已有一定的发展，2017 年农业领域科技经费支出占比为 10.27%，但农业科技人员整体情况不佳，数量占比只有 7.56%，农业技术创新体系主要依托于国立农业大学以及相关科研院所。国立农业大学作为国家农业科研中心，主要负责农作物、农畜新品种、疫苗、生物制剂等的技术创新与研发。该校下设 4 个独立研究所：兽医综合科研所、畜牧综合科研所、农耕综合科研所、灌溉综合科研所，也成为国内农业科学技术领域创新研发主力，同时也是农业技术创新与应用推广的中心。此外，吉尔吉斯斯坦在农业创新体系之外建立了多个农业科技园区及农业技术创新示范中心，主要有滴灌水肥高效利用核心技术试验示范区、节水农业科技园区、国立农业大学农业科技园等，并与多个国家合作建设了农作物良种繁育、制种基地及现代农业技术示范区，为农业技术创新提供应用与推广孵化基地（杜永军等，2019）。

三、乌兹别克斯坦

乌兹别克斯坦 1991 年以后十分重视科技创新，并将科技创新作为经济改革的一部分，国家科技创新的首要任务是对经济基础行业的技术和工艺设备进行更新，加快相关领域的现代化进程。同时，国内创新活动在很大程度上由国家主导和调整，政府对“国家科学与技术委员会”进行改组，以协调科技发展、资助创新活动密切科学与生产、加强技术转化中心的制度建设。农业领域的技术创新相对而言发展较为缓慢，2017 年农业领域科技人员数量占比只有 7.3%，远远不及其他领域科技创新人员水平，也低于中亚地区其他国家，农业领域技术创新活动严重依赖政府行为（郝韵等，2014）。国内农业技术创新主要集中在科研机构及高校院所，包括农业和水利部的 4 所大学等，而农业企业缺乏创新活力及动力。棉花产业的技术创新主力是其种子管理部门，种子管理部门由国家农业与水资源部负责，在各地设有原种场、良种场和优良品种试验示范基地，全面负责棉花原种的良种培育与种植技术创新，并促进新品种的应用和推广（田立文等，2017）。此外，农业技术创新体系还包括国家建设的农业科技产业园区，农业科技园区作为农业技术创新的科技孵化和应用推广的基础，在农业科技发展中发挥着重要作用。当前农业科技园区基本在乌兹别克斯坦与其他国家合作背景下建立形成的，如农林科技农业产业园等，对于促进该国农林科学技术发展具有重要意义。

第四节　重大农业研究计划

中亚各国针对农业推出了众多重大农业研究计划，包括农工综合体发展计划、粮食安全与营养计划等方面，这里仅选取各国最有代表性的农业计划进行具体说明，分别为《哈萨克斯坦 2017—2021 年国家农工综合体政府发展计划》《吉尔吉斯共和国 2019—2023 年粮食安全与营养计划》《塔吉克斯坦共和国 2019—2023 年粮食产品安全计划》《土库曼斯坦至 2020 年经济、政治和文化发展战略》《乌兹别克斯坦 2020—2030 年水利发展构想》。

一、哈萨克斯坦

《哈萨克斯坦 2017—2021 年国家农工综合体政府发展计划》是在 2017 年农业综合企业发展计划与国家水资源管理计划整合的基础上制定的，旨在确保农产品的国内需求，并确定有针对性的出口政策。该计划指出农工综合体是构成粮食和经济安全以及农村地区劳动力和定居潜力的重要经济部门之一，其农工综合体具有良好的发展前景：油料种子和肉类部门的出口地位得到加强，迅速成为世界上最大的谷物和面粉出口国之一，为了增加农业产量，把重点放在最受欢迎的食品种类和农产品加工出口上；在国家的支持下，通过为竞争性食品的初级加工、储藏和销售创造有利的条件和基础设施，确保最大限度地覆盖农业生产者。

（一）目标

该计划具体目标包括：中小企业参与农业合作、国内市场饱和以及国内产品出口潜力的发展、有效使用国家支持的财务措施、有效利用水资源、为有效利用土地资源创造条件、改善农业设备和化学用品的适用性、发展贸易和物流基础设施等，农工综合体的科学、技术、人员和信息营销支持中小企业参与农业合作，农业合作将有助于农业生产的成功运作，降低产品生产和销售中的生产成本，促进农业的均衡发展。

优化农产品的国内外贸易政策。为了发展国内贸易，将采取措施提高形成和使用食品区域稳定基金的现有机制的效率，将职能监管转移给地方执行机构，并遏制市场实体的反竞争行为；为了发展对外贸易，将采取措施在农业部和其他下属组织的网站上为农业综合企业的销售市场提供开放的行业数据，以及在企业家服务中心提供营销服务。为了成为整个欧亚大陆谷物生产的“面包篮”，从原材料转向生产高质量的加工产品，提供农产品以及加工产品（面粉、面食、谷物、麸质）的出口量。

（二）措施

完善国家对农业部门的监管措施。①改善水管理：将采取措施改善水资源监测系统，水资源的预测和管理，确保对灌溉土地的复垦状况进行适当的控制和监测，并实施复垦措施。②改善土地关系：在进行农业用地土壤调查、牧场植物学调查、农用土地土壤耐受性等活动的基础上，拟通过种植树木来保护土地免受水和风的侵蚀，提高土壤肥力和水分。③完善公共服务体系：将继续在农业部门引入信息技术并发展信息系统，为了提高农业领域的工作效率并简化公共服务，将采取以下措施：将农业领域公共服务登记册中的公共服务转让给国营公司“公民政府”；通过将部分服务转移到竞争环境中来优化农业领域的公共服务注册。④优化控制、监督、许可和合格评定系统：包括收益安全、植物检疫安全和技术法规等方面。⑤确保教育、科学与工业的融合：为了提高农业部门的竞争力、降低生产成本以及提高农作物产量和动物生产力，有必要通过生产、教育和科学的紧密结合，国内科学研究的发展和实施，外国有效技术的转让，对相关人员进行培训和再培训来确保农业部门的加速创新发展。

二、吉尔吉斯斯坦

《吉尔吉斯共和国 2019—2023 年粮食安全与营养计划》是为了执行可持续

发展的战略，确保该国的粮食安全，并根据《吉尔吉斯共和国政府宪法》的第10条和第17条，迅速应对粮食市场稳定的内部和外部威胁。该计划可以分为5大方向，针对不同方向确定不同的目标以及措施（表8-7）。

表8-7　吉尔吉斯共和国2019—2023年粮食安全与营养计划方向、目标及措施

方向	目标	措施
可供人口消费的食物	增加基本食品的国内产量并提高其稳定性，提高向国内市场供应食品的可持续性	促进和支持国内基本食品生产，改善国家粮食储备的管理，提高国内粮食市场的可持续性
确保民众获得食物	创造社会经济条件，以确保人口稳定，获得与国家规定的最低标准相对应的数量和种类的食品	以社会弱势群体为重点，改善人口获得食物的渠道，形成在粮食危机条件下向民众提供粮食的援助系统
改善人群的营养状况	确保每个人在其生命周期的各个阶段都享有足够数量的多样化、营养和优质食品以及基于科学的营养信息，增进对健康营养和营养行为的了解	加强和支持改善营养状况的政策环境，提高特定营养措施的质量和覆盖面
改善食品安全	在食品链的各个阶段建立食品安全体系，以消除对人类健康的可接受风险	确保食品供应链各个阶段的食品安全，向供应链中的所有参与者通报食品安全教育、培训和科学的发展
建立粮食安全管理体系	建立有效的粮食安全管理体系，监测和评估粮食安全与营养计划	改善粮食安全和营养的监管框架，改善在国家和区域各级执行粮食安全和营养计划的行动

三、塔吉克斯坦

《塔吉克斯坦共和国2019—2023年粮食产品安全计划》的制定对于保障国家粮食安全具有重要意义。粮食安全是国家和经济安全的重要组成部分，取决于经济和社会发展的整体动力，是保证国家粮食需求的能力，能够确保人口的正常生活，与旨在可持续发展的国家政策密切相关。

（一）目标

粮食产品安全计划的目标包括：放弃该国管理粮食安全的常规手段、扩大旨在提高食品质量和公共卫生的食品安全目标趋势、使用食品安全概念协调食品安全问题。

（二）实施领域

考虑到国家利益、农业发展特点、食品安全状况对国外市场的依赖程度，该计划包括四个主要领域：①粮食供应状况。②真正获得的粮食产品。③确保粮食产品的生产、质量、分类和营养价值的发展。④提供检查和监控食品的安全性。

粮食安全计划的重点领域：支持农业发展、发展食品开发产业、食品进出口的公共管理和法规以及对国内食品市场的保护、组织必要水平的食品资源、重新装备和形成开发和保存食品资源的新潜力、确保检查和控制食品质量安全。

国家对农业生产的支持将针对以下方面：灌溉系统包括农田灌溉网络，动植物保护，种子生产和育种，增加加工产品的产量，生产过程，财务稳定。确定了以下任务：支持当地生产者，确保食品安全；为产品制造商提供有针对性的支持；支持私人和公共服务提供商；培训产品制造商，提供信息获取渠道，为农民提供咨询服务。

四、土库曼斯坦

《土库曼斯坦至2020年经济、政治和文化发展战略》的战略目标是使该国成为一个社会经济指标达到世界水平、保证居民生活达到高标准的迅速发展的强国。国家纲要确定的三项主要任务是：使该国达到世界发达国家水平，通过经济高速增长、推广新工艺和新生产方式以及提高劳动生产率来保持经济独立与安全；不断提高人均国内生产总值水平；积极投资以增加生产性项目的建设。对电力工业、石油天然气工业、化学工业、机器制造和冶金工业、纺织工业、建材工业、农业、交通运输业、通信业、社会领域方面等主要经济部门发展进行了规定。

（一）目标

农业发展的目标是充分满足居民对粮食、工业原料的需求以及增加粮食、工业原料的出口潜力；通过改良土壤、使用矿肥、增加牲畜产量以及集约化生产，使农产品产量得以提高；计划建造土库曼斯坦湖、兴修新水库和扩大现有水库的容量。此外，还将建设调水能力为12.5亿立方米的多斯托卢克水库大坝的配套水利工程。

（二）措施

通过发展种植业和养殖业，使农业总产量增长70%左右，同时通过对主要农作物耕地的重复利用，使某些农作物每年获得2～3次收成。要实现农业发展指标，在很大程度上取决于土地改革措施的顺利实施以及为农产品生产者创造良好的生产条件。国家将进一步支持土地所有者，建立以经济管理方法为基础的经营机制，改革和组建新的农产品流通体系，扩大农民生产和销售产品的自主权。

随着灌溉用地的增加，土地结构将发生很大变化。目前90%灌溉地的使用权属国家所有，随着市场经济的发展，属于国家所有的灌溉用地面积将逐渐减少，属于私人所有的面积将逐步增加，到2020年大部分灌溉地属于非国有经济成分。私有土地的组织形式包括农场经济、合作社、股份制和其他经营形式。

五、乌兹别克斯坦

《乌兹别克斯坦2020—2030年水利发展构想》旨在应对全球气候变化、人口增长和经济发展所导致的乌兹别克斯坦国内用水需求逐年增加、水资源短缺加剧等问题。为此，水利发展构想的首要目标是确保境内水库、水坝和其他水利设施安全和可靠运转，同时提高土地资源和水资源利用效率，完善水资源管理体系，发展现代化的水利设施。

（一）目标

乌兹别克斯坦水经济发展的主要目标是创造必要条件，以满足人口、经济部门和水环境不断增长的需求，以确保可靠和安全水资源的有效管理以及对水资源的合理利用，改善灌溉土地的开垦状况，在日益严重的缺水和全球气候变化的情况下实现水安全。根据该构想，到2030年前水利领域将实现以下目标：农田水利灌溉效率由0.63提高至0.73、灌溉水平较低的土地面积由56万公顷减至19万公顷、盐碱地面积减少22.6万公顷、水利部所属泵站年用电量降低

25%、在所有灌溉设施中推广数字技术、安装“智能水利”测量和控制装置、实现100个大型水利设施水利管理自动化、大力推广节水灌溉技术、农田节水灌溉面积增至200万公顷（其中滴灌面积增至60万公顷）、采用PPP模式实施50个水利项目。

（二）措施

为了到2030年前实现水利领域目标，拟采取以下措施。

（1）改进水资源的预测和核算，形成数据库系统并确保数据的透明度。

（2）促进水设施的现代化和发展（饮用水和废水系统除外），基于数字技术的大型水设施的自动化管理，广泛采用可节省电力和其他资源的现代技术。

（3）确保水库、洪水库和其他供水设施的安全和可靠运行。

（4）改善水资源管理系统，在用水量核算中引入智能水技术和类似的数字技术。

（5）进一步扩大节水灌溉技术在农作物种植中的使用，并促进其发展，吸引外国投资和赠款。

（6）改善土地开垦，确保灌溉土地的可持续性，提高土地肥力，运用有效技术防止土壤盐碱化。

（7）引入水部门市场经济原则，包括用水消费者分阶段偿还部分供水成本的制度，并以收到的资金为指导，及时进行高质量的维修、恢复和实施数字技术。

（8）在水务部门实行公私伙伴关系和外包，将个人自来水厂转让给农场、集群和其他组织使用，并以节省的资金为指导，使水厂现代化，并激励工人。

（9）实行水资源综合管理的原则，保证向人民和经济部门供水，改善水质，保持环境的生态平衡。

（10）发展水资源利用的州际关系，发展和促进共同接受的水资源联合管理机制和有效利用水资源的方案，确保中亚国家的利益平衡；培训水务部门的合格人员，改进对工人的培训制度，在教育、科学和生产领域发展相互合作，并将科学和专门知识成果引入生产。

第九章 CHAPTER 9

中亚五国农业科技现状 ▶▶▶

近年来，中亚五国不断加大农业科技投资，完善基础设施，制定相关战略，提升农业科技实力，资金、人员、技术等生产要素的投入使得农业生产有了较大提升。本章主要从种子培育、棉花种植、节水灌溉和农业机械四个方面来介绍中亚五国的农业科技发展现状。

第一节　种子培育

育种主要通过创造或改良遗传特性，培育优良高质的新品种，从而达到高产、稳产、优质、高效的生产目标。1991 年之前，中亚五国就是农业发展的重要地区，科技水平已有一定的发展基础，在良种培育等方面也有相对丰富的研究成果。

国际经验表明，做好育种工作可使农作物收成增加 20%～30%（谷维，2005）。受经济发展的限制，中亚地区对农业生产的投入普遍较低，种业发展水平也不高，目前没有专门的种子生产经营企业。种子商品化率低，加之落后的生产设备，使其农业生产效率低，产品加工量小，单产不高。但是随着中亚各国对农业发展重视程度的提升，种子培育技术方面有了长足的发展。

一、哈萨克斯坦

哈萨克斯坦在中亚五国中具有较强的科技实力，在农业生产及良种培育等方面具备一定的研究基础，曾与俄罗斯专家合作培育出抗寒黑麦、黑花奶牛等优良品种。然而受不利的自然条件和经济发展缓慢的影响，自 1992 年以来，哈萨克斯坦谷物生产波动较大，严重制约着农业的可持续发展。为保障国内粮食供应安全，政府制定并采取了一系列措施推动农业科技创新，通过扩大耕地面积，运用化肥、优质种子及现代化科技，使得农业生产有了较好的提升，农产品产量也随之提高。

良种研发技术薄弱，难以获得关于种子及播种质量的可靠数据，阻碍了该国良种试验、生产及其质量鉴定。良种培育需投入大量的资金来建立专门的育种基地，而普通农业企业缺乏相关育种技术人员及育种能力，导致新品种价格高昂，农民难以负担，只能放弃使用良种，致使良种推广效果不佳。基于该国育种科技发展瓶颈，政府积极与国外及国际组织展开合作，注重种质资源与品种交流，借鉴他国成功经验。同中国在农作物育种、优良品种交换、专家互访、良种选用等方面开展广泛的科技合作。中哈两国在进行农业技术交流合作的同时，还进行了更高层次的农业技术示范合作，在发展基础较好的中哈边境地区建立了“中哈农业综合技术示范研究基地”“中哈农业科技示范园”等科技示范基地，推动双方农业合作向深层次迈进，以期在农业科技方面取得较快进展。

重视农业科技发展，积极开展育种改良工作。巴雷克试验站的育种专家成功地培育出新的硬小麦品种——卡拉巴雷克黑小麦，这种小麦的特点是无芒和开黑花，富含谷物蛋白，穗重超过所有其他硬小麦。农业科学研究院也推出了一批作物和家畜良种，如抗寒抗旱的黑大麦、小麦、葵花和甜菜等。专门生产种子的巴依谢尔克农业公司也逐步实现了低成本高效益的生产方式，该公司大部分创新技术已达到世界最高水平，可以实现进口替代。目前，政府非常重视农业技术的提升，总统在会见农业部长时强调，要提高农工业综合体劳动生产率，开展精细化耕种、多样化播种，提高种子质量，更多使用化肥等产品，并要求继续引进先进养殖技术，开展育种改良工作等。政府2020年拨款2 000亿坚戈用于春播春耕和农产品收成预购，其中700亿坚戈用于育种和购买化肥，并为中小农户提供39万吨低价柴油，以期鼓励农业育种工作进一步发展，提高农业生产效率（中国驻哈萨克斯坦共和国大使馆经济商务参赞处，2020）。

二、吉尔吉斯斯坦

农业在吉尔吉斯斯坦国民经济中占有举足轻重的地位，54％的国土面积适宜发展农牧业。发展势头较好，单产水平也逐年提高，有较大的发展空间。现阶段农业生产效率不高，土壤肥力低，农药、化肥投入不足，优良种子推广使用度不高。农业生产尚未形成产业链，也没有一个较为有力的统一机构来管理和规划农业科研活动，先进农业技术得不到广泛运用，整个农业产业链缺乏具有带动和辐射作用的龙头企业。

优化农作物良种繁育技术，提高农作物产量及质量。通过建立农业科技园区、开展现代农业技术科学研究及示范等方式进行育种合作。该国农作物品种鉴定中心与中国合作建设“农作物良种繁育及制种基地”和“现代农业技术示范区”，进一步开展农作物良种繁育、生产及销售。针对植物品种遗传资源测试中心仪器设备量少且陈旧，亟须更新的现状，经多次协商，中吉双方达成了联合建设实验室的合作意向，以期改善中心实验室条件，提高实验水平，同时双方在吉尔吉斯斯坦联合举办中国现代农业技术培训班，引进实验室及种子清选设备 11 台，全力推动农作物良种繁育发展（吴奇峰，2015）。

逐步从粗放的传统农业向高效的现代农业转变。建立了玉米良种繁育基地与回购仓储物流体系，通过中国新疆西域绿洲种业科技有限公司与中新建国际农业合作有限责任公司联合，利用 3 年时间，在吉尔吉斯斯坦楚河州建成 666.67 公顷玉米制种基地及配套的 20 公顷种子加工厂，满足中亚五国 6.67 万公顷玉米种植用种需求。同时建成玉米种植技术服务体系与 50 万吨玉米仓储物流体系。按照订单农业模式“出售良种、跟踪服务、回购产品”，最终形成一个结构优化、布局合理、相互促进、良性循环的玉米产业体系，服务该国的玉米生产，提升玉米生产水平和经济效益，有效推动育种科技的进一步发展（侯东生，2018）。

三、塔吉克斯坦

农业作为国民经济的基础和命脉，塔吉克斯坦农业基础相对薄弱，仍处于缓慢的恢复期。1991 年以后由于经济发展波动较大，整体经济环境不佳，农业科学技术出现了前所未有的萎缩状况。科研经费严重短缺，育种技术进展缓慢，致使农作物单产低下，粮食不能自给自足，主要依赖进口来满足国内粮食需求。基于本国地形、自然条件及生产技术等因素，加快良种培育进度，提高农业生产力是增强农业实力和保障粮食安全的重要途径。

大力发展马铃薯新品种的培育技术，对粮食安全保障方面具有特殊作用。

马铃薯拥有许多未被利用的生物优势，在进一步发展过程中，将与以无病毒化和建立种子认证市场为原则的山区马铃薯新品种培育及种子繁育的组织化密切相关，政府制定了相关国家计划来保证其在国家粮食安全方面的重要地位。已有学者通过传统育种方法与现代生物科技相结合的方法获得了马铃薯的新品种，有效提高了生产效益。与此同时，该国在库尔干秋别、苦盏等粮食主产区扩建粮食作物研究所，在霍罗格南部建立高原畜牧业试验基地，研究和推广粮食种植技术、良种繁育技术及产后处理技术。这些育种技术及配套设施的建立，将推动育种技术朝着科学化、高效化发展（郝韵，2017）。

积极抓住机遇，展开与各国的技术交流与合作，力图提升育种科技实力。中亚五国自 1991 年以来因其丰富的能源一直是世界大国关注的焦点，美国的“新丝绸之路计划”、俄罗斯的“欧亚联盟”和中国的“一带一路”都将其视为合作的重点，并对各国进行了不同程度的资金或技术援助。中国根据 2014 年与塔吉克斯坦农业委员会第二次会议精神，在该国扩大建设农业科技示范园，并提供包括作物育种、栽培与耕作、病虫害防治、膜下滴灌技术、土壤改良、农业机械化和作物施肥等方面的技术援助，以期提高该国育种科学技术，提升农作物单产及质量。发展农业是未来经济发展的五大任务之一，金谷农业公司作为塔吉克斯坦最大的农业公司，不断完善农作物品种引进、示范和推广工作，通过推广优良品种、合理密植、配方施肥等农业新技术，使公司农作物平均产量超过农户产量的两倍，创造了当地农业生产的最高纪录。总体而言，塔吉克斯坦正立足本国资源禀赋，加快提升育种繁育技术，以提高农作物产量和质量，确保粮食安全（刘怫翔，2019）。

四、土库曼斯坦

土库曼斯坦地处中亚干旱地区，生态环境较为恶劣，科学技术发展水平有限。自 1991 年以来，确保内需和稳定国内生产始终是农业发展的总体战略，政府非常重视科技，采取了多项措施来推动科技发展。但受经济发展限制，农业资金投入不足，科技发展难以取得较大突破，发展农业科技仍需吸引外资及先进技术。政府需制定国家发展战略，在农业领域实施改革措施，从而保障优质种子、肥料、现代化配套设备等生产资料的稳定供应，才能推动育种科技进展，为实现高产丰收创造有利条件。

设立专门的政府部门和组织负责农作物育种及农业发展工作。农业部负责拟订农业和农村经济发展战略、中长期发展规划以及农业开发规划并监督实施，组织国内生产及进口种子、农药、兽药、有关肥料等产品的登记和农机安全监理工作，组织有关国际经济、技术交流与合作等为育种科技交流合作提供保障。与此同时，该国内一家私营企业建设了农工综合体，占地220公顷，涵盖了多个加工生产设施，计划开展农产品种植加工、肉类和鱼类产品生产等生产活动，该农工综合体还将配套建设4个蔬菜大棚，可培养种子和幼苗，助力当地农业育种科技发展（中国驻土库曼斯坦共和国大使馆经济商务参赞处，2019）。

政府制定了一系列推动农业科技发展的政策及农业产业发展目标。拟于2021—2030年建成高水平的饲料基地以及牲畜和农作物育种基地，形成出口导向的农产品生产和加工基地。与此同时，与中国建立了友好战略伙伴关系，双方在农业科技、农机以及棉花、小麦等农作物育种方面密切合作，并推动试验示范和种植技术方面的交流，鼓励和支持两国科技及相关机构在牛羊育种、养殖、加工等多个方面开展交流合作。2016年6月上合组织塔什干峰会期间，中华人民共和国主席习近平与土库曼斯坦总统达成深化科技创新合作的重要共识，中土两国之间的科技合作由此进入一个崭新的发展阶段，这也将继续推动育种科技发展，使其农业科技朝更高水平转化（李婷，2020）。

五、乌兹别克斯坦

作为世界著名的产棉国之一，乌兹别克斯坦科研重点向棉花产业倾斜，在良种繁育方面也优先发展棉花种业。乌兹别克斯坦生态环境优越，是世界上较适宜种植棉花的地区之一，具备良好的农业生产条件，但棉花种植管理技术仍较落后，品种更替缓慢，棉花单产、品质表现不突出。近10多年来，在棉花高产优质品种选育等基础应用与研究方面进展缓慢，相关科研工作停滞不前。

加大农业科研投入，鼓励良种培育，大面积推广优良品种。开始尝试精播或半精播技术，单位面积种子使用量逐渐减少，单产呈现出较为明显的上升趋势。在棉花种质方面，乌兹别克斯坦是世界上拥有棉花品种资源较多的国家之一，20世纪初就开始了棉花种质资源搜集、整理和利用工作，从全世界搜集棉花种植资源，包括野生棉花资源，还在塔什干建立人工气候室，专门建立了棉花种质资源库。在育种过程中，充分利用现有野生、半野生及其衍生等各类种质资源，成功培育了抗黄萎病等多个优良品种。由于各地区土壤、气候等生产条件存在差异，各地区棉花种植品种也不同，现阶段生产推广的品种能够满足自南至北不同棉区对棉花属性的要求（田立文，2017）。

建立良种培育基地及新品种选育标准，加快良种培育进度，以期在育种科技方面取得突破性进展。在棉花新品种繁育过程中，乌兹别克斯坦采用玻璃大棚，人工控制温度和湿度，研究棉花生长发育规律，并建立了新品种选育标准体系。由于重视新品种选育工作，近年来选育出的新品种较多，通过不断培养和推广优良新品种，以期达到棉花优质高产的生产目标。为此，政府专门设立了棉花种植生产和种子管理部门，管理种子繁育和生产加工工作，并在种子管理部门下设原种场和良种场，原种场负责繁殖、审定和推广新品种及向良种场提供原种种子，而良种场负责繁殖生产种子。与此同时，颁布了《育种成果法》来规定知识产权法律保护及使用方面的关系、专利保护及利用等内容，以此保护科研成果不受侵犯，充分调动育种科研人员积极性（沈本久，1996）。

第二节　棉花种植

中亚五国耕地资源丰富，在农业用地上具有较大的优势，更有利于棉花的生产种植。1991年以来，各国逐步提高对农业的重视，但因受到经济发展的制约，农业投入难以满足生产需求，体制还不够完善，生产技术还有待提高，生产潜力较大。

2000年以来，中亚五国棉花产量整体波动不大。其中，乌兹别克斯坦棉花产量最高，是世界第五大产棉国，年均产量为110.6万吨；其次为土库曼斯坦，年均产量达到26万吨；哈萨克斯坦、吉尔吉斯斯坦及塔吉克斯坦产量较低，哈萨克斯坦年均产量13万吨左右，吉尔吉斯斯坦基本保持在年均3万吨左右；而土库曼斯坦产量波动较大，近5年来才逐渐趋于平稳，保持在20万吨左右；塔吉克斯坦和哈萨克斯坦的产量极为接近，并且两国2010年后棉花产量都出现了明显的涨幅，未来前景较好（王力，2016）。

一、哈萨克斯坦

哈萨克斯坦是优质长绒棉生产国，也是种植棉花纬度最高的国家，图尔克斯坦州是其唯一的产棉区。该地属于典型的大陆性气候，主要水源来自小型湖泊及水库，而南部的卡拉套山有效地阻隔了冷空气的南下，为棉花的种植创造了适宜的环境。棉花生产以家庭为生产单位，棉农棉田面积小，无法发挥规模效应，机械化程度低，且劳动成本高，加上棉铃虫的大面积暴发使得棉花产量下降，有的地方甚至绝收，效益逐年下降，极大影响着棉农的种植信心。亟须高产且抗病虫害的优质棉花品种，来扭转当前棉花种植困境，提升棉花种植效益（于敏，2018）。

提高棉花生产投入，致力于新品种研发。棉花生产研究所是其主要的棉花科研单位，主要从事棉花育种、栽培、病虫害防治等科研工作，近 10 年在棉花新品种培育、种植技术、土壤改良、灌溉技术、施肥技术、病虫害及杂草防治方面取得了较大的进展，培养出了一系列优质抗盐性新品种，在较高的盐碱条件下该品种也能稳定生长。图尔克斯坦棉区土壤盐碱量较高，限制了棉花产量的提高，因此研究所始终将棉田盐碱地改良放在重要位置，采用夏季起垄灌洗碱排碱、冬季灌水压碱、春季深耕破碱等土壤改良措施达到改良土壤的目的。与此同时，该国制定了合理的轮作倒茬制度，对土壤改良、病虫防治方面都产生了积极作用（努斯热提·吾斯曼，2015）。

积极引进国外先进农业技术及推广模式，进一步提升棉花质量，将农业发展放在首位。政府首先通过加大对集体农户的支持力度来促进分散经营的整合，改变当前小规模生产方式，从而有效发挥规模化种植的优势。其次加大棉花种植投入，积极引进国外棉花育种技术及推广模式，生产研究专家通过采用多媒体教学对植棉大户、企业进行免费的技术培训等帮扶方式来提高种植水平，从而提高种植效益。在棉花品种方面，2000 年以前哈萨克斯坦主要依靠 1991 年之前的棉花品种，之后便开始推广自育品种，到 2013 年自育品种推广面积达 12 万公顷，超过棉花总面积的 85%。除此之外，政府还注重种质资源和品种交流，积极借鉴他国成功经验，以提升棉花种植科技实力（努斯热提·吾斯曼，2015）。

二、吉尔吉斯斯坦

吉尔吉斯斯坦农牧业发达，粮食尚能自给自足，土壤肥沃，气候适宜，具有发展农业的先天优势。然而农业生产投入不足，生产技术水平落后，粗放的管理方式严重制约着农业发展，形成低产量、低效应的生产局面。棉花产量不高，纺织工业也不发达，国内棉花加工技术较为落后，生产力低下，大部分棉花均出口，棉花加工率低。仍处于“靠天定年成”发展阶段的吉尔吉斯斯坦迫切需要依靠科技进步来提升农业生产实力，打破气候变化对农业生产的制约。

积极与外国及国际组织合作，不断加大对棉花生产的科技投入力度，增加棉作物种植面积。中国农业科学院与吉尔吉斯斯坦合作在当地建立棉花科技示范园区，引入先进的农业管理技术并对当地棉花种植技术进行优化。该国不仅着力提高当地的棉花种植产量，还积极研发新品种，审定棉花新品种 3 个，推广面积达到 30 万公顷，产量增加了 1 倍（刘从九，2019）。

优化棉花种植技术，棉花加工率进一步提升。纺织缝纫业每年产值约 1.9 亿美元，其中约 1.6 亿美元的产品出口到俄罗斯和哈萨克斯坦，是吉尔吉斯斯坦附加值较高的产业和出口产品。与此同时，每年进口纺织品约 3.7 亿美元，是出口纺织品总额的 1 倍多，这主要是因为该国缺乏纺织缝纫的原料。为发展好该行业，需要建立具有竞争力的产业链条，从棉花加工到成衣生产等。政府拟采取措施，为纺织业投资项目提供便利条件、制定该国纺织产业保护机制、严格进口纺织品清关程序等，从而推动该国纺织业的发展（中国驻吉尔吉斯斯坦共和国大使馆经济商务参赞处，2017）。

三、塔吉克斯坦

作为传统的农业国家，棉花是塔吉克斯坦最主要的经济作物，可耕地面积的 40%用于种植棉花。棉花是其收入的主要来源，植棉业在农业中举足轻重，为农业的支柱产业。1991 年之前，该国是最主要的长绒棉产区，在棉花种质资源及新品种选育等方面持续开展研究，具有较雄厚的基础。但 1991 年之后，棉花科研、生产停滞不前，管理粗放，农业生产力水平整体较低，尤其育种技术落后，棉种质量不符合标准，经济效益低下，但棉花在国民经济中的地位仍不可替代。进入 21 世纪以来，生产规模不断扩大，农业技术也有相应的提升，不断进行农业制度改革，农业所有制有所改变，只是受设备老化、生产能力低等因素的制约，相较于其他发达国家而言，棉花种植技术发展仍较为滞后。

发展种质资源研究和育种，推动棉花产量稳步提升。国家农科院由作物研究所、园艺作物研究所、土壤肥料研究所、作物种质研究中心、畜牧研究所等

9个单位组成，其中作物研究所主要从事棉花育种、栽培技术等方面的试验研究。目前，塔吉克斯坦也在不断寻求与别国合作，非常重视同周边国家如伊朗、土耳其等国的交流合作关系。在国外种质资源和优良品种的交流引进方面，最早从中国新疆引进的棉花品种有新海7号（海岛棉）、新陆早1号等，通过与中国的农业科技合作，显著提高了该国棉花生产水平，尤其是棉花生产能力（师维军，2011）。

积极引进外资，与外国企业展开合作。其中与中国企业开展的科技合作较多，目前新疆利华棉业已累计投资6.21亿元人民币，建成集棉花种植、加工、仓储、物流、销售、技术服务为一体的现代化农业产业园区，是目前在该国投资最大的农业企业，且在2017年被中国农业部认定为首批境外农业合作示范区建设试点。此外，中国山东天鹅棉业机械股份有限公司主要生产棉花加工成套设备，产品覆盖棉花采后储运、籽棉清理、轧花、皮棉清理、打包、棉籽剥绒到下脚料回收所需的全部设备，该企业向世界各地出口棉花加工设备，塔吉克斯坦和乌兹别克斯坦是其出口设备最多的国家。通过引进先进技术及配套设备，塔吉克斯坦提高了棉花生产力水平，稳固了支柱产业的核心地位，棉花种植业正逐步恢复生机（刘从九，2019）。

四、土库曼斯坦

棉花为土库曼斯坦主要的农作物，也是出口的主要产品，出口仅次于能源。棉花种植是土库曼斯坦农工领域的主要产业之一，为实施进口替代和出口导向计划做出重要贡献。为支持棉花种植，政府采购了大量农机设备，总统2016年签署的总统令授权农业水利部与约翰·迪尔公司签订购买了1 350台各类农用机械合同，其中包括400台棉花收割机。此外，从乌兹别克斯坦塔什干农机厂购买了500台棉花收割机，大大提高了棉花生产效率。政府还以优惠价格提供棉花种植所需农机、种子、矿物肥料、灌溉用水和其他相关服务，并为棉农提供优惠的贷款，充分调动种植棉花的积极性（中国驻土库曼斯坦共和国大使馆经济商务参赞处，2018）。

扩大棉花种植面积，更新棉花生产配套设施，大力提高棉花产量。棉花是其重要的出口产品，作为该国数十家现代纺织企业的生产原料，2018年籽棉的总产量为61.82万吨，种植面积为53.50万公顷。纺织业盈利能力仅次于石油天然气工业，且能创造大量就业岗位，因此提高棉花加工能力将促进该国公民就业和高附加值产品出口。同时，计划缩减小麦种植面积及收储量，将闲置出的土地改种棉花，并在土地翻种、农作物护理和装卸运输等农业生产中引进智能技术。如在阿哈尔州棉花种植中使用了数控遥测技术新型多功能拖拉机，在田间安装传输土壤和植物状态信息的无线传感器，实现种植的精确化，提高农产品产量，并减少种子、肥料、水及燃料的消耗，引入优质高价的棉籽和蚕茧品种，并向养殖者免费发放蚕茧，极大提高了棉花生产力。土库曼斯坦将先进农业基础设施运用到棉花种植过程中，大大提高了农业生产效率，推动棉花种植朝着高效、优质的方向发展（中国驻土库曼斯坦共和国大使馆经济商务参赞处，2019）。

五、乌兹别克斯坦

棉花种植业是农业的支柱产业，乌兹别克斯坦被誉为“白金之国”，是世界第五大棉花生产国。1991 年之前，具备优越农业生产条件的乌兹别克斯坦就主要进行棉花培育，作为世界产棉大国，具有丰富的棉花资源优势，棉纱质量高，但目前棉花种植存在产业链下游生产加工能力较弱的问题，种植技术还有待提升。

坚持用科研推动棉花产量的提升，全力改善棉花品质。目前已收集的棉花品种资源有 9 000 多份，其中有乌兹别克斯坦的 2 500 份，该国是世界上拥有棉花品种资源较多的国家之一。为了提高棉花单产，政府注重落实土壤改良措施，并大面积推广优良新品种，优化棉田水肥与群体结构管理技术、实践科学的病虫害防治与全程机械化技术等，生态防病虫害和轮作防止土壤老化技术较为突出。但在种植技术方面，该国使用的棉花播种机械较为陈旧，难以做到精量播种。棉花种植人均管理面积不高，还处于世界较低水平，管理技术也尚有很大改进空间（田立文，2017）。

注重用科技改良棉花的种植与生产，近年来成就突出。实施了强有力的农改措施，使其农业生产朝着产业化、集约化和高效化发展。与此同时，政府通过了“关于进一步发展棉花和纺织品生产的最新措施”，2020 年对卡拉卡尔帕克斯坦、安集延州、卡什卡达里亚州、纳曼干州、苏尔汉河州和花剌子模州偏远地区的 14 个棉纺织集群进行改革，增加 8 个州 18 个棉纺织集群的棉花种植面积。政府还将为所有的棉花生产者分配灌溉土地，贯彻执行《2020 至 2030 年农业发展战略》，为建立棉花、谷物、稻米生产集群创造必要条件（中国驻乌兹别克斯坦共和国大使馆经济商务参赞处，2019）。

拥有丰富的国际合作经验，棉花产业具有较大发展空间。在与中国的合作上取得了显著的效果，2018 年合作实施了 1 000 亩科技示范园区建设，采用该国自己的棉花品种，而使用中国的栽培管理办法，产量比周边棉田高 1 倍以上。由总统指示创新部牵头，联合多个部门成立中国植棉技术引进委员会，明确 2019—2021 年乌兹别克斯坦 10%的棉田将推广中国植棉技术。为继续发挥棉花经济支柱的作用，扭转该国原棉及纺织半成品出口经济效益低的局面，政府还制定了增加棉花高附加值的长远规划，规范原棉包装及仓储工作，加强棉花的流通性，以提高棉花的国际竞争力及科技实力（刘从九，2019）。

第三节　节水灌溉

中亚地区属于典型的大陆干旱性气候，降水量主要集中在冬春两季。因而整体水资源较为短缺，地区分布极不平衡。其中，塔吉克斯坦水资源最为丰富，水资源总量占世界第九位。中亚五国农业灌溉面积都相对较小，灌溉面积占农业用地总量比重最小的是哈萨克斯坦，很多地区仍采用“靠天”吃饭的农业生产方式（李豫新，2010）。

中亚五国对农业节水灌溉技术的需求逐渐增长。由于水资源分布不均、降水量少、地表水过度开发、耕地面积增加、浪费等因素的影响，各国存在不同程度的水资源供应短缺、污染状况严重等亟待解决的问题。现阶段，农业灌溉技术及排水基础设施短缺，难以满足本国农业灌溉需求。各国都积极寻求与国外及国际组织展开合作，以期引进先进节水灌溉技术及配套设备，缓解本国水资源短缺现状，提高农业生产效率。

一、哈萨克斯坦

跨境河流的水资源配置问题成为制约哈萨克斯坦农业发展的瓶颈。农业消耗着大部分的水资源，夏季降雨量少也造成了水资源短缺进而影响农作物产量。目前采用的垄沟灌溉模式水资源利用效率很低，严重制约着其农业生产效率和质量。因此，加大农业投资力度，优化传统的农业灌溉模式，运用先进的节水灌溉技术是发展可持续农业的当务之急（刘培源，2019）。

高度重视农业可持续发展，积极引进国外先进节水灌溉技术。多年来，哈萨克斯坦与中国开展了多次技术交流合作。与中国水利部共同出资956万美元开建霍尔果斯河友谊联合引水枢纽工程，旨在提高农业灌溉、生态用水的保证率，减轻下游地区的洪水危害，促进该地区经济的发展（石先进，2020）。中国新疆科研院校成为中哈农业科技合作的主力，新疆与哈萨克斯坦开展滴灌技术合作，传授地膜覆盖技术和膜下滴灌技术，为其利用有限的水资源来提升农作物的生产效率和产量发挥了重要作用。政府也制定战略来提升农业科技，特别是在农田灌溉方面，国情咨文“哈萨克斯坦—2050”战略提出“引进最先进的地下水采集和节水技术”“农工综合体必须整体转向使用节水技术”“到2040年解决农田灌溉问题”等重要战略目标，同时该战略提出“必须实现大规模农业现代化”。这些战略的提出为进一步提升哈萨克斯坦农业节水灌溉技术提供了坚实的基础（于敏，2018）。

制定系列政策措施及相关补贴，推动节水灌溉技术的发展。在向“绿色经济”过渡框架下，为了引进现代化灌溉系统，政府对农工综合体建设基础设施和采购灌溉系统所需费用的50%进行补贴，对贷款和租赁融资贴息10%。计划到2022年，将灌溉面积扩大至200万公顷，同时减少水稻、棉花等需水量较大的农作物种植面积。目前，有150万公顷农业用地安装了水利灌溉设施，但仅有14%采用现代化滴灌或喷灌技术，其余仍采用落后的地表漫灌。为鼓励农民改用现代灌溉技术，政府将补贴购买灌溉系统的一半费用，积极为农民开展教育培训，包括建立示范农场。政府还将在“简单物品经济”规划框架下，为采购灌溉设备提供融资优惠。此外，灌溉农田多用于种植小麦、大麦等雨养类作物，农业部计划改变这一现状，使其更多用于蔬菜、瓜果和饲料作物种植。为落实总统提出的进口替代、改种高利润经济作物、扩大农田灌溉面积等任务，农业部制定了新的种植业结构调整规划，计划到2030年将农田灌溉面积增加1倍。在国家支持政策框架下，将采用现代化灌溉技术，扩大大中型农业企业灌溉面积，提高农作物收成，为后续制成品生产发挥倍增效应（中国驻哈萨克斯坦共和国大使馆经济商务参赞处，2020）。

二、吉尔吉斯斯坦

吉尔吉斯斯坦水资源丰富，人均占有量居世界前列，很适合农田灌溉和饮用。但由于其灌溉系统落后，水资源调配难度大，农业用水效率很低，农业生产仍会受水资源短缺制约。与此同时，吉尔吉斯斯坦实行土地私有化政策，农业多呈小规模经营，效率低下的用水模式使得农业用水量大幅增加，也加大了水资源管理的难度。加强农业基础建设和引进较为先进的节水灌溉技术是农业发展的重点（李志芳，2015）。

节水灌溉技术应用范围小，仅小部分耕地应用了喷灌技术，大部分依然采用传统的耕作方式。农业基础设施大多为 1991 年之前建设，陈旧老化，效率低下，农技人员远远满足不了农业生产的需求，更缺乏经费对农民进行必要的农业技术培训和指导。农业生产量与当年降水量挂钩，丰富的水资源得不到充分的利用，因此必须进一步重视农业水利设施的建设，开发各地丰富水资源，大力推广覆膜种植和节水灌溉技术，使资源优势充分转化为生产优势（丁峰，2012）。

采取多项措施来改善农业灌溉现状，提升农业节水灌溉技术。与中国新疆农垦科学院于 2013 年 8 月，正式签订了节水农业科技园区建设项目，建设节水农业科技园区 35 公顷，引进中国作物品种 4 种以上、农机具 4 种以上，制定作物水肥高效利用栽培技术规程各 1 套。通过农业科技园区节水灌溉系统以及配套设施建设，引进先进的农业管理技术和对当地棉花、玉米等作物种植技术的优化，该项目取得了不小的成绩，吉尔吉斯斯坦考察团对以节水滴灌为代表的现代农业技术和作物耕作模式非常认可（邱海强，2016）。与此同时，政府审议并通过了“2013—2017 年国家稳定发展战略”，其中包括拟对全国耕地灌溉系统的现代化改造提供资金支持，投资 9 千万美元修建 16 个水利设施，力求每年增加 1 万公顷可耕农用地等。目前约 80%的耕地归私人所有，缺乏整体规划，闲置、荒芜，沙化和土质下降现象严重。为遏制这种趋势，政府下决心予以整改，大力发展水利灌溉事业，以期逐渐恢复和增加可耕地面积，增加农业收入，满足粮食自给需求（中国驻吉尔吉斯斯坦共和国大使馆经济商务参赞处，2013）。

三、塔吉克斯坦

塔吉克斯坦水资源丰富，但时空分布不均，生态问题突出，加上其低效高耗的生产方式严重威胁着其农业的可持续发展。约70%的耕地面积需要灌溉，其中60%的可灌溉面积依赖天然用水（重力灌溉系统），剩余40%依赖人工灌溉（泵灌溉）。而目前使用的灌溉系统效率低下，大多设备陈旧老化，能正常运行的仅占55%，农业资源的产出效益较低（黄群，2017）。现阶段灌溉面积相当于其国土面积的11%，农业投入不足，科研经费严重短缺，灌溉面积增长也较为缓慢，且主要运用传统地面灌溉技术，滴灌、喷灌和微滴灌技术还处于实验阶段，高成本下水资源利用率不高，农业效益低下（刘佛翔，2019）。

大力发展节水灌溉农业，提高水资源利用率和农田灌溉面积，打破气候条件对农业生产的制约，是提升农业生产能力的有效途径。该国有较大的可灌溉面积有待挖掘，推广和发展节水灌溉农业的潜力较大。受限于科技发展水平，政府主动寻求与他国开展农业科技合作。其中，中国对其节水灌溉技术的发展发挥了积极的推动作用。中国政府无偿援助的膜下滴灌植棉项目于2002年顺利移交，项目执行由拥有滴灌技术生产专利并在塔吉克斯坦已经成功进行过膜下滴灌植棉实验的中国新疆天业集团有限公司组织实施。结果证明，该地区采用膜下滴灌节水技术后灌溉面积由原来的160公顷增加到340公顷，节水50%以上，大大提高了产量，同时解决了百余人的就业生活问题。该国政府对中国先进的膜下滴灌技术给予充分肯定，并表示要在全国推广应用，这对其今后农业发展的影响较大，经济效益、生态效益和社会效益显著（中国驻塔吉克斯坦共和国大使馆经济商务参赞处，2002）。

该国政府非常重视引用中国膜下滴灌项目，以期在全国范围内推广此技术。由于资金缺乏，难以继续使用和推广该技术，中国政府先后提供了650万元人民币的无偿援助款来帮助推广该项技术。由于现有配套设施过于老化，在一定程度上影响了中国膜下滴灌技术的正常发挥。目前项目执行者正多方寻找资金，力争早日更新现有农用机械设备，使其与中方膜下滴灌技术相匹配，以进一步提高农作物产量和质量（中国驻塔吉克斯坦共和国大使馆经济商务参赞处，2004）。

四、土库曼斯坦

与生态环境相关的科学领域是土库曼斯坦重点研究的方向。土库曼斯坦地处干旱地区，对水资源的依赖性非常强烈，但水资源却较为短缺，利用方式粗放，导致农业耗水量大，逐渐显现出水土资源不匹配的现实矛盾，生态条件严重制约着农业的发展。绝大部分的水资源消耗在农业灌溉上，农业灌溉面积不断增加，而农业灌溉用水却有下降趋势。水资源主要依靠大量的灌溉引水工程输水，但绝大部分引水工程是在1980年之前修建完成的，已运行了数10年，灌溉设备陈旧、常年失修、逐年老化，水利调节能力也大幅下降。此外，用污水重复灌溉的现象也较为普遍，这种粗放的水资源利用方式使得水体污染问题也较为严重（姚俊强，2014）。

在水资源获取量远远跟不上灌溉面积扩张速度的困境下，充分利用水资源显得尤为重要。根据2018年10月12日签署的“关于向农业生产者提供财政支持”第942号总统令，国家外经银行向农业生产提供10年期、年利率1%的优惠贷款，用于支持购买农业机械、农业和水利用途的挖掘机、推土机以及灌溉和节水设备。通过提供优惠贷款，鼓励从业人员更新农业灌溉设备，有效利用农业水资源。与此同时，为有效支持科技创新及发展，还需借助外国及国际的支持力量，积极吸引外资及先进技术。2019年10月在总统对日本进行工作访问期间，土库曼斯坦与日本重点探讨了现代农业节水、水净化、废水处理以及水利设施建设和运营问题。土库曼斯坦通过积极与国外开展先进农业节水灌溉技术合作交流来进一步带动本国相关科技的发展，以期有效缓解水资源紧缺现状，实现农业可持续发展（中国驻土库曼斯坦共和国大使馆经济商务参赞处，2020）。

五、乌兹别克斯坦

农业在国民经济中占有重要地位，乌兹别克斯坦是古老的灌溉农业国，但水资源的匮乏和利用不当制约着农业的发展。在水资源问题上该国处于被动地位，加之不利的地理位置、气候条件和粗放的农业生产方式等，严重影响了乌兹别克斯坦节水灌溉农业的改革与发展，农业节水灌溉技术亟须突破性的进展。

提高节水灌溉技术，提升水资源利用效率是农业发展的当务之急。由于地处干旱区，灌溉水平成为影响农业发展的重要因素，政府高度重视灌溉技术及其配套设施的改善，逐步加大农业灌溉建设的资金投入。在《2008—2012年国家土地复垦》计划中投入了5亿多美元用于建设、重建和修复排水系统。在2013—2017年期间制定了改善灌溉土地和合理利用水资源的国家计划，投入12亿美元用于水资源建设；并为土地使用者和农民提供优惠的长期贷款，用于实施滴灌系统，实施节水技术的农民可以享受5年内免交土地和其他税的优惠（肖金波，2018）。根据《关于在农业领域扩大引进节水技术的措施》的总统令，自2020年1月起，引进节水灌溉技术的农民可获得一定数额的费用补贴，目前节水灌溉技术覆盖率为1.7%（7.5万公顷），2020年政府继续在4.38万公顷土地上引进节水灌溉技术（中国驻乌兹别克斯坦共和国大使馆经济商务参赞处，2019）。

第四节　农业机械

中亚地区地广人稀，农业生产特别适合机械化作业。随着经济的复苏，带动了农业的快速发展，各国对农业机械的需求日益增多。各类大中小型农业机械都成为农业生产的首选，并以此来提高农业生产效率。

一、哈萨克斯坦

哈萨克斯坦政府采取了一系列措施来加快本国农业机械化进程，满足农业生产要求。由于农业生产基础较弱，涉农工业发展缓慢，哈萨克斯坦倾向于大量进口农业机械来弥补其农业科技发展短板，并准备在近几年内进口农用飞机，更新国内现有的农用飞机，以保证实施粮食出口战略，提高农业航化作业能力；政府还出台了《关于海关关税和外贸商品目录》的决议，取消了播种机、多功能中耕机以及装卸机、拖车、收割机等农业机械的进口关税；农业部对进口农业机械实施6%～12%的补贴。除了采购国外农业机械外，该国也致力于自主生产农业机械设备，已在阿拉木图州卡拉套市的一座机械修理厂改建拖拉机制造厂，工厂改造总投资约2.68亿坚戈，中国一拖集团有限公司作为战略伙伴关系向该厂提供拖拉机组装部件（张驰，2013）。

政府致力于提高农业服务质量，为广大农民运用先进农业机械提供便利，促进农业机械科技发展。推行农业机械租赁业务，如农业金融股份公司的主要业务就是开展农业机械租赁，国家是这些租赁公司的控股股东，通过降低租赁公司贷款利息、改变补贴政策等，支持先进农业机械设备租赁，保证广大农民能以较为合理的价格租到机械设备，降低农民购机的资金压力。目前，哈萨克斯坦共登记拖拉机 15.3 万台，联合收割机 4.2 万台。65%的拖拉机和 46%的联合收割机使用年限超过 17 年。为了更新老旧农机，政府正推进该国现代化农机设备生产，提高农业劳动生产率和农作物收成。相关部门正在进行政策协调，计划将汽车回收政策的成功经验推广到农机领域。为鼓励农机生产，政府已启动国产拖拉机、联合收割机的租赁销售计划。计划到 2022 年，将农机设备更新率从 2%提高至 6%，开展精细化耕种、多样化播种，大力促进先进农业机械设备的推广与运用（中国驻哈萨克斯坦共和国大使馆经济商务参赞处，2020）。

二、吉尔吉斯斯坦

优化农业生产模式，实现机械化耕作始终是吉尔吉斯斯坦政府及农业生产者的努力目标。1991 年之前，吉尔吉斯斯坦每年可以得到 3 000 台拖拉机，1991 年之后国内农业领域资金困难，农村购买力也较低，加之新型农业机械紧缺，大多采用广种薄收的粗放型生产经营方式，农业生产发展缓慢。因此，该国迫切希望转变农业生产方式，向现代农业的发展方向转变（陈杰军，2007）。

政府高度重视农业机械化生产，积极引进外资及国外先进设备。由农业部直接管理的吉粮公司与中方联合成立“中吉农机合作服务公司”，其主要业务与农业相关，包括种子、农资、农业机械等。双方旨在组建农业机械租赁公司，由吉粮公司提供 8 台拖拉机，中方出资 70%，主要是农机具，吉尔吉斯斯坦有较大的租赁农机具耕种土地的市场，可有效缓解农民难以支付农机的现实问题（吴奇峰，2015）。土耳其也提供了 1 亿美元优惠贷款，第一笔款 1 000 万美元中的 89.6 万美元用于为农业与土壤改良部装配建筑工具和机械，162.7 万美元用于为农业机械租赁融资，包括采购 225 台拖拉机等。第二笔款 3 850

万美元主要用于采购农业设备和道路机械，为农业机械租赁融资，建设农田灌溉设施等。土耳其提供的优惠贷款总金额不高，且用于多个小型项目，但符合该国农业、交通、电力等领域的发展需求，切实解决民生问题，因而社会反应很好，也有效地缓解了该国现阶段农业机械匮乏的生产困境（中国驻吉尔吉斯斯坦共和国大使馆经济商务参赞处，2013）。

政府制定了一系列优惠政策，鼓励国内外投资者加大对本国农业机械的投资。在第二届“吉尔吉斯-美国论坛”上，经济部长指出，在各大经济领域中，农业具有特殊投资潜力，建议投资者加大对农产品加工业和农业机械制造业的投资，政府为该领域提供了极为优惠的税收政策，几乎完全不征税。同年3月，政府同欧亚开发银行签署了两个项目的融资协议，其中一项是向吉尔吉斯斯坦提供2 000万美元优惠，用于采购4 200件农业机械设备，以向农业生产者提供租赁业务（中国驻吉尔吉斯斯坦共和国大使馆经济商务参赞处，2014）。

三、塔吉克斯坦

农业机械数量不增反减，严重制约着农业生产效率的提升。1991年之前，塔吉克斯坦自身没有农业机械制造厂，所需农机完全依赖1991年之前原来的计划经济体制。1991年之后，从集体农庄转向分散私营，自2011年起，国营农场、集体农庄完全退出，私人农场数量与日俱增，现已占绝对优势。农业机械化是先进生产力的重要标志，但塔吉克斯坦各种农机具数量并未逐年增加，反而呈下降趋势。1991年农业机械拥有量最高，拖拉机达到3.7万辆，平均每千公顷耕地拥有46辆，是同时期美国的2倍，播种机、收割机等农机数量也达到发达国家每千公顷耕地拥有量水平。到2010年拖拉机保有量只有1.36万辆，较1991年减少了约63%，播种机、谷物收获机和采棉机拥有量也有所下降。由于资金和技术缺乏使其农机设备未更新和维修，致使目前农业机械化水平很低，同时务农人员老龄化和低教育水平使一些新的农业技术和观念难以推广，严重阻碍了农业现代化的进程（牛海生，2013）。

政府逐步提高对机械化农业发展的重视程度，加大农业科技投入，引入先进农业机械设备。农业机械化是提高劳动生产率、提高农业产出率的重要手段。为此，政府给予了强有力的支持，对进口农业机械减免关税。仅2015年前10个月，就进口了1 200台农业机械，其中包括344台拖拉机、21台联合收割机和16台割草机（刘佛翔，2019）。与此同时，积极开展与他国的合作，与中国的相关合作发展较快。2014年，在塔吉克斯坦农业部所属企业“马达特”的协助下，中国产农业机械维修中心成立，“马达特”公司自2009年开始进口中国农业机械，其中包括110辆拖拉机、12辆康拜因及其备件，维修中心的建立将对现有农机进行及时维护，保障其进口农业机械的正常运转（中国驻塔吉克斯坦共和国大使馆经济商务参赞处，2014）。

中资农业企业的参与为塔吉克斯坦农业科技带来了新的发展方向。2012年以来，以中资企业投资为代表的中塔农业合作发展迅猛。最具代表性的有塔吉克斯坦经研银海黄泛区农业科技有限公司、新疆生产建设兵团海力公司以及新疆中泰新丝路农业投资有限公司三家企业。其中，塔吉克斯坦经研银海黄泛区农业科技有限公司发展势头良好，已成为该国农业领域龙头企业，运用其高科技种子、先进的灌溉技术、田间管理技术及农业机械等，建立“中塔农业科技示范园区”，显著提高了农作物产量，并受到总统的赞赏。这些中资农业企业的参与合作，为塔吉克斯坦农业科技发展提供了新思路（梁娟，2016）。

四、土库曼斯坦

确保内需和稳定国内生产始终是农业发展的总体战略。农业生产在1991年前就实现了机械化，具有相当的规模和水平。1991年以后，经济发展较为稳定，财政状况良好，土库曼斯坦政府重视农业和农业科技投入，有效地避免了因农业投入不足等因素导致的农业科技止步不前、人才流失等问题。在农业机械化方面，也存在设备陈旧、年久失修等问题，受本国农业科技发展的限制，农业生产机械功能落后，生产效率也不高，抑制了农业机械化的进程。

重视农业机械化的发展，采取多项措施来推进机械化的进程。为促进农业的发展，土库曼斯坦向农场联合体、农业股份公司、土地承租人提供了优惠贷款，对于购买农业机械设备和工具以保障合理利用水资源的用户提供10年期贷款，年利率为1%，以此鼓励农户更新农机具（中国驻土库曼斯坦共和国大使馆经济商务参赞处，2016）。

借助外国及国际的支持力量，引进国外先进农业机械，更新本国陈旧的农机具。根据总统令，农业与水利部和约翰迪尔国际有限公司（瑞士）签署了购买大批农业机械、设备、零备件和消耗品的合同。合同规定，瑞士公司将自2017年至2020年分三个阶段向土库曼斯坦提供总计1 350台机械设备，乌兹别克斯坦农业机械工业控股公司向其出口价值逾1 700万美元农业机械。该公司代表表示“2018年年底前计划完成价值1 200万美元的2 402台农业机械供货，其中包括100台棉花收割机、1 502台松土机、600台风扇喷雾器和200台棉铃喷雾器。2019年计划再完成500万美元农机供货”。此外，在2019年2月举行的土库曼斯坦-德国商务论坛上，土德双方进一步拓展友好互利对话，在推进经济多元化、广泛应用高新技术、全面推进数字化进程的背景下，双方利用论坛对经贸合作做出进一步规划，并在论坛期间签署了农业机械供货、合理利用土地和水资源、水利专家教育培训等领域官方合作文件。代表团与德国多个政府部门举行会谈，参观访问部分德国企业，学习德方创新经验，以期进一步提升两国创新和投资合作潜力，合作共赢。通过与他国开展技术交流与合作，互通互鉴，使土库曼斯坦农业机械化水平朝更高水平转化（中国驻土库曼斯坦共和国大使馆经济商务参赞处，2019）。

五、乌兹别克斯坦

棉花作为支柱产业，机械化程度较高。在棉花种植过程中的资金投入相对较高，乌兹别克斯坦一直坚持用科研推动棉花产量的提升和品质的改善。除采摘环节外，基本实现了机械化，但从棉田机械的使用实际效果来看，其机械作业的质量和效果仍存在较大的改进空间。由于侧重发展棉花产业，使其他产业的发展受到抑制，农业机械化进程停滞不前，造成了该国农业生产不协调的问题。政府虽提出要减少棉花种植以支持其他作物生产，但置备非棉农作物机械设备和新的灌溉系统都需要投入大量资金，这对政府来说风险太大，而生产不协调会对国家的稳定发展造成威胁，使得该国农业生产矛盾加剧，在国际上处于被动地位（田立文，2017）。

引进先进的农业机械设备及工艺，不断完善农业生产发展规划。根据政府《关于购买农用履带式拖拉机措施的决议》，授权外经贸部协助其农业机械服务协会所属企业与中国机械工业公司签署相关采购协议。该采购项目由商业银行贷款和租赁公司提供资金，并将采购的履带式拖拉机销售给农场主使用。农业机械协会还将组织建立服务中心，提供维修和培训服务。为满足市场对现代化农业机械的需求，乌兹别克斯坦将继续推动该国农机具生产厂与国外企业合作，支持该国生产先进的农业机械设备（中国驻乌兹别克斯坦共和国大使馆经济商务参赞处，2013）。

借助农业先进技术及设备展览会，互通互鉴，引进国外先进农业机械。在第11届农业技术展览会和第5届农业机械展览会上，30多个国家的190多家农机生产商参加了此次展览，各参展商还以B2B和专题研讨会的形式，展示了农业领域的先进技术和设备。通过此举，加强了各国在农业机械先进生产技术方面的交流合作，对农机具生产技术进步起到推动作用。为保证国外先进农业机械设备引进工作的顺利高质完成，总统多次强调设备采购的程序，农用机械设备采购要优先通过每年2—3月和9—10月举办的两次有众多本土和国际知名生产企业参展的专业博览会完成。按照该总统令要求，有关部门要针对每一种农用机械设备单独制定具体的吸引投资实施本土化生产项目清单，在2020年前完成农用机械制造业生产线、技术工艺、管理体系等方面的现代化改造，以期扭转乌兹别克斯坦低经济效益的农业生产局面，推动农业生产机械的更新换代（中国驻乌兹别克斯坦共和国大使馆经济商务参赞处，2018）。

第十章 CHAPTER 10

中亚五国农业合作组织

农业合作组织一般是指以农民为主体，以维护和改善农业生产条件为目的，在平等、互助、互利的基础上组织起来的、形式不同的合作社或联合体，是农民从分散走向联合的产物。农业合作组织的发展有利于解决小农户与大市场的矛盾，推动农业经济结构调整，是农业现代化的必由之路。然而，在不同的历史发展阶段，农业合作组织的发展受本国土地制度、农业政策、经济体制及发展水平等因素影响，其表现形式也有所差异。本章将从中亚五国农业合作组织发展历史、农业合作组织类型两方面来介绍。

第一节　农业合作组织发展历史

中亚五国农业合作组织的发展历程主要以 1991 年为分界。1991 年之前高度计划经济体制下的中亚五国农业合作组织形式单一，主要表现为国有农场和集体农庄。1991 年之后，各国均由计划经济体制向市场经济体制过渡，其他形式的农业合作组织有了较大的发展。

中亚五国 1991 年以后开始由计划经济向市场经济转型，农业改革成为重要的突破口。农业改革的大方向是向土地私有化、非国有化和市场化方向转变，具体做法是通过多种途径将原有集体农庄和国营农场的农业合作组织形式改造成为小农场、农业合作社、农业股份制公司以及农工综合体等私有制和非国有制形式（翟琳，2015）。总体来看，这一时期农业合作组织的发展有两个明显特征：一是各国都出现了一种全新的农业合作组织形式——农民农场，农场迅速成为最普遍、最广泛的农业合作组织形式。二是农业合作组织发展伴随着农业改革的进程而推进，出现了多种形式的农业合作组织，但因各国实际国情、改革力度与进程不尽相同，农业合作组织在不同阶段发展的程度也有所差异。

一、哈萨克斯坦

农业合作组织的发展分为两个阶段：

第一阶段，改造 1991 年之前的国有农场和集体农庄。这一阶段时间在 2003 年前，农业改革以市场化和非国有化为目标，国有农场和集体农庄是重点改造的对象。基本做法是按照劳动者集体的意见，通过租赁、赎买、股份制和其他无偿转化财产的形式改革 1991 年之前的国营农场和集体农庄，逐步实行非国有化和私有化，将原有农业组织形式改造成为合作社、集体承包或股份制公司、农户家庭或小农场经营以及其他市场性的农工组织。此外，1991 年之前的农工综合体由大化小并且土地按份额交给农业企业职工家庭，由他们自行组建小型农业企业、农业合作社、个体农户或农户联合体，由国营转为集体或个体经营，再逐步实现私有化。

第二阶段，农场得到快速发展并确立主导地位。这一阶段时间在 2003 年后，农业改革主要集中在农地制度领域，其他形式的农业合作组织也得到一定的发展，逐渐确立了以农场为主多种农业合作组织形式并存的格局。在农场建设方面，2003 年《哈萨克斯坦土地法典》的颁布实施极大地推动了对现有农地制度的改革。通过立法国家准许农业用地私有化，进一步完善人、资金与土地的关系，发展农业用地市场。土地私有化的确立，极大地鼓励了私人对农场的投资，促进了农业用地的开发以及高效利用。在农业合作社发展方面，这一阶段农业合作社受政策激励不足的影响发展较慢，为此政府于 2015 年通过了中亚第一部专门针对农业领域的合作社法。该法案一是简化了合作社成立的登记程序和手续，取消了各州农业合作社组建任务及合作社运营指标；二是在财政补贴、贷款补贴、投资渠道等方面给予农业合作社支持。但该法案的通过并没有达到预期的效果，农业合作社在该国的发展依然很滞后。农工综合体建设是这一时期农业组织优先发展的方向，政府相继发布《2012—2020 年农工综合体发展纲要》《农业商业—2020 计划》《国家农业食品发展计划》和《农村发展计划》等支持农工综合体的发展。为解决农工综合体建设资金不足的问题，政府于 2012 年建立了农工综合体实业委员会，委员会的成立旨在改变过去国家直接投资的方式，采取促进机制从金融市场引资，主要为会员在农工领域的具体投资和基础设施建设项目吸引投资和创新创造必要条件，仅2017—2019年三年政府投入了1 000亿坚戈用于支持农工综合体的发展。在农业企业方面，政府进一步对现有农业企业的所有制进行改革，主要措施是降低国有农业企业的比例，提高非公有制农业企业的比例。经过改革，到2017年国有农业企业的比例降至0.4%，私人农业企业占比98%以上，外国资金开设的农业企业比例有所上升。与此同时政府大力修建农村基础设施、农田灌溉水利设施，并制定完善了农场、农业合作社、农工综合体等农业组织建设的相关法律法规。政府的政策极大调动了农民的生产积极性，各类农业合作组织迅速增长。

二、吉尔吉斯斯坦

吉尔吉斯斯坦农业合作组织发展分为三个阶段：

第一阶段，改造和重组原有国有农场和集体农庄。这一阶段时间为1991—1994年，政府对部分国有农场和集体农庄进行分散化、私有化和重新改组，农场得到迅速发展。但不同于中亚其他四国，农业改革与农业组织重组是在政府颁布各种指导性文件之后进行的，早在20世纪90年代初期吉尔吉斯斯坦就开始了对原有农业组织形式的改造，直到1994年中期才制定和批准了进行改革的各项规范化文件。此时，该国已经完成了对全国39%各类农业单位的非国有化和私有化改造，新建股份制企业76个，合作社207个，农户和私人农场2万多个。这一阶段的改革看似很成功，但农业合作组织的改造并没有一个有科学根据的方案，政府更多的是急于把原有国营农场和集体农庄的土地、各种物资迅速分下去，并在此基础上建立起农民经济，至于如何建立合作社、股份公司及它们的连锁组织等，似乎都成了次要问题，这也导致部分改造后的农业合作组织生产效率甚至低于原有的组织形式（赵惠，1999）。

第二阶段，集体制农场和私人农场成为主要的组织形式。这一阶段时间为1995—2003年，随着农业私有化进程的加快，国有农场规模出现断崖式缩减，集体制农场和私人农场迅速增长。这一阶段吉尔吉斯斯坦开始总结第一阶段改革的不足，全面落实一系列农业改革的法规和措施，具体包括划分土地给农民并给予自由支配权，改造各类农业企业，实施国家对改革的财政支持，使新建立的经营主体发挥作用。关于农业组织形式的改造，政府首先评估被改造农业组织的财产及股份，然后制定出具体改造的方案。政府规定现有农业组织可以按照其成员的意见，自由选择其未来的经营形式，这些经营形式被界定为四种：一是建立在家庭成员劳动基础上的农户经济和农场经济，种植业土地规模达到30公顷，畜牧业达到50公顷的经营主体。二是农业合作社经济，种植业土地经营规模达到30～100公顷，畜牧业达到50～150公顷的联合体。三是集体经济，种植业土地规模大于100公顷，畜牧业超过150公顷的集体所有制企业。四是国有经济，土地经营规模相当于集体企业的国家所有制企业（赵惠，1999)。到2000年年底国有农场的数量已不足百个，国有农场农业产值占农业总产值的比重由1991年初的60%下降到2.6%。

第三阶段，私人农场逐渐占据主导地位。这一阶段时间为2004年至今，国有农场被进一步压缩，集体农庄的土地转为农民所有。2004年4月政府发布《土地和土地改革的新方向和措施》的总统令，对现有农业合作组织进行新一轮的改革，这一阶段也被政府指定为“土地和土地改革的最后阶段”。改革后国有农场仅剩26个，集体农庄迅速缩减至427个，二者数量仅占所有农业生产主体的0.1%，产值占农业总产值的比重也下降到1.76%。与之相反，私人农场经济迅速成为农业经济的主导力量。私人农场不仅得到了国有农场和集体农庄分配的土地，还在信贷、抵押贷款、农业保险等方面得到政府的支持，截至2018年私人农场数量已超过43万个，产值占农业总产值的比重上升至98%。此外，农工综合体的发展在这一阶段得到政府重视，政府鼓励建立农产品销售、加工和出口体系，同时鼓励开展农业科学、咨询和营销服务。在畜牧业领域，成立了“草场联盟”以加强牧场管理、重建种畜养殖场，完善技术、农化、兽医服务体系。

三、塔吉克斯坦

塔吉克斯坦的农业合作组织发展相对缓慢，这主要与其经济改革晚于中亚其他四国以及20世纪90年代初的国内局势有关。农业合作组织的发展也可分为三个阶段。

第一阶段，沿袭原有的国营农场和集体农庄形式。这一阶段时间为1992—1997年，农业合作组织形式基本沿袭1991年之前遗留下来的形式，其他形式的农业合作组织发展缓慢。直到 1995 年 11 月，塔吉克斯坦议会通过了经济改革纲要，其他形式的农业合作组织形式才开始出现。在农业组织改革方面，政府要求关闭亏损的国营农场和集体农庄，普遍建立起一些农业专业户，吸收、使用一些见效快的农业组织形式。同时，政府还拨出 5 万公顷土地给农牧民，以更快地发展农场（马啸，1996）。改革初期便建立了 2 425 个农业合作社，8 000 多个私人农场，但这一时期国有农场和集体农庄始终控制着超过 80%的耕地资源。

第二阶段，私人农场迅速发展。这一阶段时间为 1998—2007 年，国有农场和集体农庄开始萎缩，私人农场逐渐成为最主要的农业合作组织形式。随着 1997 年国内战争的正式结束，政府开始了新一轮的农业改革。改革的重点集中在国有农场和集体农庄内部，主要措施是改变国有制的单一形式，允许私有、外国资本等非公有制形式进入。公有制农场的重组使得私人农场迅速发展，出现了一种德坎农场（Dekhkanfarm），它是基于私人财产，由个人公民创建，主要从事农产品生产、加工与销售的商业实体。同时，政府进一步将原有农业组织形式的土地分配给农民，以此扩大私人农场的规模。塔吉克斯坦对农业组织的变革效果立竿见影，到 2002 年该国就建立了约 1.5 万个私人农场，私人农场控制的耕地资源由第一阶段不足 20%增长到 50%，农业生产基本恢复到 1991 年之前的水平。

第三阶段，私人农场成为主导的形式。这一阶段时间为 2008 年至今，国有农场和集体农庄被进一步压缩，私有农场凭借着比国有农场和集体农庄经营更高的社会效益与经济效益，迅速成为主导的农业合作组织形式。主要体现在两个方面：一是国有农场和集体农庄被进一步分解成德坎农场、农业合作社和农业股份制企业等形式。从 1991 年到 2015 年间，577 个国有农场和集体农庄转变为约 11 万个农场单位，到 2017 年国有农场和集体农庄仅剩 129 个。二是国有农场和集体农庄控制的耕地资源由 1991 年的 90%下降到 2010 年不足 20%，而私人农场控制的耕地资源则由不到 10%跃升至 80%。此外，伴随着私有化在工业领域的进程加快，以畜牧产品为主的食品加工企业快速发展，到 2018 年该国 337 家农产品食品加工业企业中基本都是私人企业，且农产品食品加工业占到工业总产值的 1/4。但是该国农工企业的融合程度不高，农工分散且脱节，表现为农民生产资料难获取、农产品销售困难而农业企业又缺乏足够的加工原材料，同时农产品的质量控制、认证、营销、包装和品牌推广能力薄弱，未来深加工将成为该国农副食品加工业的发展趋势。

四、土库曼斯坦

土库曼斯坦政府在农业改革中采取了渐进式分阶段处置土地所有权和使用权的做法，总体来看，农业合作组织的发展分为三个阶段。

第一阶段，沿袭1991年之前国有农场和集体农庄形式。这一阶段时间在1992—1997年，由于缺乏善于经营的富裕阶层，政府认为还不能在农业中进行大规模的农业私有化改革，因此该国最初尝试是改革当前农业组织形式并推行租赁制和进行耕地使用权转让。尽管农业私有化改革的规模有限，但改革还是在一定程度上推动了私人农场和农业合作社的发展。在国营农场和集体农庄方面，政府把亏损的国营农场和集体农庄改造为农业生产合作社或租赁综合体。仅改造第一年，农业生产合作社便已有1 795个（马啸，1996）。在推动私人农场发展方面，政府主要通过两方面的措施：一是鼓励农民通过租赁方式开发荒地，并且规定只要符合将土地永远用于农业生产和拥有必备的灌溉设施这两个条件，农民就可以获得所开垦荒地的所有权。二是由新建立的农业合作社与其成员之间签订土地租赁合同（一般为期10年），如果成员在合同生效两年后，得到合作社对其合理使用耕地、收获产量比以前有明显增长的积极评价，即可从此得到土地的永久使用权（赵惠等，1999）。这两方面措施也极大地推动了私人农场的发展，私人农场的数量由1992年的0个增加到2000年的7 000个，控制土地的面积也增加到11.61万公顷。同时政府在改革过程中制定了一系列有利于农业生产组织稳定发展的配套措施，如建立保障化肥、农药、机械配件等农用生产资料供给的“供应社”，为农民提供贷款方面的优惠待遇等。配套改革收到了良好的效果，1991年之前，土库曼斯坦的夏粮产量只有6万吨，而在转轨后的1998年，取得了史无前例的夏粮大丰收，国家粮库收购小麦120万吨（杨哲英，2001）。

第二阶段，农民协会应运而生。这一阶段时间为1998—2008年，国有农场和集体农庄被进一步改造，集体框架之外的私人农场数量骤减。1998年开始，土库曼斯坦当局突然对私有农场加以限制，规定私有农场的经营者耕种时间不得超过两年。此举使得私人农场失去了80%的土地，到2008年私人农场数量由7 000个骤减至2 450个。大部分的农业用地（其中95%的耕地资源）

被一种新型农业合作组织——农民协会所支配，但私人可以从协会租赁土地用于农业生产，因此这一阶段私有农场实质上是在集体土地使用框架之内的，农民仅仅拥有土地的使用权。农民协会表面上是国有农场和集体农庄重组的产物，但其在经营方式和生产组织上仍在一定程度上保留着国有或集体的形式。农民协会是国家意志的执行人，负责分配土地、传递政府命令并监督执行，同时其控制下的农场又得到政府的各项支持。政府的立法涵盖了对农场的各项福利，如Dayhan农场协会的财政支持，对协会下的农场象征性的收款、允许免费使用水资源以及对农场出口的产品实行免税政策等。此外，政府也为从事农业劳动的人提供援助，在机械化耕种、购买化肥以及其他农业生产支出方面给予一定的折扣待遇。

第三阶段，农民协会占据主导地位。这一阶段时间为2009年至今，与第二阶段不同的是，这一时期集体框架之外私人农场数量有缓慢增长的趋势，农工综合体也得到发展。这一阶段政府多次推行农业改革，旨在推动本国缓慢的农业私有化进程，采取了诸如设立专门土地基金以帮助公民获得私有土地、将国有农场及产品私有化并按规定向所有者划拨土地等措施，使得集体框架之外的私有农场的发展逐渐恢复到2008年的水平。农民协会在这一时期仍然占据着主导地位，但与第二阶段的农场相比，农业生产者的生产活动更加自由。在这一时期，土库曼斯坦强调各级政府不应干涉农产品生产者的活动，其任务主要体现在农业政策方面，这也使得协会下农场农民的生产积极性提高，农业产量较第二阶段提高了12%（Lerman，2017）。同时，政府重视信息化技术在农场的应用，该国要求各地继续深化农场联合体的内部联系并在每一个农场联合体内成立科学技术信息中心。在农工综合体方面，政府鼓励农工企业建立中小型个体企业从事农产品采购、加工、储存、运输和销售，继续加强农用化肥、农药、机械等农用生产资料相关企业建设，并为农业企业提供10年期的低息贷款，同时在畜牧业领域，将畜牧和禽类综合体划归国家食品工业联合体。

五、乌兹别克斯坦

乌兹别克斯坦农业合作组织的发展分为三个阶段：

第一阶段，以集体农场为主导。这一阶段时间为1992—1997年，私人农场数量迅速增长，其他形式的农业合作组织形式开始出现。这一时期土地改革的核心是赋予农户更大的经营自主权，同时进一步放宽政策以发挥市场机制的作用。即在现有土地所有权不变的情况下，实行各种“完善”的土地承包制。在私人农场发展方面，通过实行承包制、租赁制发展私人农场和个体农户家庭住宅旁园地生产经营。1992 年政府颁布《农民农场法》，仅在当年便建立了 9 254 个农场，到 1995 年年底农场数量达到 21 514 个，在对国营农场和集体农庄改造方面，政府采取了截然不同的方式。1993 年政府颁布《国营农场重组令》开始了对国营农场的改造，法令规定把原有的国营农场改造为合作社、股份公司、承包集体、私人农场、个体农户等农业经营主体。仅到 1995 年国营农场数量就由 1 061 个下降到 60 个，绝大多数国营农场被改造成集体农场。而相对于国有农场大刀阔斧的改造，集体农庄的改造则相对温和，政府主张在其内部实行家庭定额承包制，集体把部分土地租给农户，农户按生产定额完成农产品出售任务。实际上，集体农庄的管理模式仍然保留，且领导人对租赁农民的生产经营活动有很大的决定权，农民的自主经营权和生产积极性受到很大限制。

第二阶段，私人农场取代集体农场占据主导地位。这一阶段时间为 1998—2008 年，突出特点是分化加剧，集体农场被分解成私人农场，私人农场取代了农业合作社和集体农场成为主要的农业合作组织形式。尤其在棉花生产上，私人农场几乎承担了乌兹别克斯坦所有棉花的生产和 95%的牲畜饲养。这一阶段农场的商业化程度提高，农场数量快速增加，而农业合作社和农工综合体等其他类型的农业合作组织发展缓慢。

第三阶段，农工企业快速发展。这一阶段时间为 2009 年至今，农业细碎化政策调整为农业再整合（Nodir Djanibekov 等，2015），私人农场的土地被要求重组，大量小型农场被迫退出生产，私人农场数量出现断崖式下降。2007—2008 年私人农场数量超过 20 万个，但到 2009 年年底仅剩 10 万个。虽然农场数量大幅度缩减，但其调整只是在私人农场内部，在农业生产中的地位并没有受到影响。这一阶段政府在调整私人农场经营规模的同时，开始重点发展农业企业和农工综合体等合作组织。政府相继成立了农业信息与创新中心、农场主协会，旨在保护企业主和农场主的经济利益，提高私有经济在国民经济中的地位，到 2012 年农业企业就超过了 10 万家。

第二节 农业合作组织类型

经过1991年之后近30年的发展，中亚五国逐渐形成了以农场为主，以农工综合体为特色的多种农业合作组织形式并存的格局。现阶段，主要包括农场、农业合作社、农工综合体等。农场已成为最主要的组织形式，并且在各类组织中占据主导地位。农业合作社发展缓慢且数量较少，尽管近年来各国在政策和资金上采取措施刺激农业合作社的发展，但管理体制造成的激励不足问题使得其发展近乎停滞。农工综合体已成为各国重点和优先发展方向，通过合同经济实现了农业部门与其他关联部门在经济、组织上的一体化，但由于工业化水平不高，农工综合体对各国农业经济的贡献程度始终处于较低的水平。

一、农场

农场是中亚五国最典型、最普遍的农业合作组织形式，主要包括国有农场、集体农场和私人农场，其中又以私人农场为主。作为1992年伴随经济体制改革才开始在中亚五国兴起的农业合作组织形式，农场打破了农业组织传统的二元制结构。农场比家庭土地大得多（虽然比农业企业小得多），而且与家庭的土地相比它们有更明确的商业导向。私人农场作为独立的实体被建立在现有的集体主义框架之外，但它和传统集体农庄又有许多共生关系，土地通常是由集体农庄的工人、农村行政人员兼职管理的。

从私人农场的发展数量来看，中亚国家*农场的发展在20世纪90年代初期均经历了一个快速发展阶段。这一变化主要在于各国1991年之后土地私有化改革，改革包括两方面：在土地分配上，各国实施土地向小农倾斜的政策，一是把生产效率低下的国有或集体土地分配给小农经营。二是鼓励小农开发未使用的农业用地。在发展土地市场方面，部分地区允许土地所有权和土地使用权的转让，这一措施可以将土地从被动或效率低下的用户转移到主动、经营高效的用户，在提高土地使用效率的同时实现了一定的规模化经营（Lerman，2017）。从各国发展特征来看，哈萨克斯坦2003—2017年农场发展稳中有小幅

* 土库曼斯坦资料暂缺。

增长（图 10－1）；吉尔吉斯斯坦在 1992—2001 年 10 年间，农场数量逐年快速增长，农场数量由 1.2 万个迅速增加到 9 万个，这与 1991 年确定的激进式农业改革有关。2002 年该国农场数量更是突破 25 万个，大约是 2001 年的 3 倍之多，在这之后农场数量呈稳步增长趋势，吉尔吉斯斯坦也是 21 世纪后中亚农场数量最多的国家（图 10－2）；塔吉克斯坦农场数量总体也呈逐年增长趋势，1995—1997 年增长速率较快，1998—2008 年增长速度放缓，相较于 1997 年，2008 年农场数量已增长了近 3 倍。2008 年以后该国农场增长速度加快，至

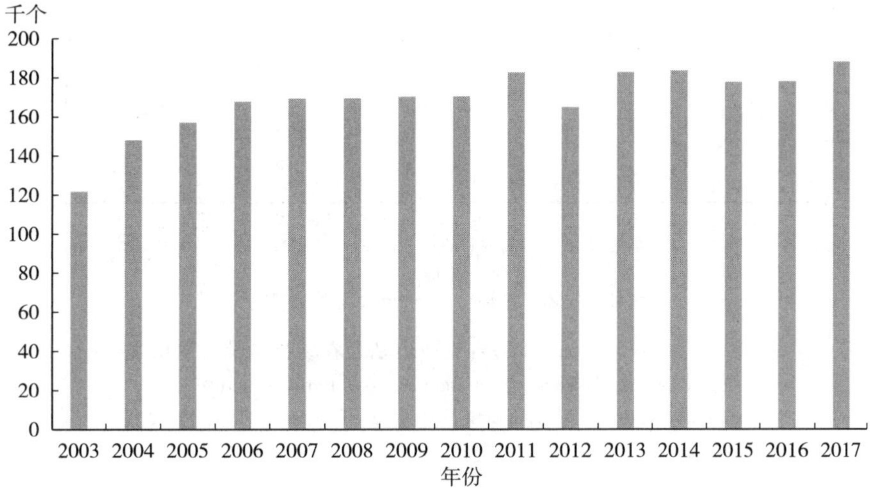

图 10－1　2003—2017 年哈萨克斯坦私人农场数量
数据来源：哈萨克斯坦统计年鉴。

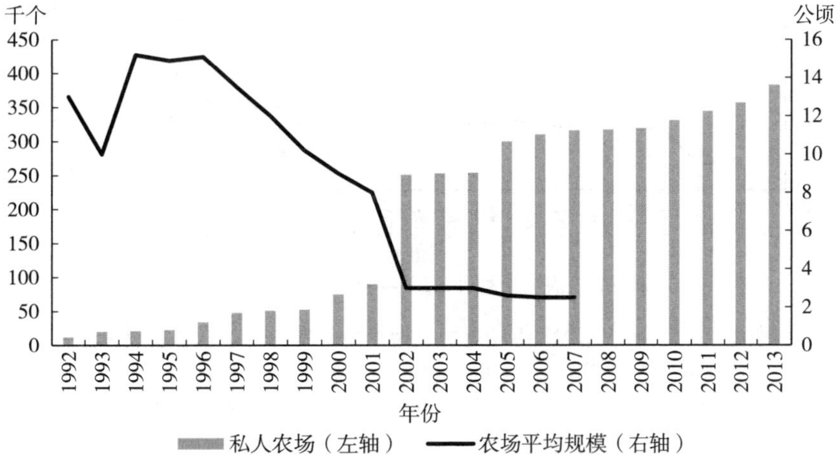

图 10－2　1992—2013 年吉尔吉斯斯坦私人农场数量及其平均规模
数据来源：根据 Land Reform，Farm Structure，And Agricultural Performance in CIS Countries，Zvi Lerman（2013）整理。

2013 年农场数量已突破 7 万个（图 10 - 3）；与其他三国农场数量逐年增加趋势不同的是，乌兹别克斯坦在经历 1992—2008 年快速增长阶段以后，2008 年农场数量出现断崖式下降。这是因为该国在 2008 年采用了农场规模化政策，政府通过强有力的行政干预手段撤销了小农场的租赁合同，迫使许多小农场合并成规模大的农场（图 10 - 4）。

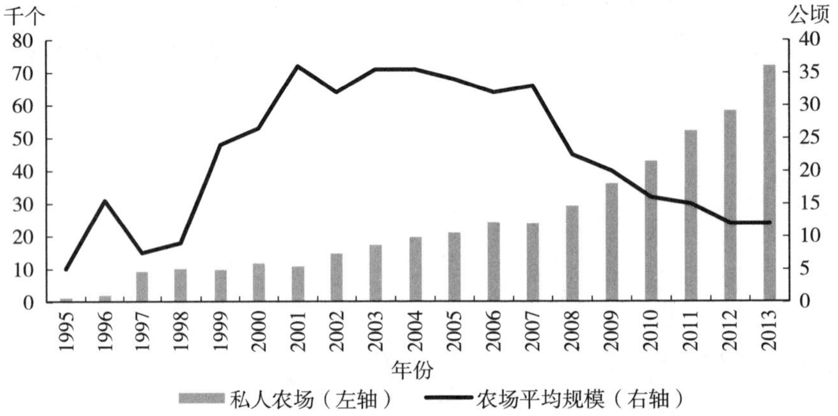

图 10 - 3　1995—2013 年塔吉克斯坦私人农场数量及其平均规模

数据来源：根据 Privatisation and Changing Farm Structure in the Commonwealth of Independent States，Zvi Lerman（2017）整理。

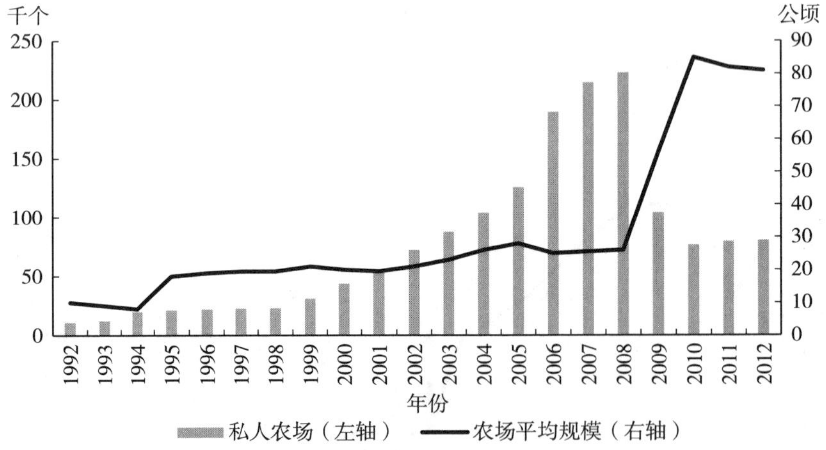

图 10 - 4　1992—2012 年乌兹别克斯坦私人农场数量及其平均规模

数据来源：根据 Privatisation and Changing Farm Structure in the Commonwealth of Independent States，Zvi Lerman（2017）整理。

从私人农场的平均规模来看，吉尔吉斯斯坦和塔吉克斯坦的基本趋势是：前期农场规模随着农场数量的增加而扩大，后期随着农场数量的进一步增加农场规模下降。这是因为前期两国在倡导建立农场的同时，也在鼓励开垦荒地以及土地的流转，这在增加农场数量的同时也扩大了农场的经营规模。而到后期，私人农场规模扩大导致农场经营出现低效率，各国又开始采取措施分裂农场（Lerman，2017）。如塔吉克斯坦 2007 年以后相对较大的农场被分裂成规模较小的农场，这些较大的农场被认为在组织结构上与公司制农场过于接近，因此被鼓励分成较小的单一家庭农场。与 2001 年农场平均规模 36 公顷相比，2013 年塔吉克斯坦农场规模已下降至 12 公顷。乌兹别克斯坦在这方面表现出和其他两国不同的趋势，2007 年以后农场规模紧随其后“自发”扩大模式，农民的平均规模农场面积从 20 世纪 90 年代初期的不足 10 公顷增至 2004—2007 年的约 26 公顷，增长了约 1.6 倍。这种“自发的”扩大的趋势在 2008 年被打破，当时政府采用了农场规模优化政策，使得农场数量急剧减少，而农场的平均规模通过兼并，面积从 2007 年的 25.5 公顷突然增加到 2012 年的 81 公顷。

从私人农场在农业生产中的地位来看，中亚五国私人农场的地位举足轻重。主要体现在两个方面：一是私人农场所占耕地的比重在 1991—2010 年间增长迅速。20 世纪 90 年代初期，国营农场和集体制农庄控制着绝大部分的耕地资源，私人农场所拥有的耕地资源不到 10%，哈萨克斯坦更是仅有 1%。随着各国农业结构化调整，尤其是土地所有权个体化即土地由集体转向私人使用，耕地资源迅速转移到私人部门，到 2010 年，除哈萨克斯坦以外，其他四国私人所占耕地的比重均超过 70%，乌兹别克斯坦和土库曼斯坦比重超过 90%。哈萨克斯坦私人所占耕地比重远低于中亚其他国家的原因在于：一是该国土地私有化并不是完全开放的，国家对无偿给予和出售给公民私有地块面积有限额规定，实际上大部分土地仍为国家所有（苏潭，2018）；二是私人农场的产值占农业总产值的比重在 1991—2010 年间增长迅速并成为农业生产的主导力量。在 1991 年，各国私人农场所占耕地比重虽然极低，但凭借着高效的管理效率，各国农场在耕地不足 10%的情况下实现了产值占农业总产值的 40%左右。到 2010 年，随着私人农场掌握的耕地资源快速增加，私人农场对农业产值的贡献程度也迅速增长，吉尔吉斯斯坦、塔吉克斯坦、乌兹别克斯坦私人农场的产值已超过农业总产值的 90%（表 10－1）。值得注意的是，到 2010 年哈萨克斯坦私人农场所占耕地资源远低于其他中亚国家，但该国私人农场仅通过不到四成的耕地资源实现了产值占农业总产值的比例超过七成。

表 10-1 1991—2010 年中亚五国私人农场耕地和农业总产值所占比例

单位:%

国家	耕地所占比例		农业总产值所占比例	
	1991 年	2010 年	1991 年	2010 年
哈萨克斯坦	1	39	32	71
吉尔吉斯斯坦	3	76	44	98
塔吉克斯坦	7	86	36	91
土库曼斯坦	5	93	—	—
乌兹别克斯坦	8	98	33	98

数据来源：根据 Zvi Lerman. Land reform, farm structure, and agricultural performance in CIS countries [J]. China Economic Review. 2017 整理。

二、农业合作社

合作社是由成员自愿联合起来，通过共同控制的财产满足共同经济、社会和文化需求的自治协会（国际合作社联盟，2015）。中亚五国农业合作社发展相对缓慢且规模较小，除哈萨克斯坦农业合作社呈缓慢增长趋势外，吉尔吉斯斯坦、塔吉克斯坦和乌兹别克斯坦均呈下降趋势，唯一例外的是土库曼斯坦，该国的农业合作社仍然只与集体农场联系在一起。

根据中亚五国颁布的合作社相关法律（表 10-2），可把农业合作社分为农业生产合作社和农业消费（服务）合作社。在各国统计局登记的农业合作社中，绝大多数是生产合作社，服务合作社比例不超过 12%。生产合作社是指成员生产商品或提供服务，并将其产品对外出售，其主要职能是通过提供优于市场的工作和工作条件来改善其成员的福利（Zvi Lerman，2013）。在生产合作社中，成员通常在内部工作，而不是作为独立实体工作。社员们利用集体资源（土地或机械）进行联合生产，合作社在市场上出售联合生产的产品，并为联合生产过程购买生产资料，而不是为个别成员。而消费合作社是农民联合发起，自愿成立的自助组织机构，通常细分为销售合作社、加工合作社、供应合作社、机械合作社和农业推广与信息管理合作社，其职能是纠正市场失灵，允许其他途径进入市场，而不依赖私人服务中介。与生产合作社不同的是，消费合作社的成员在合作社之外运作，每个成员在法律和业务上保持独立性。消费合作社的成员与合作社之间存在双向关系：成员可以将其产出交付给合作社，以出售给外部客户；成员可以获得合作社从外部供应商购买的生产资料和服务。

表 10-2　1991—2013 年中亚五国合作社相关法律概览

年份	哈萨克斯坦	吉尔吉斯斯坦	塔吉克斯坦	土库曼斯坦	乌兹别克斯坦
1991		《合作社法》		《消费者合作社法》	《合作社法》
1992			《消费者合作社法》		
1994	《民法典准则：生产合作社》				
1995	《生产合作社法》			《农民协会法》	
1998					《农民生产合作社法》
1999	《农民消费者合作社法》	《合作社法》	《民法典准则：生产合作社》		
2001	《消费者合作社法》				
2002			《生产合作社法》		
2003	《农民消费者合作社法》				
2005		《合作社法》			
2013			《合作社法》		
2015	《农业合作社法》				

资料来源：Zvi Lerman. Cooperative development in Central Asia [R]. FAO Regional Office for Europe and Central Asia. 2013.

尽管自 1991 年开始各国高度重视发展农业合作社，但其发展仍然相对缓慢且规模较小。以哈萨克斯坦和吉尔吉斯斯坦为例，哈萨克斯坦在 1990—2018 年近 30 年间农业合作社仅仅增加 1 700 多个，而吉尔吉斯斯坦在 2006—2013 年短短 8 年间，农业合作社数量由 1 240 下降到 365 个。中亚国家农业合作社发展缓慢的原因主要有三：一是农业合作社的发展是“自上而下”的，即通过中央政府指示和正式战略文件推动，这使得政府的行政指令往往容易与农民群体的共同利益和主观意愿发生冲突（Lerman，2013）。二是农业合作社生产效率低，国家对农业合作社的支持和鼓励程度低，农业合作社缺乏发展生产的财政资源。不仅如此，中亚国家的税收政策往往对合作社也不友好，这通常会导致对敢于参与这种合作的人收取双重税费（Galiya Akimbekova 等，2015）。三是农业合作社的发展缺乏完整的、有体系的法律，虽然中亚五国自 1991 年起相继颁布了诸多合作社的相关法律文件，以鼓励本国合作社的发展，但这些法律大都是继承苏联1988年颁布的《合作社法》，并在此基础上根据本国国情加以改进。农业合作社相关立法大多见于农业政策文件和整个合作社行业的立法中，少有独立的农业合作社法律。

三、农工综合体

农工综合体这一概念形成于1970—1980年，是统一的地区生产综合体，是农业合作社的更高发展阶段，包括农业及其相关农业生产服务、产品到消费者过程中涉及的经济领域。中亚地区农工综合体包括农业生产产前、产中、产后三个环节，主要涉及农业生产工具、农产品原料加工等生产资料领域、种植业和畜牧业生产领域、农产品加工和销售领域。

在农工综合体的管理体制方面，中亚五国大多效仿俄罗斯的管理方式。管理区域的最高机构是各地区（州或自治共和国）的农业机构。各地区管理机构的称谓有所不同，如农业和粮食委员会、农业和粮食部、社会经济粮食司（局）等，地位、功能都属于同一类。各地区管理机构职能包括：制定发展计划；管理财务结算、决算、生产资金分析；对推广、实施新技术项目进行管理；管理农作物产品生产、农艺和育种工作；管理畜牧产品生产、畜牧保护技术和良种繁育；管理兽医、医疗服务；对综合体管理层干部的选拔和分配等。中亚各国农业管理各有特点，各地区对农工综合体的管理更加多样。地区农业管理部门一般通过司、局、处、科、组等各级组织对地区农业实行管理，一是对各地区农工综合体发展状况进行监测、分析、统计以及预测，并据此制定发展计划；二是发挥咨询功能，提供农业市场信息保障与技术服务保障；三是执行干部政策，选拔和分配干部；四是发展合作农业和农工一体化农业等。由于各地区农业管理机构在不同时期提出的发展目标、任务有所不同，其职能也会有所差异并适时调整。

农工综合体在中亚农业中占有特殊地位，把生产、加工、销售、物资供应和科技服务连接成一体，大大提高了农业的专业化、商品化和社会化水平。中亚五国过去的农业合作社和国营农场，大多从事多部门经营，既经营种植业，又发展畜牧饲养，作物种类多，牲畜品种杂，实行综合管理和推动各部门机械化都很困难，阻碍了商品化以及农业现代化的发展。而农工综合体向区域化种植和集中饲养发展，便于组织大规模生产。相比农业合作社以及各种形式的农场，建设农工综合体有以下优势：一是实行专业化生产，可以减少农业生产中重复投入大量的固定生产资金。二是便于采用新的科学技术，提高农畜产品的产量和生产率。作为国家调节农产品政策的途径之一，中亚各国农业管理政策都大力鼓励发展农工综合体，支持其开展科技和创新活动。但其发展缺乏足够的资金支持，主要经营农副产品的初级加工，产品的附加值不大，竞争力不足（刘思妤，2019）。

第十一章 CHAPTER 11
中国与中亚五国的农业合作

中亚五国拥有丰富的农业资源，与中国农业发展存在明显的互补性，在农产品贸易、农业科技以及农业投资等领域有着广阔的发展前景。近年来，中国与中亚各国均建立了长期稳定的合作关系，通过建立合作机制、合作平台等方式推动了地区间农产品贸易规模的不断扩大、农业政策的协同发展以及农业技术的互相提升。“一带一路”建设与哈萨克斯坦“2050战略”、吉尔吉斯斯坦“国家稳定发展战略”、塔吉克斯坦“能源、交通、粮食”三大战略、土库曼斯坦“强盛幸福时代”发展战略及乌兹别克斯坦“福利与繁荣年”规划的对接均取得了丰硕的成果。本章通过梳理中国与中亚五国的农业合作历程、农业合作机制、农业合作领域，为加强中国与中亚五国的农业合作提供对策与建议。

第一节　农业合作历程

一、20世纪90年代初期的过渡阶段

1991年之后的中亚五国相继制定出一系列优惠政策，鼓励企业或个人开展与中国的地方边境贸易活动。中国政府也适时提出了“东联西出，向西倾斜”的全面开放战略，鼓励中国企业家和商人到中亚开拓市场、办企业、开商店。乌鲁木齐地方边境贸易洽谈会的召开，更把这种“地边贸”活动推向了高潮。1992年，中国与中亚五国的进出口贸易总额为4.65亿美元，比1990年增长10倍以上。其中，中国与哈萨克斯坦贸易额最高，为3.8亿美元，占外贸总额的2%，中哈贸易在哈萨克斯坦对外贸易中占第一位。1992年中乌、中吉、中土和中塔的双边贸易额分别为5 252万美元、3 548万美元、450万美元

和 279 万美元。1993 年在中亚各国外贸额持续下降的情况下，与中国的贸易额却不断上升，贸易总额达 6.1 亿美元，比上年增长 31%。中哈、中塔和中吉贸易额各为 4.34 亿美元、1 235 万美元和 1.2 亿美元，中乌和中土贸易额也均比上年增加 3.3%（王海燕，1996）。

从中国与哈萨克斯坦农业合作状况来看，这一阶段农产品贸易规模不断扩大，合作领域从农产品贸易逐渐扩展到农业投资等方面。哈萨克斯坦 1991 年以后，开始分阶段实施经济改革，同时提出对外经济联系战略，中哈农业国际合作开始逐渐发展。1992 年，中国与哈萨克斯坦双方签署了《联合公报》《两国政府关于公民相互来往协定》《两国政府关于建立经贸、科技合作委员会协定》《关于中国在哈萨克斯坦开办商店的协定》等文件，为两国开展农产品贸易、农业投资奠定了制度保障。

中国与吉尔吉斯斯坦农业合作主要围绕农产品贸易开展，农业科技合作与农资合作仍处于起步阶段。1992—1995 年，中吉两国政府开展了不同层次的互访，加强了双边经贸合作。在此期间，双方签署了《中吉政府经济贸易协定》《科技合作协定》《两国政府进出口商品质量保证协定》等协议，构建了良好的政策环境，促进了两国双边贸易的迅速发展。农产品进出口总额从 0.35 亿美元增加到 2.31 亿美元，两国双边贸易发展有了良好的开端（徐慧，2007）。

中国与塔吉克斯坦农业合作主要集中在农产品贸易领域，这一时期未涉及其他领域的农业合作。自 1992 年中塔建交以来，双边农业合作较少，贸易规模非常小且主要为中国对塔吉克斯坦进口。1995 年中塔双边农产品贸易额达到最大值 1 200 万美元，1999 年下降到最低值仅 200 万美元左右。塔吉克斯坦主要对中国出口第 2 类（非食用原料）农产品，进口第 0 类（食品及活动物）农产品。

中国与土库曼斯坦农业合作起步较晚，这一阶段的合作主要集中在农产品贸易和农业投资领域。1992 年中土建交，两国签署了建交公报、经济贸易协定等，中土两国相互确认给予对方贸易最惠国待遇。这一时期双边贸易额总量较小，交易商品较为单一，双边贸易额占两国贸易总额的比例很低。农产品双边贸易额在 1995 年达到最大值 1 077 万美元，随后贸易额在波动中下降。土库曼斯坦主要对中国出口第 2 类（非食用原料）农产品，如棉花、化肥、硝胺等，进口第 0 类（食品及活动物）农产品，如茶叶、农副食品等。在投资合作方面，这一时期有5家中国公司与土库曼斯坦签订建立合资企业的合同，项目涉及饭店、纺织厂等。

这一时期的中国与乌兹别克斯坦农业合作以农产品贸易为主，以中国向乌兹别克斯坦进行农业投资为辅。1991年之后，中国政府鼓励中国企业以合适的方式与其开展贸易。随着双方政策的逐渐明朗以及受到中方企业积极向中亚投资布局的影响，中乌之间的经贸活动得到了初步的发展，中国企业向乌兹别克斯坦出口商品以及进口特色商品的数额越来越大。整体而言，乌兹别克斯坦进口的商品规模较大，处于贸易逆差方（沙浩，2019）。

二、转型时期的快速发展阶段

中国与中亚五国的农业合作从2001年开始迈入快速发展阶段。2001年6月，哈萨克斯坦与中国、吉尔吉斯斯坦、俄罗斯、塔吉克斯坦、乌兹别克斯坦组成了上海合作组织，加强了中亚各国与其他各成员国的交流合作和经济发展，也为区域内农业国际合作提供了良好平台。2013年9月，中华人民共和国国家主席习近平在哈萨克斯坦提出共建“丝绸之路经济带”的倡议，作为“丝绸之路经济带”的枢纽，中亚地区获得了交通设施建设、国际贸易合作、农业科技合作及人才交流等多方面的农业国际合作机会，通过借助国际性或区域性组织平台，不断深化双边、多边合作机制，极大地加快了与中国农业合作的发展进程。

（一）农产品贸易

中国与中亚五国农产品贸易在这一阶段迎来快速增长时期，贸易规模不断扩大，贸易品种不断丰富。

2001年以来中国与哈萨克斯坦的农产品贸易进入快速发展阶段。从贸易规模来看，与中国的外贸额在对外贸易总额中位居第一。进入21世纪以来贸易规模一直保持增长趋势，2011年后增速明显加快，2014年双边贸易额达到近年来最高，为4.1亿美元。到2019年双边贸易额累计达219.9亿美元。从贸易结构来看，中国进口哈萨克斯坦农产品主要集中在第0类（食品及活动物）和第2类（非食用原料）农产品，2018年占比分别为农产品进口总额的6.9%和90.1%。中国出口哈萨克斯坦农产品主要集中在第0类（食品及活动物），2018年占比为出口总额的95%。从贸易顺逆差来看，中国一直处在顺差地位，但近年来顺差有缩小的趋势（齐天琪，2019），2019年双边贸易中方顺差为34.7亿美元，同比增长22.7%（驻哈萨克斯坦共和国大使馆经济商务处，2020）。

中国与吉尔吉斯斯坦的农产品贸易合作随着吉尔吉斯斯坦对中国商品需求结构升级而不断扩大，两国贸易发展迅猛。目前，中国是吉尔吉斯斯坦的第一大贸易伙伴国和第一大进口来源地，吉尔吉斯斯坦也是中国新疆的第二大贸易伙伴。从贸易规模来看，2001年至2018年间，双方的农产品贸易总额总体呈现不断上升趋势。中吉的双边农产品贸易额主要来自吉对中国商品的进口，增长相对稳定，而吉尔吉斯斯坦对中国的出口量较小，但总体趋势仍在上升。从贸易结构来看，中国进口的农产品中第0类（食品及活动物）和第2类（非食用原料）农产品所占比重较大，并呈上升趋势。2018年中国对吉尔吉斯斯坦第0类农产品进口额占该国农产品进口总额的20.22%，第2类农产品占79.68%；出口方面，中国对吉尔吉斯斯坦出口主要以第0类（食品及活动物）农产品为主，其出口额占出口总额的96.89%。从贸易顺逆差来看，中国一直处于顺差状态，且由于进口对贸易总额的贡献度较小，中吉的顺差形势一直紧跟出口变化（UN Comtrade Database）。

中国与塔吉克斯坦农产品双边贸易互补性很强。从贸易规模来看，中塔的贸易总额较小，进口额普遍低于200万美元，出口额普遍低于2 000万美元，是中亚五国与中国农产品贸易往来偏少的国家。2001—2009年间中国对塔吉克斯坦农产品进口总额呈稳定低增长态势；2010—2012年出现高增长态势；2012—2016年呈波动下降趋势；2017—2018年有所反弹。出口方面，中国对塔吉克斯坦农产品出口总体呈现稳定上升趋势，并于2017年达到最大值0.24亿美元。从贸易结构来看，在中国进口塔吉克斯坦的农产品中，第2类（非食用原料）农产品所占比重较大；中国对塔吉克斯坦农产品出口方面，第0类（食品及活动物）与第2类（非食用原料）农产品所占比重较大（UN Comtrade Database）。

中国与土库曼斯坦农产品贸易发展波动性较大，总体保持着增长态势。从贸易规模来看，双方贸易额呈现出波动性增长的趋势，进出口量的变化与进口变化一致。2001年 中土双边贸易总额上升至3 271万美元，其中中方出口额为3 149万美元，进口额为122万美元。由于两国贸易中绝大部分是中国的出口，所以土库曼斯坦贸易逆差严重。从贸易结构来看，中国从土库曼斯坦进口产品几乎全部为第2类（非食用原料）农产品。出口方面，中国也主要向其出口第2类（非食用原料）农产品，其次是第1类（饮料及烟叶）农产品，第4类（动植物油脂及蜡）农产品出口较少（UN Comtrade Database）。

中国与乌兹别克斯坦贸易发展并不稳定，双方贸易总额波动较大，2012年后呈持续下降趋势。从贸易规模来看，农产品贸易总额整体呈上升趋势，到2012年贸易总额达8.53亿美元。但2012年后中国对乌兹别克斯坦农产品进口波动下降，且下降速度较快，尽管出口量保持着一定增幅，但增幅不明显，导致农产品贸易额连年缩减。从贸易结构来看，中国进口乌兹别克斯坦的农产品中，第0类（食品及活动物）、第2类（非食用原料）和第4类（动植物油脂及蜡）的农产品所占比重较大。中国对乌兹别克斯坦农产品出口占比最大的分别为第0类（食品及活动物）和第2类（非食用原料）。从贸易顺逆差来看，中国一直在中乌双边农产品贸易中处于顺差地位，由于中国对该国的进口额变化不明显，顺逆差额也与出口额相类似（UN Comtrade Database）。

（二）农业科技合作

2001年以来，中国与中亚地区的农业科技合作迎来了快速发展时期。中亚五国农业资源丰富，但科技水平落后，土地产出率低。中国新疆作为中国面向中亚的桥头堡，具备对外开放的交通、人才和科技等优势，与中亚五国农业科技表现出显著的互补性，因此，中国与中亚五国的农业科技合作集中在新疆地区。

中国新疆与中亚五国的农业科技合作方式主要包括建设科技合作基地与示范园、农业展会、农业科技科研项目、人才培训及科技论坛、科技信息共享平台等。例如，中国和哈萨克斯坦在阿拉木图合作建设了现代农业产业创新示范园，结合了哈萨克斯坦农业地理优势和中国农业技术优势，推广了高产耐旱的作物品种和节水、节能技术。以新疆为代表的中国与中亚地区农业科技合作，不仅促进了各国先进农业科技的交流，也使得区域内农业科技合作提升至更高层次。2010年5月，上海合作组织成员首届科技部长会议上，新疆被吸收成为“常设科技合作工作组”成员之一。当前，中国新疆也在筹建“中国-中亚科技合作中心”，旨在推动新疆与中亚的科技合作深入发展。

（三）农业投资合作

中国与中亚五国投资合作的80%集中在能源化工产业，在农业领域的投资项目不足10%。近年来，借助于政策东风，中国与中亚各国的农业投资合作有了很大的发展，农业领域和投资规模也在不断扩大。

中国与哈萨克斯坦的农业投资合作在1996年迎来快速发展阶段，逐步形成了以中国企业投资为主、中国政府投资为辅的投资体系。中国企业投资主要涉及生产种植、农业机械及设备、农产品加工及仓储物流、农业贸易等多个领域；双方政府农业投资主要涉及国家战略安全领域。例如，两国政府投资956万美元建设了“霍尔果斯河友谊联合引水枢纽工程”，该工程左岸是中国新疆维吾尔自治区伊犁哈萨克自治州霍城县，右岸属哈萨克斯坦共和国阿拉木图州潘菲洛夫区，可有效地提高农业灌溉和生态用水的保证率，减轻霍尔果斯口岸及在建的“中哈贸易合作区”的防洪压力，促进霍尔果斯河两岸经济发展。

中国与吉尔吉斯斯坦的农业投资合作关系一直十分亲密，呈现快速发展状态。中吉两国正日益增加双方合作投资领域的互补性。当前，在吉尔吉斯斯坦注册的中国投资企业中大多从事农产品、畜产品及食品加工，如养鸡场、面粉加工、饼干生产、农业种植等。同时，中国资助吉尔吉斯斯坦进行灌溉系统改造工程，不仅可以有效地提高当地农田灌溉面积，还将促进沿线种植业和畜牧业的发展，提高当地居民生活水平和经济收入。此外，在中方协助下，吉尔吉斯斯坦完成了达特卡-克明输变电工程的建设及比什凯克热电站的现代化改造工程，开通了“中国-吉尔吉斯-俄罗斯”公路，这些基础设施建设项目对吉尔吉斯斯坦农业发展具有重要的意义。

中国与塔吉克斯坦农业投资合作自2001年以来发展迅速。双方在《上海合作组织成员国政府间农业合作协定》框架下在农业投资、农产品加工与贸易、农业机械制造及农业科研等领域开展合作。2011年中国与塔吉克斯坦签署了《中塔农业合作谅解备忘录》，选定了哈特隆州法伊扎里·萨伊托娃农场为示范中心建设地点，并确定示范内容以种植业及养殖业为主。2013年以来，中国在塔吉克斯坦进行投资建设中塔农业科技示范中心，利用中方已有技术和塔吉克斯坦丰富的淡水资源进行淡水鱼苗种繁育及配套关键技术示范等，促进了双方农业技术交流和发展。

中国与土库曼斯坦自进入21世纪以来农业投资规模不断扩大。中土双方十分重视农业投资合作，并于2014年签署了中土农业合作谅解备忘录，为两国农业合作搭建了新的平台，推动了两国在农业种植、棉花、农机、节水灌溉等领域的投资合作（郭静利、粟若杨，2016）。2018年7月，中土双方达成了农产品生产相关先进技术相互引进的合作协议。当前，中国对土库曼斯坦投资主要集中于石油和天然气开发等领域，农业领域投资相对较少。且由于该国开放程度相对较低，投资管理制度与其他国家差别较大，农业投资进展缓慢（Suvalova Yuliya，2020）。

中国与乌兹别克斯坦农业投资合作起于1992年3月13日《中华人民共和国农业部和乌兹别克斯坦共和国农业部合作协议》的签订，进入21世纪后农业投资合作迎来快速发展时期。2012年9月，中国与乌兹别克斯坦签署了《中乌两国农业合作计划》，主要在农业信息交换、动植物检疫、棉花育种、农产品加工、农业机械和人员培训等方面加强了合作。2013年初，两国政府在中乌政府间合作框架下设立农业分委会，农业磋商机制逐步形成并完善（中国驻乌兹别克斯坦大使馆经商参处）。

第二节　农业合作机制

农业国际合作机制是指为适应农业国际合作发展的需要，政府间在调整农业合作关系中通过一定程序形成的旨在规范政府合作行为，协调不同利益与汇合共同利益，促进农业合作的一系列有机联系的正式制度安排。完善的农业国际合作机制包括合作制度、合作组织机构、参与主体及渠道、合作项目或行动、保障措施等构成要素。农业国际合作机制主要分为双边合作机制、多边合作机制（包括区域合作机制）和地方合作机制，发起成员为中央政府、地方政府或国际官方组织等（杨易等，2012）。中亚地区作为中国向西扩展的第一个重要关口，中国与1991年后的中亚各国建立起了各种农业合作沟通机制，形成了以双边机制为主、多边机制和地方机制并存、参与主体多元化、合作逐步深化的局面。

一、多边合作机制

在农业多边国际合作机制中，一部分为各国农业部主导的农业多边国际合作机制，另一部分为各国农业部参与的农业多边国际合作机制。中国与中亚各国农业多边国际合作机制主要包括上海合作组织和中亚区域经济合作机制。

（一）上海合作组织（SCO）

上海合作组织（以下简称上合组织）是由中国与哈萨克斯坦共和国、吉尔吉斯共和国、俄罗斯联邦、塔吉克斯坦共和国、乌兹别克斯坦共和国于2001年6月15日在中国上海宣布成立的永久性政府间国际组织。其宗旨是加强成员国之间的互相信任与睦邻友好；鼓励成员国在政治、经济、科技、文化、教育、能源、交通、环保和其他领域的有效合作；联合致力于维护和保障地区的和平、安全与稳定；建立民主、公正、合理的国际政治经济新秩序。上合组织将开展区域间经济合作作为优先方向之一，《关于上海合作组织成员国多边经贸合作纲要》《上海合作组织银行联合体成员关于支持区域经济合作的行动纲要》《上海合作组织成员国政府间关于开展区域经济合作基本目标和方向及启动贸易和投资便利化进程的备忘录》等文件的签订，推动了中亚地区与其他上合组织成员农业经贸合作的不断发展。

农业成为上海合作组织非常重视的合作领域，主要是各成员国具备这样一些条件：首先上合组织各成员国都是发展中国家和新兴经济体，农业在经济中占的比重较大；其次是农业领域各具优势，有一定的互补性，有开展互利合作的良好基础。中国是传统农业大国，哈萨克斯坦已经成为国际上有竞争力的粮食出口国，乌兹别克斯坦是产棉大国；再次是成员国的粮食安全问题越来越突出；最后是农业资源利用、农业技术推广、农业设备产销、农业生态保护等方面的合作具有很大潜力。农业成为上合组织各成员国重点合作领域有几个关键时间点和事件：2003年，《上海合作组织多边经贸合作纲要》把农业领域的合作作为经济合作的优先方向之一。2006年，第5次上合组织元首峰会决议明确将农业列为优先合作方向，将农业合作从一般合作提高到优先合作级别。2010年，上合组织首届农业部长会议签署《成员国政府间农业合作协定》，农业领域的合作机制得以正式确立。2014年，上合组织第三次农业部长会议签署了《上海合作组织第三次农业部长会议纪要》，审议通过了《〈上海合作组织政府间农业合作协定〉2015—2016年农业合作计划》。2019年6月14日，习近平主席在上合峰会提出建设上海合作组织农业技术交流培训示范基地，加强同中亚地区国家现代农业领域合作的倡议。这一倡议得到了上合组织成员国的积极响应和上合组织秘书处的大力支持，随后陕西省将基地选在杨凌示范区。

2019 年 10 月 22 日，上海合作组织现代农业发展圆桌会议在杨凌举行，乌兹别克斯坦、哈萨克斯坦等与会各国代表以“弘扬上海精神、加强现代农业合作”为主题，探讨深化上合组织国家现代农业领域合作的新模式与新路径。上海合作组织秘书长诺罗夫在致辞中表示，在杨凌示范区建立上海合作组织农业技术交流培训示范基地，将为各方互鉴先进技术经验、加强交流合作提供平台，推动中亚地区国家间农业合作迈上新台阶。

（二）中亚区域经济合作机制 （CAREC）

中亚区域经济合作机制是 1996 年由亚洲开发银行倡议成立的中亚区域经济合作的主要多边机制之一，由中国、哈萨克斯坦、吉尔吉斯斯坦、塔吉克斯坦、乌兹别克斯坦、巴基斯坦、土库曼斯坦、格鲁吉亚、蒙古国、阿富汗以及阿塞拜疆 11 个国家和包括亚洲银行、欧洲复兴开放银行、国际货币基金组织、伊斯兰发展银行、联合国开发计划署和世界银行在内的 7 个国际金融机构共同组成的。其宗旨是“通过合作实现发展，加速经济增长，减少贫困”，具体为：协助各国开发多种方式的高效交通体系、减少贸易壁垒、提高能源安全和效率，以及在处理其他区域性公共物品上开展合作。该模式对哈萨克斯坦与其他成员国在农业方面的经济合作起到了极大的推动作用。该机制采取“两个结构层次”的工作方法：第一层次活动包括交通、贸易、能源等核心领域。第二层次活动包括人力发展、农业、环境、旅游等新领域。工作机制包括部长会、高官会和各行业协调委员会，迄今已举办了 11 次部长会。

2007 年，中亚区域经济合作计划 8 国通过了一项 180 亿美元的战略计划，该计划旨在改善中亚地区的公路、机场、铁路及海港运输网络，令中亚地区成为欧洲与亚洲贸易的重要交通路线，打造一条类似于古代丝绸之路的现代丝绸之路。各国部长在会后的联合声明中称：“中亚正在成为欧亚大陆的枢纽地区，并成为连接欧洲、俄罗斯联邦、中国、南亚及中东地区的重要大陆桥。”通过该合作机制，中亚地区国家基础设施的建设获得了极大的财力支持，从而奠定了农业发展的基础。

二、双边合作机制

农业双边国际合作机制主要由各国农业部发起和主导，与外国政府签订合作协议并牵头落实。中国与中亚国家农业双边国际合作机制主要包括边境合作中心机制和商品交易平台机制。

(一) 边境合作中心机制

中国长期以来致力于发展与西北部周边国家的关系。近几年来，随着综合国力的不断提升，与周边国家关系不断密切，中国政府开始尝试重新连接西部通道。中哈霍尔果斯国际边境合作中心就是非常典型的例子。2012 年，中国与哈萨克斯坦在两国接壤区域建立了中哈霍尔果斯边境合作中心，作为上海合作组织框架下区域合作的示范区，其主要功能包括贸易洽谈、商品展示和销售、仓储运输、宾馆饭店、商业服务设施、金融服务、举办各类区域性国际经贸洽谈会等。随着两国贸易往来愈发频繁，合作日益加深，两国在该地区周边建立起了保税仓库、加工工厂以及物流配送等相关产业基地，为中国与哈萨克斯坦在农业领域的更好更深的交流合作提供了良好的支持。

根据中国边贸部门的统计情况来看，霍尔果斯口岸每年进出口货物将近 300 万吨，出境人员达到 450 万人次。1989 年，霍尔果斯口岸开通了新疆伊宁至清水河至哈萨克斯坦潘菲洛夫的国际旅客班车，对中国与中亚五国的交往起到了积极的推动作用。1993 年，霍尔果斯口岸又开通了新疆乌鲁木齐市至霍尔果斯至哈萨克斯阿拉木图国际客货直达运输班车。2008 年以来，通过霍尔果斯口岸销售到中亚五国的蔬菜、果品将近 20 万吨，其中 90% 来自中国内地(新华社，2009)。此外，2012 年 5 月 30 日中国人民银行霍尔果斯口岸支行—国家外汇管理局霍尔果斯口岸支局正式挂牌营业，其金融管理和服务体系日趋完善。霍尔果斯口岸以及中哈霍尔果斯国际边境合作中心从设立到正式运行都凝聚了中哈两国政府和民众的心血，也非常完美地保证了两国在政治、经济、文化、宗教等各方面存在很大差异的情况下，可以做到民间交往的自由顺畅。可以说，中哈霍尔果斯边境合作中心的运作模式已经日趋成熟 (Stybayev Baurzhan，2015)。

(二) 商品交易平台机制

商品交易平台机制是中国与中亚地区开展农业合作的特色机制，其目的就是为了服务中亚各国与中国原料商品的流通。商品交易平台的建设往往需要借助自贸区所具有的地缘优势，通过联合运作的方式将自贸区与商品交易以及平台建设相互结合，从而形成交易、定价、需求和服务的精准定位，促使商品交易平台成为各行业中较为快捷的信息中心、交流中心、物流配送中心和结算中心。

2009年，中国与中亚国家建立了首个综合性、国际性、多功能的电子商务应用平台——中国（奎屯）-乌兹别克斯坦商品交易平台，此平台的开通为两国国内市场物资商品的跨境流动提供了更加便捷的服务。中国（奎屯）-乌兹别克斯坦商品交易平台率先创新了国际区域经济合作新机制，逐步发展为支持多种交易机制的国内、国际贸易平台。同时，这一商品交易平台通过和乌交所及众多的乌兹别克斯坦企业开展业务往来和经贸合作，能够提高中国客商对乌兹别克斯坦的原料商品需求数量。在高速发展的互联网络和现代电子商务技术支持下，通过国家原料商品交易所与世界各国250多个贸易平台连接，可以实现中国与中亚各国客商的网上交易，有力带动了中国同中亚各国在经贸、文化、旅游等产业方面的深度合作。

三、地方合作机制

农业地方国际合作主要由地方省（自治区）政府或农业厅主导，得到地方商务厅、卫生厅、行业协会等部门的支持。资金主要来源于地方政府财政资金或农业部门资金、商务厅援外资金、农业部国际合作司下拨资金等。中国与中亚开展合作活动较多的省份主要是新疆维吾尔自治区。目前，中国已在新疆与中亚五国开通了2个航空口岸和11个陆路边境口岸，其中陆路边境口岸有：与哈萨克斯坦的7个，与吉尔吉斯斯坦的3个，与塔吉克斯坦的1个。新疆已是中国与中亚五国农业区域合作的重要桥梁和纽带，双方在农产品贸易、农业科技、农业投资等领域具有较强的互补性，合作前景十分广阔。地方合作机制主要包括展会经济合作机制和政府主导民间参与的贸易合作机制。

（一）展会经济合作机制

展会活动作为在特定地域空间、特定时间人们集体进行的物质、文化活动，具有极其重要的经济功能。展会活动的经济功能主要表现在信息传递功能、供求调节均衡功能、创造市场机会功能、促进流通功能、价值实现与权益转移功能、产业与区域结构调整功能、一体化功能等多个方面。具体来说，主要有以下几个。

一是“中国-亚欧博览会”。其前身是乌鲁木齐对外经济贸易洽谈会，简称“乌洽会”，2011年起，升格为“中国—亚欧博览会”。乌洽会是经中国外经贸部批准，西北部规模最大的综合性、国际性展览洽谈会，也是面向中亚、俄罗斯的商品展示与贸易洽谈会。每年都吸引大量的中外客商，其中80%左右的客商都来自中亚国家。乌洽会已成为联系新疆与中亚的桥梁和重要窗口，为新疆与中亚各国进行经济合作提供了直接沟通和交流的机会，拓宽了双方合作交流的领域和规模，也是新疆与中亚国家开展农业合作的一种重要方式。

二是“哈萨克斯坦-亚洲商品展览会”。哈萨克斯坦—亚洲商品展览会由商务部外贸发展局联合新疆维吾尔自治区外经贸厅、新疆生产建设兵团商务局、伊犁哈萨克自治州人民政府、有关商务主管部门以及哈萨克斯坦国家工商会等机构，每年在哈萨克斯坦阿拉木图市举办。自2003年以来，哈萨克斯坦亚洲商品展览会已成功举办了十七届，经过多年的不懈努力，该展会已成为中国在境外连续主办规模最大的展会之一，在哈萨克斯坦及中亚国家具备广泛的影响力，成为有关机构和客商了解中国企业和产品的良好机会和便利渠道，以及中亚客商采购中国商品的最佳贸易平台。

三是“新疆农业国际博览会”。新疆国际农业博览会暨中亚（新疆）农业生产资料交易洽谈会，是由国家农业部、国家贸促会、中国农业机械协会及新疆生产建设兵团、自治区农业主管部门联合主办，中亚四国工商会及全国各省（区、市）农业主管单位和部分企业共同协办的国家级展会，被誉为农业展会的“奥林匹克”盛会，每年5月在新疆定期举办，目前，已成功举办二十届。历届展会都会吸引来自俄罗斯、哈萨克斯坦、巴基斯坦、乌兹别克斯坦、吉尔吉斯斯坦、西班牙、以色列及新疆和西北地区农业、农资主管部门、行业协会、经销商等10多个国家的行政官员和企业精英前来参观和贸易洽谈。

此外，还有连续举办的新疆特色林果产品展览会。这些展会经济平台，为中国新疆与中亚五国在农业领域的合作提供了一个信息交流、商品成交的场所，创造了便利的农产品贸易和农业投资的条件，有力地推动了新疆与中亚国家农业合作的不断深入开展（朱新鑫，2011）。

（二）政府主导、民间参与的贸易合作机制

中国新疆与哈萨克斯坦、吉尔吉斯斯坦、塔吉克斯坦等三国接壤，与土库

曼斯坦、乌兹别克斯坦遥遥相望，双边农产品贸易合作潜力巨大。近年来，新疆充分发挥自身的资源、地缘、市场、人文优势，大力推进与中亚国家的农产品贸易合作。为此，新疆维吾尔自治区政府在各类资金项目上对新疆的农业产业化以及农产品进出口龙头企业予以政策倾斜。以西部促进资金项目、地方外经贸发展资金项目、出口地产品资金项目、品牌发展专项资金项目、农轻纺产品贸易促进资金、中小企业国际市场开拓资金等项目重点支持农产品出口基地建设、农产品加工生产线技术改造、出口农产品质量可追溯体系建设、境外商标注册和国际市场开拓等。目前，新疆已经在南疆建立了以阿克苏、库尔勒、喀什为中心，北疆以伊犁河谷、石河子、昌吉为中心、东疆以哈密、吐鲁番为中心的瓜果出口基地；在乌鲁木齐、昌吉、塔城、伊犁河谷、阿勒泰等地建立了主要面向中亚的蔬菜出口基地；在伊犁河谷、喀什、乌鲁木齐三地建立了肉禽蛋和水产品出口养殖基地；在喀什、和田、塔城、伊犁河谷等地建立了种苗花卉出口基地。

除此之外，针对农产品贸易的特殊性，为方便新疆农产品向中亚国家出口，乌鲁木齐海关结合新疆口岸进出口特点，专门打造了一条促进农产品出口的“绿色通道”：在报关大厅设置“瓜果蔬菜、重大项目设备出口专用报关”窗口安排业务水平高、能力强的关员，优先办理接单、审单等报关手续；在车辆通关现场开辟通关“绿色通道”，对符合条件的出口果蔬报关单实行“低风险快速放行”，确保果蔬随到随验、快速放行；建立了从存放、装卸、运输到出境环节的“快捷通道”，对一些企业申请在非海关监管场所查验的农副产品，海关工作人员还实施“门对门”服务，将关口前移到果蔬、设备等装运现场。

在新疆维吾尔自治区政府的支持下，双边农产品贸易从无到有、从小到大，逐渐形成了固定的民间贸易合作单位，构筑起了相对稳定的贸易运作机制，极大地推动了双边农产品贸易的往来（朱新鑫，2011）。

第三节　农业合作领域

中国与中亚五国农业合作历史悠久，在资源禀赋和贸易基础等方面具有较大的互补性，“一带一路”倡议的提出更为双方农业合作提供了新的契机。当前，双方处于农业合作的黄金时期，在农产品贸易、农业科技、农业投资以及人力资源等四个领域开展的农业合作能够实现各方优势互补，互惠互赢。

一、农产品贸易

中国与中亚五国的农产品贸易整体呈不断扩大的态势。从贸易总额与发展趋势来看，中国与中亚五国之间的农产品贸易总额较小，但总体呈上升趋势；从贸易收支来看，中国与中亚五国贸易总体处于逆差地位，但是中国与中亚五国的贸易发展不平衡；从贸易对象来看，中亚五国中哈萨克斯坦是中国最大的贸易伙伴，其次是吉尔吉斯斯坦、土库曼斯坦，最后是乌兹别克斯坦、塔吉克斯坦；从统计分类来看，中亚五国与中国的农产品贸易主要涉及活动物、动物产品，植物产品，动植物油脂及其分解产品、精制的食用油脂、动植物蜡、食品、饮料、酒及醋、烟草及烟草替代品制品等四大类农产品的范围。为方便分析，本部分农产品统计分类与第五章分类界定一致，具体农产品分类见表 6－1。

（一）哈萨克斯坦

中国与哈萨克斯坦农产品贸易规模起伏较大，但从总体来看，哈萨克斯坦处于农产品贸易顺差的局面。2018 年双边贸易总额 22.03 亿美元，贸易结构以第 0 类（食品及活动物）与第 1 类（饮料及烟草）农产品为主。根据 UN Comtrade Database（联合国商品贸易数据库）SITC 四大类农产品贸易数据整理分析，1995—2010 年中国对哈萨克斯坦农产品进口额呈现较快增长态势，在 2010 年达到 17.11 亿美元，但是，在 2010—2015 年，受粮食危机的影响，中国进口哈萨克斯坦农产品规模大幅度缩小，2015 年仅为 5.68 亿美元，2015—2018 年进口规模逐步扩大并达到历史最高水平，2018 年中国进口哈萨克斯坦农产品 18.87 亿美元（图 11－1）。中国出口哈萨克斯坦农产品贸易规模呈平稳增长态势，由 1995 年的 0.19 亿美元增长到 2018 年的 3.16 亿美元，年均增长 65.13%。从农产品贸易结构来看，中国进口哈萨克斯坦农产品主要集中在第 0 类（食品及活动物）与第 2 类（非食用原料），2018 年占比分别为农产品总额的 6.9%和 90.1%。中国出口哈萨克斯坦农产品主要集中在第 0 类（食品及活动物）与第 1 类（饮料及烟草），2018 年占比分别为出口总额的 95%与 2%。

（二）吉尔吉斯斯坦

中国与吉尔吉斯斯坦农产品贸易规模较小且波动起伏剧烈，2008 年以前，

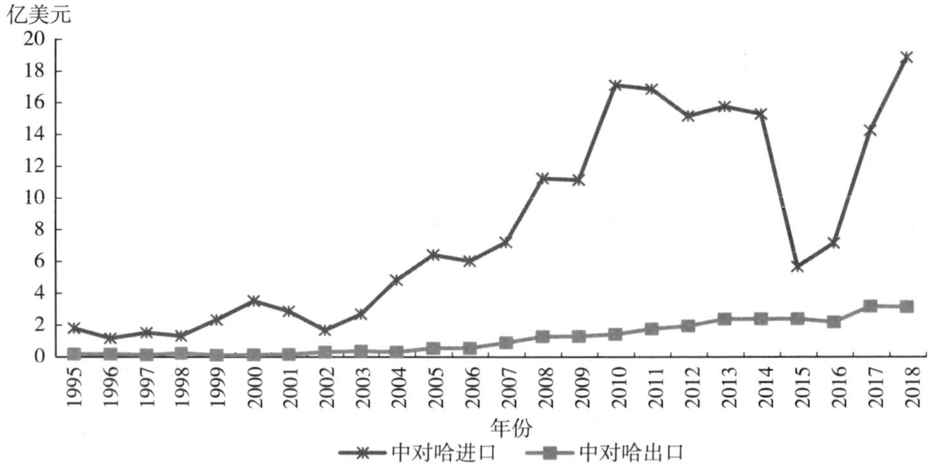

图 11-1　1995—2018 年中国对哈萨克斯坦农产品进出口贸易额

数据来源：联合国商品贸易数据库（UN Comtrade Database）。

吉尔吉斯斯坦处于贸易顺差状态，2008 年以后总体处于贸易逆差状态。贸易结构以第 0 类（食品及活动物）和第 2 类（非食用原料）农产品为主。中国对吉尔吉斯斯坦农产品出口额在 0.6 亿美元上下波动，2012—2018 年总体呈波动下降趋势，2015 年中国对吉尔吉斯斯坦进口额最低，仅为 0.23 亿美元（图 11-2）。出口方面，中国对吉尔吉斯斯坦出口总体呈上升趋势，于 2014 年达到峰值 1.86 亿美元后，2017 年降到 0.49 亿美元，2018 年有所反弹，出口额达 0.86 亿美元。就贸易总额而言，中国对吉尔吉斯斯坦出口的农产品贸易增长相对稳定，但进口额受国际经济形势影响明显，起伏较大。从农产品贸

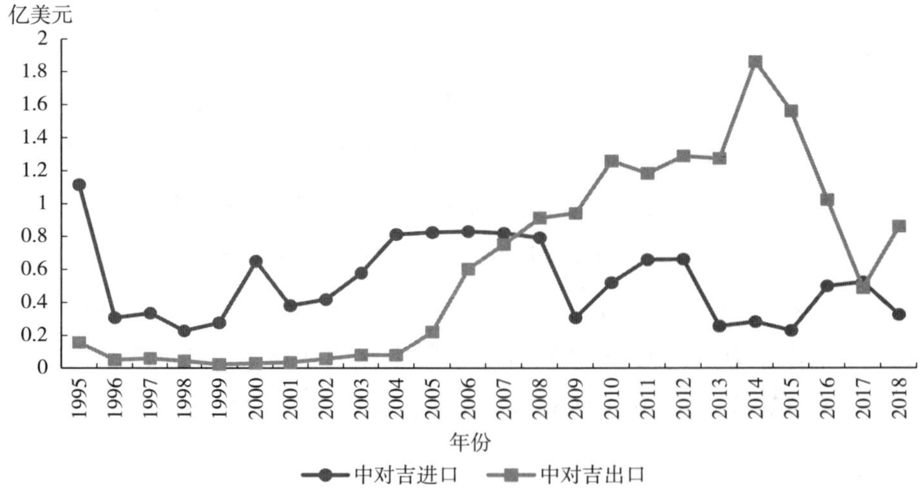

图 11-2　1995—2018 年中国对吉尔吉斯斯坦农产品进出口贸易额

数据来源：联合国商品贸易数据库（UN Comtrade Database）。

易结构来看，中国进口吉尔吉斯斯坦的农产品中，第0类（食品及活动物）和第2类（非食用原料）农产品所占比重较大，并且大致呈现上升趋势。2018年，中国对吉尔吉斯斯坦第0类农产品进口额占对吉农产品进口总额的20.22%，第2类农产品占79.68%；2018年中国对吉尔吉斯斯坦第0类农产品出口额占出口总额的96.89%，第3类农产品仅占2.83%。

（三）塔吉克斯坦

中国与塔吉克斯坦农产品贸易总额较小但波动剧烈，除2004—2005年及2007—2009年塔吉克斯坦均处于贸易顺差状态。贸易结构以第0类（食品及活动物）与第2类（非食用原料）农产品为主。1995—2009年中国对塔吉克斯坦农产品进口总额呈稳定低增长态势，2010—2012年呈现高增长态势，2012年中国对其进口总额达到1.01亿美元；2012—2016年呈波动下降趋势，但2017—2018年有所反弹（图11-3）。出口方面，中国对塔吉克斯坦农产品出口总体呈现稳定上升趋势，并于2017年达到最大值0.24亿美元。从农产品贸易结构来看，在中国进口塔吉克斯坦的农产品中，第2类（非食用原料）农产品所占比重较大，2019年占比99.6%。中国对塔吉克斯坦农产品出口方面，第0类（食品及活动物）与第2类（非食用原料）农产品所占比重较大，并且大致呈现上升趋势，2018年中国对其出口第0类农产品占农产品出口总额的77.27%，第2类农产品占出口总额的22.64%。

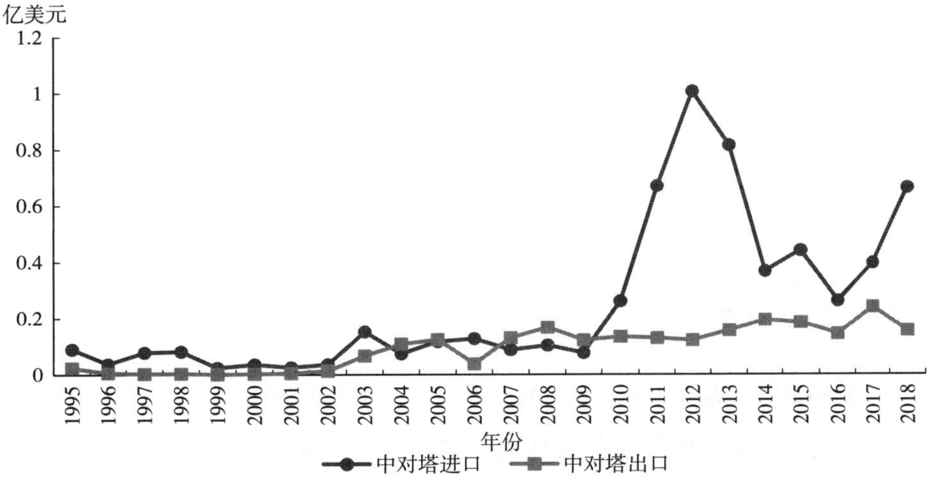

图11-3　1995—2018年中国对塔吉克斯坦农产品进出口贸易额

数据来源：联合国商品贸易数据库（UN Comtrade Database）。

（四）土库曼斯坦

中国与土库曼斯坦农产品贸易规模波动剧烈，总体呈贸易逆差状态，贸易结构以第 2 类（非食用原料）农产品为主。1995—2015 年中国对土库曼斯坦农产品出口规模呈现出较快增长态势，但 2016—2018 年波动较为剧烈。出口方面，1995—2007 年中国对土库曼斯坦农产品出口规模保持平稳趋势，2007—2016 年呈小幅度增长趋势，2017—2018 年有所回落（图 11 - 4）。从农产品贸易结构来看，中国进口土库曼斯坦第 2 类（非食用原料）农产品所占比重较大，并且大致呈现上升趋势，2018 年占比达 98.93%。第 2 类农产品进口总额从 1995 年的 0.06 亿美元上升到 2018 年的 0.95 亿美元。中国对其农产品出口主要集中在第 0 类（食品及活动物）和第 2 类（非食用原料），均呈现波动上升趋势，2018 年出口比重分别占中对土四大类农产品出口总额的 61.3% 和 38.37%。

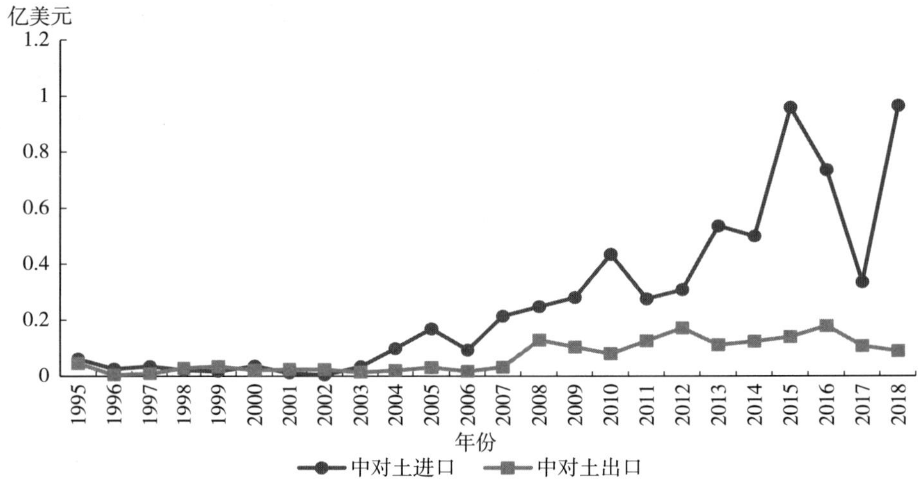

图 11 - 4　1995—2018 年中国对土库曼斯坦农产品进出口贸易额

数据来源：联合国商品贸易数据库（UN Comtrade Database）。

（五）乌兹别克斯坦

中国与乌兹别克斯坦农产品贸易额总体呈剧烈波动趋势，总体呈贸易逆差状态，贸易结构以第 0 类（食品及活动物）和第 2 类（非食用原料）农产品为主。1995—2006 年中国对乌兹别克斯坦农产品进口呈“U”形趋势，2001 年到达最低点为 0.14 亿美元，2006 年到达第一个高峰 5.28 亿美元，2006—

2009年不断降低到2.22亿美元，此后迎来强势反弹，并于2010年与2012年达到两个峰值，分别为7.47和7.84亿美元（图11-5）。2012—2018年中国对乌农产品进口额呈现波动下降趋势，2018年进口额仅为2.34亿美元，比2017年降低了8.2%。出口方面，中国对乌兹别克斯坦出口额呈稳健上升趋势，由1995年的0.11亿美元上升到2018年的0.75亿美元。从农产品贸易结构来看，中国进口乌兹别克斯坦的农产品中，第0类（食品及活动物）、第2类（非食用原料）和第4类（动植物油脂及蜡）的农产品所占比重较大，并且均呈现上升趋势。2018年中国对乌兹别克斯坦进口的第0类、第2类和第4类农产品分别占四大类农产品进口总额的19.0%、57.7%和23.3%。中国对乌兹别克斯坦农产品出口占比最大的分别为第0类（食品及活动物）和第2类（非食用原料），2019年分别占中对乌出口总额的72.4%和23.6%。

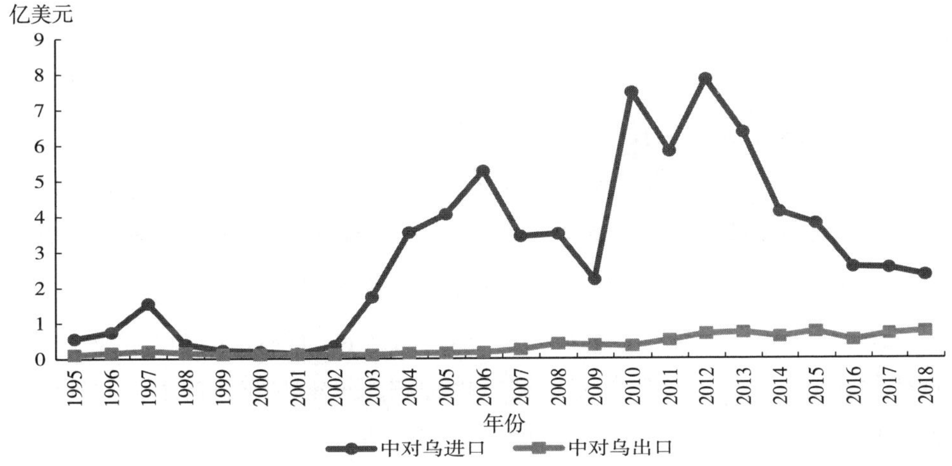

图11-5　1995—2018年中国对乌兹别克斯坦农产品进出口贸易额

数据来源：联合国商品贸易数据库（UN Comtrade Database）。

二、农业科技合作

国际农业科技合作通常是指通过不同国家之间农业技术的引进、消化、创新和扩散来实现生产要素、生产条件的重新组合，以达到使合作各方均获得最大利益的国际技术转移的一种形式。加强国际农业科技合作，是推进农业科技进步，促进农业发展的重要途径。当前，中国与中亚五国农业科技合作呈现领域宽广、内容丰富、主体多元、方式多样的特点；合作领域涉及种植业、畜牧业、渔业、生态环境、资源开发、人员培训与人才交流、科技论坛等各个方面；合作主体包括企业、高校以及地方科研机构；合作内容涉及种质资源与品种交流、现代农业技术示范与推广、农产品加工、动植物疫病防治、生物多样性保护、荒漠治理、水文气象研究；合作模式主要围绕农业技术贸易、农业项目合作以及建立农业科技合作园区等方面展开。

（一）农业技术贸易

农业技术贸易也称农业技术引进，是指国家或企业引入国外的专有技术，技术咨询、技术服务，以及所必须附带的设备、仪器和器材，其目的是引进国通过引进较高的科学技术及设备，来提高本国或企业的农业生产能力、技术水平和管理水平。农业技术贸易型的农业合作模式通过相互引进本国所需的上述技术，不仅弥补了各自的技术空白，而且省去了自主研发的困难，获得可观的经济和社会效益。

中国与中亚地区的农业技术贸易主要以中国引进中亚优良品种及技术，同时向合作国家输出先进的技术和设备为主。中亚国家先后向中国提供直接应用于农业生产的小麦、玉米、水稻、棉花、油料、甜菜、豆类、蔬菜、特产园艺、花卉等农作物新品种 50 多个。例如，哈萨克斯坦提供了 3 项科技成果即作物秸秆微贮饲料技术、微生物杀虫剂和防治作物根病的木霉制剂，乌兹别克斯坦提供了赤眼蜂工厂化繁殖技术。中国具有优良的粮食和棉花品种资源，拥有现代化的良种繁育与推广技术、精量播种和测土配方施肥技术、大规模机械化耕作技术，以及集约化生产和高效节水灌溉技术，其中有些技术已成功地直接引用到中亚国家，如新疆天业集团有限公司的地膜覆盖技术和膜下滴灌技术输入到哈萨克斯坦、吉尔吉斯斯坦、乌兹别克斯坦三国，该技术把节水滴灌技术与农业种植技术及农机服务相结合，已在哈萨克斯坦农业生产中取得显著效益。另外，新疆已向中亚三国输出了多种中小型农机和农产品加工设备。

（二）农业项目合作

农业项目合作是指在农业科技水平相当的国家或地区在科研项目上共同合作研究，并将研究成果转化与推广。该方式合作层次较高，对合作双方的科研水平、交流能力和团队协作能力要求较高，具有周期长、涉及人员多、需要不断投资投物等特点。同时需要政府在宏观调控、制定政策、牵线搭台、中介服务等方面为双方的科技交流与合作提供服务，在资金上重点支持有影响的重大科技合作项目，并有意识有重点地将本地区优势产品及科研成果介绍给对方，促进双方了解与合作。

中国与中亚国家农业项目合作的参与主体主要以企业和科研院所为主。现阶段，农业项目合作主要涉及农业技术合作平台搭建、农业科技示范园区建设、高校科研项目合作等方面。例如，政府推动建立的中哈现代农业产业创新示范园、中塔（河南）农业产业科技示范园等；企业合作建立的塔吉克斯坦—中国农业合作示范区、安集延纺织园区、乌兹别克斯坦农林科技农业产业园等；政府和企业联合推动的中哈爱菊农产品加工园区、洛阳—布哈拉农业综合示范区（乌兹别克斯坦）等。此外，吉尔吉斯斯坦国立农业大学与中国新疆农垦科学院通过联合建设植物品种遗传资源测试中心实验室，共同研发新型育种设备和技术、开展现代农业技术示范等方式开展农业合作研究。

三、农业投资合作

中国与中亚五国农业投资合作领域主要集中在农业节水设备和农产品生产加工方面。农业投资方式主要以中国向中亚国家直接投资或者在中亚国家投资建厂、建立农业园区和农业示范基地等为主。根据农业农村部对外经济合作中心亚洲合作处的统计资料，截至 2019 年年底，中国有 57 家企业在中亚国家的农业相关领域进行投资，主要集中在乌兹别克斯坦和哈萨克斯坦两国。中国企业在中亚国家农业领域的投资大多集中在较低的产业层次，如粮食、棉花、药材等的生产和收购、加工和贸易，畜禽产品、果汁和食品等的加工与贸易，而在水果、粮食的深加工领域以及相应的贮藏物流等综合开发领域投资较少。总体来看，中国与中亚五国的农业投资合作呈现“投资比重大，企业平均投资规模偏小”“投资领域较集中，投资以种植业为主”“投资主体分布不均，地缘投资明显”的特点。

（一）农业节水设备与技术

较之中亚五国，中国在农业灌溉方面技术较为先进，尤其是节水灌溉的专业技术人员在节水设备的技术研发与推广方面经验丰富。中亚五国农业生产的基础设施较为落后，在水利设施方面尤为明显，再加上中亚五国属于灌溉农业，老化的灌溉设备及落后的灌溉技术导致中亚五国的灌溉能力低下，严重阻碍了中亚五国的农业发展（朱怡洁，2012）。因此，中国与中亚各国在农业节水设备和技术方面开展了广泛的交流与合作。例如，由中国科学院新疆生态与地理研究所牵头、国内外469名科研人员参与、历时5年完成的国际科技合作专项——中亚地区应对气候变化条件下的生态环境保护与资源管理联合调查与研究，该项目创建了中国与中亚各国资源与生态环境双边和多边合作海外新平台，建立了国际上唯一的中亚生态系统野外观测与研究站网络（15个野外台站）及联合实验室，为中亚地区开展农业节水灌溉、农作物高产技术以及沙漠化与盐渍化治理提供了试验平台。哈萨克斯坦与中国新疆开展的滴灌技术合作，通过传授地膜覆盖技术和膜下滴灌技术，为哈萨克斯坦有效利用水资源提升作物的生产效率和产量发挥了重要作用。在中国北京举办的“科技促进北京新农村建设成果展览会”上，中国京鹏公司与哈萨克斯坦签署了2万平方米的大型智能连栋温室合同，“京鹏温室”拥有计算机智能控制系统和节水灌溉系统等多项先进技术，是目前规模最大、设施最先进的温室。高科技温室走进哈萨克斯坦，为中哈农业在更高水平上合作开辟了一个新途径和新领域，也为双方开展设施农业技术交流和合作搭建了平台。

（二）农产品生产和加工

中国在小型设备方面有较高的技术水平，如农机设备、小型加工设备、特种变压器的生产加工等。虽然中亚五国在重型机械及大型农机的制造技术方面优势较为明显，但农业机械设备领域的生产能力不足，耕作及收割等领域的机械设备需求量较大。同时，因中亚五国对农业的投入不足，导致中亚各国的农业生产设备，尤其是农产品的生产、加工等机械设备的短缺，为中国与中亚各国开展该领域的合作提供了可能。当前，中国企业主要通过设备租赁及投资办厂等方式进行投资合作。例如，2014年，新疆利华棉业股份有限公司在塔吉克斯坦设立“中塔农业合作示范园”，公司在塔吉克斯坦通过推广新型棉花种植技术与生产设备带动当地棉花平均亩产由150千克增加到270千克，带动近1 000人闲散劳动力就业，为当地财政收入和解决劳动力就业问题做出了积极贡献。此外，公司在塔吉克斯坦的投资工作获得新疆科技厅的高度肯定与支持，与新疆农业科学院、塔吉克斯坦农业大学、技术大学、农科院等国内外多家科研单位签订了《科技合作协议》，对农业生产中的新品种、新技术、新产品等在塔吉克斯坦当地开展了相关的农业技术研究、培训和交流（农业农村部对外经济合作中心，2020），中国企业参与的农业投资合作，为中亚地区农业科技发展提供了新思路。

当前，中国企业尤其是新疆、陕西等地方企业通过直接到中亚国家投资及在边境地区建设加工基地等方式对哈萨克斯坦、吉尔吉斯斯坦等国家丰富的畜产品以及园艺产品加以充分利用。例如，2016 年 8 月，塔吉克斯坦 Ruzafzun 有限责任公司与中国陕西杨凌景卉农业股份有限公司签订了《塔吉克斯坦—中国杨凌农业科技合作园》合作协议。该合作项目的内容是在塔吉克斯坦瓦赫达市建立一个塔中农业科技合作园，占地 65 公顷。杨凌景卉农业股份有限公司主要提供技术、资金、原材料，派技术人员进行技术指导，并雇用当地劳动力进行项目施工，Ruzafzun 有限责任公司主要提供土地，并以土地价值折现为资金投资。该项目位于塔吉克斯坦瓦赫达特市，促进了中塔在小麦种植与加工、先进农技种植示范推广、农机装备制造、化肥加工等领域的合作。2017 年，河南万邦国际农产品物流股份有限公司与乌兹别克斯坦农业和水资源部、Uzbekoziqovqatholding 公司达成协议，计划投资 15 个项目，投资金额达 5 亿美金，覆盖农产品生产、加工及包装（其中包含畜牧产品）、成品的进出口及再出口。此外，乌兹别克斯坦自贸区计划建占地面积 1 万公顷的配套物流中心和农产品加工厂，计划每年将运送超过 10 万吨乌兹别克斯坦当地生产的绿豆到中国（丝路新观察，2017）。2017 年，河南贵友实业集团向吉尔吉斯斯坦投资 1.2 亿美元，建设“亚洲之星”农业产业合作区，主要包括牛羊屠宰厂、速冻食品及熟食生产线、冷库、粮食储备库、面制品加工线、污水处理设施、铁路专用线、综合办公楼及其他园区配套设施等，不仅促进了吉尔吉斯斯坦的农业技术发展和科技水平提高，而且对于中吉农业科技合作起到了积极的促进作用。

四、人力资源合作

与中亚五国相比，中国劳动力资源丰富，不仅拥有一大批掌握现代农业生产技术和管理经验的专业技术人才队伍，还拥有大量的农业劳动力资源，与中亚五国在农业生产以及农业科技等领域的人力资源交流合作具有明显优势。现阶段中国与中亚五国的人力资源合作主要包括举办国际学术会议、开展培训班、留学互访等交流方式。

国际学术会议是中国与中亚五国进行学术讨论与交流，提升本国农业科学技术水平的重要途径之一。主要是通过各国的高等院校和科研机构开展深层次的学术交流活动，一方面邀请中亚的农业专家、学者到中国参观访问，在棉花、粮食等重点领域设立共同的研究项目，组成科研小组联合攻关。另一方面组织中国的农业专家、学者、技术人员、企业家到中亚五国参会、考察与交流，选派农业生产与管理方面的专家和技术人员，到中亚地区指导农业生产，依托中国丰富的农业劳动力资源，加强人才交流、技术合作与劳动力输出。例如，2020 年 11 月 27 日，中国工程院、河南省人民政府共同主办了以“跨界融合 开放共享——推动现代农业合作发展”为主题的中国（河南）——中亚五国农业国际合作论坛暨中国—中亚五国养殖与动物疫病防控国际合作高端论坛。中亚各国与中国的知名专家、学者，相关高校、科研机构，企业代表共约 200 人现场参加了该会议。2019 年 7 月 1 日，为深化同中亚地区科研院所的交流与合作，中国科学院新疆生态与地理研究所科研人员代表团赴哈萨克斯坦开展学术交流与访问，参加了中亚农业景观中环境监测和水土资源管理的现代研究与评估方法国际学术研讨会。该会议由中国科学院中亚生态与环境研究中心主办，来自中国、哈萨克斯坦、俄罗斯联邦、吉尔吉斯斯坦、塔吉克斯坦、乌兹别克斯坦、阿萨拜疆、德国、日本等 10 多个国家的近百名代表参加。2008 年 7 月 26 日，由哈萨克斯坦、乌兹别克斯坦和俄罗斯联邦等国的科研院所和高校与中国新疆地理科学学会联合举办了第一届可食植物资源及活性成分国际学术研讨会，这次大会促进和加强了科技人员，特别是中、青年科技骨干与国内、外同行、海外学者及科研机构与企业间的学术交流、合作、联系和沟通，及时了解和掌握国内外最新的学术研究动态，为科研院所与新疆内、外的相关高技术企业的切磋、合作创造交流平台。为推动可食植物产业迈上新的台阶做出了积极的贡献，为中亚各国进一步扩大与中国新疆的农业合作奠定了坚实基础。

开展培训班是指政府或者企业针对某个项目或为加强某一项技能而专门组织的培训人才方式。中国通过向中亚各国派出科技团组以及中国接待中亚各国来访科技团组等方式举办的各类培训班，加强了中国与哈萨克斯坦等中亚国家的人才、技术交流，这些人才交流活动，为中亚各国培养了一批农业科技人才，为拓宽合作领域和深化合作项目打下了坚实的基础。例如，2019 年 10 月

23 日，由农业农村部国际合作司主办，农业农村部人力资源开发中心承办的“中亚国家农业管理和技术人员培训班”在北京和陕西杨凌举办。来自哈萨克斯坦、吉尔吉斯斯坦、塔吉克斯坦和乌兹别克斯坦 4 个国家的 8 名农业官员和技术专家参加了为期 12 天的培训。培训班安排了专题讲座、访问交流、参观考察等内容，并根据学员的工作背景突出实践教学。培训期间，主要围绕中国旱区农业节水、畜产品养殖、农作物品种遗传育种等方面开展，学员们听取了“水资源管理”“丝绸之路中亚农业科技示范园建设思考”等课程。除了安排与中国农业发展相关的宏观课程，还安排了如中国设施农业、农业物联网与精准农业等实用技术课程，组织学员参观考察了具有代表性的农业科研机构、农业大学、农业企业、农业合作社等，通过现场交流，使学员加深了对中国多元化农业发展体系的理解。这次培训班是贯彻落实“一带一路”倡议，推动中国与中亚国家开展农业合作与交流的一项重要举措。通过培训，学员们不仅学到了先进管理经验与技术，开拓了视野，还亲身体验到中华民族的悠久历史和传统文化，增进了友谊，增强了深化合作交流的信心。2010 年 9 月 9 日，新疆石河子大学承办了国家商务部第五期援外培训“中亚国家现代农业技术培训班”。此次 9 名培训人员来自哈萨克斯坦、吉尔吉斯斯坦等中亚国家。培训内容涉及节水灌溉、农作物高产栽培等技术。此外，中国新疆科委协同相关科研机构，还举办了面向中亚各国的“新疆国际小麦高产优质实用技术培训班”“新疆国际牛繁殖改良实用新技术培训班”“中国同中亚五国政府间科技合作研讨会”等培训班，推动了中国与中亚国家的农业合作与交流。

留学互访是推进农业教育合作的重要内容之一。中国的留学生教育在近 20 年已经有了很大的发展，截至 2018 年，来华留学生数量已达 492 000 人。在高等学校（机构）就读的在校生达 307 501 人。在这些学生中，由于地域相接、发展目标近似，来自中亚各国的留学生占据其中很大部分（刘晓燕，2019）。尤其是“一带一路”倡议提出以来，中亚开始形成“汉语热”，人才交流日趋活跃，双方校际间合作交流不断扩大，中国与中亚各国互派农业领域专业留学生的规模不断增加，教育投入水平增幅较快，教育层次逐年提高。中国已成为中亚各国，尤其是哈萨克斯坦最主要的留学目的国之一。近 10 年来，哈萨克斯坦的留学生一直稳居来华留学生总数的前十位，2018 年，哈萨克斯坦来华留学生 11 784 人，仅次于韩国 50 600 人，泰国 28 608 人，巴基斯坦 28 023 人，印度 23 198 人，美国 20 996 人，俄罗斯 19 239 人，印度尼西亚

15 050 人，老挝 14 645 人，日本 14 230 人，位居第十位（《2018 年来华留学统计》）。中国与中亚各国留学互访的形式主要包括三种：第一种为共建孔子学院：中国与中亚各国合作建成了 13 所孔子学院以及若干所孔子课堂，培养了大批初级汉语学习者。第二种为合作办学：例如，2008 年上合组织成员国签订《上海合作组织教育部长宣言》，2010 年 4 月 26 日在莫斯科签订了《哈萨克斯坦共和国、中华人民共和国、吉尔吉斯共和国、俄罗斯联邦和塔吉克斯坦共和国高等学校关于成立上海合作组织大学的合作备忘录》，上海合作组织大学正式成立。第三种为校级合作。例如，2016 年 7 月 13 日，中国西北农林科技大学与哈萨克斯坦国立农业大学建立了校际合作关系，双方项目负责人就农业合作领域的留学生与青年教师留学互访问题进行了多次的交流和探讨。2016 年 10 月 19 日，在第四届中国——中亚合作论坛开幕式上，西南石油大学与吉尔吉斯斯坦和哈萨克斯坦的两所大学分别签署了互派留学生合作项目协议，未来双方将在教师培训、留学生培养、科学研究等方面开展合作。

第四节　中国与中亚五国农业合作对策

中国与中亚地区在农业资源、农产品贸易、农业技术、农业投资等方面具有很强的互补性，在农业政策沟通、基础设施共建以及农业科技等方面的合作有着巨大的开发潜力。本节主要从农业政策沟通、农产品贸易、基础设施建设和农业技术等方面提出加强中国与中亚五国农业合作的对策建议。

一、加强农业政策沟通，创造良好的营商环境

农业政策方面的沟通是中国与中亚五国农业合作中最重要的内容之一。涉及主体众多，不仅包括各国政府、研究机构、农业部门，还包括企业和农民等。加强农业政策沟通有助于建立互信，促进合作顺利开展。

1. 构建全方位战略对接合作机制，拓宽政策沟通的领域和渠道

首先，中国应当同中亚各国发展战略层面对接，抓好顶层设计，以共建“一带一路”倡议为核心开展农业合作。其次，在双边合作框架内发展机制与平台的对接，将双边交流平台打造成为服务贸易跨部门联系机制合作的重要载体，在号召本国企业“走出去”的同时吸引外国企业到本国来投资建厂，从而

更好地促进企业间的沟通与协作。最后，以企业为主发展具体项目的对接。农业领域的合作需要通过农业基础设施共建、农产品经贸合作、农业投资、农业金融合作等一个个项目的实施来落实，只有通过实行较为宽松的企业注册制度、降低注册门槛费用，适度提高这些企业的补贴力度、为从事农业机械生产和农产品加工等领域的企业减少税收负担，才能吸引更多企业参与跨国农业合作，才能更加有效地促进具体项目的对接。

2. 共同出台农业投资优惠政策，实现投资主体的多元化布局

首先，中国与中亚各国应当设立专项基金为参与对外农业合作的企业提供贷款、融资支持和补贴扶持等服务，在号召本国企业“走出去”的同时，吸引外国企业到本国来投资建厂，从而更好地促进中国和中亚各国企业的沟通与协作，并通过构建优惠保险体系降低对外投资可能遇到的非常规风险。其次，各国政府应积极构建区域农业合作沟通交流机制，并成立专门的农业政策协调和研究中心，负责中国和中亚各国政府农业贸易、投资、技术交流等方面政策的收集、研究、协调和磋商，并根据合作双方在农业经济上的互补性和依赖性，制定农业区域合作的中长期发展战略。最后，各国政府应携手加强信息网络建设，成立专门机构联系驻外机构和境外银行分支，通过加强对农业政策、法律法规、合作项目需求、风险预警与防控等信息的收集，为各国企业“走出去”提供全面、权威、有价值的信息。

3. 推进农业合作服务平台共建，为农业合作项目提供便利

在中国与中亚五国的农业合作过程中，大部分参与人员面临着经验不足、语言沟通困难、异国风俗习俗不熟，国际法律不精通，产品国际标准不详等一系列问题，这严重影响了双方农业合作的效果。单纯依靠政府服务的方式已不适应农业科技国际合作的需求，因此，有必要设立专业的农业合作服务平台机构，为国际农业合作提供全方位系统、优质的服务，以此来提高国际农业合作的效果，推进农业合作向深度、广度、可持续健康发展。首先，政府应对企业进行调研，了解企业的需求，即真切了解企业在哪些方面存在问题和困难。其次，加强和企业的沟通，对合作双方关切的问题给予解决。最后，由于企业在“走出去”的过程中，对方国家的政策、法律情况对企业来说至关重要，因此政府可以通过合作交流平台，把相关的信息发布在平台上，以供相关企业进行参考，降低对外合作风险。

二、提高农产品贸易效率，发挥各国农业比较优势

“一带一路”倡议提出以来，中国与中亚地区的合作取得了重大进展，农产品也逐渐成为经贸往来的重要贸易品之一。如何发挥中亚地区的区位优势，提高农产品贸易潜力和贸易效率，对于保障中国与中亚地区经贸繁荣发展具有重要意义。

1. 培育和健全现代农产品体系

首先要科学合理地规划农产品物流系统建设，建立规模适中、辐射面广、成本低廉、运转高效的区域物流中心，使其在满足区域物流需要的同时最大限度地发挥基础设施利用效率及效益。其次，要大力推广农产品散储、散运、散装、散卸等“四散化”储运方式，充分利用中亚各国的公路、铁路、水路运输网络系统，使农产品贸易运输形成一个良好的有机整体。最后，要重视农产品专用运输器械的设计研发，使各国农产品的仓储和运输设施之间衔接配套，实现在“四散”* 作业中的协调合作。

2. 构建“中国—中亚自由贸易区”

构建“中国—中亚自由贸易区”是由中亚各国经济社会发展实际、共同利益诉求而决定的，其宗旨是为中亚地区未来的发展提供指导思想，为中亚自由贸易区的发展指明方向、确定目标（竹效民，2014）。因此，中国应同中亚各国增强政治互信，建立和完善对话协调机制。通过设置关税互惠规则，减少关税和非关税壁垒，并在一定程度上发挥市场配置资源的能力，拓宽农产品贸易的发展空间，使现行贸易市场更加丰富活跃，促进贸易区各国经济效益水平的逐步提高和中亚地区的农产品贸易潜能的不断发掘。其次，中亚地区粮食生产自然禀赋总体较好，但区域内部自然条件差异十分明显，因此，要在建立自由贸易区的基础上充分利用各国双边比较优势，依据各国农产品贸易结构开展农产品进出口业务，以实现区域内不同农产品类型互补，进一步提高农产品储备能力，加强农产品贸易合作。

3. 提高农产品的科技含量和附加值

中国幅员辽阔，多种多样的气候类型有利于物种的多样性发展。中亚地区

* “四散”是指散装、散卸、散运、散存。

人均耕地面积较大、土壤肥沃，但其农村劳动力不足、劳动密集型农产品供应短缺。因此，在明确各方农产品比较优势的基础上，各国政府应稳定和支持优势农产品的出口，通过采取一定的激励措施鼓励生产者和经营者提高农产品的附加值和科技含量。各国企业应加大科研投入和科技成果引进力度，以市场需求为导向，发展实用的农业新技术，培育新品种，将科技成果转化为现实的生产力。通过与高校和农业科学院所联合培养科技型人才、推广型人才和应用型人才，进而使出口的农产品具有技术优势，提高双方贸易水平。

三、共同推进基础设施建设，建立健全农业生产体系

中国与中亚五国开展农业合作能够实现优势互补，但受农业基础设施发展制约，农业合作还存在许多挑战，加强基础设施和生产体系建设有利于进一步挖掘合作潜力。

1. 加强粮食作物生产基地建设项目合作

通过农业技术支持，兴建粮食生产基地，提升中亚各国粮食自给能力。首先，可以发展规模化种植，共同推进大面积中低产田标准化。中国可对中亚粮食主产区提供管理服务支持，分步骤建设粮食生产基地，按照地力、粮食需求率等进行生产基地等级管理，推进其规模化机械化生产。其次，根据区域作物生产潜力选择不同种类的基地作物进行农业种植投资。如可推进绿洲及河口平原连片的湿地水稻生产基地建设，通过规模种植、统一管理来促进水稻作物稳产高产，而在小面积基地着重发展地区专业化种植，以区级为基本单位种植多种作物。最后，统筹规划，加强管理，共同推动建设水平的提升。粮食生产基地建设包括标准化田面工程、水利条件建设、加工物流配套等多方面内容，应有计划、有重点地逐步推进。同时还应建立强有力的执行管理机构，在基地建设、综合投入、后期管护等流程的各个方面统一规划管理，以促进基地各项机能的实现及完善更新，更好地实现粮食生产基地稳产高产。

2. 加强农田水利设施建设

中亚五国现有的水利设施大都兴建于 1991 年之前，建设、维修及更新远远不足，水资源的损耗浪费成为中亚地区发展粮食生产的一大掣肘。首先，加大粮食生产区的农田水利设施建设投资力度，如蓄水库、大坝、引水干渠等，规划新建水利设施系统。其次，合作共建田间灌溉系统，加强“最后一公里”

水利灌溉设计，完善从源头到农田的全线水利工程系统，避免农田所有者自主修建的低级渠道以及管护不当导致的水资源大量浪费。

3. 加强农产品流通设施建设

农产品流通设施建设有利于促进区域粮食产业发展中的流通与交易。中亚五国运输设施较为落后，物流成本高，仓储设施损耗大，投入不足，中方可利用交通基础设施技术的优势进行资本输出。首先对改造、维修及更新现有公路提供技术支持，使之充分发挥交通运输功能，为粮食作物运输创造条件。其次，依据粮食产田分布规划公路网、铁路网建设，实现交通设施全覆盖；建设粮食作物运输专线，提高粮食作物生产的运输直达性。再次，合作推进高级仓储设施建设，依据不同粮食作物生产布局及仓储存放特性进行建设；改造或新建现代化标准仓容，提高仓储安全系数，减少粮食产后储藏损耗，以提升粮食储备能力。最后，共同建设农产品流通体系，建设一批具有集中生产和跨区域配送的粮食作物物流集散中心、加工配送中心、产地集配中心等，可以为农产品流通提供有效保障。

四、创新农业合作模式，深化农业技术合作

先进的农业技术与合作模式是深化中国与中亚各国农业合作的重要途径，也是开展农业贸易、农产品加工和农业投资的重要基础，对进一步发展农业合作具有重要意义。

1. 健全多边合作机制，完善农业科技合作制度

中国与中亚各国应该加强农业合作的顶层设计，建立公平对等的农业合作长效机制。通过签订国家间农业合作谅解书、备忘录等方式，建立关于农业科技合作的高层对话机制，定期根据合作中重大问题调整合作协议内容，从而保障双方农业科技合作的可靠性（朱新鑫等，2017）。此外，通过构建多边科技合作制度有助于根据农业技术的比较优势，在不同机制中侧重不同领域的技术合作，例如中国与哈萨克斯坦在农产品、农业机械、防沙治沙、节水灌溉、畜种繁殖、良种培育等农业科技方面的交流，中国科学研究院与乌兹别克斯坦植物研究所共同启动的“中—乌全球葱园（塔什干中心）”建设等农业技术合作。总之，中国与中亚各国之间需要建立完善的农业科技管理机制、利益协调和平衡机制，搭建有效率的合作平台，增进互信，推动农业科技合作战略升级。

2. 加大对中亚各国农业经济技术合作项目的投资力度

首先，中国与中亚各国应当建立合作研发中心，共同研发、推广具有优良抗性的农产品品种。通过加大对良种培育、病虫害防治等具有实用价值的生产技术研发力度，利用农业龙头企业和农业综合体等渠道增强科技知识的宣传力度，提升科技在农产品生产及质量监管中的贡献率。其次，设立以中国为主导的中亚投资银行，通过各种渠道进行国内和国际融资，保障资金来源充足。在金融支持政策上，推动中国国内的金融机构对农业对外投资合作的支持，积极争取信贷对涉农企业境外投资开发的支持。最后，鼓励中国具有资金、技术、管理等优势的龙头企业到中亚各国开展农业投资和开发，从事当地优势农产品的种植、加工、销售和贸易等活动；鼓励企业向农业产业链产前和产后两端拓展投资合作，与当地农场、农户开展订单农业；鼓励投资企业与当地科研机构开展合作，建立农业科技园、示范园等。

3. 创新农业技术合作模式，推动农业企业科技合作

创新合作模式的主要思路是将当前的科研项目、示范园区以及合作基地有机连接起来，达到“1＋1＞2”的效果。有两种可操作性模式：一是基于“项目—人才—基地”的联合实验室模式，选取技术实力雄厚、农业科技与中国互补性强、合作基础好的大学或科研机构，利用其已有的试验设施条件，建立联合研发实验室，组建研发战略联盟。二是基于“技术研发—集成—推广示范”为导向的农业科技试验示范中心等模式，促进科技成果向国际化转变（程长林等，2017）；通过收集所在国的农业技术法规及相关政策资料，搜集农业科学技术产品的需求信息，为推动各国农业企业科技合作提供资讯。

参考文献

References

阿依丁·热西坦，等，2019. 吉尔吉斯斯坦草原生态系统多样性与可持续利用［J］. 草食家畜01（07）.

阿依古丽·阿布都热西提，瓦哈甫·哈力克，塔西甫拉提·特依拜，2014. 中国新疆和土库曼斯坦水资源利用与管理模式对比分析［J］. 中国农村水利水电（05）：31-37.

阿依提拉·阿布都热依木，2012. 哈萨克斯坦独立后20年的教育现状探究［J］. 新疆师范大学学报（哲学社会科学版），33（01）：47-55.

阿依提拉·阿布都热依木，2016. 吉尔吉斯斯坦高等教育变革研究［J］. 比较教育研究38（04）：30-37+42.

白星星. 200余名各界嘉宾共商发展大计，2017中国—中亚合作论坛召开［J］. 中国会展（中国会议）（16）：16.

曹亚明，2015. 塔吉克斯坦中学教育现状调查研究［J］. 金田（3）：248.

陈东杰，2017. 哈萨克斯坦农业发展历程刍议［J］. 西安财经学院学报（01）：39-45.

陈杰军，2007. 中国农业机械批量出口吉国［J］. 大陆桥视野（02）：78-79.

陈其钢，2007. 中国新疆与哈萨克斯坦区域经济合作战略研究［D］. 乌鲁木齐：新疆农业大学.

陈秀妍，付碧宏，等，2019. 2000—2016年中亚天山植被变化及气候分异研究［J］. 干旱区地理（01）：162-217.

陈亚州，2020. 上海合作组织命运共同体构建研究［D］. 兰州：兰州大学.

程云洁，武杰，2018. 巴基斯坦和中亚四国农业投资环境评析［J］. 克拉玛依学刊，8（03）：49-55.

迟庆林，2001. 边境贸易与经济发展［D］. 北京：中国社会科学院研究生院.

崔正领，2019. 土库曼斯坦高等教育现状考［J］. 福建茶叶，41（8）：190-191.

邓浩，2020. 上海合作组织与全球治理［J］. 国际问题研究（03）：75-91+137-138.

丁峰，王则玉，唐雅莉，等，2017. 吉尔吉斯斯坦气候变化特征及其空间变异分析［J］. 新疆农业科学，54（9）：1746-1755.

丁世豪，2016. 新疆与丝绸之路经济带沿线国家农业经贸合作战略研究［D］. 乌鲁木齐：新疆农业大学.

杜雄明，王谧，郑曙峰，等，2008. 乌兹别克斯坦棉花育种和生产考察报告［J］. 中国棉花 35（11）：2－7.

杜永军，安东，郭伟，宋引君，2019. 以科技创新开启“一带一路”现代农业合作新篇章——访吉尔吉斯斯坦斯克里亚宾国立农业大学校长努尔扎泽耶夫·热斯别克·扎乐德科维奇［J］. 世界教育信息 32（06）：3－7＋11.

对外投资合作国别（地区）指南—塔吉克斯坦，2019.

对外投资合作国别（地区）指南—土库曼斯坦，2017.

对外投资合作国别（地区）指南—乌兹别克斯坦，2018.

樊海灵，2017. 西北地区与丝路前段国家农业合作潜力测度——基于农业企业“走出去”视角［D］. 陕西：西北农林科技大学.

范伟赠，陈红丹，2017. 吉尔吉斯斯坦农业概况介绍［J］. 江西农业（016）：121.

冯紫薇，2016. 中国与中亚五国农产品贸易现状及影响因素分析［D］. 广州：广东外语外贸大学.

高洋，2016. 中国对哈萨克斯坦交通基础设施投融资研究［J］. 新疆财经（06）：72－78.

谷维，2005. 哈萨克斯坦育种业的现状与发展前景［J］. 中亚信息（05）：9－10.

关昕，胡志全，2019. “一带一路”倡议下农业科研单位“走出去”问题研究［J］. 科学管理研究，37（05）：120－126.

郭辉，2019. 哈萨克斯坦农业产业结构与区域竞争力差异及中国的合作建议［J］. 农业展望（10）：118－126.

郭静利，粟若杨，2016. 中国与土库曼斯坦农业合作前景分析［J］. 世界农业（11）：183－187.

郭曼曼，2014. 中国新疆与哈萨克斯坦劳务合作研究［D］. 乌鲁木齐：新疆大学.

哈萨克斯坦教育科学部国家农业研究中心，2018. https://www. taodocs. com/p－152676266. html.

哈萨克斯坦农业生产概况，中亚科技服务中心，2019. http://www. zykjfwz. com/2019/husbandry_0321/70. html.

哈萨克斯坦畜牧业现状调研与需求析，2019. http://www. qinbao. com. cn/qinbaomuye/wap_doc/14478914. html.

郝钧，2020. “一带一路”背景下我国农业贸易创新发展研究——评《“一带一路”国家农业发展与合作——中亚五国》［J］. 中国农业资源与区划，41（06）：202＋211.

郝韵，张小云，吴淼，2014. 乌兹别克斯坦创新发展分析［J］. 世界科技研究与发展 36（05）：609－661.

贺晶晶，吴淼，郝韵，等，2017. 乌兹别克斯坦农业经济改革政策及成效［J］. 农业展望

（011）：35－38.
侯东生，胡杨，吴奇峰，等，2018. 以节水技术为引领　全面推动中吉农业技术合作［J］. 新疆农垦科技（02）：3－6.
胡汝骥，姜逢清，王亚俊，等，2014. 中亚（五国）干旱生态地理环境特征［J］. 干旱区研究（01）：1－12.
胡颖，徐强，2018. 哈萨克斯坦物流运输业发展与新时代中哈合作对策［J］. 新疆财经（03）：12－20.
胡志全，2019. 中国农业"一带一路"国际合作现状、问题与前景展望［J］. 民主与科学（04）：23－26.
黄龙江，2017. "一带一路"战略下的中亚农业边境贸易［J］. 农业科技与信息（07）：5－6.
黄秋霞，何清，玉努斯，等，2014. 哈萨克斯坦共和国不同区域降水的变化特征［J］. 沙漠与绿洲气象，8（4）：61－68.
黄秋霞等，2013. 基于CRU资料的中亚地区气候特征［J］. 干旱区研究（03）：396－403.
黄群，2017. 塔吉克斯坦劳务移民与侨汇研究［D］. 乌鲁木齐：新疆师范大学.
吉尔吉斯共和国农业和改良部水管理和水利部，2015. 现代灌溉技术及其在吉尔吉斯斯坦的应用可能性［R］.
吉尔吉斯斯坦国家科学院及其所属科研院所简介，2007. 中亚信息. https://www.docin.com/p-872718550.html.
吉尔吉斯斯坦教育. https://www.beichengjiu.com/geography/258986.html.
加依娜古丽·窝扎提汗，巴特尔·巴克，吴燕锋，等，2015. 塔吉克斯坦百年降水量时空变化特征［J］. 干旱区资源与环境，29（02）：157－165.
焦凡，2011. 中亚水资源状况概述［J］. 今日湖北月刊（009）：103－104.
卡比努尔·库拉西，2013. 新疆与中亚五国农业经济合作研究［D］. 乌鲁木齐：新疆农业大学.
开艺兰，2016. 新疆外向型农业发展的不利因素及措施建议［J］. 新疆农业科技（03）：10－11.
拉·乌·尤苏波夫，刘庚岑，2003. 吉尔吉斯斯坦的农业和土地改革［J］. 俄罗斯中亚东欧市场（12）：15－18.
李博一，黄德凯. 上海合作组织的困难和前景［J］. 战略决策研究，2020，11（03）：85－104＋106.
李富佳，董锁成，原琳娜，等，2016. "一带一路"农业战略格局及对策［J］. 中国科学院院刊，31（06）：678－688.
李捷音，2020. 中国与中亚五国农产品贸易便利化分析［J］. 中国农垦（03）：36－39.
李宁，2009. 制约哈萨克斯坦粮食生产的因素分析［J］. 产业与科技论坛，08（12）：178－182.
李宁，2011. 哈萨克斯坦粮食产业发展研究［D］. 乌鲁木齐：新疆师范大学.

李鹏，2008. 建国初期留苏运动的历史考察［D］. 上海：华东师范大学.
李庆伟，2014. 哈萨克斯坦国家创新体系建设及演变［J］. 全球科技经济瞭望，29（08）：43－49.
李睿，李敬欢，2017. 土库曼斯坦教育状况与改革初探［J］. 民族教育研究，28（03）：140－144.
李爽，2010. 博洛尼亚进程影响下的哈萨克斯坦高等教育［D］. 上海：上海师范大学.
李婷，2012. 中国新疆与中亚国家农业国际竞争力研究［D］. 石河子市：石河子大学.
李婷，2020. 我国与土库曼斯坦科技合作前景探析——基于共建“丝绸之路经济带”视角［J］. 经济师（06）：69－70.
李湘权，邓铭江，龙爱华，等，2010. 吉尔吉斯斯坦水资源及其开发利用［J］. 地球科学进展，25（12）：1367－1375.
李枭鹰，齐小鹍，何文栋，2018. 乌兹别克斯坦全民教育发展：现状、挑战及愿景［J］. 重庆高教研究 6（04）：69－79.
李新兴，马凤才，黄德林，2016. 丝绸之路经济带建设对中国和中亚地区农业经济与贸易的影响——以运输效率变动为视角［J］. 世界农业（07）：25－31.
李秀芳，2008. 试析新中国留苏学生的贡献［D］. 上海：华东师范大学.
李郁瑜，2020. 乌兹别克斯坦国民教育改革及发展现状分析［J］. 比较教育研究 42（07）：35－42.
李志芳，田佳妮，徐明，等，2015. 吉尔吉斯斯坦农业发展概况［J］. 世界农业（04）：124－128.
里亚边科—瓦列里，2011. 中国与俄罗斯经济与贸易合作研究［D］. 沈阳：辽宁大学.
梁丹辉，吴圣，李婷婷，2017. 中国与中亚农业合作现状及展望［J］. 农业展望，13（08）：112－115.
梁娟，2016. 跨境农业科技示范园建设实践研究［D］. 郑州：河南工业大学.
刘从九，杨莲娜，2019. 关于推进中国与“一带一路”沿线国家棉花产业合作的对策建议［J］. 中国棉麻产业经济研究（03）1－7.
刘二虎，2018.“一带一路”背景下中国对中亚五国直接投资：投资环境及产业选择［D］. 西安：陕西师范大学.
刘佛翔，苏尔托诺夫·苏合洛伯，2019. 塔吉克斯坦农业发展现状及中塔农业合作问题分析［J］. 农业经济（11）：133－134.
刘培源，黄耀新，丁连军，2019. 哈萨克斯坦棉花滴灌栽培系统模式分析研究［J］. 农业与技术（03）：94－95.
刘思妤，方方，等，2019. 组织标准—农工综合体创新发展的驱动力［J］. 中国标准化（22）：217－219.
刘文，吴敬禄，马龙，2013. 乌兹别克斯坦表层土壤元素含量与空间结构特征初步分析［J］. 农业环境科学学报，32（02）：282－289.

刘燕平，2008. 哈萨克斯坦土地资源管理［J］. 国土资源情报（05）：27－30.

刘震，2016. 我国高级社与苏联集体农庄比较研究［J］. 牡丹江教育学院学报（04）：16－17＋30.

刘志华，2021. 发展中大国的农业农村现代化特点探析——以印度、埃及、巴西和前苏联为例［J］. 山东农业工程学院学报 38（01）：1－9.

吕卉，2010. 苏联农业集体化运动研究（1927—1939）［D］. 长春：吉林大学.

罗玲波，2016. 中国新疆对哈萨克斯坦劳务输出影响因素研究［D］. 乌鲁木齐：新疆财经大学.

马静，2012. 乌兹别克斯坦高等教育研究［D］. 兰州：兰州大学.

马娜娜，2019. 中国与中亚五国贸易潜力及影响因素研究［D］. 天津：天津师范大学.

马啸，1996. 中亚私有化漫笔［J］. 河南社会科学（6）：54－56.

马雪琴，卡拉巴耶夫·努尔金等，2013. 吉尔吉斯国气候变化对土壤肥力的影响［J］. 新疆农业科学，50（7）：1365－1370.

孟祥芸，2016. 中亚地缘政治特点及中俄中亚战略［D］. 济南：山东大学.

木巴热克·木胡达尔，2017. “一带一路”战略中国农业对外投资的经济影响研究［D］. 乌鲁木齐：新疆农业大学.

娜迪拉·甫拉提，2016. 中国对哈萨克斯坦农业投资风险研究［D］. 北京：对外经济贸易大学.

牛海生，2014. 塔吉克斯坦耕作制度演变规律及发展对策研究［D］. 乌鲁木齐：新疆农业大学.

牛海生，克玉木·米吉提，徐文修，等，2013. 塔吉克斯坦农业资源与农业发展分析［J］. 世界农业（04）：119－123.

农业农村部农业贸易促进中心［EB/OL］. http://www.mczx.agri.cn/scts/gbbg/201907/t20190730_6437847.htm.

努斯热提·吾斯曼，吐尔逊江·买买提，买买提·托乎提，2015. 哈萨克斯坦棉花生产与科研概况［J］. 中国棉花 42（04）：1－2.

裴德禄，聂书岭，2004. 吉尔吉斯斯坦渔业发展状况［J］. 中亚信息（10）：4－7.

彭辉芳，1989. 苏联合作社运动的新发展［J］. 外国经济与管理（1）：34－36.

蒲开夫，王福，刘艳，2009. 独立后哈萨克斯坦的农业状况［J］. 俄罗斯中亚东欧市场（11）：31－38.

蒲开夫，王雅静，2010. 塔吉克斯坦的畜牧业［J］. 草食家畜，03（09）：32－33.

齐天琦，2019. 中国对中亚五国农产品贸易的贸易效率和贸易潜力研究［D］. 大连：大连海事大学.

契加尔金，马长春，1988. 哈萨克斯坦荒漠区动物资源的利用及保护［J］. 干旱区研究（01）：74－76.

乔刚，杨翠萍，孙文婷，2013. 中亚五国清洁能源现状及开发对策建议［J］. 新疆大学学报，

41 (06): 99 - 103.

邱海强，杨睿，吴存远，2016. “走出去”的“农业先行军”——新疆农垦科学院在吉尔吉斯斯坦的实践 [J]. 当代兵团 (07): 19 - 20.

申建良，2014. 中国新疆与中亚国家高等教育合作研究 [D]. 乌鲁木齐：新疆农业大学.

沈本久，朱文金，1996. 乌兹别克斯坦棉花高产优质经验 [J]. 新疆农业科学 (01): 46 - 48.

沈琼，2016. “一带一路”战略背景下中国与中亚农业合作探析 [J]. 河南农业大学学报 (01): 140 - 146.

师维军，2011. 对塔吉克斯坦棉花生产与科研的考察报告 [J]. 江西棉花 33 (05): 64 - 66.

石岚，王富忠，2018. “一带一路”视域下中国新疆与中亚国家农业合作 [J]. 新疆社会科学 (01): 59 - 64.

石先进，2020. “一带一路”框架下中国与中亚五国农业产能合作路径 [J]. 云南大学学报（社会科学版）(01): 135 - 144.

宋超，2009. 新中国初期对苏联农业机械技术引进特点与绩效 [J]. 中国经济史研究 (04): 83 - 90.

宋国明，2014. 中亚五国矿业权管理与投资环境 [J]. 国土资源情报 (02): 2 - 8.

宋晶，2017. 哈萨克斯坦职业教育现状与发展趋势 [J]. 深圳职业技术学院学报 16 (06): 13 - 18.

苏畅，2015. 费尔干纳盆地：最富饶又最复杂，它为何会如此纠结? [J]. 中国国家地理 (10): 164 - 171.

苏潭，2018. 哈萨克斯坦土地资源管理现状与问题 [D]. 西安：长安大学.

苏武峥，李琼诗，张恒等，2015. 农业对吉尔吉斯斯坦国民经济发展的影响分析 [J]. 世界农业 (03): 119 - 122.

孙国栋，2019. “一带一路”倡议下中国与中亚五国农产品贸易研究 [D]. 淄博：山东理工大学.

孙政远，1986. 苏联东欧国家农业合作化的理论与实践 [J]. 中国农村经济 (10): 59 - 62.

塔吉克斯坦共和国教育部，2005.《塔吉克斯坦共和国教育发展国家战略（2006—2015）》[R].

谭玉华，2013. “陶器北界线”概念及其在中亚绿洲地区的应用——读《中国西北地区先秦时期的自然环境与文化发展》[J]. 华夏考古 (02): 145 - 152.

唐洪松，马惠兰，宋建华，等，2016. 中国进口中亚国家农产品虚拟土地核算及潜力研究 [J]. 世界农业 (08): 43 - 49.

唐凌宇，2018. “一带一路”倡议下中国与中亚五国贸易合作潜力研究 [D]. 长春：东北师范大学.

田立文，张娜，王钊英，等，2017. 乌兹别克斯坦棉花产业现状分析 [J]. 安徽农业科学 45 (01): 223 - 22

田泽，黄子桐，梁伟，2017. “一带一路”背景下我国对中亚农业投资环境评价研究 [J]. 宁夏大学学报（人文社会科学版），39（05）：158-163.
投资中亚农业，2017，亟需哪些"政策通"[J]. 乡村科技（32）：8.
土库曼斯坦地理，2018. http://www.360doc.com/content/18/0806/11/42964636_776069336.shtml.
土库曼斯坦农业概况，2020. http://www.yrdfy.com/c35039/w117113575760488.asp.
土言，1999. 土库曼斯坦的农业生产结构、农业外贸和农业科技 [J]. 东欧中亚市场研究（04）：54-56.
汪晶晶，2015. 中亚五国农业投资环境组合评价研究 [D]. 乌鲁木齐：新疆农业大学.
汪晶晶，2017. 中国农业对外直接投资区位选择的理论与实证研究 [D]. 乌鲁木齐：新疆农业大学.
王恒，王丹萌，冯永忠，2018. 丝绸之路经济带沿线国家农业自然资源特征评析 [J]. 世界农业（09）：127-135.
王慧敏，翟雪玲，2017. 中国与中亚五国农业合作的潜力研究 [J]. 经济研究参考（31）：43-51.
王力，苗海民，温雅，2016. 中国与中亚五国棉花合作潜力分析及模式探究 [J]. 新疆大学学报（哲学·人文社会科学版）（05）：64-69.
王亮，黄德林，段梦，2019. "一带一路"倡议下中国与中亚5国农产品双边自贸区建设研究——基于GAMS的动态可计算一般均衡模型 [J]. 世界农业（11）：82-89+97+131.
王冕，2015. 中国（新疆）与哈萨克斯坦农业合作研究 [D]. 乌鲁木齐：新疆财经大学.
王晓鸿，吕璇，2018. "一带一路"背景下中国与中亚五国农业合作研究 [J]. 河北地质大学学报（04）：109-114.
王一鸣，2011. 列宁农业合作社思想及其历史演进研究 [D]. 大连：辽宁师范大学.
王瑛，裴新民，2008. 新疆及中亚农机发展状况与趋势 [J]. 农机市场（06）：60-63.
王志明，2016. 新疆与中亚农业科技合作发展研究 [D]. 乌鲁木齐：新疆农业大学.
王仲辉，吴亚琴，2017. 加强与"一带一路"沿线国家、地区农业贸易合作的研究 [J]. 中国发展，17（04）：38-44.
韦仲曦，谢元态，2019. 列宁斯大林论合作社的功能内涵 [J]. 社会科学前沿（7）：1142-1148.
魏凤，等，2018. 中国与哈萨克斯坦农业比较研究 [M]. 中国农业出版社：12-13.
魏凤等，2020. 中亚地区粮食问题研究 [M]. 北京：中国农业出版社：73.
乌兹别克斯坦的电力生产与消费，2014. http://blog.sina.com.cn/s/blog_42a087e20101hp79.html.
吾买尔夏提·塔汉，黄俊华，魏岩，等，2014. 塔吉克斯坦药用植物资源与利用 [J]. 中国野生植物资源 33（04）：51-54.
吾买尔夏提·塔汉，魏岩，海德洛夫·Z·Y，2013. 塔吉克斯坦吉萨尔山植被特点 [J]. 安徽农业科学 41（16）：7272-7273.
吴淼，张小云，郝韵，等，2017. 深化面向中亚农业合作的对策研究 [J]. 世界农业（11）：

27 - 33.
吴淼，张小云，罗格平，等，2010. 哈萨克斯坦水资源利用 [J]. 干旱区地理 33 (02): 196 - 202.
吴淼，张小云，等，2011. 吉尔吉斯斯坦水资源及其利用研究 [J]. 干旱区研究 (03): 455 - 462.
吴奇峰，战勇，王吉亮等，2015. 吉尔吉斯斯坦农业考察报告 [J]. 新疆农垦科技 (07): 77 - 80.
吴万虎，2013. 塔吉克斯坦国水资源及其径流对气候变化的响应 [D]. 乌鲁木齐：新疆农业大学.
夏咏，2010. 中国与哈萨克斯坦农业经贸合作研究 [D]. 乌鲁木齐：新疆农业大学.
项朝阳，欧阳招斌，2017. "一带一路"相关国家蔬菜投资前景与风险 [J]. 蔬菜 (12): 10 - 11.
肖贵纯，2012. 土库曼斯坦高等教育的特色及启示 [J]. 西北民族大学学报（哲学社会科学版）(05): 128 - 132.
肖金波，曲昊月，2018. 乌兹别克斯坦农业经济改革及发展成效 [J]. 安徽工业大学学报（社会科学版）(04): 30 - 33+35.
谢琰，2017. 上海合作组织框架内中俄在中亚的互动关系探究 [D]. 南京师范大学.
徐利岗，杜历，等，2015. 中亚干旱区降水时空变化特征及趋势分析 [J]. 干旱区资源与环境 (11): 121 - 127.
许广灵，孟悌清，冀素兰，2017. "一带一路"战略下我国与中亚国家的农产品贸易发展研究 [J]. 改革与战略，33 (04): 154 - 157.
许涛，2015. 吉尔吉斯斯坦：跨越几个世纪的中国友邦 [J]. 中国投资 (07): 62 - 65+10.
闫琰，王秀东，2016. "一带一路"背景下我国与中亚五国农业区域合作的重点领域 [J]. 经济纵横 (12): 67 - 72.
杨慧，2011. 中国东北与俄罗斯农业交流史研究 [D]. 南京：南京农业大学.
杨荣，2018. "一带一路"框架下河南农业"走出去"的路径与对策研究 [D]. 郑州：河南工业大学.
杨英华，2001. 土库曼斯坦的投资环境与投资风险 [J]. 山东税务纵横 (08): 64 - 65.
杨照，2013. 塔吉克斯坦农业发展及中塔农业合作探析 [J]. 俄罗斯中亚东欧市场 (02): 47 - 57.
杨哲英，2001. 转轨国家农业部门改革的比较分析 [J]. 当代经济研究 (5): 29 - 33.
姚俊强，刘志辉，张文娜，等，2014. 土库曼斯坦水资源现状及利用问题 [J]. 中国沙漠，34 (3): 885 - 892.
姚一平，瓦哈甫·哈力克，等，2014. 土库曼斯坦干旱气候条件下的水资源利用研究 [J]. 中国农村水利水电 (12): 5 - 8.
伊力米热·伊力亚斯，2013. 乌兹别克斯坦高等教育 [J]. 佳木斯教育学院学报 (12): 196+202.
于敏，柏娜，姜晔，2017. "一带一路"背景下的中塔农业合作 [J]. 中国经贸导刊 (29): 21 - 23.

于爽，2017. 一带一路战略下中国与中亚五国农业贸易合作的互补性 [J]. 农业经济 (07)：112-114.

袁剑，2018. 从“西域”到“中亚”——中国的中亚认知及其历史变迁 [J]. 文化纵横 (02)：106-113.

袁剑，2020. 什么是中亚？——地缘身份、内部结构与复线历史 [J]. 文化纵横 (06).

岳萍，杨卉，2007. 哈萨克斯坦教育科学部国家农业研究中心 [J]. 中亚信息 (08)：28-32.

曾静婷，王雯婧，2020. 科研竞争力视角下中国与中亚五国的科技合作研究 [J]. 科技管理研究 40 (04)：48-60.

翟琳，麻吉亮，李国景，2018. 中亚国家农业政策演变及展望 [J]. 农业展望 (6)：29-33.

张驰，2013. 哈萨克斯坦农业及农业机械化 [J]. 湖南农机 (10)：34-35.

张春嘉，2005. 上海合作组织内农业合作应如何起步 [J]. 俄罗斯中亚东欧市场 (07)：18-21.

张德广，2006. 成效显著　前景光明——专访上海合作组织秘书长张德广 [J]. 当代世界 (06)：4-6.

张红侠，2018. 俄罗斯农业：经济增长的新亮点 [J]. 俄罗斯东欧中亚研究 (03)：37-51+155-156.

张建伟，2016. 西北五省与丝路前段国家农业投资合作契合度研究 [D]. 杨凌：西北农林科技大学.

张丽萍，李学森，阿依丁，2014. 塔吉克斯坦草地资源现状与保护 [J]. 草食家畜，01 (06)：26-28.

张丽萍，李学森，兰吉勇，等，2013. 哈萨克斯坦草地资源现状与保护利用 [J]. 草食家畜，03 (14)：64-67.

张宁，2019. 中国与中亚国家的粮食贸易分析 [J]. 欧亚经济 (02)：8-21+125+127.

张飘洋，秦放鸣，2015. 中国与中亚国家农业合作研究：一个国内文献综述 [J]. 安徽农业科学，43 (36)：321-323+326.

张庆萍，朱晶，2017. 中国与上合组织国家农业贸易与投资合作——基于“一带一路”战略框架下的分析 [J]. 国际经济合作 (02)：63-70.

张文娜，刘志辉，姚俊强，等，2013. 土库曼斯坦水土资源特征及其开发利用研究 [J]. 安徽农业科学，41 (24)：10081-10083.

张雯丽，2017. “一带一路”战略下我国农业对外合作选择 [J]. 农村工作通讯 (05)：52.

张小瑜，2013. 乌兹别克斯坦水资源问题探析 [D]. 乌鲁木齐：新疆师范大学.

张岩岗，2014. 中国对中亚五国农业行业投资选择研究 [D]. 乌鲁木齐：新疆农业大学.

张颖，王继华，张娣，2008. 吉尔吉斯斯坦高等教育概况 [J]. 黑龙江教育学院学报 (04)：42-43.

张卓，2013. 乌兹别克斯坦农业发展研究 [J]. 中国投资 (S2)：27-28.

赵惠，杨恕，1999. 中亚国家农业经济体制改革述评［J］. 东欧中亚研究（1）：3－5.

赵晓迪，赵荣，2015. 哈萨克斯坦林业发展现状［J］. 林业科技情报，47（03）：1－5.

赵晓迪，赵荣，2016. 乌兹别克斯坦林业发展现状［J］. 世界林业研究，29（02）：91－96.

赵鑫，2019. 二十世纪三十年代苏联农村发展道路的变革［D］. 上海：上海师范大学.

郑竟放，2018. 中国与中亚国家农业国际合作问题研究［J］. 乡村科技（19）：29－30＋32.

中国—塔吉克斯坦农业合作概述，2020. http://www.tradeinvest.cn/information/5674/detail.

中华人民共和国科学技术部：哈萨克斯坦将推农业科研体系改革新政，2012. http://www.most.gov.cn/gnwkjdt/201212/t20121211_98409.htm.

中华人民共和国驻哈萨克斯坦共和国大使馆经济商务参赞处. http://kz.mofcom.gov.cn/.

中华人民共和国驻吉尔吉斯斯坦共和国大使馆经济商务参赞处. http://kg.mofcom.gov.cn/.

中华人民共和国驻土库曼斯坦共和国大使馆经济商务参赞处. http://tm.mofcom.gov.cn/.

中华人民共和国驻土库曼斯坦大使馆经济商务参赞处. http://tm.mofcom.gov.cn/article/jmxw/200901/20090105986594.shtml.

中华人民共和国驻乌兹别克斯坦共和国大使馆经济商务参赞处. http://uz.mofcom.gov.cn/.

中亚五个“斯坦国”的演化由来，2020. https://mp.weixin.qq.com/s/UCb5LPsa0BH4EOCFtJFjeA.

中亚五国农业的特点和优势，中亚科技服务中心，2019. http://zykjfwz.com/index.php?m=content&c=index&a=show&catid=866&id=1983.

朱新鑫，2011. 中国新疆与中亚国家农业区域合作机制研究［D］. 石河子市：石河子大学.

朱新鑫，杨晓林，刘维忠，2017. 丝绸之路经济带背景下中国新疆与中亚五国农业科技合作路径探析［J］. 农业经济（04）：14－16.

朱行，2001. 土库曼斯坦农业现状［J］. 乡镇经济（06）：48.

朱怡洁，2012. 新疆和中亚区域农业合作的现状、模式与对策［D］. 乌鲁木齐：新疆财经大学.

祝鹏. 塔吉克斯坦中小学教育现状调查研究［D］. 乌鲁木齐：新疆师范大学，2013.

祖日古丽·友力瓦斯，阿斯娅，杨淑君，等，2014. 乌兹别克斯坦生物多样性及其受威胁状况与原因［J］. 草业与畜牧（03）：58－62.

2021 年的中亚：独立 30 周年［EB/OL］. https://mp.weixin.qq.com/s/7MH9DzKgZJFBWnxgUdjpww.

Alekseev K. I，2016. Prospects for development of technical base of agriculture of the Kyrgyz Republic in the conditions of EEU membership. RJOAS，1（49）.

Allamuradov，Abdurakhimov，Kuliyev，2005. Review and assessment of Turkmenistan's forest resources—Seminar Expanding opportunities for the exchange of information on forests and markets［C］. Prague and Krtiny，Czech Republic.

Bernhard，Lerner. Petra，Döll，2004. Development and validation of a global database of lakes reservoirs and wetlands [J]. Journal of Hydrology (1) 296.

FAOLEX 数据库，2020. http://www.fao.org/faolex/results/details/en/c/LEX-FAOC196632.

Galiya Akimbekova, Gulnur Yegizbayeva, Elena Horská, 2017. Evaluation of the development pf various forms of agriculture cooperation in the Republic of Kazakhstan [J]. Visegrad Journal on Bioeconomy&Sustainable.

Kristal Jones, Kurt Richter, Nargiza Ludgate. InnovATE Study: Agricultural Education and Training System in Tajikistan. USAID/BFS/ARP-Funded Project. March 6, 2015.

Nodir Djanibekov, Utkur Djanibekov, Rolf Sommer, Martin Petrick, 2015. Cooperative agricultural production to exploit individual heterogeneity under a delivery target: The case of cotton in Uzbekistan [J]. Agricultural Systems (10): 1-13.

OECD, 2019. Monitoring the development of agriculture cooperatives in Kazakhstan [R].

Suvalova Yuliya，李鲁奇，孔翔，2020. 土库曼斯坦外商直接投资环境研究 [J]. 世界地理研究，29 (02): 327-336.

Zvi Lerman, 2013. Cooperative development in Central Asia [R]. FAO Regional Office for Europe and Central Asia.

Zvi Lerman, 2016. Privatisation and changing farm structure in the Commonwealth of Independent States [M].

Zvi Lerman, 2017. Land reform, farm structure, and agricultural performance in CIS countries [J]. China Economic Review.

Zvi Lerman, David Sedik, 2017. Cooperatives in Kyrgyzstan: Findings from a survey of cooperatives and users [M].